# 小津安二郎 発言クロニクル 1903-1963

Early Summer 1951
Tokyo Twilight 1957
Good Morning 1959
Floating Weeds 1959
TOKYO STORY 1953
Early Spring 1956
An Autumn Afternoon 1962
The End of Summer 1961
Late Spring 1949

小津安二郎発言クロニクルを作る会＋三四郎書館 編集

小津安二郎

# 発言クロニクル

1903-1963

# 目次

# はじめに（凡例に代えて）

初めて『秋刀魚の味』を観たとき、いままで観た映画とは異質な含みが画調の中にあることにショックを受けました。清澄な哀感漂う斎藤高順《たかのぶ》氏の美しい主題曲に惹き込まれつつ画面を見ていると、その話の筋やセリフ、演技、背景という明確な表現、いわば「映画の骨格」は、それ自体で完結することはありませんでした。話の筋、セリフ、演技、背景は、膨大な含み、余剰、余韻によって支えられているかのようでした。一体、このユニークな作品を創った小津安二郎とは、どのような考え方をもった表現者だったのか？　どのような人生観、芸術観、教養、美意識を持ち、どのような生き方、経験を重ねた表現者だったのか？

その映画作品に魅了された多くの人たちが持つだろう、素朴な疑問、関心、好奇心に、応えられるような〝小津監督のクロノジカルな発言集〟を作りたいと思ったのが、この企画の発端でありモチーフでもありました。とりわけ、若い世代、新しく小津を知った映画ファン、これから何かの機会に小津映画に出遭《であ》うだろう、未来の世代に向けて本書を編集しました。小津安二郎は、映画監督としては、規格外なまでに多くの論及、解明の対象となっています。とりわけ、蓮實重彦氏の『監督　小津安二郎』は、小津映画のもつ自由な魅力を、多くの映画ファンに伝え、その鑑賞の間口を広げてくれました。

しかし、残念なことですが、現在、小津自身の言葉に、本格的に触れられる書籍は、新刊としては流通していないのが現状です。古書市場には、小津の発言やテキストを蒐集《しゅうしゅう》した田中真澄氏の労作『小津安二郎全発言〈1933～1945〉』（泰流社）と『小津安二郎戦後語録集成』（フィルムアート社）がありますが、現在、一般のファンが手に取るには、少し敷居が高く、もはや古典的な基礎文献になっていると感じました。本書は、この二書を基礎として、初めて企画自体が成立するものです。この二つの労作に代わることはできませんが、その入り口になるような著作を目指しました。

小津は多くの発言やテキストを映画の専門誌はもとより、一般雑誌、新聞、スポーツ新聞、書籍、レコード（録音）、日記等に数多く残した、サービス精神の極めて旺盛な映画作家でした。本書は、小津が各媒体に残した発言・テキストを通時的に編集した年代記＝クロニクルという体裁をとっています。多彩な小津自身の発言やテキスト、同じ時間を共有した第三者の発言・テキストを抽出し、時間系列の中に布置《ふち》してみたとき、どんな印象が迫って来るのか？　そんな期待感を込めながら、発言やテキストを集めてみました。

次に、本書の編集の基本的なコンセプトを「凡例」のような形で、下記に簡単に羅列してみます。

一、小津安二郎は、明治三十六年（一九〇三）十二月十二日に生誕し、昭和三十八年（一九六三）の誕生日と同じ日付、十二月十二日に逝去しました。その生涯は六十年に及びます。本書は、各年度ごとに、発表された主要な発言、テキストを網羅しました（一部、その発言した年代を移動させて記載した例もあります。とりわけ、いまだ無名だった頃を「回想」した発言・テキストは、その相当する年代に掲載しました）。

二、小津の発言は、数人の対談、二人での対話として、雑誌に掲載された例が多くあります。本書では、小津の発言だけを対談の中から抽出して掲載しました。独立した内容として理解できる発言を抽出し、選択しました。対談者の発言が不在だと理解できない場合、あるいは理解がより容易になる場合、対談者の発言を【□□□】としてゴチック体で文中に表記しました（この発言は簡略化しました）。

三、発言・テキストの内容を補足する場合には、［注、□□□］のように、ゴチック体で文中に表記しました。

四、小津の発言・テキストを、より多角的に理解するために、「第三者の発言・テキスト」を小津の類似する発言・テキストの中に適宜、挿入しました。「第三者の発言・テキスト」は、小津の発言・テキストと区別するために、発言の冒頭部に【□□□談】のように、その名前を記した他、発言・テキストの背景に網掛けをしました。

五、現代の読者が自然に読めるように、適宜、表記は現代的な漢字、送り仮名に変更しました。同様に、句読点等も、現代の読者の読みやすさを優先し、適宜、変更しました。また、小津の発言やテキストの冒頭部には、「小見出し」を入れました。日記からの引用文については、その雰囲気を壊したくなく、小見出しを入れませんでした。ただし、出征中の日記や手紙は、当時の状況を詳細に物語る唯一の資料でもあり、また、心覚え以上の記述となっているために、小見出しを付けました。

最後になりましたが、お忙しい中、貴重な助言をいただきました小津オフィス様、松竹株式会社映像本部メディア事業部の小田切乾様、藤井宏美様に厚く御礼申し上げます。

小津安二郎発言クロニクルを作る会＋三四郎書館

# 第一章

## 明治三十六年〔一九〇三〕〇歳▼大正十一年〔一九二二〕十九歳

TOKYO STORY 1953
Early Summer 1951
Tokyo Twilight 1957
Good Morning 1959
Floating Weeds 1959
An Autumn Afternoon 1962
Early Spring 1956
The End of Summer 1961
Late Spring 1949

第一章

# 明治三十六年［一九〇三］〇歳▼大正十一年［一九二二］十九歳

【生い立ち／幼少期から学生時代／映画との出遭《あ》い】

## 明治三十六年［一九〇三］〇歳

十二月十二日、小津安二郎は、東京市深川区亀住町四番地（現、東京都江東区深川一丁目）に、父寅之助、母あさゑの五人兄妹の次男として生まれた。兄に、二歳年上の新一《しんいち》がいた。安二郎は、寅之助三十七歳、あさゑ二十八歳のときの子供で、寅之助、あさゑともに再婚だった。もともと小津家は、伊勢の松阪に本宅をもち、江戸に出店を出して商業を営む富裕な松阪商人（あるいは、伊勢商人）の家系だった。

生家の小津新七家《おづしんしちけ》は肥料問屋を営む小津与右衛門《おづよえもん》の分家で、代々、その海産物問屋「湯浅屋《ゆあさや》」の番頭（支配人）を務めており、五代目小津新七の子である父寅之助も十八歳で番頭に就《つ》いたという。二人の女中を雇える裕福な家庭だった。主に魚から製造された肥料の干鰯《ほしか》を取り扱い、東京湾や隅田川にも近く、運送に便利な深川に店があった。母あさゑは、津の名家の生まれで、漢詩を嗜《たしな》む教養のある女性だったという。

深川区は、現在の江東区の南部一帯に相当し、寛永四年（一六二七）、富岡八幡宮と永代寺《えいたいじ》が創建され、徳川家光の時代から富岡八幡宮の鳥居前町《とりいまえまち》（門前町）として発展した。明暦《めいれき》の大火（一六五七）後に木場（貯木場）がおかれ、商業開港地域になる。街の賑わいとともに深川岡場所も設置され花街になった。深川が江戸から辰巳《たつみ》（東南）の方角にあることから、深川の芸者は辰巳芸者《たつみげいしゃ》と呼ばれ、いきで気風がよいとされた。深川の立地は、日本橋という繁華な問屋街に通じた隅田川河口近くにあり、芸者の気風は、吉原などの芸者と違って「勇みはだ」であったため、威勢のいい商人や職人に気に入られたという。万治二年（一六五九）、両国橋が架けられると深川は江戸図にも載《の》るようになり、旧江戸朱引内図（一八一八）でも「朱引内」に含まれた。

明治十一年（一八七八）、都区町村編制法により東京十五区の一つの名称として深川区が成立し、その区域は、江戸の町地の地域に対応した。明治後半から大正期にかけて深川は工場の立地が盛んになり、とりわけ工部省セメント工場の払い下げを受けた浅野工場（後の浅野セメント東京工場）の煙突から排出された煤煙は「セメント粉塵公害」として大きな社会問題となった。

この年、日本初の常設映画館「電気館」が東京市浅草区浅草公園六区に開場した。当初、日本の映画文化は、大衆的な「見世物」の一環として、歌舞伎や寄席などと共に劇場や観物場《かんぶつじょう》で上映された。一握りの興行師たちが、輸入フィルム、歌舞伎や芸者の踊りなどのフィルムを携えて、日本全国の劇場を巡業したという。浅草の電気館が常設館になったのを皮切りに、日本各地で映画館の建設が始まり、映画は独立した娯楽となった。もともと電器館は、その名の通り、電気仕掛けの器具の展示や電気の実験を見世物にして入場料をとっていたという。しかし電器館が経営不振に陥り、吉沢商店（日活前身の一社）に活動写真の歩合興行を申し入れたことで、映画常設館という業態に転向した。

浅草電気館：明治36年（1903）、吉沢商店が東京市浅草区浅草公園六区（現在の東京都台東区浅草1丁目42番4号）に日本で初めての常設活動専門館としてオープン。

**【谷内松之助談】**［浅草電器館が］活動写真の常打小屋《じょううちごや》になると決まったので、場内を改造することにしたが、改造といってもそれまでの畳敷を取って土間にしただけのこと、入場料は五銭三銭。吉沢の方では一〇銭を主張する、私どもは薄利多売で行くという。それだけ興行する側の気が弱かったのでしょう。ところが、さてやって見みると夜はさっぱり見物が来ない。実際その頃の浅草公園は、夜は暗く、人通りはなく、至って物騒な事件が多く、日が暮れてからの興行は成り立たなかった。

（田中純一郎『日本映画発達史（一）』中央公論社）

## 喜八のモデルがいた深川

僕は深川生まれで、家の近所に喜八のモデルになるような人間をたくさん知っていましてね。それがやっぱし、この戦争後、ああいう種類の人間は大変いなくなりましたね。昔の、こう半纏《はんてん》着て、朝風呂入ってるようなのが、いま、ズックの靴履《は》いて、ジャンパー着てねェ。昔は毎日髭剃《ひげそ》ってた大工が、いま無精髭《ぶしょうひげ》生やして、どうでもいいよってな格好していますがね。昔は深川のああいうような所へ行くと、小さな家にいても、大きい長火鉢《ながひばち》置いてね、黒柿の茶箪笥《ちゃだんす》か何か置いて、褌《ふんどし》一つで、冷奴《ひややっこ》かなんかで酒飲んでましたけどね。

（井上和男編『小津安二郎作品集Ⅱ』立風書房）

**【永井荷風談】**この時代には電車の中で職人が新聞をよむような事もなかったので、社会主義の宣伝はまだ深川の裏長屋には達していなかった。竹格子《たけごうし》の窓には朝顔の鉢が置いてあったり、風鈴《ふうりん》の吊されたところもあったほどで、向三軒両鄰《むこうさんげんりょうどなり》、長屋の人たちはいずれも東京の場末に生れ育って、昔ながらの迷信と宿習との世界に安んじていたものばかり。洋服をきて髯など生《は》やしたものはお廻《まわ》りさんでなければ、救世軍のような、全く階級を異にし、また言語風俗をも異にした人たちだと思い込んでいた。

（深川の散歩『荷風全集　第十七巻』岩波書店）

## 明治三十七年［一九〇四］一歳

ひどい腫《は》れ物ができ、安二郎は順天堂病院に入院した。小津家は本家から土地を譲られ、大きな家屋を深川に新築した。年末から新居に引っ越しを始めた。二月、日露戦争が勃発し、世界各国の映画キャメラマンが戦場に足を踏み入れ、盛んに戦争のドキュメンタリー・フィルムを撮影した。日本には映画キャメラマンの数が少なかったが、吉沢商店は、店の専属キャメラマンの藤原幸三郎を第一師団嘱託として派遣した。その第一報は、五月一日、神田錦輝館《かんだきんきかん》にて「日露戦争活動大写真」と題して公開され、その後、地方各地でも上映会が催され、大変な人気を博した。それまでの興行の中心だった歌舞伎人気の衰微と逆向するかのように、戦争映画は映画業界に活況を与えたという。

**［京都朝報・雑報欄］**戦争で活動写真と新演劇は天天知らずの好景気だ。東洋活動写真会が去る十四日から日露の海戦陸戦を呼物の一つとして四条南座で開場しているが、陸戦で衛生隊がたんかで彼我の負傷兵を懇切に救助しつつあるところ等は大喝采だ。何しろ頗《すこぶ》る非常つきの駒田の説明で［注、巡回興行の第一人者・駒田好洋］、頗《すこぶ》る非常の大人気だ。

（道草半時「京都朝報」明治三十七年六月十六日）

**明治三十八年**〔一九〇五〕**二歳**

深川区亀住町七番地への転居が完了した。この年の九月、ポーツマス条約が締結され日露戦争は終結したが、講和条約に反対する民衆による暴動（日比谷焼打事件）が発生し、十一月末まで東京に戒厳令が宣告された。

**明治三十九年**〔一九〇六〕**三歳**

二月、父方の祖父である五代目小津新七が死去。新七には芸能趣味があり、浮世絵や相撲の番付表、印影などを蒐集《しゅうしゅう》した。安二郎の浮世絵やスタンプ制作に対する嗜好に影響を与えたと思われる。

**明治四十年**〔一九〇七〕**四歳**

二月、長女登貴《とき》が誕生（三人兄妹に）。三歳の後半頃、安二郎は重篤な脳膜炎を患《わずら》った。数日間高熱が続き意識不明に。父が「この子も、もう、あきらめるしかないか」とつぶやいたところ、母が「私の命にかえても癒《なお》してみせます」と必死に看病し、一命をとりとめたという。

## 明治四十一年［一九〇八］五歳

特別な記録なし。一月、東京の吉沢商店が日本で初めての映画撮影所を下目黒の行人坂《ぎょうにんざか》（目黒駅前）に「吉沢商店目黒行人坂撮影所」として建設した。店主の別宅を中心にして、隣接する南部原と呼ばれた一万二千坪の空地を求め、グラス・ステージという屋根と周囲をガラス張りにした米国のエジソン・スタジオを参考にした建物が一棟あったという。これは太陽光を撮影に利用することに配慮した作りで、後の日活向島、松竹蒲田にも大きなグラス・ステージがあった。大正中期になると撮影所の光線は全て電気から採られるようになった。

## 明治四十二年［一九〇九］六歳

四月、深川区立明治小学校附属明治幼稚園に入園。当時、幼稚園に子供を通わせる家庭は少なく、小津家が教育熱心な家庭だったことが伺える。

## 明治四十三年［一九一〇］七歳

三月、卒園。四月、深川区立明治尋常小学校（現在の江東区立明治小学校）に入学。記念行事には、皇族が来賓として招かれるような名門の小学校だったらしく、地元では〝下町の学習院〟とも呼ばれたという。絵を描くことが好きな子供だった。

## 明治四十四年［一九一一］八歳

三月、次女登久《とく》誕生（四人兄妹に）。後年登久は、千葉県野田市でキノエネ醤油を経営する山下家に嫁ぐことになり、後に弟信三《のぶぞう》の勤め先になる。四月、小学校二年生に進級。十一月、フランス映画『ジゴマ』が洋画として初めての大ヒット作品となった。子供の間で「ジゴマごっこ」という遊びを生むなど、一種の社会現象になるほどの興行的な成功を収めた。ジゴマの模倣犯なども現れ、映画に対する内務省の危機感も醸成した。西洋流のスリル溢れる緊迫感は、とくに子供たちに強烈な印象を与えたという（安二郎が『ジゴマ』で映画という存在を意識した可能性も）。

本作品は、京橋の映画会社福宝堂（のちの日活の前身の一社）が横浜の貿易商ニーロップ商会から買い入れた。内容が犯罪映画のため、公開を逡巡していたが、『探偵奇譚ジゴマ』のタイトルで、浅草金龍館の活動弁士・加藤貞利の解説で封切ると、大ヒット作品となった。この後、〝日本製ジゴマ〟を各社が製作するようになり、福宝堂の花見寺撮影所（日暮里）で作られた『ジゴマ大探偵』『続ジゴマ大探偵』、吉沢商会の目黒撮影所で作られた『日本ジゴマ』『ジゴマ改心録』等が製作された。

映画『ジゴマ』：福宝堂が横浜の貿易商ニーロップ商会を通から買い付け、明治44年（1911）11月、『探偵奇譚ジゴマ』の題で浅草の金龍館で封切られた。日本における洋画最初の大ヒット作品。

**【厚田雄春《あつたゆうはる》談】**それから見たかったのがフランス映画の『ジゴマ』ですよ。これは当時評判で、青少年に悪い影響を与えるってんで、子供は見られなかった。たしか、上映禁止になっちゃったんです。泥棒に入っちゃ、Zというカードを置いてくる。これが見たくってね（笑）。

（厚田雄春／蓮實重彦『小津安二郎物語』筑摩書房）

## 明治四十五年／大正元年［一九一二］九歳

四月、小学校三年生に進級。三月、吉沢商会、福宝堂、横田商会、エム・パテー商会の四社合併で「日本活動フィルム株式会社」が設立された。九月、その社名を「日本活動写真株式会社」（日活）と改めた。時代劇の名門映画会社として、京都の撮影所で尾上松之助《おのえまつのすけ》を看板スターとした。

綴方《つづりかた》　尋三年壹《いち》の組　小津安二郎（作文）

私どもの家
私の内は深川區亀住町七番地にあります、
父母と兄と二人の妹があります、其ほか、
女中が二人ゐます、にはには、色々な木が植てあります、
今年六才になる妹が、たいせつにしているほーづきが、
貳《ふた》つ赤くになりました。
兄がたいせつにしてゐる九子の金魚があります、
私が時々手を入れてしかられます

（中村博男『若き日の小津安二郎』キネマ旬報社）

## 大正二年［一九一三］十歳

三月、仕事のある父を深川に残し、一家は小津家の郷里三重県飯南郡神戸村（現、松阪市）垣鼻《かいばな》七八五番地に移住した。父は仕事の合間に松阪に来訪し、安二郎と食事を共にすることもあったという。移住は、父母の故郷で教育をしたいという希望と共に、深川セメント粉塵《ふんじん》公害も移住の一因だったらしい。四月、松阪町立第二尋常小学校（現在の松阪市立第二小学校）四年に転入した。兄は親戚の家から中学に通ったため、家では女性に囲まれた生活となった。

江戸時代の松阪は、三井を初めとした松阪商人の本拠地であると同時に、伊勢神宮に向かう旅人が集まる街道の要所だった。江戸時代の松阪には、小津清左衛門家《おづせいざえもんけ》、小津与右衛門家《おづよえもんけ》（生家の小津新七家《しんしちけ》は、小津与右衛門家の分家だった）、小津茂右衛門家《おづもえもんけ》のように、「小津五十党」と称されるほど、小津姓を名乗る商人が多かったという。

安二郎は家の近くにあった映画館「神楽座《かぐらざ》」で、「目玉の松ちゃん」の愛称で親しまれた歌舞伎役者尾上松之助《おのえまつのすけ》が出演する作品を見た。これを契機に徐々に映画にのめり込んでいくことになる。この年、チャールズ・チャップリンがキーストン社と契約し、翌年、短編サイレント映画『成功争ひ』（Making a Living）に初出演した。

### 第二の故郷《ふるさと》、松阪のこと

僕もね、一度ここ〈松阪〉でロケしてやろうと思うんですがね、どうも腕白時代の僕を知ってる人がまだいるもんでね、恥ずかしくって……。

（キネマ旬報「小津安二郎　人と芸術」昭和三十九年二月増刊）

【弟 信三《のぶぞう》の夫人・小津ハマ談】あの頃は、大正二年に深川がセメント粉塵公害で、だいぶ環境が悪かったもんですから、他にもいろんな要素があって、義父が子供達を自分の故郷の環境のいいところで育てたいと思って、家族を全部、松阪に買った家に移しまして。自分［義父］はだいたい年の半分か三分の一は松阪で、あとは深川の店で仕事してという形でいましたもんですから。

（『デジタル小津安二郎』東京大学総合研究博物館）

【兄 新一談】教育のためも一応あったと思います。ずいぶん世の中が悪くなってましてね、不良なんてのが多くって、私んとこへもずいぶん遊びに来いとか何とか言って誘いに来た近所の悪い奴がいましてね。そういうのを見てるもんだから、おやじもやっぱり、ここに長くいたんじゃ具合が悪い、息子もろくなものにならないと思ったんじゃないでしょうか。

（井上和男編『小津安二郎　人と仕事』蛮友社）

## 大正三年［一九一四］十一歳

四月、小学校五年生に進級。後の宝塚歌劇団となる宝塚唱歌隊が第一回公演を興行し、大きな話題となった。小津は『小早川家《こはやがわけ》の秋《あき》』（一九六一）を、兵庫の東宝宝塚撮影所で撮影した際にも劇場に立ち寄り、長年にわたって宝塚愛好家となった。この頃、安二郎は大人もびっくりするような写生の才を発揮したという。人間的にも包容力があり、仲間を大切にする少年だったらしい。当時の担任によると、小津は円満実直で成績が良く、暇があるとチャンバラごっこをしていたという。

六月、オーストリア皇位継承者フランツ・フェルディナント大公夫妻がセルビア人青年によって暗殺され（サラエボ事件）、第一次世界大戦が始まった。八月、日本は連合国側に立ち、ドイツに宣戦布告をした。
第一次世界大戦の勃発頃までは、欧州映画の輸入は加速度的にその数を増加させていたという。とくにフランスやドイツの著名な文芸映画、イタリアの史劇などが日本の観衆を魅了し、興行映画の七割を占めた。その後、欧州における戦争の影響もあり、戦争末期になると、アメリカ映画が量、質ともに台頭するようになった。

**【五、六年時の担任　高野久五郎談】** 私が彼を受持ったのは二ヶ年で、五、六年生当時だった。当時クラスは六十五人位だったが、小津君は円満実直な少年で成績も優秀だったが包擁力《ほうようりょく》もあり喧嘩したのは見たことがない。暇があるとチャンバラごっこをしていた。教科の中で特に絵画は上手だったが、写生なんかの構図では、我々が舌をまく位の才能の持主だった。

（井上和男編『小津安二郎　人と仕事』蛮友社）

**【松浦莞二／少年期の絵画】** 小学校四年時の汽車や金魚の絵は子どもらしく可愛げがある。五年になると格段に上達している。機関車は遠近に歪みがあるものの奥行きが表現されているところに描写力がある。細部と全体を両立させるのは意外に難しい。キノコのひだなど細部に拘りながら全体もしっかりと捉えられている。細部と全体を両立させるのは意外に難しく、集中力も必要だ。軸の部分では光のあったところは大胆に描写が省略されているが、かえって質感が出ている。こういった描写や色ののせ方は浮世絵によく見られる。安二郎の祖父が浮世絵を蒐集《しゅうしゅう》していたというのでその影響かもしれない。

（松浦莞二・宮本明子編著『小津安二郎　大全』朝日新聞出版）

# 大正四年［一九一五］十二歳

四月、小学校六年生に進級。この頃に描いた林檎や筆立ての絵が残っている。『名金』（The Broken Coin）というフランシス・フォード監督の二十分のサイレント映画が流行した。この『名金』から安二郎は本格的に映画を見るようになったという。田中純一郎（映画史家）によると、日本で公開された当時の連続活劇のなかでも本作がもっとも評判が高く、ノベライズ小説が日本でも翻訳出版されたという。アメリカ映画の魅力を日本の観客に強くアピールした作品となった。

## 最初に映画を見たのは？

小学校の頃だね。『名金』『天馬』というのがあった。風船の馬が天に昇った。それがどうしても分からなかった。この間、どっかから招待状をもらった『カビリア』。それを初めて見に行ったのが伊勢にいた頃なんだが、電気の具合が悪くてさんざん待たされ、始まったのが、やたらに遅くなって半分でやめちゃった。その後を見たいのだが、親には次の日も行きたいということが言い出せなかった。あの時分は、映画を見ることはあまりいいことではないと思っていたのだな。

（小津安二郎・筈見恒夫「映画の友」昭和三十年九月号）

**【山本嘉次郎《やまもとかじろう》談・映画監督】**面白いの面白くないの、いままでの単調、鈍重、舞台劇の焼き直しのような欧州物と較べて、「『名金』は」波瀾重畳、スリルとサスペンスに満ちて、テンポがスピーディーである。

（山本嘉次郎『カツドウヤ自他伝』昭文社）

## 大正五年［一九一六］十三歳

三月、小学校卒業。四月、三重県立第四中学校（現在の三重県立宇治山田高等学校）に入学。当時、中学に進学する者は少なく、進学率は一割に満たない程度だったという。自宅からの通学には時間を要し寄宿舎に入った。寄宿舎での生活の規律は厳格であり、先輩後輩の上下関係も厳しく、下級生は上級生の布団の片づけ、靴磨きなどもしたという。体格のよい安二郎は柔道部に在籍した。上級生を投げ飛ばしたという逸話も残る。武術部が行った武術大会のプログラムが現存し、柔道之部の紅組トップに小津安二郎の名前がある（十月十四日付）。

この年、アメリカのユニヴァーサル映画社が東京に支社を創設し映画の配給を始めた。以後、ユナイテッド・アーティスツ（一九二二）、二〇世紀フォックス（一九二三）、ワーナー・ブラザース（一九二四）、コロンビア（一九二六）と、東京に続々と支社を設立し直接営業を開始した。

中学時代の小津：三重県立第四中学校（現在の三重県立宇治山田高等学校）入学の頃。自宅からの通学には時間を要し寄宿舎に入った。

**【中井（旧姓小藪）助三談・同窓生】** 私たちは大正五年四月八日、三重県立第四中学校（後の宇治山田中学校）に入学した。午前中に入学式を了え、校内裏手の寄宿舎で簡単な入舎式があった。食堂には新入生の入舎を祝うために赤飯と刺身のご馳走が準備されていた。小津もこのご馳走で祝福された一人である。私は彼とその時以来三年生になるまで大方室を同じくした。彼は大きな柄の紺絣《こんがすり》を着た、どことなくあかぬけのした都会育ち風の紅顔の美少年であった。発音も「し」と「ひ」が土地言葉とは逆であり、その喋り方は生涯、なんとなく歯から洩《も》れるようなひびきを持っていた。

（井上和男編『小津安二郎　人と仕事』蛮友社）

## 大正六年［一九一七］十四歳

四月、中学二年生に進級。アメリカ映画『シヴィリゼーション』（トマス・H・インス監督）に感銘を受けた。映画製作に「監督」という役職があることを知る。この頃から映画界に行きたいという志望をもつようになったらしい。他、ペンリン・スタンローズやレックス・イングラム監督の作品を見る。

この年、警察庁が東京で「活動写真興行取締規則」を施行し「公安風俗ノ取締」を行うようになり、この動きは全国の自治体にも拡大した。

**【柔道「寒稽古《かんげいこ》」褒状】** 第一学年　小津安次郎　右ハ本年ノ柔道寒稽古《かんげいこ》ニ皆出席ニ付茲《ここ》ニ之ヲ賞ス　大正六年一月十三日　三重県立第四中学校長正七位　黒金泰信
（中村博男『若き日の小津安二郎』キネマ旬報社）

### 監督という職業を知る

いま『シヴィリゼーション』（一九一六年、トーマス・H・インス監督他）なんか覚えている人は割合少ないでしょう。あれは初めの一巻がタイトルだな。映画に監督がいるというのを知ったのは、トーマス・H・インスだね。あの時分に、アート・ディレクターというのを知って、「こういうものがいるのか、これになりたい」と思った。映画では、筋がおもしろいとか何かでなく、映画の構図とか雰囲気、写真はつまらなくても、そういうものがよく出ているということで、特殊な、好きな監督がいたな。［イングラムとかモーリス・ターナー（筈見）］それから、ペンリン・スタンロウスなんかよかった。

（小津安二郎・筈見恒夫対談「映画の友」昭和三十年九月号）

## 好きな映画監督は？

おれは大変あの男が好きだ。中学のころあれの映画をよく見た。もしイングラムという監督がいなかったら、おれは現在監督になってはいないだろう。

（小津安二郎・筈見恒夫「映画の友」昭和三十年九月号）

## 映画の魔力に憑《つ》かれる

映画館の戸を開けると、むーっと生あたたかい人いきれが顔にかかる。昔は映画館などとは言わず「活動小屋」と言っていたが、濁《にご》った小屋の中の空気に十分も浸っていると、頭がすっかり痛くなってしまう。それでも、ジンタの音［注、客寄せの音楽］が聞こえてくると、小屋の前を素通りできなくなるのだから、映画というやつは一種不可思議な魔力をもっている。

私の生まれは東京だが、伊勢の松阪で少年時代を送り、活動を見ることが病みつきになっていた。終《しま》いには、学校から禁止されている映画に行くことが、映画そのものを見ること以上にスリルを感じさせて、よけい楽しみになってしまった。当時の中学生は、いまの人たちには想像もつかないだろうが、映画だけでなく「改造」

映画『シヴィリゼーション』：大正5年（1916）公開のアメリカ合衆国のサイレント映画（トーマス・H・インス監督）。「映画に監督がいるというのを知ったのは、トーマス・H・インスだね」（小津）。

や「中央公論」を読んで、仲間であれはどうだったなどと話し合っていた。読んで分かったかどうか覚えていないが、そういう読書欲だけは実に旺盛だった。

谷崎潤一郎や芥川竜之介の小説を、やたらに読んだのもその頃だ。映画を見るにしても洋画しか見なかった。生意気のようだが、洋画に比べて幼稚な日本映画は軽蔑していたのである。

映画も当時は、ただ筋を追って行くだけで、人間の感情などとても表現できなかった。ところが、そこへ現れてきたのが、アメリカ映画、インス監督作『シヴィリゼーション』である。

当時の超大作と言われるこの作品は実に見事だった。その印象は、すっかり私を捉えてしまった。「ひとつ映画監督になってやろう」と思ったのは、まったくこの時である。

（僕は映画の豆監督『私の少年時代』牧書店）

**【田中純一郎】**【シヴィリゼーション　Civilization】アメリカのトライアングル社から発売されたトーマス・H・インス監の監督作品で、文明が平和を破壊するのは、神の摂理にそむくものである、という意味の宗教的色彩を持った一〇巻もの。「……」何千人のエキストラ、何百万ドルの撮影費、軍艦何十艘出動という宣伝で、日本でも優秀な興行成績をあげた。そしてこれらの群集映画は、映画の規模をはるかに舞台から引き離し、スクリーンには劇場の舞台とは比較にならぬ幅と奥行を持たせることができるということを実証して見せた。

（田中純一郎『日本映画発達史（一）』中央公論社）

## 大正七年［一九一八］十五歳

一月、三男信三《のぶぞう》が誕生（五人兄妹に）。安二郎は年の離れた弟の面倒をよくみ、よく可愛がったという。四月、中学三年生に進級。友人の家にコダック社の小型カメラ・ベス単があり、写真撮影に熱中した。三つ年上の兄新一は、神戸高等商業学校（現、神戸大学経済学部）に進学が決まった。

安二郎はアメリカ草創期のサイレント映画に熱中し、学校から禁止されていた映画を見るために、「ピクニックに行く」と家族に申し伝え、自転車に乗って名古屋まで出かけたという。松阪から名古屋の繁華街までの距離は、一〇〇キロメートル近くあり、一五キロ平均で走行しても、優に片道七時間近くかかったと思われる。

その日、松阪は大雨に見舞われ、家族は帰宅の遅い安二郎を心配して待ち、帰宅した安二郎を問い詰めると、名古屋まで映画を見に行ったことが露見したという。この頃、活劇作品に多数出演したアメリカの女優、パール・ホワイトの熱烈なファンになった。

この年、演劇興行を専門にした松竹が日活に貸し出していた道頓堀にある朝日座の映画収益が急増し、家主である松竹に高額の歩合金が入るようになった。松竹は映画事業に対する関心から白井信太郎（大谷竹次郎の末弟）を洋行させ、映画事業の調査を開始した。

パール・ホワイト（Pearl White、1889〜1938）：アメリカの舞台、映画女優。6歳のときに舞台作品で女優デビューを果たし、数々の有名な連続活劇作品に出演。小津は英文でファンレターを書いた。

登校すれば柔道の番組、控所に出てゐた。

二年の藤原、上月に勝ち、藤本に逆にまけた。

昼からは皇学館と対校試合なり。

吉田先生、度々注意した。

柔道の時、
阪井として胃を打った。
大いにいたし。

（「日記」大正七年六月二十二日）

四限に第一学期柔道進級者氏名を掲ぐ
大岩や岸田、西岡、綾野、正木、
池部と私とは少年組二級になった。

（「日記」大正七年六月二十四日）

（「日記」大正七年七月十三日）

## 大正八年［一九一九］ 十六歳

四月、中学四年生に進級。五月、修学旅行で大阪を訪れた。同級生が道頓堀でボートに乗り転覆し、後にこの事件は『父ありき』（一九四二）のボート転覆シーンの素材になったと考えられる。

映画界では、チャールズ・チャップリンの活躍が始まり、小津が評価した、ジョン・フォード、エルンスト・ルビッチらも監督になっている。

この年、映画雑誌『キネマ旬報』が創刊された。キネマ旬報ベスト・テンは世界最古クラスの映画賞で、当初、外国映画のみを対象としていたが、一九二六年から「日本映画の水準が高くなった」ことを理由に日本映画もランキングの対象となった。

## 大正九年［一九二〇］十七歳

四月、中学五年生に進級。一学期の終わり頃、下級生の美少年に付《つ》け文《ぶみ》をした「稚児《ちご》事件」に連座し、停学処分を受けた。寄宿舎を追放され、自宅からの汽車通学になった。小津は事件に関与していないことを主張し、晩年の同窓会の席上でも「追放処分を決めた舎監が来るなら参加しない」と言い張ったという。しかし、安二郎にとっては、寄宿舎を出て自由な外出が可能となり、ますます映画鑑賞に没頭できる環境となった。

この頃になると、校則を破ることもあり「操行」の成績は最低の評価しかもらえなくなった。当時の学友たちからは「小津は卒業できないだろう」と思われていたという。

この年の二月、芝居興行を主としていた松竹は「松竹キネマ創業」の新聞広告を公開し、映画の製作・配給を発表するとともに、「二〜三万坪の撮影所用地」と「人材」を公募した。三月、同社内に松竹キネマ俳優学校を設立し、小山内薫を校長に招聘《しょうへい》した（公募により三十六名の研究生を養成）。

六月、東京府荏原郡蒲田村（現在の東京都大田区蒲田五丁目）に松竹キネマ蒲田撮影所を建設した。京都新京極の一芝居小屋の物売人から志を立て、京阪興行界を制覇した大谷竹次郎は「松竹キネマ合名会社」を設立し、映画製作を開始した（翌年、松竹キネマ株式会社に改称）。

**【佐藤忠男】** 男女の交際が厳しく禁止されていた戦前の中学生の社会では異性に手紙を書くかわりに年下の同性に友情の手紙を書くといった習慣が、一部には伝統的にあった。

（佐藤忠男『小津安二郎の芸術』朝日新聞社）

**【兄 新一談】** たしかに学校でももて余したんじゃないかと思います。そりゃあね、結局はごく邪気のないとなんですよ。やってることは、悪質なことじゃないですけれどね。……絵がうまくてね、あの弟は。先生の似顔絵を描いたりすることがうまかったんです。だから似顔絵なんか描いたやつを、友達が持ってどこかへ貼りつけておくとかね。先生もその、頭へ来とったらしいんですね。

（井上和男編『陽のあたる家』フィルムアート社）

**【梅川文男談（松阪市長、同窓生）】** 三年生以下の奴は、前のマッチ箱に乗れ、と安ッちゃんは、時々、山田駅で号令をかけるのである。（略）列車は動き出す。安ッちゃんは、皆と唯一人向かいあって、停学ものである煙草をふかし、上衣の上ボタンを二つほどをはずした風態で、「いまからやるできいとれ」と、「わがパール・ホワイト嬢は」、なんと美辞麗句をつらねた、例の映画解説をはじめるのである。これはかけ値なしにうまかった。よくもおぼえたもんだと、舌をまいたものである。「パール・ホワイトの運命は、いかゞなりましょうや、また来週まで」と終わるのである。

（『伊勢公論』昭和二十七年十一月号）

**【同窓生談】** あいつはあの通学列車の洗面所にね、必ずとじこもっとるわけだな。煙草の煙がパーッと出とるのでわかるんだ。そして入ってくとね、おるわけだよ。二、三人入っとるんだね。そしてね、あの時分、今でもそうか知らんがね、洗面所のすりガラスへなんか針金みたいなもので書くんだ。たいがいね、参宮線の汽車の洗面所のすりガラスにね、パール・ホワイトって書いてあるんだ。そしてさっきも話に出とったけど、毎日何時に家へ帰ったってやつをね、お母さんに判こもらっ来て、翌朝担任の先生に出すわけだねェ。彼は判取帳と称していた。そうしてここへ入れとったけども、それと一緒にパール・ホワイトの写真を絶えず持っとった。

（井上和男編『陽のあたる家』フィルムアート社）

## 大正十年［一九二一］十八歳

三月、宇治山田中学校卒業。兄の新一が進学した神戸高商（現神戸大学経済学部）を受験したが不合格だった。続いて名古屋高商（現名古屋大学経済学部）も受験したが不合格となり、浪人生活に入った。受験も安二郎の映画熱に影響を与えることはなく、神戸での受験の傍《かたわ》ら、映画館にも立ち寄っている。
また、お気に入りの女優、パール・ホワイトやルス・ローランドの住所を調べ、英文でファンレターを書き送った。四月十八日、ルス・ローランドから返信があり、プロマイドを受け取った。七月、映画研究会「エジプトクラブ」を結成した。安二郎は映画批評を執筆し、ニュース紙などへの投稿を始めた。安二郎の投稿は、掲載されることもあったという。

受験のこと……。

兄貴が神戸高商に入ったもんですからね、中学を出ると、どうしても僕にそこを受けろっていうことになってね、仲間と一緒に受けには行ったんですがね、そんなとこへ入っちゃったら映画がやれなくなっちゃうし、初めっからおっこちるつもりでね……。

（キネマ旬報「小津安二郎　人と芸術」昭和三十九年二月増刊）

夜は乾を誘ひ神楽座に
ウィリヤム・ダンカン、カロル・ホエルの共演銘打って
戦闘の跡を見に行く。

（「日記」大正十年一月二日）

東京時事新聞の報道によれば、
米国フオクス・フイルム会社は英領と或小島に撮影に趣き、
帰路に就いた時にパール・ホアイトのみが取りのこされたのを
英飛行家に頼みて飛行機より縄梯子を下して本船に帰る。
「女か虎か」のフイルム
実に自からも信じ、人も許す冒険女王をと

（「日記」大正十年二月六日）

## 近所にあった「小屋」

もしこの小屋［注、神楽座］がなかったら、僕は映画監督になってなかったと思うんですよ［注、「神楽座」は安二郎

の自宅から、わずか四百メートルほどの場所にあったという」。

（キネマ旬報「小津安二郎　人と芸術」昭和三十九年二月増刊）

晴　代数　幾何失敗した。国漢よし。
余りに不良なので
午後から兄と三人でキネマクラブに行く。
聚楽館前で降りて、行く。
暗号の四美人、嵐を衝いて、鳥人獣人、上場。
帰ってカードを暗記して早くねる
同窓生小阪君が神戸にきてゐて、尋ねてくれた。

（「日記」大正十年三月十四日）

晴にして試験第三日
物理、化学、英作文
共によし　昼より三人で新開地に遊ぶ。
第一朝日館で魔の湖、竜の綱、ラ・ラ・ルシル、を見た。
いろはでうなぎを喰って、
松本座でダルトンのフランス万歳を見た
後ブラジル、カフエーでドウナツーを喰って帰る、
井阪と兄と尺八を合せて早くねる。

（「日記」大正十年三月十六日）

気も心も一時に緩んだ。
宝塚は二十日からなので残念ながら
大阪に行った
梅田から心斎橋通を通って敷島クラブに行く。
肉弾の響、鉄窓を出でて、天空の女を見た。
禁酒カフェーに行く。
それから又ぶらぶら歩いて電車で神戸に帰り、
ミルクパン、雑煮を喰って帰る。
赤玉ポートワインを飲んでゐる。
神港の波、煙の空にねるのも本日限りである。

（「日記」大正十年三月十七日）

朝からエデー・ポロ氏の擦筆を書いてゐた。
昼より豊君来る。
待ってゐたルス・ローランドから寫眞が来た。
夜は手紙を書く。

（「日記」大正十年四月十八日）

## 大正十一年〔一九二二〕十九歳

浪人生活。三重県師範学校（現三重大学）を受験するも不合格だった。親友の紹介もあり、三重県飯南郡宮前村の尋常高等小学校の代用教員を務める。小学校は、松阪の中心部から南西に三十キロの場所にあり、下宿することになった。安二郎は五年生四十八人のクラスを担当した。一年間に及ぶ子供たちとの豊かな交流は、小津映画に登場する子供像を生彩に富む描写にした可能性がある。この時期、村の資産家の蔵書から多くの本を借り出し、読書に勤《いそ》しんだ他、週末、必ず映画を見に山を降りたという。十二月、安二郎と女学校在学中の妹登貴を残し、一家は再び上京し、父寅之助と同居した（東京市深川区和倉町十六番地に転居）。

**【中村博男談】**「オーヅ先生」の授業ぶりから見ておかなければならないだろう。正規の科目に関することはほとんどなく、教室で小津にローマ字を教えてもらった話が目をひく。そのころの小学校でローマ字を教えるという例は、たぶんなかったと思われる。小津は自分の考えで実行したのであろうが、生徒はローマ字がめずらしくて、勉強にも熱が入った。教え子の一人は、戦後、仕事でローマ字に出会った時、小学校卒業なのに小津に習っていたおかげで読むことができた。上司からローマ字の記号がついた品物を持ってくるよう命じられ、ほかの者はだれもわからなかったのに、自分だけはすぐ理解したと、いくぶん誇らしげに語っている。ある四年生は、上級の五年生がローマ字を覚えたあと、お互いに頭文字で呼び合っているのを見て、自分も五年になったらローマ字を教えてもらえると思ったことを書きとめている。

次に多いのは、教室で小津から面白い話を聞いたことである。代理でほかの学年の授業をした時、あるいは体操が雨で中止になった時に、小津は学科の授業をせず、生徒に話を聞かせたが、その巧みな語りで、子供たちは夢中になるほどであった。生徒はこれを先生の「嘘話《うそばなし》」といっているが、話の内容は、実際に聞いたことのある柳瀬によると、わくわくするような冒険物語、骸骨の出てくる恐ろしい話などだったという。汽車で逃げて行こうとする悪漢を、賢く勇敢な若者が必死に追いかけ、橋（陸橋）の上から下を通過する汽車の上に飛び下りる場面を、今でもはっきり記憶しているそうである。これはたぶん、小津が見ていた連続活劇映画のストーリーを自分で脚色したものではなかっただろうか。学科の勉強よりも、ローマ字の学習や嘘話の方を教え子たちが覚えているのは、むしろ当然かもしれない。

（中村博男『若き日の小津安二郎』キネマ旬報社）

**【女生徒談】** 私は体が小さくて気が弱く、皆の前ではハキハキできなかった。それに兄弟が多く、貧しい百姓家で育って学校を早退することがあり、勉強もできなかった。しかし小津先生は、決して「ひいき」をしなかった。

（柳瀬才治編『オーヅ先生の思い出』）

**【女生徒談】** ほかの学校の運動会を見学に行った時、櫛田川にかかる板の橋を渡らなければならず、私は怖くて半泣きになった。すると小津先生は川原へ降りて、橋の下から「大丈夫だ、心配するな」というような目でじっと私を見守り、うなずきながらニッコリされた。言葉でなかっただけに先生のやさしさが身にしみて、一生忘れられない。

（柳瀬才治編『オーヅ先生の思い出』）

**【柳瀬才治談】** 子供の心に非常に近い、子供の心をよく摑《つか》んだ方でした。また、冒険心をくすぐるのが巧かったと思います。小津さんは、映画そのものも好きでしたが、校則で禁止されている映画を見に行くスリルも好きだったのではないかと。例えば当時、物を食べながら道を歩いてはいけないと厳しく躾《しつけ》られていました。ところが小津さんは、子供を連れて遊びに行くとき、道々物を食べるのです。親から止められているのに、先生は平気でする。子供らは喜んで真似をする。「先生がしとるんやで、大丈夫や」。そういうスリルが子供の心に共鳴したわけです。

（平成十三年『伊勢人』十二月号）

# 第二章

## 大正十二年〔一九二三〕二十歳▼昭和十年〔一九三五〕三十二歳

Tokyo Story 1953
Early Summer 1951
Tokyo Twilight 1957
Good Morning 1959
Floating Weeds 1959
Early Spring 1956
An Autumn Afternoon 1962
The End of Summer 1961
Late Spring 1949

第二章

# 大正十二年［一九二三］二十歳▼昭和十年［一九三五］三十二歳

【蒲田撮影所時代／サイレント映画】

懺悔の刃×　若人の夢×　女房紛失×　カボチャ×　引越し夫婦×　肉体美×　宝の山×　学生ロマンス　若き日　和製喧嘩友達△　大学は出たけれど△　会社員生活×　突貫小僧△　結婚学入門×　朗かに歩め　落第はしたけれど　その夜の妻　エロ神の怨霊×　足に触つた幸運×　お嬢さん×　淑女と髭　美人哀愁×　東京の合唱　春は御婦人から×　大人の見る繪本　生れてはみたけれど　青春の夢いまいづこ　また逢ふ日まで×　東京の女　非常線の女　出来ごころ　母を恋はずや　浮草物語　箱入り娘×　東京の宿。

×は、フィルムなし。△は部分あり

## 大正十二年［一九二三］二十歳

三月、妹登貴《とき》の女学校卒業を機に代用教員を辞め、ともに上京する。小津の十年ぶりの東京生活が始まった。映画会社への就職を志望したが、当時、映画業界は世間的に堅気《かたぎ》の仕事とは目されておらず、父寅之助は反対した。しかし母の異父弟中條幸吉《ちゅうじょうこうきち》が松竹に土地を貸すというツテがあり、

**三月**
妹の卒業を機に代用教員を辞し上京

**八月一日**
松竹キネマ蒲田撮影所に入社

**八月十七日**
日英同盟が四カ国条約発効により失効

八月一日、松竹キネマ蒲田撮影所への入社が実現する。希望した演出部には空きがなく、牛原虚彦《うしはらきよひこ》監督の組付の撮影部助手となった。以後、撮影や現像などの基本を学んだ。

九月一日、撮影所で関東大震災に遇《あ》う。深川の家は焼失したが一家は無事だった。撮影所も被害を受け、所員の多くは京都に移動した。小津は東京に残り、ハリウッド流の撮影技法を碧川道夫《みどりかわみちお》から習った。碧川はハリウッドで学んだヘンリー小谷に弟子入りしたキャメラマンだった。

大正十二年の春
僕が二十一の年　東京に十年振りに出て来た
未だ父も健者だつた
和倉の家の二階に黄色のバラをさして終日みてゐたことがある
これハ不思議な思出だ

（「日記」昭和十二年四月一日）

**九月一日**
関東大震災。小津は蒲田に残る
**十二月**
一家は中野区野方の借家に仮住まい

## 僕は映画の豆監督

両親は大学へでも上がってもらいたかったのだろうが、そんなことは、まるでお構いなし、大学へ進学する気なんかさらさらなかった。まあ早くいえば、勉強が嫌いだったのだろう。
心の中では、「大学なんて出なくたって、立派にやることだけはやって見せる」という気概は、持っていたつもりなのである。それでもう映画監督になろうという気持ちは、がんとして動かなかった。幸い、叔父の一人が自分の地所を松竹に貸しているという関係があったので、中学を卒業すると、すぐ蒲田にあった松竹撮影所に入社してしまった。

いまでは映画監督になるといえば羨望の眼で見られ、大威張りだが、その頃、活動屋になるといえば「あんなものになった」と言われる時代だった。しかし、そんなことは気にも留めなかった。親はずい分がっかりしたろうが、自分のやること以外、考えても見なかった。

松竹へ入ったのは、数え年十九の時だが、それまでに日本映画は三本しか見た記憶がなく、重役は呆れていた。しかし、いよいよ入社したからには、いままで見なかった日本映画も、見ない訳にはいかないので夢中になって見た。

自分が今度映画を作るのだと思うと、一本の映画を見るのもおろそかにはならない。先輩の演出ぶりも、目を皿のようにして見つめた。それで自分なりに演出法というものを頭の中にでっち上げて、やたらに人の真似をせずに踏み出して行った。意地っぱりといえば、意地っぱりだが、性分なのだから仕方がない。だから私には師匠なんていうものはない。自分の力だけを頼りにしてやってのけたのである。

監督はメガホン片手に、スター連をアゴで動かす商売と思ったらとんでもない。夜も寝ずに撮影の手順、場面の構成を立てなければならず、はたで見ているだけで身もやせる思いだった。しかし、その中から知らず知らずに創造の楽しみが滲み出してくる。生来の負け惜しみの強さ、こいつがどんな障害にもへこたれず、一本

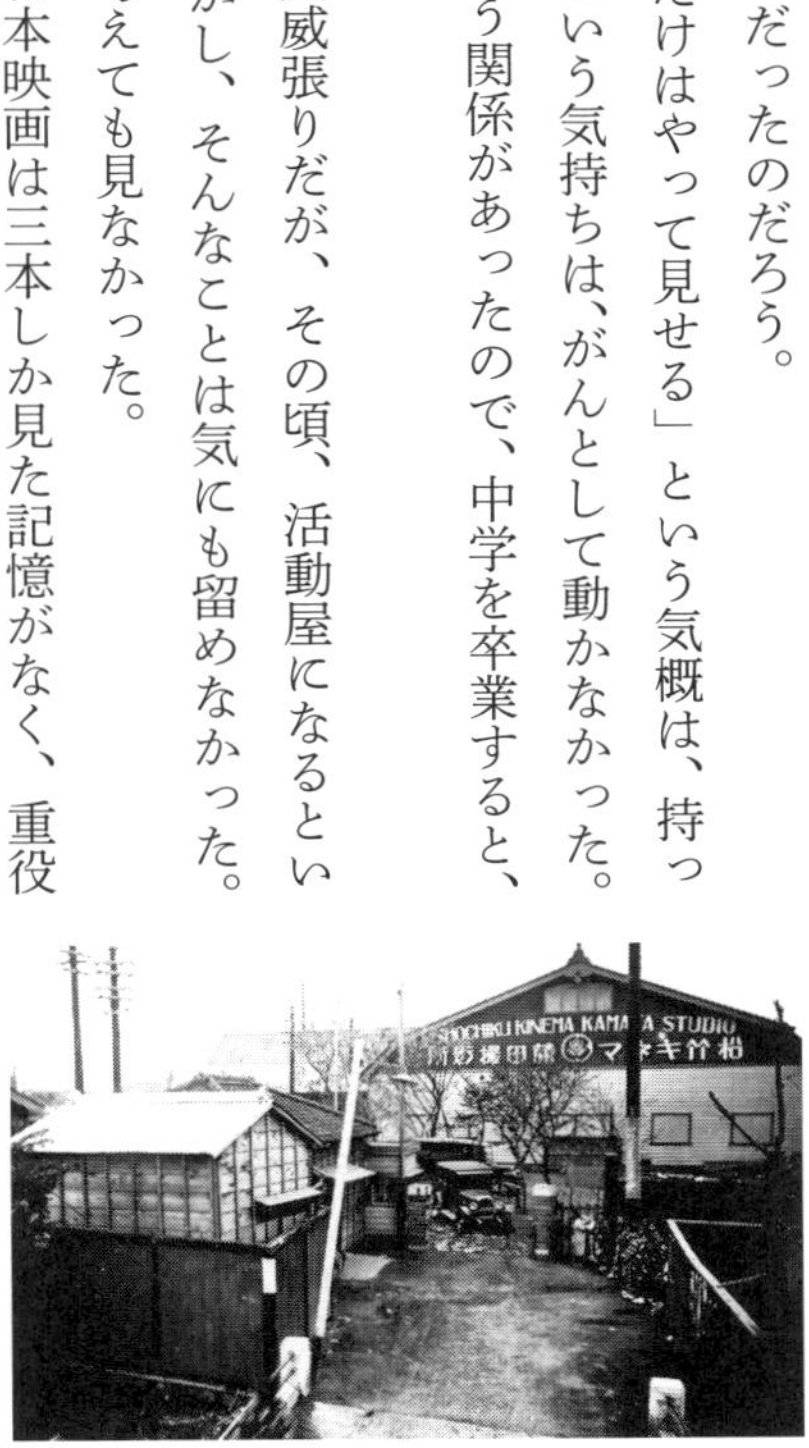

松竹蒲田撮影所（1920〜1936）：開業当初はハリウッドから技術者を招聘し、スター・システムを導入するなど、日本映画界の黎明期をリードした。

立ちの監督を作り上げたのである。

## キャメラ部の助手に

映画監督という商売はよほど面白い、お金の儲かる仕事に見えるのか、僕のところへも、よく「監督になりたいんですが」なんて言って来る。そりゃ、僕自身も好きでこの道に入ったのだから、人のことはあまり言えないが、面白いにも儲かるにも、この商売で身を立てるには、よほどの辛抱と運がないといけないことだけは確かである。第一、映画会社に入社することも困難だし、その上、十年十五年の助手生活は当たり前で、それでもモノになるのか、ならないのかは、やってみないと分からないのだから困る。

おそらく学校を出て開業医になるより率は悪かろう。それを承知で、なお「監督になるには、どんな勉強をしたらいいでしょう?」というような学生諸君には、僕は必ず言うのだ。「まず学生として勉強第一になさい。監督修業はその上でいい」と。

しかも、その監督の勉強というのが、正直、何をやったらいいかが、はっきりしない。いろいろな本を読むのも必要だし、第一世間、人生のことも知ってなくては困るし、特別な職業の知識も必要になって来よう。僕の場合は、監督志願で入ったが、監督部が満員なのでキャメラ部へ回り、その助手からスタートした等も、かえっていい修行になったと思う。その頃はもちろん無声時代、そこで助手の仕事の一つであるフィルムの整理をよくやらされた。それが後年、意外に非常な役に立った。つまり、その整理がいまのラッシュ(アラ焼き)のポジで、コンテ通りに、専門の係がやるのでなく、その頃はアラ整理のネガで棒焼きにしたポジが、プリント数だけ回ってくる。それを丁寧にカットし、つなぎ合わせる。しかも封切は急ぐのだから、一人じゃ片付かない。

(僕は映画の豆監督『私の少年時代』牧書店)

そこで助手が手分けして手伝うのだが、一本だけは委《まか》してもらえるのだから、長いカットを切りませてカット・バックにしたり、字幕の入れ場を変えてみたり、勝手なことをした。

そのため、一号プリントは八千あるのに、三号プリントは六千しかない、なんてこともあった。が、それで済んでいたのだから呑気だった。そしてこの間、僕はカットによる変化や構成を早く身につけることができたという訳である。

もう一つおまけに、籍はキャメラにあっても、いずれは監督になるというので、キャメラ部でも僕は遊軍扱い。お陰で暇があり、却《かえ》って監督の仕事を横から見ている便利さにも恵まれた。ただし月給は安かった。二十五円。いくら物価の安い頃でも、これでは煙草銭にもならない。ところが、よくしたもので、この編集の仕事や、夜は何組かが必ず撮影しているので、ブラブラ遊びに行けば、「オイ、頼むぜ」という次第で、夜間料にありつける。そして、かれこれ四十円か四十五円くらいにはなった。これならどうにか小遣いにはなった。


（小津安二郎芸談「東京新聞」昭和二十七年十二月十九日）

## 松竹に入った頃のこと

ぼくが松竹へ入ったのは、震災ちょっと前だったが、あの当時、三十を越してた人は野村芳亭《のむらほうてい》さんだけで、他にいませんでしたね。ぼくは二十歳であそこへ入って、それから兵隊に行ったんだ。うちじゃ、どうしても学校へ行って勉強しろと言って許さなかったんだが、学校へ入るだけの金を使わせてくれるなら、活動屋にして使わせろと言って頑張ってね。やっぱり頑張らなければ通れない道でしたよ。

その頃、うちのおばあさんが映画館へ行って、島津さんの作品を見たんですね。それでね、「うちの安二郎は活動屋になったが、やっぱり活動屋なんて恥ずかしいとみえて、小津安二郎という名前を島津保次郎と変えてたよ」と言ったそうです(笑)。

(二つの椅子・高田保連載対談「週刊朝日」昭和二十四年十二月二十五日)

【野田高梧《のだこうご》談】僕もそうだったが、当時は「カツドウ屋」になるということには、周囲にかなりの抵抗があった。小津君もそうだったというが、しかし後年、その作品が上映されるようになると、お父さんお母さんなど揃って浅草へ見に行かれ、あの場面のあの小道具はおかしいとか、あの衣裳はどうも腑におちないとか、いろいろ批評されたものだという。

(キネマ旬報「小津安二郎　人と芸術」昭和三十九年二月増刊)

【厚田雄春《あつたゆうはる》談】活動屋なんて、社会的にいうと、地位は低かったでしょう。世間では大道芸人とか河原乞食みたようなもんですから。そういう世界に入られるのにあたっては、小津さんもいろいろ悩まれたり苦労されたことはあると思いますね。

(厚田雄春/蓮實重彦『小津安二郎物語』筑摩書房)

## 大正十三年［一九二四］二十一歳

震災を契機に、本家・小津与衛門家が海産物肥料問屋「湯浅家」を廃業した。その番頭を務めていた父は、本家がもつ深川の一万坪の土地や貸家の管理業務を生業とする「小津地所部」を始めた。一家は一時、中野区

**一月**
松竹現代劇部、蒲田撮影所に復帰
**三月**
蒲田撮影所が再開。酒井宏撮影技師の助手に
**五月二十六日**
米国で排日移民法成立(日本人移民全面禁止)

野方に仮住まいの後、深川区亀住町二番地に新居を新築した。三月、蒲田撮影所は再開し、小津は酒井宏撮影技師の助手を務めた。

この年、小津が後に度々言及するアメリカ映画『結婚哲学』（エルンスト・ルビッチ監督）と『巴里《パリ》の女性』（チャールズ・チャップリン監督）が公開された。十二月、現役の一年志願兵として、東京青山の近衛歩兵第四連隊に入隊した。

**【酒井宏談・撮影技師】** 私が蒲田撮影所で働いたのは、関東大震災の翌年、大正十三年の一月から九月までの短期間でしたが、約十本ほどの作品を撮影しました。この十本のうちの半数以上が、牛原虚彦《うしはらきよひこ》監督とのコンビでしたが、小津君はその後半、四五本から、撮影助手として私の仕事を手伝ってくれました。駆け出しのサード・アシスタントですから、カメラを担《かつ》ぐことが専門です。『詩人と運動家』の浜名湖の砂丘ロケ、『牛は牛づれ』の青森県盛岡の種牧場のロケなど、いずれも暑いさかりだったので、ショートパンツひとつ、上半身素裸のたくましい姿で、ベルハウエルの重いカメラを、肩蒲団《かたぶとん》もあてずに、体力にものを言わせて、スイスイ持ち運んでいました。江戸っ子らしく、言行もいたってハッキリしていて、物怖《ものお》じせず、なんでもやり、言ってのけるので、言いにくい交渉事は、いつも押しつけられ、本人も心易《こころやす》く引き受けていました。新参のわりに、その純情さが買われて、案外、所内一般の受けは好意的でした。（佐藤忠男『小津安二郎の芸術』朝日新聞社）

**六月十三日**
築地小劇場開場

**七月**
城戸四郎《きどしろう》が蒲田撮影所長に就任

**十二月**
東京青山の近衛歩兵第四連隊に入隊

## 初めから監督志望だったのか?

監督するつもりだった。その時分は、カメラかついで持って歩いただろう。「お前はからだがいい。監督は一杯だから、カメラ部で行け」。それでカメラをかついでいた。カメラの助手は一年と二、三ヶ月つとめた。ぼくが、フェード・イン、フェード・アウトを使わなくなった原因は、カメラの助手をしていたからなんだ。あれはレンズのシャッターの調節から生ずる一種の写真技術なんだな。オーヴァー・ラップなんか——。あれはだから職人の考えたもので、作家の考えたものではない。無理に映画の文法としてそのまま作っている。それは実につまらんと思って、止そうとしたんだ。われわれの映画では初めと終わりだけは、あぶり出し的に使っているけれどね。

（小津安二郎・筈見恒夫対談「映画の友」昭和三十年九月号）

**［酒井宏談・撮影技師］** ロケーション中、現場でカメラをセットしたまま、雲間から太陽の出るのを待つことは、しばしば経験することですが、ときには二十分、三十分と、スタッフ俳優ともに、一定の位置についたまま、退屈な時をすごすことがあります。小津にとっては、牛親（当時の牛原監督の愛称、牛原オヤジの略）と対話できる絶好のチャンスでした。撮影所内では、なかなかそんな機会に恵まれないので、彼はこの時とばかり、日頃、用意していたと思われる質問を矢継ぎ早に並べました。こんな時、周囲の連中はと見ると、牧草に腰を下ろして、こっくり睡魔に襲われているときです。牛原も初めは多少へきえきした表情でしたが、その熱意に動かされて、二言三言、諭すような言葉で話します。〝Coming Generation における映画のあり方……〟〝君たち Young Persons の心がまえは……〟ふと、そんな言葉を耳にして、さきほどから雲の動きばかり気にして、

うわの空でこの対話を聴いていた私が小津の横顔を見ると、これまた、一言一句聴きもらさじと、身じろぎもせずに、眼を輝かせて聴き入っていました。

（佐藤忠男『小津安二郎の芸術』朝日新聞社）

【牛原虚彦《うしはらきよひこ》談】監督やカメラマンや助手たちは、撮影が終わると何日も編集室に泊りこんで徹夜で編集したのです。夜勤には手当てが出ましたから、助手さんたちにとってはそれも魅力だったわけですが。ところが、この泊り込みの編集の時こそが、みんなが徹底的に映画の議論をする一番のチャンスでした。仕事をそっちのけにして、宿泊用の蒲団の上に車座になって映画を論じたのです。小津ちゃん（オッチャン）は皮肉な人ですから、よく先回りした質問をして僕をやり込めました。

当時、僕の映画理論は、ハリウッドでインスティテュート・オヴ・シネマトグラフィというのを主宰していたフレデリック・パーマーという人の書いた『映画百科辞典』という本の受売りでした。コンティニュイティを正確につくることなどはこの本で勉強したのです。

つまり、僕の意見はハリウッドの知識に対する依存度が高かったのに、小津はオリジナルで突っ込んでくる。この意見がコンティニュイティについてのことが多かったので、僕は彼に言ったのです。「君、それはもうカメラマンの領分じゃない、監督の考えることだ。君は監督になった方がいい」。そのころ彼はカメラマンとして、そろそろ一本立ちできる時期だったのですが、そこで監督になるために、助監督をやり直したわけなんです。

そのころ、僕たちがよく議論した映画は、ブルーバード映画やトライアングル・K・B（ケッセル・アンド・ボーマン）映画ですね。ブルーバード映画というのは感傷的な人情もので、俳優兼監督のルパート・ジュリアン、人気スターのバイオレット・マーセロー、エラ・ホール、ルース・クリフォードなどがいました。トライアングルは、ウィリアム・S・ハート、ウィリアム・ファーナムなどの西部劇です。クローズアップの使い方やスポークン・タイトルの入れ方などが斬新だといって僕たちは喜んだのです。西部劇で人間が豆粒のように見える、大変なロング・ショットから顔のアップに飛ぶ。そういうつなぎを見ると、それがいいか悪いかが話題になります。あれでは飛躍しすぎているという説と、あれでいいという説が対立します。そういうとき、一番いい意見を言うのが小津ちゃんでした。「……」

小津さんの映画は、ショットのつなぎ方が正確で、それが晩年にいくにつれて、ますます完成されていった訳ですが、その基本はこの時代にあったのですね。

（佐藤忠男『小津安二郎の芸術』朝日新聞社）

## 大正十四年［一九二五］二十二歳

青山で兵役訓練を受け、十一月伍長で除隊し、蒲田撮影所に戻った。小津は兵役訓練中も休暇日になると、キャメラマンの碧川《みどりかわ》を訪ね、熱心に映画や撮影について学んだという。

この年、映画の常設館は全国で千館を数えるほどになった。松竹は、現在の丸の内ピカデリーの前身となる「邦楽座」を開場した。

この年、共産主義に対する警戒から「治安維持法」が発布されると共に、

**四月二十二日**
治安維持法公布
**五月**
活動写真「フィルム」検閲規則が制定
**五月五日**
普通選挙法公布
**七月一日**
広東に国民政府成立
**十一月三十日**
伍長で除隊

映画に対しては、「活動写真〈フィルム〉検閲規則」が施行された。この法律の施行によって、内務省による映画の検閲と全国の警察による映画興行の監視が制度化された。

## 大正十五年／昭和元年〔一九二六〕二十三歳

兵役訓練が終わり、再び撮影助手として働いた。かねてからの望みだった「演出部」に移籍できるよう、同僚の斎藤寅次郎《さいとうとらじろう》に依頼する。十一月一日、演出部に移籍。監督助手の辞令をもらい大久保忠素《おおくぼただもと》監督のサード助監督となった。

この頃、斎藤寅次郎、清水宏《しみずひろし》、佐々木啓祐《ささきけいすけ》、浜村義康《はまむらよしやす》と共同で蒲田に家を借りた。成瀬巳喜男《なるせみきお》、茂原英雄《しげはらひでお》とも親交を結んだ。

大正十三年（一九二四年）、外国映画を対象として「芸術的に最も優れた映画」「娯楽的に最も優れた映画」の二部門の選出に始まった「キネマ旬報ベスト・テン」が、日本映画の水準が高くなったことを理由に、本年から日本映画もランキングの対象となった。

この年の外国映画部門の一位は『黄金狂時代』（チャールズ・チャップリン監督）、日本映画は、『足にさはった女』（阿部豊監督）、『日輪』（村田

**七月一日**
蒋介石国民革命軍の北伐開始

**十一月一日**
大久保忠素監督のサード助監督に

**十一月**
仲間と共同で蒲田に家を借りる

**十二月三日**
改造社「現代日本文学全集」刊行（円本時代に）

**十二月二十五日**
大正天皇崩御、昭和に改元

実監督）、『陸の人魚』（阿部豊監督）、『狂った一頁』（衣笠貞之助監督）等が上位を占めた。後に小津は、キネマ旬報ベスト・テンの常連になる。

## 念願の監督部に移る

こんな具合で、どうやら撮影所の空気にも馴染《なじ》んだ頃、一年志願で兵隊にとられ、帰って来て、ようやく監督部へ移った。最初についたのが、いまはもう引退してしまった大久保忠素《ただもと》監督であった。その時の助手は三人、僕はもちろんビリッカスで、ヘッドは斎藤寅次郎、次は佐々木啓祐だった。大久保監督は喜劇専門、そこから斎藤が出たのは当然だが、僕みたいなのが出たのというのは、ちょっと不思議かもしれない。が、僕だって初期には､ずい分喜劇ものを撮った。『女房紛失』『引越し夫婦』『肉体美』『宝の山』『突貫小僧』なんてのは、昭和三年から四年へかけての作品である。

話を前に戻して、この大久保監督時代、僕が思わぬ幸せをしたのは、いまだから言えるのだが、大久保監督が、よく腹を痛くして休んだり、「頼むヨ」なんて言って消えてしまったことであった。その留守は、皆で相談して監督した。お陰で、僕は助手時代から真似事だが、実際監督をすることもできた。

そのうちに脚本も書くようになった。これも無声時代の呑気さ故で、なにしろ毎週、現代物、時代物、ときには短編喜劇も作る忙しさに、脚本家はもとより、監督もしばしば、自分で面白そうな筋や脚本を持ち出さなくてはならなかった。その伝《でん》で大久保監督から「何かないか？」と言われ、またしても、これがアルバイトとなる魅力もあって、皆相談しては、色々な本を書き出した。これがまた後年の僕に役に立ったことは言うまでもない。

　ところが、その頃の日本映画のお客は、まったく低級だったから、脚本も低級ならざるを得ない。ただし低級なら低級なりに、しっかりした構成や筋立て、人物描写などがあるなしでは、やはりモノが違ってくる。僕もそのつもりでボツボツ書き出した。当時でも今でも、城戸さんは「監督が本を書けないようでは、シナリオのいい悪いも分からない」という理屈で助手から一本にしようと目星をつけた者には「本を書いてこい」というのがお決まりだった。そこで順序として、僕にも本を書いてこいという大命がありそうだ、と、これは悪童仲間の清水宏や五所平之助《ごしょへいのすけ》が、密かに僕にもらしていてくれた。この本で及第すれば、監督になれるのである。そのつもりで書き出して三日目くらいに、果然、城戸《きど》［四郎］さんから「本を書いてこい」と言われた。そこで僕は急いで、これを仕上げて持って行った。それが『瓦版カチカチ山』という、後年、井上金太郎が作ったものだった。


（小津安二郎芸談「東京新聞」昭和二十七年十二月五日）

## 蒲田に引っ越して猛勉強

　僕は、初めキャメラの方に入れられました。行く行くは監督になるというつもりで。だが、その時分にいろいろ見聞したことが、いまになってかなり役に立っています。僕は大久保さんの助監督だったんですが、あの頃はいまの助監督の人と違って、ムキになって仕事していたものです。もっとも現在では、いろいろの条件が、そうしたことを許してはくれないのですが。

　まず、脚本を書く。自分によい考えがあると、すぐ、「こう考えたが、どうだろうか?」と先生にもちかける。議論する。家も、蒲田のそばへ引っ越して、朝から晩まで、ひたすら勉強する。まあ、大変な熱心さです。それに大久保さんが、僕たちの意見にも耳を傾けてくれたりしたので、一層、励みもつきました。いまにして考えてみれば、僕は大久保さんの下についていたことが幸福だったと思っています。

（小津安二郎との一問一答「キネマ旬報」昭和八年一月十一日号）

## 昭和二年［一九二七］二十四歳

カレー事件（後述）を起こし、城戸《きど》所長に呼ばれたことがきっかけとなり、脚本『カチカチ山』を提出する。内容は、御用聞き（岡っ引き）を生業とする主人公が、実はスリ団の頭《かしら》だったという設定の時代劇だった。主人公が妹のために強盗を働くという兄弟愛をテーマにした作品だったという。

しかし監督第一作目にしては「内容が渋過ぎる」という理由で保留になった（一九三四年、井上金太郎監督作品として映画化）。代わりに『晩春』以降の全作品を手がける脚本家野田高梧《のだこうご》の脚色による『懺悔の刃』が最初の監督作品となった。アメリカ映画『キック・イン』のストーリーをもとにした小津の原案を野田高梧が脚色した唯一の時代劇になった。

撮影は順調に進捗していたが、九月に軍事演習の召集を受け、撮り残しを斎藤寅次郎監督に依頼し、本籍のあった三重県津市の歩兵三十三連隊に

**八月**
監督に昇進（時代劇部）
**七月二十四日**
芥川龍之介が自殺
**九月**
第一作『懺悔の刃』撮影
**九月一日**
宝塚少女歌劇レビュー初演
**九月二十五日**
津市歩兵三十三連隊に入隊
**十月十三日**
除隊。
**十月十四日**
『懺悔の刃』公開
**十一月**
蒲田撮影所時代劇部を廃止

入隊した。十一月、蒲田撮影所の時代劇部の廃止に伴い、部員のほとんどは京都撮影所に移ったが、小津はそのまま蒲田に居残り、現代劇を監督できる立場になった。

## ライス・カレー事件

この頃の若い人たちが演出家として一本になるのは、なかなか困難だが、私はまことに恵まれていて、ライス・カレーのおかげで監督になった。蒲田に撮影所があった頃、私は大久保忠素氏の助手であった。監督は大変いばっていたが、助手となると下働き同様で、何から何までやらねばならなかったから、煙草を吸う暇さえないくらいの重労働で、いつも腹を減らしていた。楽しみといえば、食べることしかなかった。

ある日、撮影が長引いて、夜食の時間になっても終わりそうでない。疲れてくるし、腹は減ってくる。それでも、大久保さんは何だかんだと言いながら仕事をやめない。別段、夜業までやるほど立派な写真でもあるまいに——などと、ますます腹の虫が収まらない。

それでも、やっとクランクが終わって夜食となった。食堂では順番に並ぶが、早く座った方が、早いとこありつくという順番であるから、私は急いで食卓に着いた。

湯気の立ったライス・カレーが端から順々に配給される。カレーのいい匂いが腹にしみる。やがて自分のところへ来るだろうと、唾を溜めているところへ、監督さんが入って来て卓についた。当然、次は自分の番だと思っていたら、その皿が監督さんの前に置かれたのである。私は憤然として「順番だぞ」と叫んだ。と「助手は後まわしだ」と誰かが言った。何を！　とその誰かを見定める間もなく立ち上って殴ろうとしたら、誰かがとめた。だけど「早くめしを持って来い、順番だ！」と、怒鳴り続けていた。もちろん、盛りのいいカレーを食べたことは間違いなく食べた。

この行為が、当時の所長城戸四郎氏に伝えられた。「面白い奴だ」と思ったかどうかは知らぬが、翌月、私にも「一本撮ってみたまえ」ということになって、時代劇『懺悔の刃』という六巻物にとりかかった。何も頭がよかったでもなし、腕を認められた訳でもない。唯々、カレー・ライスのお蔭だったのである。一九二七年の春頃だったと思う。

（ライス・カレー〈処女作前後〉「キネマ旬報」昭和二十五年三月上旬号）

**［岸松雄談］**　ある日、小津は撮影所の直営食堂に昼食を食いに行った。ライス・カレーを注文した。ちょうど時分どきなので、食堂は満員。注文したカレー・ライスはなかなか来ない。そこへ牛原虚彦《うしはらきよひこ》が入って来て、やはりカレー・ライスを注文した。当時の牛原は、蒲田撮影所きっての大監督である。やがて食堂のボーイがカレー・ライスを運んで来た。と、何としたことか、先に注文した小津の傍《わき》を通って、後から来た牛原のところへ持って行った。腹は空き切っているし、おまけに年齢は若い。小津は激怒した。ボーイをつかまえて「先に注文した俺にもって来ないで、後から来た牛原さんに持って行くとはどういう訳だ？」と、なじった。生意気なボーイは、平然と、心持ち冷笑さえ浮かべて答えた。「だって牛原先生は監督さんですもン……」、瞬間、小津の拳《こぶし》がボーイの頬に飛んだ。生意気なボーイがその場にのけ反《ぞ》るのを見て、小津は食堂を飛び出したが、持っていた台本を置き忘れてしまった。よそで食って帰ると、この乱闘騒ぎは、所内で大評判になっていた。

（岸松雄「映画評論」昭和三十四年二月号）

【牛原虚彦談】さあ、もう忘れてしまいましたね。しかし、あの食堂をやっていた夫婦が、若い連中をひいきしたり、冷たくあしらったりしたので、よくゴタゴタがあったことは事実です。しかし、何しろ、あの頃の撮影所の雰囲気は、今とはまるで違いまして、殴り合いの喧嘩なんかも珍しくはなかったのです。ただ、それだけではなく、みんな、寄ると触ると映画の議論をしたものです。おい、あの映画を見たか。あの場面のあのつなぎは良かったなあ。もうみんな、夢中になってやったものです。ほんとうにのんびりした、よい時代でした。

（佐藤忠男『小津安二郎の芸術』朝日新聞社）

## マゲ物『懺悔《ざんげ》の刃』が処女作

自分が監督するつもりで書いた脚本『瓦版カチカチ山』は、提出してみると「出来はいいが、初めての監督としては渋過ぎる」と言われて、結局、お蔵《くら》になってしまった。「じゃあ、こんなのは」と言って、今度は野田高梧氏に書き下ろしてもらったのが、マゲ物で『懺悔の刃』。これが、結局、僕の第一回作品になった。いまでもコンビになっている野田氏との組み合わせが、この時に始まったのだから、よほどの因縁であろう。しかも楽屋を言えば、このストーリーは、その少し前に見たアメリカ物の『豪雨の一夜』にヒントを得、それを自己流に解釈し、時代劇に直しただけで、この点、いささかお恥ずかしいが、それより一本立ちの監督になってみて面食うことばかりだった。

助監督の頃は「あのシーンだったら、こっちの門から入って左へ抜ければいいのに、監督は何をしているんだろう！」なんて、内心監督を軽蔑したが、監督になってみると、第一そのシーンそのものから作って行かねばならない。衣装の注文だって、なかなか大変だ。まして芝居をつける段になると、いよいよ大変である。

ここで初めて監督になって助監督の言い分は、監督があってその上でできるものだったと気がついた。ところが夢中で撮り上げようとすると、予備役の演習召集で、僕は伊勢の連隊へ入営することになった。したがって、最後の編集は他人委《まか》せだったし、ファースト・シーンは、斎藤寅次郎君に代わって撮ってもらった。

（小津安二郎芸談「東京新聞」昭和二十七年十二月十九日）

## 自作を語る／懺悔の刃

実をいうとね、僕は当時、一日も早く監督になりたいという気持はそんなになかったのですよ。助監督なら呑気に飲んでいられるが、監督になれば夜の眼も寝ずにコンティニュイティも建てなくちゃなるまいしね。……しかし、周りも何か一本こしらえろという。作るなら、その前に自分で書いて持っていた『瓦版カチカチ山』という脚本をやりたかったんだが、まあいいよとなって、この野田さんの本に決まった。昭和二年の八月に会社から辞令を受け取ってね。

「監督ヲ命ズ　但シ時代劇部」

但書《ただしがき》がついてるんだ。当時、時代劇部は現代劇より一段格が下ということだったんだね。ところが辞令をもらったら蒲田の時代劇部は解散しちゃって、まあ、至って中途半端な位置に立ったわけだな。この写真を撮りかけの時、召集が来てね。それで急いで作ったんだが間に合わん。伊勢の連隊に入隊して、そのあとファースト・シーンだけは斎藤寅次郎さんが撮ってくれた。帰って来たら、もう封切りしてた。電気館で観たんだが、自分の作品のような気がしなかったよ。だから、はじめての作品だというのに、これは一回しか見ていないんだ。

『懺悔の刃』（松竹蒲田・昭和二年）原作小津安二郎　脚色野田高梧　撮影青木勇　主演吾妻三郎、小川国松、河原侃二

（自作を語る「増刊キネマ旬報二月号　小津安二郎〈人と芸術〉」昭和三十九年二月十日）

**【厚田雄春談】** 僕らが入営中に小津さんが『懺悔の刃』の監督になられる。キャメラが青木勇さんて人で、だから第一回はまだ小津組とはいえないんです。翌年にぼくらが帰って、第二作の『若人の夢』から小津＝茂原コンビが始まるわけです。

（厚田雄春／蓮實重彦『小津安二郎物語』筑摩書房）

**【野田高梧談】** 当時のアメリカ映画『キック・イン』をヒントにして僕とふたりでストーリーをまとめあげた時代劇『懺悔の刃』が第一回作品として選ばれることになった。こまかなことは忘れてしまったが、なんでも主人公は木更津の佐吉という若いスリで、兄弟愛をテーマにしたものだった。

（キネマ旬報「小津安二郎　人と芸術」昭和三十九年二月増刊）

## 昭和三年〔一九二八〕二十五歳

城戸所長の方針で、松竹は短編ナンセンス喜劇を量産した。『懺悔の刃』以降、会社から六、七本の製作依頼があったが小津は断っている。これは新人監督として異例な態度であり、仲間の五所平之助《ごしょへいのすけ》、重宗務《しげむねつとむ》、清水宏《しみずひろし》などから諭《さと》され、監督としての立場を確立するために、この年は五本の中編喜劇を撮影することになった。第二作目の『若人の夢』には、小津組の常連俳優となる斎藤達雄、坂本武、笠智衆らが出演した。撮影は茂原英雄《しげはらひでお》が担当し、撮影助手には後の小津組キャメラマンとなる厚田雄春《あつたゆうはる》もいた。五作目の『引越し夫婦』からは、後に共同で脚本を書くことになる伏見晁《ふしみあきら》が参加した。

**三月十五日**
日本共産党員一斉検挙
**四月二十九日**
『若人の夢』公開
**五月三日**
済南事件（日本人居留民襲撃）
**六月四日**
張作霖爆殺事件（満洲某重大事件）
**六月十五日**
『女房紛失』公開
**八月三十一日**
『カボチャ』公開
**九月二十八日**
『引越し夫婦』公開
**十二月一日**
『肉体美』公開

### 予備召集から帰ってみると

入営中、風の便りで、まあどうにかこうにかの出来と分かり、ホッとしているうちに解除になり、蒲田撮影所へ帰ってみると驚いた。

時代劇は京都移転で蒲田組は解散になっていた。せっかく、いささかなりと勉強したのがフイ、それから二、三本は、天下りで来る脚本をポンポン断り続けた。僕よりちょっと先輩で仲間の五所平之助、重宗務、清水宏などが「そりゃいかん、選り好みせず、何でもやらなくちゃ」というので、また自分で脚本も書いてみることにした。それで出来たのが『若人の夢』という、今日でいう明朗篇であった。それ以後、トントンと仕事をするようになった。寡作だと言われる僕だが、昭和三年には『若人の夢』の他四本、四年には七本も撮った。

その頃は、ラッシュ（毎日の撮影分を現像の上、粗製のフィルムに手軽く焼いて試験的に見る）はなし、カッティング・マン（撮り上げたフィルムを脚本指定の通りに取捨選択、整理する人）はなし、全部、自分でピンからキリまでやるのだから、いくら無声時代でも、この本数ではなかなか忙しい。夜間撮影は当たり前、徹夜も珍しくない。『宝の山』のときは、封切に追われて五日間一睡もできない。こうなるともう、今日は何日か見当もつかなくなってしまう。六日目の朝、撮り上げて、ステージの外へ出てみたら、仲間がキャッチ・ボールをやっていて、僕も一緒になってやったのだから、われながら、いくら若い時でも、大したものだったと思う。が、こんな無理が後でたたった。以来、頭のどこかにシンができた感じがある。が、幸いにして大したこともなく、この健康が僕の財産の一つである。かく監督とは肉体と精神と、その双方を相当酷使することがあるだけに、双方とも相当タフでないと、できない商売であるらしい。（小津安二郎芸談「東京新聞」昭和二十七年十二月十二日）

## 封切日に追われる日々

なお、この頃の作品には、前回に話した『女房紛失』『カボチャ』『引越し夫婦』『肉体美』などの喜劇から『大学は出たけれど』『会社員生活』のように、とにかく違うジャンルの作にも手をつけるようになった。つまり、多少、自分のやりたいものが、やれる身分になったのである。ただし、その頃の一流監督、野村芳亭《のむらほうてい》、島津保次郎《しまづやすじろう》、牛原虚彦《うしはらきよひこ》、池田義信《いけだよしのぶ》などが人気スターを握り、大作を作っていたので、僕などの新米は、勝手ができるといっても知れたもの、俳優も新人ばかり、撮るものも喜劇か学生もの、というように限られていた。そして、いつも封切日に追われていた。

僕が笠智衆、斎藤達雄、吉川満子、坂本武、飯田蝶子などのワキ役でばかり作っていたというのは、この辺にも由来する。また、川崎弘子とか水戸光子とか、まったく無名からスターになったのも、こんな理由が幸いしたと思う。例外はあるが、大体のところ、スターはやはり、ある時期の下積み生活の後に、拾い出されて成長すべきであろう。その人たちは、撮影所の空気をよく知っている上、下級者の苦労も分かっているだけ、現場での摩擦がない。芸にも幅があり、無理がきく。そう思う。

その中に「喜八さんもの」というシリーズが出てきた。坂本武君の役なのだが、これには一つ話がある。脚本は池田忠雄、長年、相棒の野田氏としばらく別れた頃で、僕は深川、彼が下谷と共に下町っ子で、下町によく見受ける熊公八公の類の人物を主人公にした。そして『出来ごころ』『東京の宿』『浮草物語』などを二人で共作した。このあたりから長いものを、そろそろ撮るようになった。（小津安二郎芸談「東京新聞」昭和二十七年十二月十二日）

## キャメラ位置の「癖」

僕自身、相当好き嫌いが強い方だから、僕の作品にも色々な癖の出るのは仕方がない。その癖の一つにキャメラ位置を低くして、いつも下から見上げるような構図にすることがある。これは、まだ喜劇ばかり撮っていた頃、『肉体美』のセットで始めた。

バーの中だが、いまより少ないライトで仕事していたので、カットごとに、あっちこっちからライトを運ぶので、二、三カットやるうちに、床の上は電気のコードだらけになってしまう。一々片づけて次のカットに移るのでは時間もかかるし、厄介なので、床の写らないようにカメラを上向けにした。出来上がったら構図も悪くないし、時間も省けるので、これから癖になり、キャメラの位置もだんだん低くなった。終いには、「お釜《かま》の蓋《ふた》」という名をつけた特殊な三脚を度々使うようになった。

これは第一作からコンビだったキャメラマンの茂原英雄君と僕の工夫で作ったもの、撮るには寝っ転がって、ファインダーを通して、見上げるようなことをしなくてはならない。だから、僕と組むと首が痛くなると、よくこぼされたものである。この迷惑は、茂原君の後、その弟子でいまもコンビの厚田雄春君にも伝わっているが、近頃は大分位置が上がって来たと思う。

（小津安二郎芸談「東京新聞」昭和二十七年十二月五日）

## 自作を語る／若人の夢

『懺悔の刃』のあと、六、七本会社のお仕着せを断った。実際、早く監督になる気はなかったのだな。のんびりしたものだった。それで、自分の脚本をやることになった。むろん会社の企画に当てて書いたものだが。のちに僕の作品のキャメラをずっと担当してくれた茂原君とつきあったのも、この作品からだな。実にいい艶を出す、得がたいキャメラマンだった。今僕の写真を撮っている厚田君は茂原君の助手だった人でね、この『若人の夢』からもう付いていたのですよ。

『若人の夢』（松竹蒲田・昭和三年）原作・脚本小津安二郎　撮影茂原英雄　主演斎藤達雄、若葉信子、吉谷久雄、松井潤子、坂本武、大山健二

（自作を語る「増刊キネマ旬報二月号　小津安二郎〈人と芸術〉」昭和三十九年二月十日）

**【厚田雄春談】** 小津組で働くようになったといっても、こっちは助手の助手みたいなもんですから、初めは、あまり近寄れないという尊敬の気持ちで接してましたが、そのうち、小津さんの方から声をかけて下さるようになりました。「厚田兄《け》ぇ、どうだ一杯」なんてね。かと思うと、「今日は何だい。コーヒーでもおごってやろうか」とか。こっちが薄給なこと知っておられますからね。「……」

ぼくも震災後は浅草橋に住んでたから、同じ東京方面なんです。先生は、東京駅の北口からバスで、日本橋を通ってまっすぐ永代橋を渡り、門前仲町で降りて帰るんです。ときどき、「今日は歩こうか」ってことになり、白木屋のうしろのあたりに料理屋があって、そこで御馳走して下さるわけです。よく徹夜の撮影の後なんか、東京駅まで戻ってきて、いまのステーション・ホテルの中にお湯がありまして、ぼくは風呂が好きなんで小津さんもよくつきあって下さいました。そこでさっぱりしてから、そこの喫茶部で紅茶とトーストを食べるわけです。

（厚田雄春／蓮實重彦『小津安二郎物語』筑摩書房）

**【笠智衆談】** 若手の頃から有望株だった小津監督は、僕らのような大部屋からすると雲の上のような人で、口もきけませんでした。いつもパリッとした格好をしとられたので、「たいそうお洒落な人だなあ」と思ったぐらいでしょうか。

（笠智衆『大船日記』扶桑社）

## 自作を語る／女房紛失

これは、何かの雑誌の懸賞当選脚本でね、あんまり面白いものとは言えなかったな。実をいうと話もよく覚えていないんだ。会社からの天下り企画だった。

（自作を語る「増刊キネマ旬報二月号　小津安二郎〈人と芸術〉」昭和三十九年二月十日）

『女房紛失』（松竹蒲田・昭和三年）原作高野斧之助　撮影茂原英雄　主演斎藤達雄、岡村文子、国島荘一、菅野七郎、坂本武、関時男、松井潤子、小倉繁

【厚田雄春談】リンカーンやロードスターですか、ああいった車が出て来た最初は、『女房紛失』ですよ。ナンセンスな喜劇ですがプリントは残っていません。これで、麹町のお屋敷町にロケした記憶があるんですが、そのとき、立ん坊のルンペンが自動車にひかれる。その役が笠智衆さんなんです。ええ、大部屋時代の笠さんですが、そのからだに、タイヤの跡を二本クッキリとかいたんです。「おっ、なかなか凝ったことをやるな」って、小津さんこれには御機嫌でしたよ。

（厚田雄春／蓮實重彦『小津安二郎物語』筑摩書房）

【笠智衆談】主役の岡村文子さんが運転する車に、チョイ役の僕が轢《ひ》かれる場面がありました。路に寝転がっている僕から車を後ろ向きで走らせ、逆回しで見せる。神宮外苑でやったその場面の撮影に、僕が、体にタイヤの跡を描いて現われたというのです。なんとか監督に認めてもらおうと、そんなことをしたと。これはユウシュンの考えた作り話です。うだつの上がらない僕を見兼ねて、厚田さんが、僕を売り出そうとしてくれたのでした。

考えたら、小津先生のシャシンでそんな勝手なことができるわけがない。「余計なことするな」と怒られるだけでしょう。人から自分の武勇伝を聞いて、ビックリしたのが実情です。でも、厚田さんが僕に善かれと思ってやってくれたことで、その気持ちには感謝しています。

（笠智衆『大船日記』扶桑社）

## 自作を語る／カボチャ

これは大変短い写真でしたね。だが、この頃じゃなかったかな。コンティニュイティの建て方というものが自分でようやく判《わか》りかけて来たのは。

『カボチャ』（松竹蒲田・昭和三年）原作小津安二郎　脚色北村小松　撮影茂原英雄　主演斎藤達雄、日夏百合絵、小桜葉子、坂本武

（自作を語る「増刊キネマ旬報二月号　小津安二郎〈人と芸術〉」昭和三十九年二月十日）

**【厚田雄春談】**茂原さんと僕がつくようになってから、はじめはみんなナンセンス・コメディです。たとえば『カボチャ』っていう映画は、毎日カボチャばかり食べさせられるんで、クサッてカボチャを捨てにいくんだが捨てられなくなるってだけの話で、ナンセンスもいいとこです。

（厚田雄春／蓮實重彦『小津安二郎物語』筑摩書房）

## 自作を語る／引越し夫婦

これも会社からの当てがわれた脚本です。当てがわれでも、自分でこれならやれると思う時には承知して撮っ

たんだね、当時は。この時もいささか自分なりの試みをしようと思うところがあってね。そういう監督のあそびみたいなことがやれたんだ。だが撮り上げてから大部短く切られてしまったので、思ったほどの写真にはならなかった。

『引越し夫婦』（松竹蒲田・昭和三年）原作菊池一平　潤色伏見晁　撮影茂原英雄　主演渡辺篤、吉川満子、大口一郎、中浜一三、浪花友子、大山健二

（自作を語る「増刊キネマ旬報二月号　小津安二郎〈人と芸術〉」昭和三十九年二月十日）

## 自作を語る／肉体美

うん、僕の作品でどうにか恰好がついて来たというのは、この写真あたりからじゃないかな。会社がはじめて僕を認めてくれたのはこの作品だったよ。当時の旬報に、内田岐三雄がこの作品に名分の批評を書いてくれてね、まだ覚えてるよ。自分でも、映画はこういう風にやればいいのだな、と見当がついて来たんだね。今の監督は一本立ちの途端から七巻八巻のフィーチュアを撮れるだろう、それが当時は、新人のうちは三巻物くらいの写真ばかり撮らされる。仲々自分に対して見当がつけ難いんだ。自分が判《わか》るまで時間がかかった訳だよ。

『肉体美』（松竹蒲田・昭和三年）原作・脚本伏見晁　潤色小津安二郎　撮影茂原英雄　主演斎藤達雄、飯田蝶子

（自作を語る「増刊キネマ旬報二月号　小津安二郎〈人と芸術〉」昭和三十九年二月十日）

**【内田岐三雄《うちだきみお》評】**これは監督者小津安二郎の心境である。この映画の脚本は、監督の扱い如何によっては、所謂《いわゆる》「蒲田独特脱線喜劇」と称する穴塞《あなふさ》げ映画に成り兼ねないものでもない、ところが、その可能性が多大であったのである。が、こうした馬鹿げたことへの転落は、監督小津安二郎によって確かに食い止められた。

この監督者は、このどうにでもなる脚本に、本格的な扱いを以《も》って接した。彼は正面から押して行ったのである。それは、この内にかなり深くまで己の心境を浸し込んだのである。それは、一種の「微笑《ほほえ》まれたる寂しさ、やるせなさ」である。細君のモデルのためには画のモデルとなり、そしてまたこの走り使いをし、家事万端の仕事をすることを余儀なくされている、哀しき生存たる夫の悲喜劇である。

（『肉体美』内田岐三雄評「キネマ旬報」昭和四年一月十一日号）

**【伏見晁《ふしみあきら》談】** 昭和三年の『肉体美』、これは私の小津作品三作目ですが（一作目は『引越し夫婦』）、このあたりから、小津さん積極的にシーンの組み立てから会話にまで、自分に納得のいくまで提案をするようになりました。ですから撮影に入った時には、シナリオは完全に小津さんのものとなって、楽しみながら、撮影をつづけて行ったようでした。

（井上和男編『小津安二郎　人と仕事』蛮友社）

**【笠智衆談】** 先生は、昭和二年の『懺悔の刃』という時代劇で監督になられました。僕が出演した『若人の夢』は二作目で、それ以降は、おおかた現代劇です。出演といっても、最初の頃は通行人程度の出番で、瞬《また》きしてる間に見逃してしまうようなものばかりでした。初めてちょっと長めに写ったのは、『若人の夢』と同じ年の『肉体美』だったと思います。スジは忘れてしまいましたが、僕は広場で砲丸投げをしている学生の役で、ドスンドスンとやっていると、主役の飯田蝶子さんが「なんの音だろう」と覗く場面でした。本スジとは関係のないカットだったはずです。

（笠智衆『大船日記』扶桑社）

## 昭和四年〔一九二九〕二十六歳

監督になって三年目、小津は精力的に六作品を提供した。『宝の山』には、小津組の常連となる飯田蝶子、『大学は出たけれど』には、当時のスター俳優だった田中絹代、高田稔《たかだみのる》などを起用し、会社からの信用を小津が得つつあることが分かる。この作品は、もともと清水宏が「試験結婚」中だった田中絹代を主演に撮る予定だったという。二人の仲が破綻したため、小津に譲られた。

『会社員生活』や『突貫小僧』には、子役の青木富夫が出演し、青木は芸名をタイトルの「突貫小僧」に改名して人気を博した。

十月二十四日、ニューヨーク株式市場が大暴落し（暗黒の木曜日）、世界恐慌が始まった。第一次大戦後に景気が減速していた日本経済にとっては追い打ちとなり、企業の倒産、失業者の増加をもたらした。

**二月二十二日**
『宝の山』公開
**四月十三日**
『若き日』公開
**四月十六日**
共産党員一斉検挙（四・一六事件）
**七月五日**
『和製喧嘩友達』公開
**九月六日**
『大学は出たけれど』公開
**十月二十四日**
ニューヨーク株式市場が大暴落（暗黒の木曜日）
**十月二十五日**
『会社員生活』公開。
**十一月二十四日**
『突貫小僧』公開
**十二月十六日**
東京駅八重洲口開設

### 自作を語る／宝の山

この写真は大変急がされた想い出がある。徹夜徹夜で、完全に眠らないこと五日間に及んだよ。ところが案外に疲れないもんで、六日目の朝にはキャッチ・ボールをやってたね。チャンと球は見えたよ。若かったんだねえ。……しかし、さすがにあとがいけなかった。長い間、祟《たた》ったよ。

『宝の山』（松竹蒲田・昭和四年）原作小津安二郎　脚本伏見晁　撮影茂原英雄　主演小林十九二、日夏百合絵、青山万里子、岡村文子、飯田蝶子、浪花友子

（自作を語る「増刊キネマ旬報二月号　小津安二郎〈人と芸術〉」昭和三十九年二月十日）

## 自作を語る／若き日

スキーを織込《おりこ》んだ学生喜劇だったね。主人公は下宿に貸間札をブラ下げて住んでる学生なんだな。誰かが部屋を見に来るだろう、イヤナ奴だと、アッ今僕が借りたとこです、てなこと言って帰しちゃう。綺麗な娘が来ると、彼女に部屋を譲って自分は犠牲になって出てきちゃうんだね。しかも部屋に物を置いて出てくるんだ。忘れ物をとりに戻る顔して女と話のキッカケを作るというテさ。

こういうストーリーを、当時伏見(晁)と僕はいくつも考えた。このあたりの写真、伏見との共同が多いでしょう。夕方になると伏見と二人で銀座へ出るんだね。飲んで、飯を食って、しゃべりながら深川の僕の家に行く。そこからまたつまらんことをしゃべったり、蓄音機をかけたり、夜更になると紅茶を飲んだりしてね。すると明け方になるころにはストーリーが一本出来上がっちゃうんだよ。必ず一夜で出来上がっちゃったものなんだ。今考えると不思議な気がするよ。

『若き日』（松竹蒲田・昭和四年）原作・脚本伏見晁　潤色小津安二郎　撮影茂原英雄　主演斎藤達雄、結城一朗、松井潤子

（自作を語る「増刊キネマ旬報二月号　小津安二郎〈人と芸術〉」昭和三十九年二月十日）

**【伏見晁談】**蒲田の町をあてもなくブラブラ歩いて居ると、ふと立止まった小津さんが、こんな事をポツン

といいました。「志賀直哉の『小僧の神様』はいいなあ……。僕はああいったものがやりたいなあ」と。その頃すでに小津さんの心の中に、志賀直哉氏に対するものがあった様に思われます。しかし未だ、文学青年的な新人監督で、後年、里見弴氏や志賀直哉氏から厚誼《こうぎ》を得て、芸術院会員に選ばれるなどという事は本人も考えなかったと思うし、私達仲間も想像だにしませんでした。

（「井上和男編『小津安二郎　人と仕事』蛮友社）

**【厚田雄春談】**いま残っている赤倉ロケ［注、妙高高原］の写真を見ると、キャメラの茂原さんが雪の上に寝っころがってファインダーをのぞいています。はっきり憶えてませんが、ロー・アングルで撮った最初じゃないでしょうかね。スタッフには照明係なんていないから、ロケで大きなレフ（反射板）をかつぐのはいつも助手ですよ。そんなときに助けてくれたのが笠智衆さんです。小津組のロケだよっていうと、手当のことなんか考えないでついてきて、いろんな仕事を手伝ってくれました。笠さんは当時は大部屋の俳優だったんですが、スタッフ同様の働きをしてくれました。だから、小津組では笠さんとぼくが一番長いんです。

（厚田雄春／蓮實重彦『小津安二郎物語』筑摩書房）

**【笠智衆談】**昭和四年の『若き日』という青春喜劇では、赤倉のスキー場でやったロケーションにも連れて行ってもらいました。一週間ほど行っていたのですが、相変わらず出番はほとんどなくて、スキーだけうまくなって帰ってきました。行った時はヨチヨチ歩いていたのに、帰り間際には、山の上からスーッと下まで滑り、スキーをつけたまま駅まで行けるようになったほどです。このロケではスタッフのお手伝いもしました。日の光を反射させて俳優の顔を明るくするレフ板持ちをやったりしたのを憶えています。こんなことをしたのは、小津組の撮影の時だけだったでしょう。ただ、あまり出しゃばると、スタッフに「素人が手を出すな！」と怒鳴られるので、ほどほどにしていましたが。

（笠智衆『大船日記』扶桑社）

## 自作を語る／和製喧嘩友達

野田君の考えた話でね。ひとりの娘をめぐって、二人の男がいるという、まあよくある話だね、それで和製とつけたんだろう。

『和製喧嘩友達』（松竹蒲田・昭和四年）原作・脚色野田高梧　撮影茂原英雄　主演渡辺篤、吉谷久雄、高松一郎、浪花友子、結城一朗、若葉信子

（自作を語る「増刊キネマ旬報二月号　小津安二郎〈人と芸術〉」昭和三十九年二月十日）

**［厚田雄春談］**『カボチャ』のすぐあとに撮った『和製喧嘩友達』ってのがありまして、これには汽車が走るんです。もともと長距離トラックの運転手の話なんですが、喧嘩友達っていうだけあってハリウッド映画を意識してまして、アメリカ歌謡曲の歌詞を画面にだぶらせました。で、渡辺篤がトラック運転手で吉谷久雄っていうのがその仲間なんですが、道ばたで浪花友子を拾うわけですよ。身寄りがないというんで引取ってやるんですが、翌朝、化粧した女を見てこれがきれいなんで、二人で張合う。ところが女は結城一朗にほれて結婚しちゃう。そいで新婚旅行に出る二人の乗った汽車を、トラックが追い、汽車とトラックとが並行して走る。そこをキャメラ二台で撮ったんです。これが結局、移動撮影みたいになって、カット・バックでつながる。

（厚田雄春／蓮實重彥『小津安二郎物語』筑摩書房）

## 自作を語る／大学は出たけれど

高田稔君と田中絹代さんをはじめて使った写真だね。僕の作品には学生物が多いけれど、若い俳優を使うとすれば会社員か学生かになるだろう、ところが当時の会社員は種類が限られていたし、その点学生は、今みたいにお巡りさんと喧嘩するわけじゃなし、のんびりしてて、つまりナンセンスの材料になりやすかったんだな。まあ、何でもこなせなければいけない、何かやりたい気があればそれをやらなければならない気持ちもあってね。一体映画作家には、もちろん芸術的な考えのあるのは結構だが、いろいろなものをマスターできる職人的な腕が必要だと思うね。職人になりきっちゃ困るが。その点当時はこういうもので職人的訓練が出来たというのは幸福だった。誰に遠慮もなく好きなことが出来たから。今の人はハメが外せないだろう……。

（自作を語る「増刊キネマ旬報」二月号　小津安二郎〈人と芸術〉昭和三十九年二月十日）

『大学は出たけれど』（松竹蒲田・昭和四年）原作・清水宏　脚色荒牧芳郎　撮影茂原英雄　主演高田稔、田中絹代、鈴木歌子、大山健二、日守新一、木村健児、坂本武

## 自作を語る／会社員生活

これからあとの会社員物の、いわゆるハシリだね。例によってのナンセンスなんだが、それを割合リアルなタッチで描こうとしたところが狙いだった。……そうそう、この写真は僕としては珍しく、オーヴァーラップを使っているんですよ。ただこれ一本だけだった。朝の感じを出すところで使ったんだ。使ってみて、便利ではあるがつまらんものだと思ったね。そりゃ、使い方によればいいものですよ。しかし、大部分がゴマカシでしょう。ゴマカシのオーヴァーラップはいやだね。

『会社員生活』（松竹蒲田・昭和五年）原作・脚色野田高梧　撮影茂原英雄　主演斎藤達雄

（自作を語る「増刊キネマ旬報二月号　小津安二郎〈人と芸術〉」昭和三十九年二月十日）

## 自作を語る／突貫小僧

『会社員生活』に出て来た青木富夫という子役がいたんだよ。これが撮影中に眠っちまうという仲々の奴でね。面白い、これを主演にして撮ろうと、話を考えたんだ。打ち明けていうと、当時ドイツのビールが入って来たんだ。それが飲みたくてね、皆で本を書いて……原作・野津忠二とあるでしょう、野田、僕、池田、大久保（忠素）の合成ネームなのさ……、僕が撮った。撮影、たしか三日位だったよ。

『突貫小僧』（松竹蒲田・昭和四年）原作野津忠二　脚色池田忠雄　撮影野村昊　主演斎藤達雄、青木富夫、坂本武

（自作を語る「増刊キネマ旬報二月号　小津安二郎〈人と芸術〉」昭和三十九年二月十日）

**［厚田雄春談］**　いまみたいに、何日から何日までってスケジュールが決まってませんから、巨匠の野村組とか他の監督の製作が延びてるんで、小津組が急いで穴埋め番組をやらされるなんてのが、しょっちゅうでした。何せ、そのころは新人ですから、会社が撮れっていえば、撮らなきゃなんない。『突貫小僧』とか『エロ神の怨霊』なんか、そういう間に合わせの映画（シャシン）です。まあ、補欠みたいなもんですね（笑）。急に呼び出されまして、「明日から、撮影だよ」てなもんで、その場で準備が始まる。

『突貫小僧』っていうのは、坂本武が親分で、子分の斎藤達雄に子供を誘拐させて二人で金をかせごうとするわけですが、あんまり言うことをきかないんで、捨てに行くと、これがどうしても捨てられないで悩ま

されて腐るって話なんです。「……」
『突貫小僧』では、たしか三日か四日徹夜ですよ。朝からロケをやって、それが終ってセットに入って、一晩中やって、三時間ぐらい眠って、その足でまたロケーションに出かける。幌《ほろ》つきのトラックがあって、全員それに乗って出かけるわけです。急いでますからまあ、近くの蒲田近辺とか、遠いところでせいぜいが横浜です。それでもう、撮り終えちゃう（笑）。

（厚田雄春／蓮實重彦『小津安二郎物語』筑摩書房）

## 昭和五年〔一九三〇〕二十七歳

この年は、当時の大スター栗島《くりしま》すみ子主演の正月映画『結婚学入門』の公開から始まった。小津は監督としての力量を会社から認められ、実力人気俳優を起用できる立場を得た。本年、小津は人生最多の年間七本もの作品を提供した。五月、『朗《ほが》らかに歩め』を公開。この作品も昨年の『大学は出たけれど』に引き続き、清水宏のアイデアだという。

『その夜の妻』では、トップスターの岡田時彦を初めて起用した（岡田茉莉子の父）。岡田と小津は同じ下町の生まれで、文学趣味なども似ており、息が合ったという。『落第はしたけれど』では、小津組の常連俳優、笠智衆を初めて「役らしい役で使い始めた」と小津は語る。

**一月五日**
『結婚学入門』公開
**三月一日**
『朗らかに歩め』公開
**四月十一日**
『落第はしたけれど』公開
**四月二十五日**
統帥権干犯問題が発生
**七月六日**
『その夜の妻』公開
**七月二十七日**
『エロ神の怨霊』公開
**九月十四日**
ドイツ総選挙でナチス党躍進
**十月三日**
『足に触った幸運』公開

十二月に公開された『お嬢さん』では、初めてキネマ旬報ベスト・テンに選出され、日本・現代映画部門同票第二位を獲得した。欧米の主たる映画は全面的にトーキーに移行し、松竹は土橋式《つちはししき》トーキーを導入した。

**十一月十四**
濱口首相遭難事件（東京駅で狙撃）
**十二月十日**
『お嬢さん』公開

## 自作を語る／結婚学入門

この作品の前に『生きる力』というのを僕の作品目録にいれてるのがあるが、あれは宣伝発表をしただけで、実は脚本も書いてないんだ。この『結婚学入門』は正月物だから、実際の製品は昭和四年です。まあ正月物としては凡《おおよ》そ地味な話だった。栗島すみ子をはじめて使った写真でね。

『結婚学入門』（松竹蒲田・昭和五年）原作大隅俊雄　脚色野田高梧　撮影茂原英雄　主演斎藤達雄、栗島すみ子、奈良真養、岡村文子、高田稔、龍田静枝、吉川満子

（自作を語る「増刊キネマ旬報二月号　小津安二郎〈人と芸術〉」昭和三十九年二月十日）

**【厚田雄春談】**小津監督としてはめずらしく正月用のものだったんです。正月用だから、これには当時のスターが出ていて、いつもと違って栗島すみ子とか、高田稔とか、それに滝田静枝がからんだり、割合オールスターだった。こういうのを撮るときが大変なんです。何しろ、検閲の方の御用納めに間に合わせなきゃいけない。そういうときは、会社の方から、特別に裏で何か使ったんだと思います。
検閲だってお役所ですから、御用納めの確か暮の二十五日。それまでに編集が終って、検閲のはんこのある

脚本通りだということを見て貰《もら》わなけりゃいけない。そしてこれでよしというと、一巻ごとにフィルムの先に検閲済の押しが入りますから、それを切っちまったら大変なんです。でも、そのころはまだ暢気《のんき》な気分が残ってて、会社の方から無理にって頼むと何とかしてくれたもんです。

（厚田雄春／蓮實重彦『小津安二郎物語』筑摩書房）

## 自作を語る／朗《ほが》らかに歩め

不良少年の更生物語だったかね。清水宏の原作、といっても口伝えのアイディアをもらったんだ。

『朗らかに歩め』（松竹蒲田・昭和五年）原作清水宏　脚色池田忠雄　撮影茂原忠雄　主演高田稔、川崎弘子、伊達里子

（自作を語る「増刊キネマ旬報二月号 小津安二郎〈人と芸術〉」昭和三十九年二月十日）

**【厚田雄春談】** あれはピストルは出てこないけど、ウィリアム・A・ウェルマン監督のギャング映画みたいなもんですから、撮影も楽しかったですよ。スタッフもみんな気が合っていて、そろいのセーターを作らせて頑張った記憶があります。小津さんが好きな濃紺のセーターね。東京ロケはほとんどなくて、いまのメリケン波止場から山下公園一帯で撮りました。公園っていっても、いまよかずっとさびしかったんです。鎌倉の大仏様のロケもありましたね。大仏は『父ありき』でもロケしてますが、後半『麦秋』でロケしたときには、『朗らかに歩め』の助手時代のことが思い出されてなつかしかったもんです。それと、あと伊東のゴルフ場。ゴルフ場は、当時あそこしかなかったんです。
これで覚えているのは、横移動があったんですよ。高田稔と伊達里子が外車のリンカーンのオープン・カー

に乗って広い通りを進む。それを茂原さんが横移動で追うんですがなかなかうまくいかない。御機嫌悪かったですね。助手のあたしが移動車を押すんですが、気に入っていただけないんで、苦労しました。大通りなんでレールなんか敷けないから、ゴムタイヤの移動車でやったんですが、これには本当に泣かされましたよ。歩数を合わせといてやるんですけどね。

（厚田雄春／蓮實重彦『小津安二郎物語』筑摩書房）

## 自作を語る／落第はしたけれど

『大学は出たけれど』の裏を行く話なんだ。卒業試験を受ける学生が、カンニングの文句を一生懸命ワイシャツの袖に書き込んでおいたんだな。それを当日、下宿の娘が気を利かして洗濯したものだから、落っこちゃった。ところが試験に通って目出度く卒業した奴は就職しようにも職はなし、却って落第生の方が親からの仕送りはつづくし、楽だったという話。短い写真でね。うん、笠を役らしい役で使いはじめたのがこれだよ。その前から出てはいたのだけれど……。

『落第はしたけれど』（松竹蒲田・昭和五年）原作小津安二郎　脚色伏見晁　撮影茂原英雄　主演斎藤達雄、横尾泥海男、関時男、三倉博、田中絹代、月田一郎、笠智衆

（自作を語る「増刊キネマ旬報二月号　小津安二郎〈人と芸術〉」昭和三十九年二月十日）

**【笠智衆談】**卒業間際の大学生たちがたくさん出てくる映画で、卒業組と落第組に分かれているのです。落第する方がいい役だったのですが、僕は及第組の一人でした。役のいい悪いなど言える立場じゃなく、画面に出た「及第生・笠智衆」というタイトルを見て、ニヤニヤして満足していました。いつも落第生だった僕が、

及第生とはおかしなもんです。ホン（脚本）を貰《もら》ったのも、その時が最初でした。あまりの嬉しさに仏壇にお供えし、毎朝、手を合わせたほどです。やっぱり、やることは坊主の倅《せがれ》ですな。（笠智衆『大船日記』扶桑社）

## 自作を語る／その夜の妻

『新青年』か何かに載《の》っていた翻訳小説でね。岡田（時彦）とはこの作品で一緒になったんだ。全七巻のうち初めの一巻を除いて、あと終りまで一つのセットの中での芝居なんだよ。それで夜の眼も寝ずにコンティニュイティを考えたよ、苦心した写真だった。その点でも、ずい分ためになった作品だと思ってる。出来た時、城戸さんが大変ほめてくれてね、保養に温泉へ行って来いと言ってくれたよ。

（自作を語る「増刊キネマ旬報二月号　小津安二郎〈人と芸術〉」昭和三十九年二月十日）

『その夜の妻』（松竹蒲田・昭和五年）原作オスカー・シスゴール　脚色野田高梧　撮影茂原英雄　主演岡田時彦　八雲恵子、岩間照子、斎藤達雄、山本冬郷

## 自作を語る／エロ神の怨霊

温泉に行って来い、と城戸さんは言いながらね。その代わり一本写真を撮って来いって言うんだよ。それじゃ保養にならないって言ってもダメなんだ。そこで撮って来たのがこれなんだ。温泉へ行っても却《かえ》って休めないのさ。お盆の添物でね。話も覚えていない写真だが……。

（自作を語る「増刊キネマ旬報二月号　小津安二郎〈人と芸術〉」昭和三十九年二月十日）

『エロ神様の怨霊』（松竹蒲田・昭和五年）原作石原清三郎　脚色野田高梧　撮影茂原英雄　主演斎藤達雄、月田一郎、伊達里子

## 自作を語る／足に触った幸運

さて、これはどんな写真だったかな？　一向に思い出せない。

『足に触った幸運』（松竹蒲田・昭和五年）原作・野田高梧　撮影茂原英雄　主演斎藤達雄、吉川満子、青木富夫、市村美津子、関時男、月田一郎、坂本武

（自作を語る「増刊キネマ旬報二月号　小津安二郎〈人と芸術〉」昭和三十九年二月十日）

## 自作を語る／お嬢さん

この写真はね、喜劇の大ものをこしらえようという会社の方針で出来たんだ。当時としては相当のスターも使ってるし、僕としても大変力をこめて作ったものだった。スタッフのギャグマンの中にある、ジェームス・槇《まき》、ね。これは僕だと思われてるんだが、最初は、伏見、池田、僕、北村小松達の間で皆が使おうと話しあった架空のペン・ネームなんだよ。ところが名前が決まっても誰も使わない、結局、小津専用ということになってしまったんだな。

『お嬢さん』（松竹蒲田・昭和五年）原作・脚色北村小松　ギャグマン伏見晁。ジェームス・槇、池田忠雄　撮影茂原英雄　主演栗島すみ子、岡田時彦、斎藤達雄、田中絹代、岡田宗太郎、大国大郎、山本冬郷、小倉繁、竜田静枝、毛利輝夫、浪花友子、光喜三子

（自作を語る「増刊キネマ旬報二月号　小津安二郎〈人と芸術〉」昭和三十九年二月十日）

**【慶光院俊談・日光東照宮勤務・同窓生】**まだ新任のホヤホヤですよね。それから二、三年経ってからですね。まだ下っパの頃ですよ。ところが小津がね、もう十二月に近い頃だったと思うんですがね。「俺、今度撮影

するんだが陽明門の前でやらせろ」って言うんですよ。「陽明門には時間があるんだから、時間外はダメだぞ。それ心得て来てくれよ」って言うと、「まあ、お前に委《まか》せよう」ってことでね、それでいきなりやって来たんですよ。「……」

［ロケ隊の旅館に行くと…］そしたら一流の俳優さん連中でしょう。もう、栗島すみ子なんてね、当時我々もう憧れの女優さんですよ。そういうのがね、いっぱい来てるんでしょう。そん中でね、デンと座って、「先生、先生」言われとるんですよ。「おい、お前偉いもんになったなァ」言うわけですよ。そいでね、いきなり陽明門の前でね、ワンカットやるんだから「お前何とかせい」と言うんですよ。

（井上和男編『陽のあたる家』フィルムアート社）

## 昭和六年［一九三一］二十八歳

一月、岡田時彦主演の『淑女と髭』を公開する。岡田演じるバンカラな髭面の学生が、娘の助言で髭を剃ると、就職も恋愛もうまく成就したというコメディだった。岡田の演技もよく、八日間で撮影を完了した。

二月、日本で初めて日本語字幕が付されたトーキー作品『モロッコ』が公開。

八月には、小津が最も情熱を傾けて製作したという『美人哀愁』が公開された。この作品は、小津最長の二時間三〇分を超える大作となった。二人の男（岡田時彦と斎藤達雄）が同じ彫刻を気に入り、一方（斎藤）が彫刻を手に入れ、一方（岡田）が彫刻のモデルとなった女（井上雪子）と恋に落ち、結婚生活を始めるも、女は突然病死してしまう。

一人残された男（岡田）は、慰めのために彫刻を男（斎藤）に求めるが拒絶され、二人は乱闘の末、共に死んでしまうという悲劇的なプロットだった。フィルムが長時間に及び「城戸所長は御機嫌悪いし、批評家は好き勝手に悪口書いてました」と厚田は後に述懐した。

八月に公開された『東京の合唱《コーラス》』は、昨年の『お嬢さん』に続き、キネマ旬報ベスト・テンの三位にランク・インした。

松竹蒲田撮影所では城戸四郎所長が導入した「監督第一主義」が定着し、

---

**一月二十四日**
『淑女と髭』公開

**二月**
初の日本語字幕付トーキー作品『モロッコ』が公開

**五月二十九日**
『美人哀愁』公開。

**八月一日**
日本初のトーキー『マダムと女房』公開

**八月十五日**
『東京の合唱《コーラス》』公開

**九月十八日**
関東軍による満州事変勃発

**十一月〜十二月**
『生れてはみたけれど』と『春は御婦人から』を交互に撮る

**十二月十六日**
東京浅草オペラ館開場（エノケン旗揚公演）

映画制作の中心は「スター」ではなく、監督であることを明確にした。八月、日本初のトーキー『マダムと女房』（五所平之助監督）が公開された。九月、関東軍による満州事変が勃発し、中国大陸での戦争が暗い影を投げかける時代に突入した。

## 自作を語る／淑女と髯

岡田［時彦］が大変うまくて、そして面白かった。これは八日間程で撮り上げたんだが、却って力を入れた『お嬢さん』より評判がよかったんだな、映画とは不思議なもんだと思ったよ。

（自作を語る「増刊キネマ旬報二月号　小津安二郎〈人と芸術〉」昭和三十九年二月十日）

『淑女と髯』（松竹蒲田・昭和六年）原作・脚色北村小松　ギャグマン　ジェームス・槇　撮影茂原英雄　主演岡田時彦、川崎弘子、飯田蝶子、坂本武、伊達里子

## 自作を語る／美人哀愁

これは、ナンセンスの行き方をかえて、はじめてリアルの甘いものを作ろうと意気込んだのだな、そしたら大変長たらしくてダラけた写真が出来てしまった。ムキになって撮ったんだが、駄目だったね。力を入れた『お嬢さん』より簡単に撮った『淑女と髯』の方がいい、そしてムキになったこれが一番いけない……。映画が判《わか》らなくなって来てね。ともかく、こんなところにはまり込んでしまっては駄目だと気がついた。

『美人哀愁』（松竹蒲田・昭和六年）脚色・潤色池田忠雄　撮影茂原英雄　主演岡田時彦、斎藤達雄、井上雪子、岡田宗太郎、吉川満子、若水照子

（自作を語る「増刊キネマ旬報二月号　小津安二郎〈人と芸術〉」昭和三十九年二月十日）

## 情熱を傾けた『美人哀愁』

あらゆるものにぶつかって、それを生かすことなんか、そりゃ出来ないさ。僕のものなんか、『会社員生活』『生れてはみたけれど』、それから例の『大学よいとこ』とずっと系統を引いているんだ。だが、本当をいうと、僕が監督としての情熱をもって力一ぱいの仕事をしたのは『美人哀愁』なんだ。『出来ごころ』は自分として嫌いだし、『生れてはみたけれど』などでも『美人哀愁』ほどはり切っていなかった。神経質になって、凝《こ》ってはいけないんだ。だから、時々監督なんかより、もっと他の仕事に大きい情熱を感じるんだ。つまりあらゆるものにぶつかって生かそうと思ったら、本当にそれが好きだったら、監督になるのは誤りだ。といって、所長にはなれないがね。

（『彼』の心境／小津安二郎との一問一答「映画と演藝」昭和九年七月号）

**【井上雪子談】** 東京に出てきて小津先生にお会いしたら、私のおじのような感じがしまして、関西ではおじのことを「おっちゃん」と言いますから、清水先生や皆さんの前で「おっちゃん」と言っちゃったんですね。それから皆さんが小津先生のことを「小《お》っちゃん」と呼ぶようになっちゃった。悪いことです。「……」

小津先生に初めてお会いしたとき、先生は私の一回り上なんです。小津先生は二十八歳、私は十六歳。若い方なのにとてもそんなお年に思えなくて、それで懐《なつ》いちゃって。皆さんよく先生が厳しいとか、怖いとかおっしゃるんですけど、私はひとつも怖くないんです。小《お》っちゃんなんですよ。つい甘えちゃうんですね。

何か事があるとすぐに小津先生のうちに言いに行くんです。お母さまにもかわいがられて。「……」

そうすると先生からおじさんのように怒られるし、お母さまも来てくださって、子供に対するように言われるんですけど、でもそれが一番。小さい時分から家族とか家庭がなかったでしょう。だからいいんですね。何でも言えるんです。

（蓮實重彦／山根貞男／吉田喜重編著『国際シンポジウム　小津安二郎』朝日新聞社）

**［厚田雄春談］** いま見られないのが残念でならないんですよ。シャレた映画でねえ、タイトルの前に「女の美しさ、空のうろこ雲、どちらも長くもちません　ジャン・コクトー」って出るんですよ。これは井上の雪ちゃんが主演で岡田エーパンと斎藤達雄が出てましてね。「……」

地方に住む素朴な娘が都会に出てきて、二人の男に愛されるっていう単純な話ですが、撮影はもちろん、雪ちゃん［井上雪子］の衣裳や、セットにも凝りました。雪ちゃん、若かったですからね。まだ十五、六歳じゃなかったでしょうか。何しろお父様がオランダの方だから、横顔が絵になるんです。きれいでしたよ。メーキャップなんてしなくてよかったなあ。ふつうの日本の女の人はのっぺりしてますから、正面からねらうんですが、井上雪子は違いました。横顔が撮れる女優なんです。だから小津先生も実験的にいろいろなことをやってみたかったんだと思いますよ。

その結果、上映時間が三時間を越える長い映画になってしまった。城戸所長は御機嫌悪いし、批評家は好き勝手に悪口書いてましたけど、これはいい作品でしたよ。いま見れば、きっと評価してくれると思いますね。雪のシーンなんか見せたかったなあ。うしろに妙高の山が見えて、手前に貨車が通る。すると車両の下から井上雪子の足がすけてみえる。そうすると、ほっかぶりした田舎娘なんです。

（厚田雄春／蓮實重彦『小津安二郎物語』筑摩書房）

## 自作を語る／東京の合唱《コーラス》

失敗にコリたので、これは呑気《のんき》に撮ることにしたんだ。撮影は夏だったが、晴れた日にはロケもしないでね、いや、暑いからさ。……この当時だな、映画とはどんなことをやればいいのか、判《わか》らなくなってしまったんだ。監督の仕事なんて結局あとに残るものでもなし、映画ってつまらんものだという気が起きてね。まあ、今じゃ却《かえ》ってきれいに霧消《むしょう》しちまうのが映画の魅力とさえ思ってるが……。

（自作を語る「増刊キネマ旬報二月号　小津安二郎〈人と芸術〉」昭和三十九年二月十日）

『東京の合唱』（松竹蒲田・昭和六年）原作北村小松　脚色野田高梧　撮影茂原英雄　主演岡田時彦、八雲恵美子、斎藤達雄、飯田蝶子、坂本武、菅原秀雄、山口勇

## 映画監督の不安と喜び

映画撮影監督が最も不安と焦燥とに襲われるのは、仕事にかかってから、その完成予定日の目鼻がつくまでの期間である。しかし、その不安と焦燥は、よりよき映画を製作しようとする希望によってある程度までは無論抹殺される。そして最も嬉しい気持ちの時、それは苦心惨憺の結果ネガの整理をして、その試写を見るまでである。その上、試写評のよかった時の気持ちといったら、まず他に、どんな嬉しいことがあるといっても、おそらくこれ以上のことはない。

で、僕のいま撮っている『東京の合唱』は、ちょうど不安期である。この映画の内容は、まるで僕のために作られたといってもいいくらい、好みにピッタリ合っている。そして、その主演者岡田時彦氏、また斎藤達雄氏は、つき合いなれのした顔触れで、いよいよ気分の一致だ。コンビネーションの絶対的融合だ。

（映画製作の一考「国民新聞」昭和六年七月二十七日）

## コンティニュイティ第一主義

前作『美人哀愁』がロマンティシズムの極限を描写せるものであるに反して、この『東京の合唱』は、リアリズムの極地を行くものである。はたして、いずれが現社会の要求する興味に投じ得るか、面白い研究が出来ると思っている。が、僕はリアリズムの心境描写には、いささか自信がある。興味的に、また、いわゆる体系づけられた映画的に佳作を送り出したいと考えている。僕はあくまで、コンティニュイティ第一主義である。常に映画的な映画たらしむべく、コンティニュイティ画策に苦心している。そしてこの『東京の合唱』においては、ひたすら僕の信念を貫徹せしむるべく努力中である。

（映画製作の一考「国民新聞」昭和六年七月二十七日）

## 学理的手法に留意したい

映画なるものが、すでに民衆娯楽の百パーセントを占有する今日。映画学としての存在を系統づけなくてはならないことを意識する。映画は水商売にして、ただ儲かりさえすれば、その内容が、また組み立てがどうだっていい——というわゆる活動屋根性をもって映画を論じ、また評価され、製作することは僕は最も淋しい。そこには確固たる学理的の手法が、すでに要求されている今日だ。少なくとも僕は、そう言ったことを留意して製作に当たっている。それによって、日本映画の向上に与《あずか》れるとすれば、僕は光栄である。そして『東京の合唱』が、その導火線となるように僕は努力中である。

（映画製作の一考「国民新聞」昭和六年七月二十七日）

［厚田雄春談］深川のお宅っていうのがいいんですよ。横に川があって、あの時分はいまみたいに臭くないですから、夏になると縁側から涼しい空気が入ってきましてね。小津さんの部屋は二階なんですが、長い廊下があって、庭の方にまわると、お父様が飼っておられた十姉妹《じゅうしまつ》やカナリアが幾つかの籠《かご》に入って並んでいて、鑑賞会に出すような見事なランチュウもいましたね。「……」ちょっと離れた所にお湯屋さんがあって、その煙突が、何ともいえず風情《ふぜい》がありました。あの煙突、小津さんにとって印象深かったと思いますよ。

（厚田雄春／蓮實重彦『小津安二郎物語』筑摩書房）

［井上雪子談・女優］深川のお宅は、入り口のところに、何て申しましたかしら、そう広い帳場があって、その横に長い長い廊下があって、そこを通って小津先生のお部屋の方にまいりますの。二階にあがる階段があちこちにございましてね、それはそれは奥深いお家でした。あまりみなさんはお宅まではあがりませんでね、伊達［里子］さんと私だけはよく寄らせていただきましたわ。するとお母様がね、はやく安さんがお嫁でも、もらってくれればいいと思うんですよ、なんて仰言《おっしゃ》って。好きな娘をつれてきたのかな、みたいな調子で私どもをごらんになって。困ってしまいましたわ（笑）。

（蓮實重彦『監督　小津安二郎』筑摩書房）

## 昭和七年〔一九三二〕二十九歳

この年は、四本の作品を公開した。六月に公開された『生れてはみたけれど』は、内容が暗いという理由で二ヶ月ほど公開が延期された。しかし評論家の評価は高く、キネマ旬報で初めてベスト・テン一位の評価を得た。ただ、当時は興行成績と順位が必ずしも相関しないという見方が映画会社の幹部にあり、小津は複雑な気持ちを抱いたという。五月、チャールズ・チャップリンが来日。滞在時、犬養毅首相が暗殺された「五・一五事件」に遭遇した。五月、『また逢ふ日まで』の撮影を開始するも、予算が足らなくなり中断に追い込まれる。

八月、演劇と映画の興行を主目的にした「株式会社東京宝塚劇場」が阪急の創始者小林一三《いちぞう》により設立された（後の東宝の母体となった）。十月、会社の要求もあったメロドラマ『青春の夢いまいづこ』公開。十一月、一度中断した『また逢ふ日まで』を公開。元の題名は『娼婦と兵隊』だったが、軍国化する世相を考慮して改題された（本作は小津初のサウンド版映画となった）。しかし、内容が「反戦的」だとして内務省から睨《にら》まれたという。

**一月二十九日**
『春は御婦人から』公開
**五月十四日**
チャールズ・チャップリン来日
**五月十五日**
五・一五事件（犬養首相殺害）
**五月〜十一月**
『また逢ふ日まで』撮影
**六月三日**
『生れてはみたけれど』公開（二ヶ月封切を延期）
**十月十三日**
『青春の夢いまいづこ』公開
**十一月二十四日**
『また逢ふ日まで』公開（初のサウンド版）
**十二月十六日**
日本橋の白木屋で火災

## 自作を語る／春は御婦人から

これも映画を疑ってた頃のだからね、詳しいことは忘れてしまった。『淑女と髯』頃からかな、コンティニュイティを建てるのもよしてしまって撮ってたよ。むろんコンテを建てて撮れば幾分安心してられるが、結局どちらでも同じことだね、却《かえ》ってコンテなしでやった方が、先のショットまで見透かせるんじゃないかな。

『春は御婦人から』（松竹蒲田・昭和七年）原作ジェームス・槇　脚色池田忠雄、柳井隆雄　撮影茂原英雄　主演城多二郎、井上雪子、斎藤達雄、坂本武

（自作を語る「増刊キネマ旬報二月号　小津安二郎〈人と芸術〉」昭和三十九年二月十日）

## 自作を語る／生れてはみたけれど

これは子供の写真を一つ撮ろうという気持から生れたのです。子供からはじまって大人に終わる……。最初は割合明るいはずだったんだが、撮影中にはなしが変わって行っちゃってね。出来たら大変暗くて、会社はこんな暗い話とは思わなかったと、完成してから二ヶ月ばかり封切を控えたくらいだった。それにこの写真で、僕ははじめて意識的にフェイド・イン、フェイド・アウトを使うのを止そうと思って、カットで終わらせてみた。このあとでも、たしかやっていないでしょう。大体O・LとかF・I、F・Oというのは映画の文法でもなんでもありゃしないんだ、あれはキャメラの属性なんだよ。

『生れてはみたけれど』（松竹蒲田・昭和七年）原作ジェームス・槇　脚色伏見晁　撮影茂原英雄　主演斎藤達雄、菅原秀雄、突貫小僧、小藤田正一

（自作を語る「増刊キネマ旬報二月号　小津安二郎〈人と芸術〉」昭和三十九年二月十日）

【厚田雄春談】ああ、あれは『東京の合唱』のあとですぐに撮影に入ったんです。そしたら、子役が二人いますね、菅原秀雄と突貫小僧の兄弟。その兄貴の菅原の方が途中で病気になって一時中止になっちゃった。だから仕方がないんで『春は御婦人から』にかかったんです。これは雪ちゃんが主演している、ええ、井上雪子と城多二郎、それに斎藤達雄も出てるんですが、面白いのは坂本武の洋服屋なんですよ。

この洋服屋が、卒業前の大学の校庭を請求書を持って走りまわるんですが、これにはモデルみたいなのがいるんです。前にもお話した通り、蒲田の撮影所には、月給日になると借金取りがおしかけてくるんですが、その大半は飲み屋と洋服屋なんです。その中に張さんという中国人の洋服屋がいまして、坂本武がそれをもじってやるから見てておかしいんですよ。撮影所でも月給日に借金取りがくるとみんな一目散に逃げますね。それを大学に移してギャグにしてるんです。停っている自動車に隠れると美人が運転席にいる。「悪者に追われているから救けて下さい」なんてね。

ラスト・シーンなんて見せたかったな。俗にいう金玉火鉢《きんたまひばち》というやつでね、その上の電灯がパーッと点ったり消えたりするんですよ。で、結局、『春は御婦人から』の方が先に封切られて『生れてはみたけれど』は後まわしになったけど、これは立派なものだから、やっぱりベスト・ワンになりましたね。そのころから小津さんも年末のベスト・テンの上位にランクされ、名実ともに一流監督になられました。でも、お高くとまったとこなんてまるでないんですから。

（厚田雄春／蓮實重彦『小津安二郎物語』筑摩書房）

【小津ハマ談・弟信三の夫人】あの頃は小津の作品というのは売れなかったんですね、入りが悪かったんです。それで、城戸四郎さんに睨まれまして、だいぶ干されたりなんかしてたんです（笑）。昭和七年の『生れてはみたけれど』、八年の『出来ごころ』、九年の『浮草物語』、みんな「キネマ旬報」のベスト・ワンになってますよね。だけども、入りは悪かった（笑）。だもんですから、松竹のおエライさんが「キネマ旬報」の方に、あんなのをトップにするくらいなら、『忠臣蔵』の方にしてくれれば良かったのに、あんなのに褒美をやると、良いと思ってまたあんなのばっかり作るから困るって言われたそうです（笑）。『生れてはみたけれど』を作ったら、こんな暗いのだめだって、何カ月かお蔵になってたんですよね。他の映画が間に合わなくなって出してもらって、そしたらトップになっちゃったんですけれども。これもずいぶんユーモラスな映画だと思いますよね。だけど、やっぱりあの頃は生活が厳しかったからでしょうね、受けとめ方が、我々が今の感覚で観るのとは、また違ってたんでしょうね。（『デジタル小津安二郎』東京大学総合研究博物館）

**【佐藤忠男談】**　小津がまだ中堅の監督だった頃、撮影所で城戸四郎を中心に、監督たちが集まって企画を検討する会合をよく行ったが、当時、城戸四郎は菊池寛の恋愛小説を高く評価し、彼の作品なら、ほとんど無条件で高い原作料を払ったが、そんなとき、小津は、「菊池寛などつまらん」と言って、平気で会議を出て行ったりしたことがよくあったそうである。小津は、そのように、蒲田＝大船調の主流からはいくらか外れた地点におり、いわばその前衛とも言うべき存在であったが、しかし、彼の作風が、蒲田＝大船調の土壌の上に咲いたものであることは、紛れもないところである。「……」

小津の作品は、「批評家は褒めるけれども、客の入りが悪い」と城戸四郎が言うと、小津は、「すみません、クビになってもいいけれども、監督なんてツブシがきかないから門衛にでもしていただきましょうか。ヒゲもあることだし」と言った。新進監督時代、彼はコールマン髯を生やしていた。

（佐藤忠男『小津安二郎の芸術』朝日新聞社）

## 自作を語る／青春の夢いまいづこ

『生れてはみたけれど』の撮影中に子供が怪我をしてね、それで途中からこれを撮り出した。ちょっと忠直卿行状記みたいな甘い話です。

考えて見ると、この時期は、僕も相応に大作を年に四本、五本と撮っているが、それでも大して忙しいとは思ってなかったな。今じゃ年に一本でもそれほど閑《ひま》とは思えないものだがね。

（自作を語る「増刊キネマ旬報二月号　小津安二郎〈人と芸術〉」昭和三十九年二月十日）

『青春の夢いまいづこ』（松竹蒲田・昭和七年）原作・脚色野田高梧　撮影茂原英雄　主演江川宇礼雄、武田春郎、水島亮太郎、田中絹代、斎藤達雄、飯田蝶子、笠智衆、葛城文子、伊達里子

## 自作を語る／また逢ふ日まで

この写真では岡田嘉子《よしこ》をはじめて使った。仲々うまい人だと思いました。それに、この作品は僕のはじめてのサウンド版だった。前年の昭和六年に蒲田では『マダムと女房』をトーキーで撮っていて次第に皆トーキーに変わって来た頃だったが、僕一人はいきさつがあって、ずっと後までサイレントで頑張ってた。キャメラの茂原君、彼が当時自分のトーキーを研究しててね、僕は出来たらそれを使うと約束してあったんだ、だから蒲田でやっている土橋式は僕は使わなかったわけなんだよ。

（自作を語る「増刊キネマ旬報二月号　小津安二郎〈人と芸術〉」昭和三十九年二月十日）

『また逢ふ日まで』（松竹蒲田・昭和七年）脚本野田高梧　撮影茂原英雄　主演岡田嘉子、岡譲二、奈良真養、川崎弘子、飯田蝶子、伊達里子

**【井上和男談】**登場人物に固有名詞のない脚本である。中川信夫が、キネマ旬報（昭和八年新年号）で賞《ほ》めたトップシークエンス（S《シーン》1から18へかけて）の「夜の街角」岡田嘉子の夜の女と、その仲間の伊達里子が岡田に頼まれて千人針を縫うカット、街燈、街燈の足なめでビルの入口に腰をおろす二人の女のロングショットなど、出征部隊の夜行軍と絡み合わせて、巧緻、圧巻的出来栄えと云われるが、残念ながらプリントが現存しないので、脚本からの推測の域を出ない。まことに残念である。

ただ、脚本の上で、何故《なにゆえ》、登場人物に名前をつけなかったのかということは聊《いささ》か、気になる。

満州事変、上海事変と刻々世の中は、軍国主義の大波に巻き込まれていくとき、一片の赤紙で戦争に狩り出される男と、その父、その妹、その女の、別れの悲しみを、名もない人々の直面する問題として、あえて「男」・「女」という一般論の形で取り上げ、一直線に戦争に向って突っ走る軍政当局へ、ささやかな抵抗の姿勢としたのではないかと思う。

ラストシークエンスの出征兵士、群集、歓呼の中で、見送りに来た父と妹はついに男に逢えず、汽車は出て行ってしまう。小津作品では、初めてのサウンド盤で、この辺り、「蛍の光」が流れる。片や、男を見送った女とその友達の女は、ベンチに腰を下ろす。トロイメライの伴奏になる。友達の女が、涙で汚れた顔をなおせと差し出したコンパクトを、首を振って拒絶した女（岡田嘉子）も、若い夫婦が向こうのベンチで、赤ん坊のおしめを取り換えてやってる姿を見て、突然、涙がこみ上げてくる。推測だけでも、いいシーンだ。

男を失った女は、再び夜の街角で春をひさぎながら、いつ還《かえ》るとも知れぬ男を待つしかない。二人の女が、並んで歩いていく。――表立って、ひどく反戦的とはいえないが、反戦の情感は漂っている。『娼婦と兵隊』という題名を当局の指示で改題させられたのも、もはや、時局は刻々とあやしい方向へ引きずられていた証拠といえるかもしれない。

（井上和男編『小津安二郎作品集II』立風書房）

## 自分の欠点は迫力不足

サウンド版としての用意をして撮ったのですが、やはり、トーキーの本道はオールトーキーである、と思いました。音楽に「トロイメライ」や「ユーモレスク」などの、通俗的なものを使ったのは僕の指定です。初めは、もっと高級な音楽が予定されていたのですが、あの作品の試写を見て僕は今更のように、自分の欠点である「迫力の不足」を感じました。迫力のないということは、僕のこれまでの作品に共通の欠点でしたが、今度は努めてその欠点を出すまいとしたのですが、力及びませんでした。

こうした迫力の点になると、キング・ヴィダーという人の偉さに沁々《しみじみ》頭が下がります。僕などは、もっと押して行ってよい場合でも、すぐその人物が画面外に切れてしまうのです。押しの力がないからです。と同時に、撮らなくてもよいものが、いろいろに撮《うつ》っていたり、撮らなくてはいけないものが、なかなか撮らなかったりしているのです。

（小津安二郎との一問一答「キネマ旬報」昭和八年一月十一日号）

**【厚田雄春談】**　岡田嘉子の主演で、もともとは『娼婦と兵隊』という題だったんですが、コールガールと出征兵士の話ですよ。男の方は昔の華族の息子で、家を出て女のところで別れを惜しむんですが、その裏には反戦の気持があるのではないかということで、にらまれそうだというんです。

（厚田雄春／蓮實重彦『小津安二郎物語』筑摩書房）

【清水将夫《しみずまさお》談】当時は小津さんがよかったもんですからね。ぼくたち大部屋にいて、池田組［義信］なんかに出たくないのね。そんなことといっちゃ悪いけど（笑）。小津組に出たいわけよ。だから小津組の仕事があるっていうと意欲が湧いてね、予定に出てなくても撮影所に出かけて行ったね。熱心な連中の何人かは。その時分は、大部屋なんて怠けものが大勢いた。十五人仕出しが要るのといっても、十人くらいしか集まらないんだ。ロケーションで朝九時出発というのに。そこへ、こっちは何げなく行ってるわけよ。そうすると、人数が足りないから、なんでお前来てるんだ、ときかれる。いや、朝になると撮影所へくる習慣がついています。なんていうんです（笑）。ちょうどいい、それじゃこい、といわれる。小津組の写真だったら、どんな仕出しでもいいから出たいという連中が何人かはいたんだね……。

（放談・清水将夫「悲劇喜劇」昭和四十九年十一月号）

【岸松雄談】古めかしい表戸をあける。小鳥が籠の中で鳴いていた。鶯だったようにおぼえている。やがて小津は不思議ないでたちで玄関にあらわれた。薩摩絣《さつまがすり》の着物の上に、船頭さんの着るような長いどてらを羽織っている。浅黄の地色に、背のところは赤地に大漁と染め抜いたどてらである。長い廊下を通って二階に上がると、そこに彼の書斎があった。

狭い六畳間のまんなかに炬燵が置かれてあった。雑然と本が積みかさねてある。絵筆や絵具がちらばっている。コンティニュイティを絵で描くという小津は、本式に絵の勉強をしたことはないが、三宅克己の水彩画が好きで、水彩画には前々から親しんでいた。凝ったランプが台の上にのっていて、ウイスキーの瓶が棚の上にならんでいる。床の間には見事な金箔塗りの獅子頭と蓄音機。一曲所望したら、小津は大好きな『トロイメライ』をかけてくれた。

（岸松雄「シナリオ」昭和三十九年二月号）

## 昭和八年［一九三三］三十歳

一月、『非常線の女』の脚本執筆のため、池田忠雄と湯河原の中西旅館に滞在した。この後、一九四一年頃まで中西旅館を常宿として使った。『非常線の女』の脚本を完成したが、会社から『東京の女』を先行して欲しいとの要望があり、脚本が未完成のまま撮影を開始し、九日間で撮り終え、二月九日には『東京の女』が公開された。その後、中断された『非常線の女』は撮影を再開し、四月に公開された。七月、中西旅館にて『出来ごころ』の脚本を執筆する。それまでの欧米の翻訳を下敷きにした作風から、下町を舞台にした人情噺《ばなし》に転換した。本作品は、キネマ旬報ベスト・テンの一位を獲得した。

九月、陸軍の演習に召集された。戦前は「兵役法」により「帝国臣民タル男子」は、「常備兵役、後備兵役、補充兵役、国民兵役」のいずれかに服する義務があった。演習召集は、勤務演習を目的として在郷軍人から召集された。小津は本籍のあった津市の部隊に入営した。除隊後に京都で、師であった大久保忠素《ただもと》に会い、井上金太郎、山中貞雄らを紹介された。

**一月三十日**
ヒトラー政権が誕生
**二月九日**
『東京の女』公開
**二月二十四日**
国際連盟から脱退
**四月二十七日**
非常線の女』公開
**九月七日**
『出来ごころ』公開
**九月十六日**
後備役の演習に召集
**十月一日**
除隊

信濃の山近き雪ふかぶかとしたる宿の炬燵にうつらうつらと新しき年の春を迎ふ
陽の光障子に明るう雪どけの音かすかなり
わが心すゞろに　ひねもすは永く
ちんちんと鉄瓶の湯はたぎりて
安倍川の濁りし湯をなつかしむ
地酒いとつめたう　またたのしくもあるかな

（「日記」昭和八年一月一日）

寒鯉《かんごい》や　たらひの中に　昼の月

（「俳句」昭和八年一月一日）

## ギャクの難しさ

**［ギャクを考えるのは大変ですか？］**　ギャグは俳優のアクションによって左右されることが多いです。俳優のちょっとした動きや何かのうちに、新しいギャグを思いつくことが往々あります。それは僕のように、学生物や会社員物ばかりやっている人間になると、どうしても、そうした狭い世界にギャグが限られてくるので、手が極まってきてしまいます。それでも、五本目ぐらいまでは同じ傾向のものを撮っていても、ギャグの誤魔化しも利きますけれど、やがて駄目になります。ギャグの行き詰まりです。

で、僕は思うんですが、本格的に喜劇映画を撮るには、ギャグマンが十人ぐらいいる。一人や二人の頭脳の中で考えられるギャグなどでは、おおよそ不十分です。その点、ロイドなどには多くのギャクマンがついている。だから、それらのギャグマンの頭脳から絞り出されたギャグの面白いのも当然です。

もっとも、今度の『ロイドの活動狂』におけるギャグなどは確かに行き詰っている感じですが、それにしてもキャメラの使い方の巧さと相俟《あいま》って、手品使いが出、卵が思わぬところから飛び出して来たりするあたり、さすがに巧いと思いました。ギャグがギャグらしいワザとさを感じさせない、そこが僕たちには真似が出来ないんです。

また、これは日本と外国との生活様式の相違から来るのだと思うのですが、アメリカの喜劇などには、「生理的なギャグ」が多いのです。たとえば、長い膝をポンと叩くと、それがどうかなる、という風な可笑しみです。ところが日本の喜劇映画には、それがない。日本では、すべてギャグがアクションをまって生まれるのです。日本でチャップリンの喜劇が受けるというのは、彼のギャグがアクションによって生み出されている、それだからです。僕はチャップリンの喜劇では『常磐木ホテル』などが好きです［注：Breakfast at Hotel Evergreen］。六、七巻ぐらいのものに焼き直したら面白いものが出来るだろうと思っています。

（小津安二郎との一問一答「キネマ旬報」昭和八年一月十一日号）

## 茂原英雄は優秀なキャメラマン

キャメラマンの巧さは、どの程度まで監督の気持ちを撮《うつ》すか、にあると思っています。ルビッチのキャメラマンだったチャールス・ヴァン・エンジャーなど、その点、よくルビッチの気持ちを撮しています。僕と茂原君の場合など、僕が一々決めなくとも、茂原君の据えた位置や角度はほとんど僕の考えている通りなのです。

ですから、安心して仕事が運べます。

（小津安二郎との一問一答「キネマ旬報」昭和八年一月十一日号）

## オーヴァーラップよりもカット

僕はオーヴァーラップというやつが嫌いでね。『お嬢さん』には、二つしか使っていません。フェイドの多いのも感心しませんが、オーヴァーラップを濫用するなら、むしろ、カットで行きたいと思います。しかしオーヴァーラップでも、偉い監督が有効に使うと素晴らしい効果があります。たとえば『結婚哲学』で、饒舌を表現するために使われたそれなど、見事なものでした。オーヴァーラップも、たしかに映画表現の一つの方式には違いありませんが、卓《すぐ》れた人が使うべきで、みだりに用うべきものではありません。

（小津安二郎との一問一答「キネマ旬報」昭和八年一月十一日号）

## 山中貞雄の時代劇

評判の山中貞雄という人の作品も『小判しぐれ』一本だけ見ました。とにかく第二回作品であれくらいやれたら立派なものだと思います。山中貞雄という人など、まだ若い人らしいから、もっと、まともなものを力一杯演出したらよいと思います。ちょうど、ウィリアム・ワイラーのように。

（小津安二郎との一問一答「キネマ旬報」昭和八年一月十一日号）

## 好きな外国の監督は？

いま言ったウィリアム・ワイラー、ジョン・エム・スタール、古いけれど、レックス・イングラムなど、好きです。［ウィリアム・ウェルマンは？］ウェルマンもパラマウントにいた頃が好きです。あの感覚の良さ。小物ですが『暗黒街の女』などには感激しました。

ワーナーに入ってからは、少し泥臭くなって来たようです。『母』がなかなか良いそうですが、いまだ見ていません。少なくとも『民衆の敵』を見た限りでは、そう思えたです。泥臭いからといって、もちろん悪いわけではありませんが。

ジェームス・キャグニーが寝間着姿で電話をかける。かけながら、尻をかく。受話器を下すと、傍《かたわ》らに立ち聞きしていた女を張り倒す。あんなところは、依然、好きでしたけれど。パラマウント的な明朗さがなくなって来たような気がします。

その他、ルイズ・マイルストンも好きです。ハリー・ダバディ・ダラーやフランク・タットルなんか好きだろうと、よく人から訊《き》かれますが案外好きでないのです。つまり、ダバディ・ダラーやタットルの作品からは、自分と同じようなものだけしか感じられないからなのです。

（小津安二郎との一問一答「キネマ旬報」昭和八年一月十一日号）

## 日本人の生活と映画

［アメリカ人の生活は「映画的」？］確かにそうです。日本人の生活は、およそ非映画的に出来ていて、たとえば、ちょっと家へ入るにしても、格子を開け、玄関に腰かけ、靴の紐をほどく、といったような具合で、どうしても、そこに停滞を来す。だから、日本の映画は、そうした停滞しがちな生活を、映画的に変えて出すより外に仕方がないのです。もっともっと、日本の実際の生活は、映画的にならなくてはいけません。

（小津安二郎との一問一答「キネマ旬報」昭和八年一月十一日号）

## 一番好きなルビッチ監督

監督者としてのルビッチの偉さについては、たとえば、こんなところにも分かります。すなわち、僕なんかだと、人物が三、四人いて、そのうちの一人が靴の先で床なら床を叩くところがあるとすると、すぐその男の靴の先で床を叩く大写しをその間に挿入しなければ気が済まないのですが、ルビッチあたりになると、四人なら四人の人物を全部ロングのうちに収めて、その中で芝居をさせながら、しかもそのうちの一人が靴先で床を叩く姿が、ハッキリと僕たちに感じられるような監督ぶりなのです。

大写しなんて、よほどの場合でないと用いないのです。そんな大写しなど使わないで、使った以上の効果を出すのだから凄いものです。今年は怠けて外国の写真をあんまり見ませんでしたが、見たうちでは、いろいろ非難はされていても、ルビッチの『私の殺した男』が、一番好きでした。

（小津安二郎との一問一答「キネマ旬報」昭和八年一月十一日号）

エルンスト・ルビッチ（1892～1947）：ドイツ出身の映画監督。小津はルビッチの『結婚哲学』や『私の殺した男』を高く評価し「ルビッチの〈結婚哲学〉には、もっともたくみな筆法がある」（日記）と記した。

## 今年撮った作品のこと

［今年何本撮りましたか?］『春は御婦人から』『生れてはみたけれど』『青春の夢いまいづこ』『また逢ふ日まで』の四本です。そのうち『生れてはみたけれど』は、途中、菅原秀雄が怪我したりなんかしたので延びたり、『また逢ふ日まで』も途中まで仕上げておいて、『青春の夢いまいづこ』を間にこしらえたりしていたので、一

つの作品に一気に身を打ち込めなかったです。

［小津さんの場合、四本は大変でしょう？］いや、やはり監督である以上、年に六本は作りたいです。六本くらい作らないのでは、勉強になりませんからね。

［『生れてはみたけれど』は大変好評でしたが、会社員モノはこれからも撮る？］毎年一本ずつくらい、会社員物をやってみたいと思います。事実、毎年一本は必ず作っています。その俳優も毎年同じ俳優を使い、家の構造やセットなども同じにこしらえて、そして年々の写真を比較してみると、いろんな点で面白いです。最初の会社員物では、まだ、まるで芝居の出来なかった突貫小僧が、いまじゃずっと巧くなって来たなど、そんなことを知ることが出来て愉快です。

（小津安二郎との一問一答「キネマ旬報」昭和八年一月十一日号）

## 救いのあるなし

［『東京の合唱』には最後に救いがあったが、『生れてはみたけれど』になるとまったく救いがない。その点、喧《かまびす》しく論議されているが？］あれは別に、そんな深いところから出発したものじゃありません。第一、『東京の合唱』と『生れてはみたけれど』では、俳優が違います。一方は岡田時彦であり、他方は斎藤達雄です。岡田時彦のもつ明るさと斎藤達雄のもつ暗さ、それが作品の上にもずい分影響して来ています。『生れてはみたけれど』の斎藤達雄に、岡田明彦の明るさを求めることは無理ですから。

（小津安二郎との一問一答「キネマ旬報」昭和八年一月十一日号）

## 歌舞伎は映画の参考になる?

歌舞伎を見て、芝居の押し、芝居の「間」などということについて、いろいろ教えられます。トーキーを作る上においては、ことさら歌舞伎から学ばなければなりません。たとえば、淋しい裏長屋か何かの舞台面、念仏講か何かの鉦《かね》の音。その鉦の音だけで、僕たちはすぐ本筋に入って行けるような気がします。こうした歌舞伎劇の音の扱い方を見てると、僕たちは時代劇のオールトーキーにすぐ入って行けるのじゃないかと思います。

衣笠貞之助の『忠臣蔵』では、あのお経のところが気に入りました。時代劇は撮りたいです。僕が認められて監督になるようになったのも、僕の書いた時代劇の脚本［瓦版カチカチ山］からなのです。それは、とうとう撮りませんでしたが、いま考えれば、黙阿弥《もくあみ》の二番目狂言といったような感じのするものでした。深川の櫓下《やぐらした》の羽織芸妓《はおりげいぎ》とそのやくざな兄とを中心としたものです。

（小津安二郎との一問一答「キネマ旬報」昭和八年一月十一日号）

## 自作を語る／東京の女

これは大変急ぎの写真でね、撮影八日位だったかな。本も書き上げないうちに掛かったんだ。会社に勤めながら夜怪しげなバーに出てる女の話なんだが、実際にそういう女の踊りを皆で見てて話を思い付いたんだ。原作者の片カナは架空の人物だよ。こじんまりとまとまった写真が出来た。画面のポジションなどもこの頃からキマってきた感じだね。

『東京の女』（松竹蒲田・昭和八年）原作エルンスト・シュワルツ　脚色野田高梧、池田忠雄　撮影茂原英雄　主演岡田嘉子、江川宇礼雄、田中絹代、奈良真養

（自作を語る「増刊キネマ旬報二月号　小津安二郎〈人と芸術〉」昭和三十九年二月十日）

【厚田雄春談】『東京の女』の方は、やっぱり岡田嘉子がコールガールのようなことをやって弟の学費をかせぐんですが、本当のところ、その役が、少し「赤」がかかっていたのかもしれません。岡田嘉子は、この映画の直後に松竹をやめて、翌年ソ連に亡命します。

（厚田雄春／蓮實重彦『小津安二郎物語』筑摩書房）

東京駅から宵のうちに深川に永代を渡つて帰るときいつも侘《わび》しくなるのは何故か
永代の橋梁から見た浅野セメントの外郭
川に向つてたつた亜鉛葺《あえんぶき》の倉庫
つゞいて町に入つてからの
小さなメリヤス屋　化粧品店　印刷屋　ラヂオ屋　ガレーヂ——
こんなときはいつもＢｕｓの中がひどくすいてゐて
硝子がどれも汚れてゐて
たつた今まで込んでいたと云つた風の頃合で
僕には浅野セメントが
いつも赤硝子の入つた大きな路普《みちぶし》んのカンテルに見える

（「日記」昭和八年二月二十二日）

『非常線の女』第一日　曇にて中止
清水（宏）と茂原宅にトーキー見学

浅野セメント工場：その煙突が特徴的な景観だった。小津は日記の中で「永代の橋梁」から見た浅野セメント工場の景観についてよく触れた（現在の東京都江東区清澄1丁目）。

殻を背負って蝸牛《かたつむり》は
あのなめくじを
どんなに浦山《うらやま》しく思っているか
その殻を持たない点に於て、
動物学的にみて、その優劣は
僕は知らない

（「日記」昭和八年三月一日）

## 丸之内点景～東京の盛り場を巡る～

春の夜である。

今、活動がハネたばかりで、人浪は、帝劇から丸之内の一角を通って、銀座につづく。

「一寸、つき合へよ、アロハ・オエを一枚買って行くんだ」

三人連れの海軍青年士官の会話《スポークン・タイトル》。

▽

春の夜の、コンクリートの建物の並んだ、丸之内の裏通りのごみ箱一つ見えない、アスファルトの往来に、ふと、野菜サラダの匂いを感じたと芥川龍之介は書いている。

この通りには、ところどころに西洋料理店はあるし、大方は、地下室が、料理場になっていて、ほ道とすれすれに通風窓があるから、野菜サラダだろうが、かきフライであろうが、鼻が悪くない限り、ごみ箱を連想し、その所在を気にせずとも、それより遥《はるか》に新鮮な匂いを感じるのは当然である。

当時、このあたりに洋食屋が一軒もなかったと、好意的に解釈するとして——

今僕の前を行く、これも帝劇の帰りの慶応の学生も、洋食に関して極めて博学を示している。

「日本の海老はラブスターとは、言わないんだね」

春の夜の丸之内の裏通りに、ふと洋食を感じるのは、どうやら春の夜の定式らしい。

▽

相似形的二重露出
曇天の、丸ビルは大きな水そうに似ている。
中に、無数の目高《めだか》が泳いでいる。

▽

丸ビルは、とても大きい愚鈍な顔をしている。

殊《こと》に、夜が明けてから、朝のラッシュ・アワーになる迄の数時間の表情と来ては、早発性痴ほうよだれだ。よだれは敷石をぬらしている。

▽

ドーナッツに穴のある様に、もっと現実的にいって、便所の防臭剤に穴のある様に、丸ビルの内側にも、通風と採光の穴があいている。

丸ビル、八階——

窓、窓、窓、窓、東向き——

一階、コーヒーを沸《わか》している。
二階、女店員とコンパクト。
三階、ポマード頭。
四階、ヨーヨーをしている。
五階、ヨーヨーをしている。これはニウトンの戸惑いをした表情だ。
六階、丁字形定規が動いている。
七階、空室。
八階、窓硝子をふいている。陸のカンカン虫。

▽

窓、窓、窓、窓、南向き——
一階、飯びつが乾してある。
二階、狸が狐を背負っている。美容院。
三階、タイプライターをたたいている。
四階、手巾《しゅきん》が乾《ほ》してある。
五階、泣いて文書く人もある。これはうそだ。給仕が靴を磨いている。
六階、盛《さかん》に、お辞儀の連発だ。あれは借金の言い訳をしている。
七階、途端に、サイレンが鳴った。
午砲のサイレンに変わったのは偶然ではない。これはまだしも空き腹に、応えない。

▽

この界わいの、ビルデングのボイラーたきは大方、らんちゅうを、その屋上に飼っている。暖かくなって、ボイラーの方が暇になると一方は、食いが立って急がしくなる。

▽

極めて早朝、この界わいを、神田あたりの店員が、皆ユニホームを着て、皆自転車に乗って、日比谷あたりに野球の練習に通るのを見かけたことがある。

これは僕の見た都会の情景の中での、好ましいものの一つである。

（丸之内点景～東京の盛り場を巡る～「東京朝日新聞」昭和八年四月二十一日朝刊）

旅は青空だ
葉桜の梢に春日は遅々として
ちぎれ雲が天城《あまぎ》の上にとんでいる
緩やかな山の起伏に何処までも電線はつゞいて
牛はゆるりゆるりと歩いてゐる
郵便屋は汗を拭《ふ》いている
床屋には田舎まわりの芝居のびら
蓮華畑《れんげばたけ》には水車小屋——
あとは大和田建樹《おおわだたてき》の名文を想ひ出せば事は足りる

伊豆は湯ヶ島の午下り《ひるさが》

この前に来たときは雪がふつて
落合には大仁から花聟《はなむこ》が来て
どの部屋もあかあかと昼のうちから灯がついてゐたが
今日は　三日程前に此処《ここ》の爺さんがなくなつて
今日は蔵前の椎《しい》の木の下影に
この近在の老婆たちが筵《むしろ》をひいて
仏事の漆を反古《ほご》に包んでいる

（「日記」昭和八年四月二十七日）

〈深川の家〉
ぶらりと一日ねてくらす。
毎度のことながら、昼寝からさめてみると、
夕方近く豆腐屋のラッパを聞くと、
しみじみと日くれは淋しいと思う。
ことに秋だが。

（「日記」昭和八年四月二十八日）

『大学よいとこ』がとに角出来上った。

（「日記」昭和八年五月八日）

あしたの旅でとに角ねつかれず
小学生の様な気持でまぢまぢと
夜更けまで机の前で煙草を吸ふ。

（「日記」昭和八年六月二日）

**【池田忠雄談】** おっちゃんも迂生《うせい》も三十になるやならずの勘平さん並みの若い衆で、二人肩をぶつけ合っては、東京も下町あたりを好んでうろつき廻り、江戸の名残りをもとめた。かと思うと、蒲田も通り過ぎ、横浜あたりの町中でハイカラな空気に触れようというのだ。二人は舶来のナイフや万年筆やパイプに軽い財布の底をはたき、果ては歯磨粉《はみがきこ》から歯ブラシまで舶来の匂いを求めるのだった。つまるところ江戸とサンフランシスコに想いを寄せ、懐古と開花に憧れ、あげくに江戸の戯作者がアメリカ風な伊達姿《だてすがた》をちょいと真似ようという、まことに手がかかった二人だった。

（日本映画代表シナリオ全集②池田忠雄「キネマ旬報別冊」昭和三十三年）

## 自作を語る／出来ごころ

僕は深川で育ったんだが、その頃家に出入りしてた者に、のんびりしたいい奴がいてね、それが大体喜八のモデルになってるんだ。池田も御徒町《おかちまち》にいて、そういう奴を見てるから、二人で人物を創り出したわけだ。この写真の中で唯一個所、親父が女に入りびたっているというので、子供が学校で笑われて帰って来る、腹が立って親父の盆栽の花をムシッちゃうんだ。いい気分で女のところから帰って来た親父が子供を張り飛ばすと、子供は親父を殴り返すんだがね、そのうちに親父が急にシュンとなるんだな、それをみると子供の方が親父を打つのをやめて泣き出す……というところがあってね、あそこだけはプリントがあれば、もう一度観てもいいような気がするな。

『出来ごころ』（松竹蒲田・昭和八年）原作ジェームス・槇　脚色池田忠雄　撮影杉本正二郎　主演坂本武、青木富夫、大日向伝、伏見信子、飯田蝶子

（自作を語る「増刊キネマ旬報二月号　小津安二郎〈人と芸術〉」昭和三十九年二月十日）

## 浮世絵を銅版画にしたい

この映画（出来ごころ）は、サイレント末期に、私がずっと手がけて来た庶民ものをさらに発展させ、珍しい境地を拓《ひら》こうとして取り組んだものです。というのは、日本のジメジメした生活がいやになり、うんとモダンに、私の世界をひろげようと考えたわけです。歯みがきでも、石ケンでも、小道具全体に舶来品を使ったり、ホテルに泊まってシナリオを書いたり、いまから考えると、その頃はいっぱしのダンディぶっていたわけです。だが、無声でトーキーと同じような効果を狙った、一つの試みではありました。出来の良し悪しはさておき、浮世絵を銅版画で見せようという、太い魂胆《こんたん》を汲んで下さいと申し上げる。

（日本映画代表シナリオ全集②小津安二郎「キネマ旬報別冊」昭和三十三年三月五日）

## 『出来ごころ』は面映《おもはゆ》い作品

僕は『出来ごころ』の前に、『大学よいとこ』という脚本を書き上げた。大学というところが、どんな無意

味きわまるものであるか、ということを書いたんだが、それを作る前に一度会社を儲けさせようと思って作ったのが『出来ごころ』なんだよ。変なもので、その『出来ごころ』がまた外れた。外れた代わりに、批評家に褒められた。僕としては面映いくらいのものなんだ。

（『彼』の心境／小津安二郎との一問一答「映画と演藝」昭和九年七月号）

出社　大井車庫にろけゐしょんのところ
雨のため中止　早く帰る
丸びるに寄って横光利一の『寝園』『紋章』オパールなど買ふ。

（「日記」昭和八年十月八日）

晩秋の一日を家で送る
二階から見る落日がとても大きく紅い
一寸櫟《くぬぎ》や栃《とち》の武蔵野の原を思い出してみる。

（「日記」昭和八年十一月十九日）

わが恋も　しのぶるまゝに　老ひにけり

（「俳句」昭和八年十二月六日）

おふくろがおやじの襦袢《じゅばん》を縫つてゐた
ねむくてその運針のほどまことに乱れた
ほどいても一度やり直そうと云ふ

〈あたしが死んでもこの襦袢がのこるから〉と云ふ
孫が誕生日の日の晩のこと
（「日記」昭和八年十二月七日）

ひとり身の　心安さよ　年の暮
（「俳句」昭和八年十二月二十二日）

## **昭和九年**［一九三四］三十一歳

一月、山中貞雄が上京する。この後、井上金太郎や清水宏を交え、京都の映画人との交流が盛んになった。四月一日、小津が深川の自宅にいたとき、父寅之助が急に苦しみ出し、翌日、狭心症で急逝した。享年六十七歳だった。五月末、母あさゑ、弟信三とともに高野山に父の遺骨を納めに行った。帰路、大阪でクラス会、京都で山中貞雄らと会った。

六月、成瀬巳喜男《なるせみきお》がＰＣＬ（後の新東宝）に移籍した。小津は別れを惜しみ、語り明かしたという。この頃、母から盛んに結婚を勧められた。

満州事変（一九三一）後、内務省は映画の取り締まりを強化する一方、文部省や大蔵省と共に映画をプロパガンダ装置として利用しようとした。この年、総理大臣の監督下に映画統制委員会が結成され、翌年には、政府

**一月十四日〜十九日**
『春は朗かに』帝劇で公演

**一月二十一日**
『瓦版かちかち山』を井上金太郎に譲る

**三月〜五月**
『母を恋《こ》はずや』撮影

**四月二日**
父寅之助、狭心症による急死

**五月二十二日〜二十八日**
母、弟信三と父の遺骨を高野山に納める

**五月十一日**
『母を恋《こ》はずや』公開

官僚、知識人、映画会社代表などによる官民共同の国策機関「大日本映画協会」が設立された。

いくつかの懇談会を組織し、映画製作の国策化を誘導した。同協会の機関誌「日本映画」（一九三八年五月号）には、「とにかく映画は、その持つ威力の絶大なる故に、国民の思想的団結の強化のために、思想政策の一翼として、最前線に積極的に動員されなければならない」とある。

十一月に公開された『浮草物語』は、キネマ旬報ベスト・テンの一位になり、『生れてはみたけれど』（一九三二年）、『出来ごころ』（一九三三年）から三年連続の一位となった。

**九月〜十一月**
『浮草物語』撮影
**十一日二日**
ベーブ・ルースら大リーグ選抜来日
**十一月二十三日**
『浮草物語』公開
**十二月二十九日**
ワシントン海軍軍縮会議破棄を通告

銀座のうらの酒場ルパンで——
酔から目がさめるといつのまにか正月元旦だ
ほのぼのとした銀座を岸松雄　成瀬巳喜男とあるいて帰る。

（「日記」昭和九年一月一日）

俺に一番大切なのは『俺』だ。
『俺』のなかの一番上座に据えられているものは『仕事』だ（里見弴）

（「日記」三十一歳）

## 自作を語る／母を恋はずや

これは脚本の練りが足りない写真だった。大きな家が没落していくのが中心のプロットなんだ。今ならいいが、当時はこれだけでは話にならなかったんだな。それで母親が違うために妙なことになる兄弟の話にしたんだが、これが入ったために少々ダラついてしまったのだね。ただ、これを撮っている時に父が死んだので、よく覚えています。

『母を恋はずや』（松竹蒲田・昭和九年）構成野田高梧　脚色池田忠雄　脚色補助荒田正男　撮影青木勇　主演岩田祐吉、吉川満子、大日向伝、三井秀男、奈良真養、光川京子、笠智衆、松井潤子、逢初夢子（自作を語る「増刊キネマ旬報二月号　小津安二郎〈人と芸術〉」昭和三十九年二月十日）

昼頃から池忠［池田忠雄］深川に来る
十一時迄相談
中ばに達す

喜八の唄へる
かあやんの　赤い手絡《てがら》の　むかしかな

（「日記・俳句」昭和九年二月十七日）

嫁の話などあり、不愉快なり、
若ぼけにはなりたくねいからなあ

（「日記」昭和九年二月二十一日）

夜　こんてにてい　を書きかけるが
父が急に苦しみ出す

（「日記」昭和九年四月一日）

野田より　とく来る
父やや快方　愁眉ひらく
十時三十分　急に父苦しむ　午後十一時十五分　父死す
行年六十九　狭心症なる由
臨終まことに苦悶の色あり
涙　新たなるものあり

（「日記」昭和九年四月二日）

## 父寅之助の急逝

みんな枕元に集まってたんですがね、どうしたのか、一番たよりにならなかったはずの僕の膝に手をかけて、そのまま息をひきとったんですよ。そしたら急に涙が出てきちゃってね。僕のことが一番心配だったのかな。それとも一番たよりにしてたのかな。

（キネマ旬報「小津安二郎　人と芸術」昭和三十九年二月増刊）

## 映画俳優で伸びる人とは？

どういう人が伸びるかというと、しっかり個性を持った人です。すぐ有名なスターを真似たり、同化したるするような人は、決して成功しません。真似したのでは、そのスター以上になれませんからね。聡明な人、美しい人もよいが、しかし、それだけでは足りない、たとえば、線の太い人、あるいは反対に性格的な弱い線を持った人、いずれにしても特徴のある型の人がその持ち味を生かすことによって成功します。

たとえば岡譲二君などは線が太くて、活躍しておりますし、この間、亡くなった岡田時彦君などは線の細い人ですが、やはり、その弱さを生かした役者でした。だから顔ばかり美しくても駄目です。むしろ口だけで親しめる人、鼻だけで懐かしく思われる人、という具合に、全体的にいえば不均衡な容姿の人でも、その特徴によって成功している例がたくさんあります。

松之助は口と眼に魅力がありましたし、栗島さんなどは、あのやや腫れぼったいような——というと池田さんが怒るかもしれないが、あそこがやはり魅力の一つの特徴でしょう。

（映画監督打明け話座談会「キング」昭和九年四月号）

## 監督の苦心する点

僕は人物をたくさん出さない映画をつくるのに苦心しています。一人か二人に力をそそいでやるのです。映画に変化はつきものです。それをいつも一人二人でやっていると変化が出ない。それをうまくやろうというのですから、無理かもしれません。それで喜怒哀楽というようなものは、ある程度まで出せますが、ごく普通の「オイ、どうしたい」と、いったようなところに、無限の難しさがあり、同時にそれをうまく出すところに妙味があると思うのです。

（映画監督打明け話座談会「キング」昭和九年四月号）

## 複雑な筋は難しいよ

新聞や雑誌に連載された複雑な筋のものは、どうもやり難いのですね。物語としては面白いかもしれぬが、映画としては失敗の場合が多い。で私は多く専属の脚本家のものをやることにしています。仕組みがいろいろ広がると観ていてハッキリ頭に入らない。

（映画監督打明け話座談会「キング」昭和九年四月号）

## 自分の映画を見てどう思う？

映画を製作するのは、せんべいを焼くのと同じで、いつも同じことをしているように思うのですが、結局、一本々々違います。人はどう見るか知らぬが、自分としてはそれぞれに力を入れているつもりです。で、五年前のものでも、いまから見れば幼稚かもしれないが、あの時分はあれでよかったと思う。しかし、田舎の常設館などで、自分の古びた、キヅだらけの写真を見ると、ちょいと淋しくなりますね。

（映画監督打明け話座談会「キング」昭和九年四月号）

下田　蓮台寺でろけいしよんをすます
月の伊豆まことによし　一句浮ぶ
野にあれど　やはり蓮華は　蓮華かな

（「日記・俳句」昭和九年五月五日）

高野山の南院の庭先には今をさかりに牡丹《ぼたん》がさいてゐた
半ばを過ぎた紀の国の五月の山山には
ところどころ色褪《あ》せた八重桜がのこつてゐて
新緑未だ来らず
夕陽まことに避けく
藤波は紫雲の如く西方に漂ひ
椎の木の下かげはまことに暗い
夕暮近く奥の院について寂として声なきあたりに
からころと親爺の骨を納骨堂の小さい扉からころがした
これで親爺も片がついた
思へば永い親爺の一生であり
限りなくしやぶりつくした脛《すね》でもあった

（「日記」昭和九年五月二十五日）

# おふくろと高野山に

僕はおふくろと二人で親父の遺骨を高野山におさめに行ったんですがね、夜行列車となると、ねむくはなるし、膝の上においとくと却《かえ》っておっことしたりする心配があるし、汽車の中では網棚の上が一番清潔だし、一番いいと思ったですよ。

（キネマ旬報「小津安二郎　人と芸術」昭和三十九年二月増刊）

青梅も　色づくまゝに　酒旗《しゅき》の風

（「俳句」昭和九年六月十四日）

ＰＣＬへゆく成瀬巳喜男と
後楽で呑んでから道玄坂のたつに行く
いろいろ語る　夜あかし
梅雨どきには珍しい月夜
明け方　代々木の原にてしきりに　機関銃の音　聞こゆ

（「日記」昭和九年六月二十六日）

つくばひに　水の溢るゝ　端居《はしい》かな

（「俳句」昭和九年七月三日）

丸善で池田　荒田と会つて風月でお茶を飲む
帝劇に行つて短編とWild Cargoを見る
松しま→門
細い雨の中を東京駅まであるいて池忠に別れる
母　とく帰宅
この日草市　少年の日

（「日記」昭和九年七月十二日）

草市や　氷白玉　ゆであづき

（「俳句」昭和九年七月十二日）

一日家にいてひるねなどしてくらす
潤一郎の『饒太郎』など読みなほしてみる
朝ねてゐると母が二階に上つて来て嫁をもらつてはどうだと云ふ
カナリヤだと必ずつがひにして飼ふ人間の潔癖性が
どうやら俺にも及んできた

愚しきことにや
伊豆浅き温湯の宿に来りてよしなき
脚も本のに想ひ患ふ
何の宿世《すくせ》にや
かくまで深く憂ひ多きは——

（「日記」昭和九年七月十六日）

この日六時の汽車にて帰京
東京　まこと　暑し

一日　うち
ふんどしの　洗ひざらしや　秋の暮

（「日記」昭和九年七月十九日）

（「日記・俳句」昭和九年九月十三日）

## 自作を語る／浮草物語

これは比較的よくいった作品でした。『喜八物』といっても、別にシリーズじゃないが、喜八はいつも同じ性格の男なんだな……。当時既にまわりは全部トーキーでね、僕ひとりサイレントで、昭和七年、八年、そして九年のこれまでは旬報のベスト・ワンに入ったけれど、翌十年にはさすがに駄目でしたね。

『浮草物語』（松竹蒲田・昭和九年）原作・脚色池田忠雄　撮影茂原英雄　主演坂本武、飯田蝶子、三井秀男、八雲理恵子、坪内美子、谷麗光、突貫小僧、山田長正

（自作を語る「増刊キネマ旬報二月号　小津安二郎〈人と芸術〉」昭和三十九年二月十日）

**【厚田雄春談】**『浮草物語』は旅役者の話ですから、芝居の舞台が出て来ます。で、ぬいぐるみの馬で出てきて、中に人間が入って歩くとこがあるでしょ。あの後脚やってる役者が山田っていう人なんですが、それがどうもうまく行かない。だから「なんだってんだ、馬の脚ぐらい出来なくて。そんなもんじゃない」っていったら、それを聞きつけて、小津さんが「じゃあ、厚田やってみるか」。しょうがないから、ぼくが後脚になったんです。そしたら、また小津さんがからかうんですよ。座って横腹のところを足で掻いてみせろってんですよ（笑）。そりゃあ、まあ一、二、一、二でやって、やっとうまく行ったんですが……。だから、人が足りないとなると、急に役者までやらされる。小津組でもぼくは何度か通り抜けの通行人とか雑役で「出演」してるんですが、さいわい『村の花嫁』みたいなクローズ・アップはなかった（笑）。

（厚田雄春／蓮實重彥『小津安二郎物語』筑摩書房）

## 昭和十年［一九三五］三十二歳

年末年始は『箱入り娘』の撮影に追われる。この年、小田原の清風楼を頻繁に訪れるようになり、小田原の芸者森栄《さかえ》と知り合う。「口づけも夢のなかなり春の雨」など、日記には多数の恋の歌が残されている［後述］。この後、森との関係は深まり。小津は森との結婚を考えたこともあったという。

六月、日本文化を海外に紹介するために『菊五郎の鏡獅子』映像化の企画が入った。小津と親交のあった六代目尾上菊五郎《おのえきくごろう》からの直接の指名であった。『東京の宿』の撮影の合間に、六月二十五日、東京歌舞伎座で舞踊パートを徹夜で撮り上げた。七月、東京青山の部隊に三週間の演習で入隊した。

この年、世界初のカラー映画『虚栄の市』が公開された。本作品は、三色式テクニカラーを用いた最初の長編映画となり、総天然色映画時代の幕開けを告げた。この年のキネマ旬報ベスト・テンは、成瀬巳喜男の『妻よ薔薇のやうに』、山中貞雄の『街の入墨者』『国定忠次』などが上位を占め、小津の『東京の宿』は九位に入った。

**一月二十日**
『箱入り娘』公開

**三月**
『東京よいとこ』脚本完成

**三月十六日**
ヒトラー、ヴェルサイユ条約を破棄

**四月**
主演の飯田蝶子が入院し
『東京よいとこ』撮影中止
代わりに『東京の宿』を進める

**六月二十五日**
歌舞伎座で『鏡獅子』徹夜の撮影

**七月**
演習で東京青山の部隊に三週間の入隊

**七月末**
『東京の宿』撮影開始

**十月**
次回作『大学よいとこ』に決まる

**十一月二十一日**
『東京の宿』公開

**十一月～翌年一月**
『大学よいとこ』撮影

箱入娘
かみ結ひのとりなほしに
雨とともに元旦があける
明菓の二階で皆と鴨雑煮と酒
この日一日うち
午後御挨拶の蝶子　武　香取　忍
深川宅に来る

（「日記」昭和十年一月一日）

## 範となすべき名文

谷崎潤一郎氏に『文章読本』というのがある。文法を知っている奴にも、知らない奴にも、これは文章作法上のまことに得難い文献で、あの中の言葉は、そのまま脚本作法上の心得に持ち込むことも出来る。

文章作法と脚本作法との差は、もとよりあるけれど、まず何より映画的であることに心がければ、この場合、やはり、志賀直哉氏の『城の崎にて』は、まことに範となすべき脚本作法上の名文なのである。巧い作家の小説に、その構成の点に、さまざまの作品的示唆を受けることは言うまでもない。

（いわでものこと「キネマ旬報」昭和十年一月一日号）

## 映画の話術とは？

映画がより以上、映画的であるために、運筆の、語り口の、言葉の綾の、「話術」なら存在して差し支えもないが、これが誤魔化しの一方便になることは困る。

映画のもつ映画的の感興を、一段と増すために活用する「話術」なら、「話術」として恥ずかしからぬ用法だが、脚本構成のある部分が安易に片づけるために、描写に対する逃避の一手段としての「話術」なら、絶対に排斥されていい。

（いわでものこと「キネマ旬報」昭和十年一月一日号）

## 無声映画と発声映画

僕は無声映画に対して、恋々《れんれん》の情はもっていない。

無声映画に対して恋々の情をもっているかのように思われていることは、はなはだ迷惑な話である。ただ偶然、発声映画の製作を始める機会を持たずにいまに至ったまでである。だから、機会さえあれば、喜んで発声映画製作にあたるつもりである。

無声映画の余命は、いくばくもあるまいと僕は思っている。

よほどの名人が現れて、その表現に、構成に、根本的の改革を示せば、話は別だけれど、いまのままでは、暮色蒼然と衰亡の一途を辿るばかりだ。

発声映画の発生は、偶然ではない。

（いわでものこと「キネマ旬報」昭和十年一月一日号）

# 映画の脚本とは何か?

脚本は、まずそれ自体の含む内容が、映画的であることだ。

ある映画を構成する上の「土台」となるべきもので、それ以外の意味を持つべきものではない。

その「土台」となるべき脚本を「土台」としてよりは、むしろ「読み物」として書く奴がいる。

これが単なる読み物として書かれた場合はとにかく、実際上の「脚本」として通用する場合は縷《る》々《る》たる形容詞は不必要だ。

脚本の示された、はなはだ文学的の――これも文章読本の悪文の実例を参照されたい――縷《る》々《る》たる形容詞によって、出来上がった映画の中から、辛うじて脚本家の孤立した名誉を担うことは脚本家として淋しくないか。

なんのために脚本を書くのか――これが一番大切なことだ。

いかに映画監督の悪手にかかるとも、脚本家の意企の浮かび出ないようなものでは、その悪手を嘲笑する前に、まず脚本家自身三省する必要がある。

その後に嘲笑することは、脚本家の表情の一部として、自由にされてもよい。

僕の知己に野田高梧氏がいる。池田忠雄がいる。

脚本についての精進は、もって百年の知己を得たというべきである。

（いわでものこと「キネマ旬報」昭和十年一月一日号）

## 自作を語る／箱入り娘

『箱入り娘』シリーズを作るという話もあったけど、これ一本で終った。正月二週に出る写真でね、暮の三十日にクランク・アップの予定がキャメラの故障で遅れちゃって、大晦日の晩が徹夜、やっと元日の朝出来上った。皆、髭面で雑煮を祝ったことを覚えてますよ。

（自作を語る「増刊キネマ旬報二月号　小津安二郎〈人と芸術〉」昭和三十九年二月十日）

『箱入り娘』（松竹蒲田・昭和十年）原作式亭三石　脚色野田高梧、池田忠雄　撮影茂原英雄　主演飯田蝶子、田中絹代、坂本武、突貫小僧、竹内良一、青野清、吉川満子、鼎秀介、大山健二

茶を飲む
夕方から小田原の清風楼に酒を呑む
二時間ほどして帰る
中西泊る

小田原の　町の暗さや　梅によし

夜来の雨上らず
日くれ方雨の中を小田原清風に行く
清風の座敷に

（「日記」昭和十年二月十三日）

季をはずれた旧作を思ひ出す

葉鶏頭《はげいとう》に　古き障子は　灯りけり

（「日記・俳句」昭和十年二月二十七日）

## 力の入れ具合

たとえば、一年に四本監督すると仮定する。その時、三本は会社のいいなり放題で御用をつとめ、後の一本に全力をつくそうとするのが、良心的なやり方のように思われていたが、近頃、自分はただの一本に貯めていた力を一遍に籠《こ》めるのは難しいことだと考えるようになって来た。いつの場合にも、自分の力を出来るだけふるって、しかもこれぞと狙った作品に、勇敢にぶつかって行くことを心がけておく必要があるんじゃなかろうか。

（蒲田区蒲田町蒲田撮影所「スタア」昭和十年二月下旬号）

出社　野球をした

のち池忠　荒田と湯ヶ原に脚本相談に行く

清風による

ひとり寝は　君が忘れし　舞扇　ひらきてはみつ　閉ざしてはみつ

（「日記・短歌」昭和十年二月十三日）

衣裳しらべ
野田　良輔　正男　与一と日本橋のつるやにて
お狩場やき
またしても小田原清風に一同行く
伝のかわり日守になる

口づけを　うつつに知るや　春の雨

（「日記・俳句」昭和十年二月十三日）

昼すぎ池田忠雄が来る　相談
深川の二階にゐても
まことによいお天気で春日遅々の感がふかい
雲雀《ひばり》を飼つて原つぱに行つて上げてみたい
こういう趣味はどうだ

（「日記」昭和十年三月二日）

## キング・ヴィダーのこと

巧《うま》いですね。しかし、ヴィダーは『南風』の方がもっと良かったように思います。「……」『南風』には確かに大家の風貌があった。ストーリーとかなんとかいうんでなしに……。「……」ヴィダーはまったく細かいね。

それと畑が好きだね。「……」監督が脚本を書く場合、ややこしいとこはよく逃げたがるもんだけど、逃げないとこ見ると、ヴィダーって、いかにも精力的な気がする。

（『麦秋』合評「映画之友」昭和十年四月号）

## 小津映画のスタイル

とにかくスタイルというのが、スタイルとして目についてはいかぬと思う。だが僕は不幸にして持っております。「……」なんというか、もっとも平易にやるのにスタイルがあると楽なのです。それで僕は持っている。スタイルが悪いというのじゃない。いくつもスタイルが持てればいい。不幸にして僕はいまのところ、一つのスタイルしか持っていない。「……」ヴィダーのは、スタイルがスタイルとして目立たないのじゃないか。僕のはかぼそいスタイルしか持っていない。

（小津安二郎座談会「キネマ旬報」昭和十年四月一日号）

## なぜスタイルにこだわるのか？

僕がいまのところ、一つのスタイルにこだわるというのは、映画は実に暖簾《のれん》に腕押しのようなもので、たびたび手がけた何でもない芝居でも、思わぬところでツボをはずしてしまう。それも、はずすまいという心構えを持っていて、それで失敗するので、そのために腐らないように一つのスタイルのテクニックにこだわる。追い詰めても、追い詰められるものじゃない。「……」

世の中が世智辛《せちがら》いと、自分がスタイルを持たなければならぬ。たとえば、僕が大工なら、僕は壁を塗る必要はない。大きな眼で映画界を見て、大工なら大工で構わない。そのために大工としてのスタイルを僕が持っている。たまたま、あいつに左官をやらせてみようという奴がいるから左官のできない大工に僕はなるわけなのだが、大工の出来ない大工では困るが、大工としてはそれでいいと思う。スタイルというものはそうじゃないか。

（小津安二郎座談会「キネマ旬報」昭和十年四月一日号）

## 自分のスタイルとは？

自分で出来たスタイルでなければ駄目です。ある映画を見て、俺もあれでいこうというのでは駄目でしょう。キング・ヴィダー『南風』なんか見ると、非常に直截《ちょくせつ》に大まかに味の細さを出していて、あれだけの感じが、僕のスタイルからじゃ出ない。だから僕が『南風』をやれば、よく出来て、味の細さだけで、ボリュームはとてもない。

（小津安二郎座談会「キネマ旬報」昭和十年四月一日号）

## 「徳利」に演技をさせる

僕のアクションの付け方には僕の理屈がある。心境というものを引き合いに出して済まないが、たとえば、山中貞雄の『國定忠治』の終わり近くに、忠治と目明しが居酒屋に並んで腰をかけ、酒のやりとりをするところがある。心境を出すのに、あれだけの尺度はいらないと思う。にもかかわらず、あれだけの尺度を多く使っている。ただ座らせて時間的に心境を出そうとしているからで、この場合、二人の中にある徳利は、なかなか重要な役割をしている。にもかかわらず徳利は何等芝居をしていない。

あの場合、徳利をもっと早くからにすれば、よかったのじゃないかと思う。あの場合は徳利に芝居をさせればいいと思う。あれは心境というものが時間的に出ているでしょう。僕のは時間でなしに、これをアクションに分解する。すると何となくこういう気持ちには爪を見るとか、鼻をかくとか、たまたま私のはまずいので、掻く時なんかが眼につくが、うまければ眼につかない。あそこでただ座っているだけでなしに、あの気持ちをアクションにすれば徳利など最も有効に動いて、あるいはもう少し簡単に出来たかと思う。本当のリアリズムから行けば、あれの方がリアリズムだが、いかに嘘であっても、それをリアリズムに見せるのがいいと思う。

（小津安二郎座談会「キネマ旬報」昭和十年四月一日号）

## 演技指導の難しさ

［一番重要な仕事は、演技指導？］僕は非常に重要と思う。単にカメラを動かすだけなら、助監督を少しやれば出来る。監督術は、どんな頭の悪い奴でも、一、二年やれば出来る。それ以上の俳優にアクションを付けるということは難しい。これは何年やっても難しい。ロングから、アップにして、それにタイトルを入れるというカメラの運用はすぐ分かっていながら、いざアクションを付けるとなると困るのです。俳優の勝手にすること、なすこと皆よく見えたり、皆気に入らなかったり、自分にその判断がつかない。座らせるのに気がつかないために、芝居を逃したりする場合もある。

（小津安二郎座談会「キネマ旬報」昭和十年四月一日号）

## アクションから演技指導をする

［細かいアクションを付けずとも、俳優がうまく演じるのが理想？］そうですね。役のその場の気持ちの説明が僕に出来ない場合があります。なんと言うか、自分の思っている気持ちが、全然口で俳優に伝わらない。そんな場合、たとえば、煙草を吸ってくれと言う、もう少しゆっくり、そうだ、眼をもう少し下げて、この状態で、何度もこのアクションを俳優に繰り返してもらうのです。すると、この気持ちがアクションから逆にのみ

込めてくる。そこで、そういう気持ちなんだと言う。とにかくその精神が口で言えなくて、アクションから気持ちを導いて行く、だから、結局、見ていて、ぎこちないのじゃないかと思う。

（小津安二郎座談会『キネマ旬報』昭和十年四月一日号）

## 歌舞伎役者からの示唆

音羽屋［注、尾上菊五郎］の話ですが、眼の高さで気持ちが分かるというのです。ある男が電話をかけている。受話器の高さが口の高さとして、目の高さ、視線の高さが、受話器のあたりなら相手は同輩だし、それより低ければ目上の人、さらに低く目が外れている場合は、借金の言い訳か何かだという。いま逆に電話をかけるアクションをさせるでしょう。もう少し眼を下げてと、眼の位置を指定すれば、これは目上の人だという理解力が俳優に欲しい。だから必ずしも演技に及第点があれとはいわない。だけど、理解力だけは及第点がなければ困る。

「……」

手と目と逆に動く場合があるでしょう。大勢と話をして、その中に一人の顔馴染《かおなじ》みがいた。話をしていてチラリと見てアッという眼のかえり方、これが映画になると困る。うちの俳優の中にも一度でできた人はいません。『浮草物語』撮影後、坂本武が「アクションに熱中すると眼がぎょろつき過ぎるぞ」と監督から注意されたが、自分では分からないと。やはりあるのですよ。たとえば、『母を恋はずや』で、吉川満子が火鉢の前に座って、茶を淹《い》れながら、傍《かたわ》らの亡夫の写真に気がつくところがある。なんでもないときはすぐ出来るが、やるとなるとなかなか出来ない。

**［全然出来ないときはどうします？］** 全然出来なければ変えるが、しかし、出来そうなのは、やはりやってみ

たい気がする。それで写真になると、それが、なんでもないところでね。なんでもないところが、やり直しが多い。

（小津安二郎座談会『キネマ旬報』昭和十年四月一日号）

## セットの位置関係のこと

この頃、見ないけれども、僕はトッド・ブローニングという監督が好きだった。あれが好きだというのは、セットの使い方がうまかったからです。『スタンブールの魔女』かなんかで、部屋があって、そこから出て、廊下があって、廊下のこっちで話をする。それから、こっちの部屋に行く。人物とセットとの位置の関係がまことに分かりやすい撮り方でした。「……」野田［高梧］さんのものは非常にやりやすい。野田さんの本ならコンティニュイティはいらない。脚本家が一人よがりでなしに、芝居をのみ込んで本を書いている場合です。［**コンティニュイティは相談して書く？**］コンティニュイティは自分で書いてしまう。スタイルがあるとコンティニュイティは必要ない。今川焼きの如きものだ。

（小津安二郎座談会「キネマ旬報」昭和十年四月一日号）

## 嘘を「写実」に見せる

いかに写実ならざるものを写実に見せるか、このことはどこまで行ってもいいと思う。たまたま、こだわったりするといけない。あまり映画が写実だったら、ストーリーが体をなさないのじゃないかね。嘘の多いものを写実に見せるために、いろいろな手を使う。その手は十分研究する余地はあると思う。

（小津安二郎座談会「キネマ旬報」昭和十年四月一日号）

## ものの艶《つや》を出すために

［ライカを撮る際、ものの艶を出そうと考えるらしいが、映画を撮るときも？］それは非常に考えます。たとえば、茂原君に、この俳優の顔のこの艶が出るかどうか聞いてみます。その出ない場合は、特殊にハイライトのつくクリームなどを局所的に塗ります。

（小津安二郎座談会「キネマ旬報」昭和十年四月一日号）

## 僕の中にある野性

［小津氏には「野性」への憧れがあるのでは？］僕は非常に野人だからね。

（小津安二郎座談会「キネマ旬報」昭和十年四月一日号）

清水びるの屋上を見る　おもわしからず
8の字なれば　でぱあとは休みなり
蒲田にもどり　教室のでざゐんひく
夜　荒田と富士の里
〈美〉について論ず
彼〈未完成の美〉を認め
僕これを〈粗雑なる完成〉としてのみ認む
議論不尽《つくさず》

撮影なし　花ぐもり　のち荒模様
夕方より　野田高梧　池田忠雄と富士の里
盃に塵を浮かしてまで縁談をすゝめたが――　［野田高梧］
安さんよ　たのむ
おぬしが女房を持てば
小生は三倍は確実におぬしを大事にする［池田忠雄記］

（「日記」昭和十年四月八日）

十二日来の風邪気味
ついに就床　ねながら　いろいろなものにいろいろ腹を立てる
〈その一〉「外人部隊の中で蝿取紙で女を自分に近づけるあたりの描写は正に芸術だ
これは文学ではよく使ふ手だけれど文学の方で古いものが映画では新しいんだな」
と云ふ室生犀星の評である。
この手は映画の方でもまことに古い
ブレノンの〈ソレルとその子〉
ルビッチの〈結婚哲学〉には
もつとたくみな筆法がある
文人の半可通の冗談ほど腹の立つものはない

（「日記」昭和十年四月十五日）

〈その二〉武蔵山と旭川の相撲

（「日記」昭和十年五月十四日）

召集令状来る　七月十日から三週間
暑さのさなか召集とある　終日楽しまず
池田相談に来る　相談ののち仲町宮川に行く
清水にてきんつば　板橋まで送る

（「日記」昭和十年六月十日）

## 菊五郎から演出手法のヒント

それに僕らが返って［六代目尾上菊五郎に］教えられました。たとえば、十人ほど並んでいる。フと見たが知らない顔ばかり、正面向きかけて、チラリと知った顔がいたような気がする。サッと見返す。その芝居がどうしても出来ない。わざとらしくなる。吉川満子さんなんか『母を恋はずや』で、四時間もやり直してもらった。それを六代目に聞いたら、一、二分考えていたっけ、十人の中、誰かがハンケチでもさっと、取り出してみたらどうか、という。その通りやってみると感じが出てくる。恐れ入りますね……。

（鏡獅子、撮影開始／小津安二郎氏談「都新聞」昭和十年七月二日）

連日の疲労重なりて監督業のつらさほとほと感ず
〈カネガアレバイツデモヤメルゾ〉

（「日記」昭和十年七月二日）

九時　除隊也
中島来り銀座に出て不二家による
出社　夕方より清水　池忠と箱根福住に行く
清風　浜などに行つてみる

（「日記」昭和十年七月三十一日）

一時十八分小田原発急行にて帰京、
久々に深川の二階に青き蚊帳を吊りて熟睡。
人とちぎるなら浅くちぎりて末までとげよ
紅葉をば見よ薄きが散るか濃きが先づ散るもので候。

（「日記」昭和十年八月一日）

久々に井阪栄一上京
東京駅にて会ひ　吉田与三の会社に行く途上　与三に会ふ
天金にて天婦羅をくふ　白雨　車にて箱根に向ふ
清風による　土曜日にて何処も満員なり　湯本住吉に泊

何処にか　夕立ありし　冷奴
百日紅《さるすべり》の　花のさかりや　片かげり

（「日記・俳句」昭和十年八月三日）

午後帰京
夕方より霊岸橋大国屋にて栄一　吉田とめしを喰ふ
栄一　十一時二十分帰国
黒飴も　ひとかたまりの　厚さかな

（「日記・俳句」昭和十年八月四日）

東吾より久々に電話あり　二十分ののちに来る
綱島温泉水明楼→三十間堀富士の里→じゆねつと
深川八幡宮の祭礼にて雨の中にみこしあまた通る。

（「日記」昭和十年八月十五日）

活動写真が嫌いになった。
いい活動を見て好きになるように心がけなければ
それ以外の方法はみつからない。
こんな簡単な真理がわからずにここ二ヵ月ほど送った
活動が嫌になったからって
酒をのんでも酒は好きになってても
活動が好きになるわけはない。
こんな風に意志の力を必要とするのは、
やはり年をとったせいかも知れない。

曇天　あめ　一日うち　風邪気味也
今の世に楠正成がゐても〈七度生れかはつて〉と云ふに違ひない
然し〈朝敵を滅さん〉とは云ふまい〈金持になりたい〉と云ふだろう
ことによると七度生れかはつた正成の変身は矢張〈七度生れかはつて〉の希望を継続して
丸びるの或る商事会社の会計課につとめてゐるかも知れない
〈格言〉英雄も時代にハ勝てない。

（「日記」昭和十年九月二日）

出社　捗《はかど》りたる分整理
飯田蝶子　坂本武　上山草人　茂原英雄と
国道向ふの天ぷら屋に行く
月給上りたれバ蝶子女史の振舞也
秋刀魚の腹にがく　秋冷とみに加はる。

（「日記」昭和十年九月十一日）

（「日記」昭和十年九月二十九日）

## 自作を語る／東京の宿

この時、劇映画ではないが、六代目の『鏡獅子』を撮ってます。記録映画です。世の中の勢いがもうサイレントのやり方ではどうにもならなくなって来た頃でね。この写真もサイレントでありながらトーキーの手法を入れざるを得なかった。たとえば二人の対話の場面でね、しゃべっているAのセリフのタイトルを、聞いてるBのアップの画面にインサートするような手法まで敢てしたんだよ。

『東京の宿』（松竹蒲田・昭和十年）脚本荒田正男、池田忠雄　撮影茂原英雄　主演坂本武、突貫小僧、末松孝行、岡田嘉子、小島和子、飯田蝶子

（自作を語る「増刊キネマ旬報二月号　小津安二郎〈人と芸術〉」昭和三十九年二月十日）

## 『東京の宿』の子役のこと

あの子供の扱いには一番苦労しました。もともとあの子に惚れたのは、顔がよかったことと、アバラ骨や背骨が見えて、それが気に入ったのです。つまり十銭の牛めしが食いたい感じがよかったのですね。

（小津安二郎監督の『東京の宿』を語る「時事新報」昭和十年十月二十三、二十四日各朝刊）

## 岡田嘉子のタビの汚れ

［岡田嘉子のタビが汚れているのは意識して？］やっていることは大概意識しています。

（小津安二郎監督の『東京の宿』を語る「時事新報」昭和十年十月二十三、二十四日各朝刊）

**［井上和男談］**いまの恵まれた日本からは、到底、想像もできない大不景気で、失業者や宿無しがごろごろしていた昭和一ケタ末期の生活が、浮き彫りにされている。原作者は例によって、〝without money〟をもじって「文無し」＝ウィンザアト・モネとなる。犬探しなど、人も犬も深刻だ。犬に与える餌がないから、自然、飼い犬が野良犬化し、従って野犬が増える。野犬対策上、一匹捕え持ってくれば、役所は二十銭でお買い上げになるわけだ。そ

の二十銭が、メシ代か宿賃かというくだりになると、笑ってはいられない。（井上和男編『小津安二郎作品集II』立風書房）

## スターといえる俳優は？

男優だったら、やはり、ルドルフ・ヴァレンチノあたりじゃないかな。『血と砂』時分は、すげえ人気だったし、事実よかったもんだなあ。「……」現在のアメリカでは、クラーク・ゲーブルなんかが人気があるんだろうな。それに何といったっけ？　フランスから来たやつで。［シャルル・ボワイエ。あれもなかなか人気がある］とにかく、映画のスターなんてものは、自ずから現れるもので、決して発見すべきものじゃないよ。

第一、外国の俳優は、それぞれ持ち味をもっているが、あの持ち味がいいんだ。ゲーリー・クーパーだって細かい持ち味じゃないが、どことなく人をひきつけるものを持っている。『結婚の夜』などでも、どう見たってクーパーは小説家って柄じゃないが、それでもそんなに可笑しく感じさせない。芸の巧さというやつが、ことさら浮いて見えたり、飛び出して来たりするのは、俳優として認められないよ。

（小津安二郎を囲んで映画放談「スタア」昭和十年十一月下旬、十二月上旬号）

## 外国の映画監督を評する

批評家たちはどう思っているのか知らないが、W・S・ヴァン・ダイクなんて野郎は、結局、大した代物じゃないよ。フランク・キャプラと比べたら、雲泥の差がある。だから僕の助手などにもよく言うんだが、われわれはキャプラの道を行くならよいが、決して、ヴァン・ダイクの道を行こうと考えちゃあいけない。ヴァン・

ダイクになることはそんなに難しくないが、キャプラまでになるのは大変だと。「……」なんでえ『男の世界』（ヴァン・ダイク監督）なんていうのもつまらんものじゃないか。ゲーブルとパウエルとを使いながら、あの程度のものしか作れんようでは、底が知れてる。『或る夜の出来事』のキャプラの足許にも寄りつけんよ。そこへ行くと、キング・ヴィダーなどは、押しも押されもしない大家の風貌を備えている。「……」

どうもこの頃の新人は、興行価値ということに必要以上に苦労しすぎているんじゃないかな。別に会社に損をさせろというのではないのだが、初めからそう興行価値に囚《とら》われてしまうのはいけない。ヴァン・ダイクをキャプラより上に考えたりする連中が多いということが、その証拠だよ。

（小津安二郎・清水宏を囲んで「スタア」昭和十年十一月下旬、十二月上旬号）

## 監督と批評家の作品評価の差

一つの映画に対する見方が、われわれ監督と批評家との間にはかなりの開きがあるんだ。批評家は、たとえば『外人部隊』（フェーデ）をこの映画の文化的な意義を考慮に入れ、映画一般のレヴェル等を参酌《さんしゃく》くして、まず一〇点という点を与えるとする。その一〇点の中で、フェーデの手腕を五点と数える。それで批評家の場合は正しいけれど、われわれは違うんだ。

われわれはその映画の監督の手腕についてだけ見る。だから、われわれにとっては、その映画が文化的に意義があろうがなかろうと一向に構わない。それについては無関心だから、つまり批評家が一〇点入れたところは、われわれには零点《ぜろ》なのだ。そして、のっけから監督者フェーデの腕前を五点としか見ないんだ。批評家の場合、一〇対五であるものが、われわれの場合は〇対五であるから、つまるところは、同じなのだが、その評価の仕方が違っている訳だ。この違いは、それぞれ立場が違うのだからしょうがないよ。

（小津安二郎・清水宏を囲んで「スタア」昭和十年十一月下旬、十二月上旬号）

# 局外者の批評は困るネ

演劇でも映画でも、あらゆる点で文学より一歩遅れているということは、衆人の認むるところですが、作家が撮影の苦労も知らないで、いい気になってとやかく言うのは御免です。室生犀星《むろうさいせい》氏が何かの雑誌で、『外人部隊』の蠅取紙《はえとりがみ》を使って女を近づける手法は、文学では決して新しくないものだが、映画では新しいとか言っていましたが、こんな手法は映画でも、五、六年前にルビッチがさかんに用いてます。よく文芸作品の映画化の場合、原作と違うなどと言って騒ぎたてる原作者がいますが、そんなことを言うくらいなら自分で監督をすればいい。それも嫌なら、初めから映画化を許さぬがいいのです。小説の構成と映画のそれとは根本的に違うんですから、文芸作品の観点で映画を見られるのが一番困ります。

（局外批評お断り／小津安二郎氏「スタア」昭和十年十一月下旬、十二月上旬号）

池忠　荒田と丸善にて会ふ
風月→ new grand →日比谷→金田（満員）→前川（宮川にしようやと池忠云ふ）→宮川
永代橋を渡つて別れる

（「日記」昭和十年十月十三日）

天気よし　出社　所長来らず
吉川満子と帰りが同じになり
ぶらぶら築地迄あるく

（「日記」昭和十年十月二十一日）

出社　秋晴れ
伏見と床屋に行く　あとより池忠来る
一人有楽町下車　伊東屋　松屋により鉛筆を買ふ
早く帰宅　入浴
少年書を読むに懶《ものう》く
三十にして業由《な》ほ未だしと
寒山詩にある
百年の知己を得たと云ふべし
この日深川お不動様にて三の酉《とり》也
月なかバ　過ぎし夜業や　あみだくじ
襟脚《えりあし》に　紅絹《もみ》のぞかせたる　糸女かな

（「日記」昭和十年十月三十日）

この年まことによき年にあらざりき

（「俳句・短歌」昭和十年十一月二十八日）

あらゆるものよろしからず
宿世《すくせ》のつらさを感じ、酒のうまさを覚ゆ
来る年、清貧にくらさんかな
赤貧《せきひん》洗わざれば幸也

（「日記」昭和十年十二月三十一日）

# 第三章

## 昭和十一年〔一九三六〕三十三歳▼昭和十四年〔一九三九〕三十六歳

TOKYO STORY 1953
Early Summer 1951
Tokyo Twilight 1957
Good Morning 1959
Floating Weeds 1959
An Autumn Afternoon 1962
Early Spring 1956
The End of Summer 1961
Late Spring 1949

第三章

# 昭和十一年［一九三六］三十三歳▼昭和十四年［一九三九］三十六歳

【大船撮影所時代／トーキー映画に挑戦／戦場での生活】

大学よいとこ　鏡獅子　一人息子　淑女は何を忘れたか

## 昭和十一年［一九三六］三十三歳

一月、松竹が大船撮影所を開設し、蒲田から移転した。蒲田の周辺は線路が近く、町工場も多くあり、その音がトーキー撮影に差し障《さわ》ることを危惧しての移転だった。移転先の大船一帯は元競馬場跡地だったという。スタジオでは、同時に八作品の映画撮影が可能であり、事務所、現像場、録音室など、四十九棟の施設を有する世界有数の映画撮影所となった。後に小津映画に客演した実業家の菅原通済《すがわらつうさい》が移転を支援し、地元との交渉を進めた。移転後の初めての映画は『家族会議』（一九三六）だった。

**一月十五日**
松竹撮影所、蒲田から大船に移転。

**二月四日**
芝区高輪南町二十八番地に母、弟と共に転居

**二月二十六日**
二・二六事件が起こる

**三月**
日本映画監督協会の発会式
（小津は紋章のデザインを担当）

父の死後、長男の新一は銀行員、三男の信三は未成年だったため、父が経営した小津地所部を引き継ぐ者がいなかった。小津家は深川の家を明け渡すことになり、兄の新一は、妻子と世田谷に転居したが、母あさゑが安二郎らとの生活を希望し、小津は母と弟信三と三人で芝区高輪南町に引っ越した。品川駅から坂を上り、品川プリンスホテルの反対側にあった。

小津は一家の大黒柱として家計を支えることになり、この頃が金銭的に最も苦しい時期だったという。弟信三の学費の面倒もみ、「大学へ行って良い友達つくれって。俺が会社から借金してでも大学の学資ぐらい出してやるから」（信三の夫人・小津ハマ談）と、信三に声をかけたという。

この年、小津初のトーキー映画『一人息子』を公開した。小津のキャメラマンを務めた茂原英雄が開発した「茂原式トーキー」の完成を受けての製作だった。松竹は既に土橋式《つちはししき》トーキーを採用しており、蒲田撮影所での不便な撮影を決行した。蒲田には防音設備はなく、近くを通る電車の音がうるさく、撮影は深夜十二時過ぎから始発前の五時にかけて行われたという。

「僕の第一回トーキーは、茂原君の機械が出来たらと二人で申し合わせていた」という盟友茂原との約束を守るという小津の律儀な性格が垣間見える。日記には「茂原氏とは年来の口約あり、口約果たさんとせば、監督廃業もしかず、それもよし」という激烈な言葉も記された。小津によると、

**三月七日**
ドイツがラインラント進駐
**三月十九日**
『大学よいとこ』公開
**四月〜八月**
『一人息子』撮影（『東京よいとこ』をトーキー用に）
**七月十七日**
スペイン内戦勃発
**六月二十九日**
『鏡獅子』帝国ホテルで試写会
**八月一日**
ヒトラーによるベルリン・オリンピック開催
**九月十五日**
『一人息子』公開
**十一月二十五日**
日独防共協定締結
**十二月**
『淑女は何を忘れたか』脚本脱稿

松竹が採用した土橋式はノイズが大きく、不備があるとして使用しなかったという（ただ、サイレント作品の中の五本は、音楽が付いた「サウンド版」だった）。

**【小津ハマ談・弟信三の夫人】** まあ、親代わりみたいなもので。うちの主人［弟信三］が中学卒業したのは父が亡くなった後ですから、大学への進学は義兄たちに相談したんですが、上の義兄は、もうお父さん亡くなったんだから働けって言ったんだそうですけど、安二郎の方が、大学へ行って良い友達つくれって。俺が会社から借金してでも大学の学資ぐらい出してやるからって、言ってくれたそうでしてね。もう父代わりなんですよね。

（「小津安二郎デジタル」東京大学総合研究博物館）

## なぜトーキーを撮らない？

こりゃもう癖というか僕の身についてしまった様なもので、トーキーだからとて変わりません。一体キャメラを低めにしたのは、日本のセットではどうも床に金をかけないので、床を出さない工夫にキャメラを上に向け出したので、その初めは喜劇の『肉体美』の時でした。それから低目にして後に感じたのは、こうすると室内ではどうしても天井が出ましょう。おかげで、はっきり立体感が出る。こんな事も、私にこの好みに一層こだわらせる一つの原因になっていましょう。

（沈黙を棄てる監督／小津氏との一問一答「都新聞」昭和十一年四月二十日夕刊）

**【厚田雄春談】**［茂原さんと］小津さんとはツーカーなんです。二人ともさばけた遊び人でね。遊ぶときは人一倍遊びますよ。また仕事のときは、小津さんの気持がわかってますから、その気持をくむのがうまいんです。茂原さん、よくいってましたよ。俺にもやりたいことはあるが、小津さんの気持をくんでやるのが一番だって。ぼくも、独立してからはその心がまえでやりましたからね。

だけど、茂原さんは、胃が悪くて、空腹になると機嫌が悪いんですよ。何か買ってきてくれなんて、ぼくもよくいわれたもんですよ。すると小津さんが、気配を察して、「茂《も》っちゃん、我慢してくれよな」って、やさしいんですよ。二人は本当によく気があってました。だから、茂原さんの仕事ぶりを見ながら、ぼくも勉強しましたね。小津さんが、「うん、もうちょっと」とか、「いいだろう」とかいうときの勘をつかんだんです。

茂原さんも、小津さんからキャメラの説明を受けてたことはないですね。気持が通じてますから、黙ってても小津さんが望む画《え》にしちゃうんです。

（厚田雄春／蓮實重彦『小津安二郎物語』筑摩書房）

## なぜキャメラが低い位置に？

こりゃもう癖というか僕の身についてしまった様なもので、トーキーだからとて変わりません。一体キャメラを低めにしたのは、日本のセットではどうも床に金をかけないので、床を出さない工夫にキャメラを上に向け出したので、その初めは喜劇の『肉体美』の時でした。それから低目にして後に感じたのは、こうすると室内ではどうしても天井が出ましょう。おかげで、はっきり立体感が出る。こんな事も、私にこの好みに一層こだわらせる一つの原因になっていましょう。

（沈黙を棄てる監督／小津氏との一問一答「都新聞」昭和十一年四月二十日夕刊）

## 自作を語る／大学よいとこ

一つ下宿に住んでいる学生達の話ですがね、楽しくない学生生活ですよ。暗い話です。

『大学よいとこ』（松竹蒲田・昭和十一年）原作ジェームス・槇　脚色荒田正男　撮影茂原英雄　主演近衛敏明、笠智衆、小林十九二、大山健二、池田鶴彦、日下部章、高杉早苗、斎藤達雄、飯田蝶子、出雲八重子、坂本武、爆弾小僧

（自作を語る「増刊キネマ旬報二月号　小津安二郎〈人と芸術〉」昭和三十九年二月十日）

**【井上和男談】**とくに印象的なのは、「大学生とは尻尾を持たない人間の最初の姿でもある」と持ち上げながら、外山ヶ原［注、現在の東京都新宿区の戸山ヶ原］の軍事教練で始まるトップシーンといい、「大学生は尻尾を持った人間の最初の姿でもある」と結論づけたラストシークエンスも、外山ヶ原の軍教でしめくくりとなり、最後は、教官の「右に向きを変え――進め！」で〝右〟に向きを変えさせられて、行進していく学生部隊の後姿である。明らかに、右に向きを変えて、戦争に向って突っ走って行く日本の非常時を、見据《みす》えている。小津さん流に、声高には批判していないが、教練と教練に挟まれた大学生活に何があるのか、実は、やり切れない毎日のアルバイトや下宿生活を面白おかしく描けば描くほど、ペシミスティックになることは承知の上だ。

（井上和男編『小津安二郎作品集Ⅱ』立風書房）

# そろそろ邦画も国際化を！

私はファンク博士の『新しき土』［注、日独合作映画。アーノルド・ファンク監督、伊丹万作監督］を一日も早く完成させたいと思っている。それはこの作品が、日本で製作された国際的映画の最初のものであるからだ。これを機に、今後ますます映画製作の国際化が行われるとよいと思う。元来、わが国には、大資本を擁《よう》したシステムがないので、せっかくの要望も即座に実現化することは不可能だが、これを促進さすような努力が方々から起こってよい。それは単に、日本固有の芸術を紹介するというような狭い意図からではなしに、映画を通じて、「日本の風俗、人情、文化などを芸術的に紹介せよ」と言いたいのである。

トーキー時代のこととして、言葉の異なる点が障害になりはしないかと思われもするが、外画があれほど我国人の心を捉《とら》えているのを見ても、それは心配するほどでもないと思う。ただ、考うべきことは、我々の技術を百パーセントに磨くことだ。それなくして、日本映画の国際的な進出は望めない。現在、日本映画はあまりにも世界の一隅に追い込められ過ぎている。もうそろそろ、世界水準に向かって突進してもよい時ではあるまいか！

私は日本映画の質的向上をも同時に望みたいのだ。しかし、前述の如く、経済的問題が第一に起こって来るのだから、その方を良心ある事業家に望んでおきたい。従来、我国の常設館入場料は少し安いのではないかと思う。その方をも少し、どうかして映画製作のために割《さ》いたらどうかと私は思っている。

（邦画の国際化「報知新聞」昭和十一年十二月十七日）

# 自作を語る／一人息子

はじめてのトーキーです。前に書いてあった脚本『東京よいとこ』……これは少し撮りかけたのですが、どうして止めたんだっけな……を、トーキー用に書き直した。

記録では大船作品になってるでしょう。実は蒲田で撮ったんです。撮影所は皆大船に移ってしまっていたんだが、ほら、これは例の茂原式トーキーだからね、大船は使えないんだ。それで誰もいなくなった蒲田の空きスタジオを使ってやった。電車の音がうるさくてね、昼間は撮れない。夜中の十二時から明方の五時まで、毎晩五カット位ずつ撮って行った。楽しい撮影でしたよ。骨の髄からのサイレント的なものが除けなくてね、まごついたよ。サイレントとトーキーでは、すべての事柄が違うんだってことは判《わか》っていながら、結局、サイレント的になってしまうんだね。大いにまごついて、他人より四、五年あとになって、こりゃ俺も一寸《ちょっと》立ち遅れたかな、とさえ思った。今になってみれば、却《かえ》ってサイレントをとことんまでやっていたことが、ためになっているのだがね。

『一人息子』（松竹蒲田・昭和十一年）原作ジェームス・槇　脚色池田忠雄、荒田正男　撮影杉本正二郎　録音茂原英雄（SMSシステム）
主演飯田蝶子、日守新一、葉山正雄、坪内美子、笠智衆、浪花友子、吉川満子、突貫小僧

（自作を語る「増刊キネマ旬報二月号　小津安二郎〈人と芸術〉」昭和三十九年二月十日）

松竹大船撮影所（1936～2000）：昭和11年1月16日朝、監督や俳優、松竹の幹部や従業員を乗せた乗用車とボンネットバス約40台で蒲田から大船まで移動したという。戦後の小津の名作『晩春』『麦秋』『東京物語』を初め多くの名作が大船で撮影された。

**【田中真澄《たなかますみ》・SMS方式のこと】**茂原英雄カメラマンの開発したSMS（スーパー・モハラ・サウンド）式〔注、モハラはニックネーム〕。茂原は兵役の時（大正十四年～昭和二年）ド・フォレスト式のトーキーであるフォノフィ

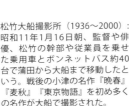

ルムを見てトーキーに興味を抱き、除隊後、昭和三年から独力で研究に着手した。白井茂『カメラと人生』（ユニ通信社、昭和五十八年刊）によれば、昭和六年に茂原の録音で水谷八重子主演『ほゝえむ青春』を撮影したが、画面と音が同調せず失敗だったという。昭和十年末になって、専門スタッフを増員して漸く完成。松竹が土橋《つちはし》式と契約していた関係上、第一作の『一人息子』は旧蒲田撮影所で製作された。その成果が認められ、松竹傘下の新興キネマ京都撮影所で使われることになった。

（田中真澄編『小津安二郎全発言（1933～1945）』泰流社）

**【厚田雄春談】**結局、小津さんの最初のトーキー『一人息子』が、松竹の蒲田で撮った最後の映画になったんです。みんなはもう大船に移っちまってますから、ガランとした撮影所に小津組だけ残って撮りました。茂原式は、大船のトーキーとシステムが違いますから、そうなったんです。会社からはずいぶんトーキーを撮る話があったんですが、茂原さんとの約束があるからっていって、ことわってこられましてね。やっぱり友情を感じておられたんでしょう。「……」

この『一人息子』は夜間撮影が多かったんです。もう誰もいなくなっちゃった蒲田にこもってやったんですが、古いダーク・ステージで防音が不備なんで、何しろ近くに国電が通っているんですが、その音が入っちゃいけないってんで、最終電車が蒲田駅の車庫に入ってからスタートで、しかも、午前一時に新聞を運ぶ電車が通りますから、それを待ってストップといった按配で、あとはもう徹夜ですよ。一番どりの鳴き声と豆腐屋のラッパ音で撮影が終わりでした。サイレント時代から小津組は徹夜が多かったんです。サイレントのときは、同じステージに二つくらいセットを建てて同時にやることがありましたが、そんなときでも小津組の方が後まで残ってやりましたよ。

（厚田雄春／蓮實重彦『小津安二郎物語』筑摩書房）

## 昭和十二年［一九三七］三十四歳

一月、この年は、『淑女は何を忘れたか』のロケハン、撮影から始まった。撮影中、キャメラマン茂原の母が逝去し、帰郷することになった。代わりに、長く撮影助手だった厚田雄春《あつたゆうはる》が撮影を担当した。下町から富裕な山の手に舞台を移した初めての作品となった。脚本は『生れてはみたけれど』以来の伏見晁《ふしみあきら》との執筆になり、洗練された軽妙な喜劇《コメディ》になった。

四月、小津は『愉しき哉保吉君』の脚本を完成させ、内田吐夢《うちだとむ》に譲った。当時、他社に属した監督に作品を譲るのは、きわめて異例のことだった。同作は、十一月に『限りなき前進』（日活）と改題して公開され、キネマ旬報ベスト・テン一位に選出された。

八月、盧溝橋事件の一ヶ月後、突如、大蔵省はアメリカの映画会社に対し「輸入許可証」の保持を義務づけた。その直後、その年の輸入を一時的に禁止した。

八月、池田忠雄、柳井隆雄と共に『父ありき』の脚本を書き始める。

同月、山中貞雄が小津の高輪の家を訪れ、応召《おうしょう》されたことを報告した。小津自身も、翌九月十日に応召され、東京竹橋の近衛歩兵第二連隊に入隊した（陸軍歩兵伍長）。軍の許可を得て、高級カメラのライカを戦場に持

---

**一月十三日** 『淑女は何を忘れたか』撮影開始

**三月一日** 『淑女は何を忘れたか』試写に川端康成、林房雄来る

**三月三日** 『淑女は何を忘れたか』公開

**六月十日** 『愉しき哉保吉君』脱稿

**七月七日** 盧溝橋事件（日中戦争の発端に）

**八月** 『父ありき』の脚本を書き始める

**八月二十五日** 山中貞雄が小津に応召《おうしょう》を報告

**九月五日** 『父ありき』脱稿

**九月九日** 召集令状が来る

**九月十日** 東京竹橋の近衛歩兵第二連隊に入隊

**九月二十四日** 大阪から出航

参した。大阪から出航し、上海に上陸。同月二十八日より大場鎮《だいじょうちん》攻撃戦（第二次上海事変）に参加した。

十二月十九日、老張営の戦闘で、敵の包囲から脱出した小津の連絡により、戦場から多くの戦友たちを救出した。

**九月二十七日**
上海上陸。以後各地を転戦
**十一月**
『限りなき前進』（内田吐夢監督）が公開

山中貞雄より来信
これからの人間
矢張東京に出ないと駄目だと一人息子の先生の気持です
ＰＣＬでとんかつ作るかも知れませんが
兎《と》に角《かく》江戸へ出たくてたまりません　云々。

（「日記」昭和十二年一月三日）

『淑女は何を忘れたか』撮影開始。
初日、栗島（すみ子）、飯田、吉川出演の調子出ず
まことに難渋也
井上金太郎　内田吐夢来所
清水宏と共にパリス→本牧第三キヨホテル。

（「日記」昭和十二年一月十三日）

小宮階下　セット
午后八時過ぎ高輪より電話あり
茂原氏母堂死去されし由
早じまい

（「日記」昭和十二年一月二十七日）

早朝　茂原帰里　上野に送る
セット　厚田本日からクランク

（「日記」昭和十二年一月二十八日）

銀座明菓にてクランク
帰つて下宿
桑野［通子］具合悪き由　封切日の近ければ案ず
大阪の　姪の病みおる　白き梅

（「日記・俳句」昭和十二年二月十五日）

## 自作を語る／淑女は何を忘れたか

この作品の特徴といえば、それまでの下町から、舞台を山の手へ移したことでしょう。当時、僕の家も深川から高輪南町へ変わってね、そのためじゃあないが、山の手の写真が割合少ないじゃないかというんで、それを採り上げようと思ったんだ。今でも、下町や郊外は多いが、山の手を描く作品は少ないと思うね。

このあと、『父ありき』の脚本を書いて、出征したわけだ。そうそう、その前に内田吐夢《とむ》君の『限りなき前進』の原作を書いている。『愉しき哉保吉君』。あれは僕が自分でも撮るつもりでね。会社に話したんだが、それまで僕の写真が当たってないんだな、採用にならなかった。内田にそれを話すと、くれと言うんだな、会社も譲れという。ところが、あの内田の写真は僕のとだいぶ話が違ってるんだ。僕のはあんなに深刻じゃない、喜劇なんだよ。三十年勤続の男が或日ふっと自分に疑問を持つんだね、そこでやりたいことをやってみようと思いたつわけなんだ。気違いの真似をして、一日だけ重役みたいな振る舞いをしてみるんだな。折角《せっかく》の勤続もフイになってしまうのだが、いや誰が何といおうと、自分はこの気違いの一日が以前の三十年より面白い一日だった、という話なんだ。以来、会社でも気違いの真似が流行り出すというわけだね。内田のは特定の人物の物語りにしてしまっていたが、だいぶちがっているだろう？　ぼくはチャンスがあったら、元の形で一度撮ってみたいと思っている。

さて、出征して十四年に帰って来てから、『お茶漬の味』の脚本を書いた。戦後のとはだいぶ違うよ。出征する男の話なんだ、出征する晩に妻君としみじみお茶漬けを食う話なんだよ。ところがこれが引っかかってね。つまり、赤飯を祝うべき出征の前晩にお茶漬けを食うとは何事か、というのだね。不真面目だというんだよ。

僕も直せるなら直したいと思ってたんだが、これじゃ話にならない。降りちゃったよ。

『淑女は何を忘れたか』（松竹大船・昭和十二年）脚本伏見晁、ジェームス・槙　撮影茂原英雄　主演斎藤達雄、栗原すみ子、桑野通子、佐野周二、坂本武、飯田蝶子、吉川満子、葉山正雄、突貫小僧、出雲八重子、上原謙

（自作を語る「増刊キネマ旬報二月号　小津安二郎〈人と芸術〉」昭和三十九年二月十日）

終日うち
飯田氏来り母は共に世田ヶ谷に灸をすえに行く
日記を読みかえしてみると今年になって
心たのしい面白かった日が一日もない
まだ三十五だというのに何と云うことだ
先が案じられる。

（「日記」昭和十二年三月二十二日）

思ひ立つて母この日房州に行く
床屋に行って
そのまゝ会社に行つてみる
愈《いよいよ》春日《しゅんじつ》遅々《ちち》。

（「日記」昭和十二年三月二十三日）

今日は朝から雨だ

吉成と将棋をしてみる
昼から
大道無門《だいどうむもん》を読む。

（「日記」昭和十二年三月二十四日）

## 独身生活の理由だって

僕は何も抗《あがな》って独身生活をしている訳じゃない。なんとなく続けているだけだ。女の子は好きでもあり嫌いでもあること、世間並み、日本髪も断髪パーマネントも注文はない。質から言っても、清水宏なんかより僕の方が遥かに夫としての資格は多量にあると思う。だのに清水は、もうとっくに結婚している……なんぞ怪しからん。ト、こりゃ冗談じゃないがネ、そう言えば、大船撮影所中で、正監督となっている面々で、独身者は小津ッチャン一人、助監督氏で早いのは、子供の二、三人あるのさえある。

（小津安二郎は／何を忘れたか／僕は年をとったらしい「都新聞」昭和十二年三月二十九日夕刊）

## 体験しないことは描けない？

結婚生活も知らないで、よく中年者の生活や、結婚の倦怠なんかを描けるなって言われるが、体験しないことが描けないとすれば、ワシャ泥棒も人殺しも姦通もしなくちゃ、そんなことは描写出来なくなる勘定じゃないか。そんな事に感心してもらっちゃ困る。僕がそうした心境物へ入って行ったのは、最初、喜劇ばかり撮らされてやりきれなかった時代、少しは味をつけたいと、とりかかったのが最初だ。それが『会社員生活』あたりからどうやら実を結んで来たというまでさ。「……」
家にゃおふくろがいる。まだ六十チョッとで元気だ。着物の仕立て、注文やら、洗濯物の指図なんか一人でやってくれるから、その点にも不自由はない。結婚生活の楽しさや、子供ができたらという心境は、兄貴のとこにもう二人も子供があるのでよく分かる。結局、僕は次男坊の呑気さから、なんとなく独身を延長してしまっているだけだろう。昔なら、冷飯食いか、養子の口でも探しているだろう。

（小津安二郎は／何を忘れたか／僕は年をとったらしい「都新聞」昭和十二年三月二十九日夕刊）

## 昔ほどは凝《こ》らなくなったよ

僕は実際以上に、世間からは老けて見られているらしいナ。その点、せいぜい誤解をといておいてくれたまえ。しかし、開業当時より年をとったらしいと思うのは、この間も斎藤達雄君が「昔は暴君だったがネー」と、僕の仕事ぶりを批評するんだ。僕は凝《こ》る、長いという評判だが、それでもいつか昔ほどには精進しなくなってしまったようだ。これは、はなはだ申し訳ないし、また改めて馬力をかける必要があると思う。ネ、独身者は独身者らしくな。どうだろう、エ、オイ？

（小津安二郎は／何を忘れたか／僕は年をとったらしい「都新聞」昭和十二年三月二十九日夕刊）

大正十二年の春
僕が二十一の年
東京に十年振りに出て来た
未だ父も健在だつた

和倉の家の二階に黄色のバラをさして終日見てゐたことがある
これハ不思議な思出だ
おこのみや
稚子ヶ渕に行つてみる
栄帰る　白石泊

（「日記」昭和十二年四月一日）

◉車中も亦愉《またたの》し

## 通勤もまた有益な時間

汽車、電車、バスなどの公衆の交通機関は現代世相の風俗画とも言うべきで、こういう観点から、たとえば、通勤の往復も極めて興味あり、かつ有益な時間になるわけである。元来、僕のなかには、空想と観察が一緒にすんでいるらしく、時に応じて新聞雑誌を読み、考えごとをし、連想し、退屈し、眠り、そして、また乗り合わした人に興味や関心を惹かれるという、この点、極めて尋常の乗客なのであるが、それでも、乗り物の中での記憶がいつのまにか頭のどこかに、夥《おびただ》しく溜《た》まってはいる。モデルノロジィ［注、考現学。現代の世相や風俗を考察する学問］というのがあるが、ああいうこともやってみれば、面白いに相違ない。（車中も亦愉し「話」昭和十二年四月号）

## 電車の中の小宴会

春から初夏へかけて、伊豆方面にでも出かけるらしい団体と同じ列車に、しばしば乗り合わせる。団体と一と口に言っても、種々雑多な類《たぐい》がある。いつか、「×××印蚊取り線香小売販売人御招待」という団体の中に紛れ込んだことがあった。まだ春浅いことだったので、なるほど、宣伝の世の中、商人の手回しのいいのには感心もし、「×××印蚊取り線香」と染め抜いた青や赤の小旗をかざした人々の右往左往し、南京豆、のしかに、思い思いに小宴を張るさまが、如何《いか》にも可笑《おか》しさに耐えなかったが、そのうち、世話役らしい人が僕のところへやって来て、「こちらにはお酒はまわりましたかしら」といって、二合瓶を宛《あて》がわれたことがある。

その中に割り込んだ僕を同行と間違えたものらしい。もちろん、僕は遠慮なく頂戴した。この蚊とり線香を用いて、しかも、なお蚊に悩まされた記憶もあれば、蚊もまた安心して推賞するに足る、これは蚊取線香だったのである。それにしても、蚊取り線香販売人という見立てにはわれながら恐縮して、どうかと思ったことだった。といって、僕は菊石《あばた》ではない。春先、蚊取線香の余徳で微醺《びくん》［注、ほろ酔い］を呼んだ僕は、それ以来、寒中に近江の商人を懐かしむのである。

（車中も亦愉し「話」昭和十二年四月号）

## 車中で経国の本義を傾聴

どこ行きの列車だったか、何《いず》れ急行でないから、名古屋より先へ行く人ではあるまい。一人の田舎の老紳士の、学生らしい青年をつかまえて声高に話しているのが、ボックスを三つも離れたところまで、手にとるように聞こえてくる。細面《ほそおもて》のくせに血色の良い、しかも頭は半白、元気は若者をしのぐ、好々爺《こうこうや》だったが、大いに経国《けいこく》の本義を論じているらしく、その説たるや頗る《すこぶ》珍重すべきものであった。

曰く〝社会に犯罪者の絶えないのは生活が苦しいからである。しかるに、国家が警察網、司法権、刑務所の経営のために投ずる費用は極めて莫大なものであって、もしこの莫大な費用を一般国民の生活の補助として分配するならば、国民の生活は向上し、したがって犯罪者というものは出なくなり、警察、裁判所、刑務所などを必要としなくなる〟この説には僕も少なからず驚いた。

古代希臘《ギリシャ》のソフィストの詭弁《きべん》にみるような、なにかしら南方的な呑気さのある点、はなはだ面白いとも思い、こういう楽天的な、明朗な肯定精神をもった老人もまた、なかなかいいものだと感心した。この老人は、金鎖に御大典の銀メダルと五円の金貨を下げていた。

（車中も亦愉し「話」昭和十二年四月号）

## 青年の読書の中身は?

これは東北の三等列車の中。すぐ前に座っている一人の青年が買って来て、包みをほどいたばかりの本を読んでいる。顔の青白く、神経質にみえる割に、着物の着こなしなど田舎者らしく、村では相当のインテリ青年が啄木《たくぼく》を好み、暇と小遣いを都合して上京し、ドイツ映画を鑑賞し、うまい珈琲をのみ、帰りに新刊書を買って来たとでも思える感じがいかにも好もしく、一体何を読んでいるのか気を惹かれたが、覗《のぞ》き込む訳にもいかず、そのうち、幸いトイレットに立ったので、置いて行った本の表題をみると、これはまた意外にも『小心恐怖症の治療』とある。近来、心臓のみ強い人の多い世の中に、気の毒にも、また頼もしい青年ではあるまいか。僕も一読の必要があるが、未《いま》だその機を得ない。

（車中も亦愉し「話」昭和十二年四月号）

## 純白の手巾《ハンカチ》と女

これは省線［注、鉄道省等の管理した電車］のことで、大井町から酒場の女給風の女が乗り込んだ。というだけでは、なんの変哲もないが、時間が朝の十時頃、女は店着らしい酒の染《し》みの目立つ、ひどく、くたびれた派手な着物で、さほどに車中は混んではいなかったが、注目を一身に集めた感じだった。

どうやら、昨夜、店が終ってから何処《いずこ》の仮寝か、いま帰るものらしい。僕は別に好奇心も感じなかったが、女は両手の中にハンカチをしっかり握っていて、そのハンカチがまた、しろじろと気高いほどに新しい。

僕は何となく芥川龍之介の『手巾《ハンカチ》』を思い出した。女は自分の立場の釈明や、周囲の冷眼に対する反発をこの純白のハンカチに託していたのだろうか。これも一つの作劇術における臭味かもしれない。思いなしか、女の顔は悲しい、疲れた表情のかげに、張り詰めたほどに緊張していた。

ハンカチを有効に用いた者は、ひとり『不如帰《ほととぎす》』の浪《なみ》さんばかりではない。

ここまで書いたら大船に着いた。僕は降りなければならぬ。これもまた車中の楽しみである。

（車中も亦愉し「話」昭和十二年四月号）

---

頃日の僕に甚だ欠けてゐるもの

熱　金　欲

熱のないのはこまる

これもつけやき刃的のやつではいけない
金のないのは致方もないだろう
したがつて欲も出ないのかもしれない

（「日記」昭和十二年五月十八日）

終日うち
風呂に入る
川端康成の『雪国』をよむ　感ず

（「日記」昭和十二年七月五日）

昼寝をしてから母と久々に墓まゐりに深川に行く
兄と風月堂で会つて松しまで天ぷら
千疋屋で果物
夕立に会ふ
明日から脚本を書きに行くので
長門で菓子
山本山で茶筅　薄茶など買ふ

（「日記」昭和十二年七月十六日）

## 作品の質と興行成績は相反?

会社側では、興行価値というものは、作品の内容がよければ、それに付随して生ずるものだとは考えない。非常に反対だ。作品の内容がよければよいほど、興行価値と離れるものと思っている傾きがある。バナナの皮で滑《すべ》るのが興行価値と思い込んでいるんだ。皮が滑らなかったら駄目だと考えている。

（日本映画はどこへ行く?・座談会「サンデー毎日」昭和十二年夏の映画号）

## 時代劇は人を殺し過ぎだよ

時代劇はあまり簡単に人を殺し過ぎた。ちょん髷《まげ》をかぶって出て来ると、もう殺されるような気がするね。森の石松などいくら殺されても気の毒とも何とも思えないから……（哄笑）。

（日本映画はどこへ行く?・座談会「サンデー毎日」昭和十二年夏の映画号）

## 山中貞雄、応召《おうしょう》の報告

山中は滝沢英輔《たきざわえいすけ》、岸松雄《きしまつお》と高輪の僕の家に来てくれた。ちょうど、池田忠雄《いけだただお》、柳井隆雄《やないたかお》と脚本の相談をしていたところで、机の上の原稿を押しやり、ビールを抜いて祝盃をあげた。ひとしきり、上海戦の話が続いてから、さしずめ戦争に持って行く身のまわりの品々を何かと話し合って細々と書き留めた。手帳、小刀、メンソレータム、剃刀、ダイモール。

気がつくと山中は庭を見ていた。庭には秋に近い陽ざしを受けて雁来紅《はげいとう》がさかりだった。それは

山中貞雄（1909 ～ 1938）：日本の映画監督、脚本家。サイレント映画からトーキーへの移行期にあたる 1930 年代の日本映画を代表する監督。『丹下左膳余話 百萬両の壺』（1935）、『河内山宗俊』（1936）、『人情紙風船』（1937 年）他。

今上海に激しい戦争があるとはとても思われぬ静けさだった。短い言葉に山中の今者《こんしゃ》の感慨があった。それから十五日、僕にも召集令状が来た。

（雁来紅の記～至道院一周記に際して「キネマ旬報」昭和十四年九月十一日号）

**【柳井隆雄／父ありき前後】**最初のシナリオは、たしか昭和十二年の夏、主として芝高輪の小津氏の家の二階に、三人で［注、池田忠雄も］こもって書いた。暑い夏だった。お母さんから色々と、朝夕の食事に気を使ってもらって恐縮した。ちょうど日支事変が始まって、品川駅から乗車する軍隊が、よく家の前を通り、時々家で休んだ。その度にお母さんが、冷たいものを運ばれた。

仕事のある日、山中貞雄氏が誰かとひょっこり、おっちゃんを訪ねて来た。庭に鶏頭《けいとう》の花が赤く咲いていた。「仰山《ぎょうさん》植えたんやなあ」とその鶏頭を見ながら、山中氏のつぶやいたのが印象的だった。その言葉がヒントになって、最初のシナリオには、鶏頭の俳句が二句入れてある。

間もなく、山中氏は、映画人として、ほとんど真先《まっさき》に出征応召した。氏の姿を見たのは、それが最後であった。この最初のシナリオは、日支事変の拡大と、小津氏の出征で延期され、氏の帰還を待って、三年後にまた三人で机を囲んだ。今は主として茅ヶ崎の海岸の旅館であった。時局の影響もあって、ほとんど稿を新たにした。

今になって回顧をすれば、日本がいよいよ泥沼に入ろうとしていた時代であったのだが、のんきな僕たちは、まだそれほど暗い気持ではなかった。だから、完成の日の乾杯が、すがすがしい思い出として今も残っている。

（父ありき前後『シナリオ文学全集』河出書房、キネマ旬報別冊「日本映画代表シナリオ全集⑤」）

# 出征前夜の寄書き

出発前夜　昭和十二年九月秋彼岸の頃一寸《ちょっと》戦争に行ってきます　小津安二郎

（入隊後、大阪で船待ちをしている一夜、中学の同窓生の送別会に出席。その折の寄書き）

# 上海で仲秋の名月を見る

昨日は仲秋の名月だった。黄浦港の上に出る月の眺めは仲々よろしい。掌《か》って阿部仲麿《あべのなかまろ》に、天の原ふりさけみればと詠《よ》ましめたあれだ。鳥度《ちょうど》仲麿の心境になってみる。このところ連日快晴に恵まれている。矢張《やはり》こっちでもコスモスが咲いている。木舌鳥《もず》も鳴く。これで秋刀魚《さんま》でも喰えれば、先ず《ま》申分《もうしぶん》ないが、そうはいかぬな。元気は益々よろしいから安心して下さい。皆さんによろしく。奥さんに何卒よろしく仰言《おっしゃ》って下さい。

（私家版『小津安二郎君の手紙』昭和十二年中秋名月、翌日上海）

# 中国大陸に出征する

○○部隊に従って上陸しましたが、ご覧の通りの後方連絡で、第一線に出ませんので、実戦の実感は十分味わうことが出来ません。それでも砲弾は一二度見舞われましたよ。あまり気持ちのよいものではないです。

私は『淑女は何を忘れたか』を完成し次の脚本を書き上げ、これから製作にかかろうという時召集されたので、その脚本を物にしなかったのが少々心残りです。こちらでは大いに戦場の実相を見て、めでたく凱旋出来たら何か国家のために役立つ映画を作ろうと考えています。

映画人として私の外にＰＣＬ［注、東宝の前身の一社］の山中貞雄監督等が来ていると聞きましたが、まだ会ったことはありません。その内、ぜひ会ってみたいです。エッ、友田君［注、新劇の友田恭助］が戦死しましたか……。同君とは古い馴染《なじみ》でしたが、この春銀座で会ったのが最後になろうとは……。

（助手席の髭伍長殿／やあ小津監督／もう砲弾のお見舞い「東京朝日新聞」昭和十二年十月十四日夕刊）

## 戦地で憶《おも》う戦争映画

戦場に来た以上、もちろん生還は期してはいない……。戦争を体験して初めて生きた戦争映画を作れるという自信がついた。メガホンを通して未知の世界を画《か》いて来た今までのことは、現実の戦争から見たら問題にならないほど生温かい感じがする。実際戦争に参加して実に尊い体験をした。もし生還する暁には、この体験を基礎にリアルな映画を作ってみたいものだと思っている。

（戦地で憶う戦争映画／今までのはなってなかった／上海戦線で小津監督語る「報知新聞」昭和十二年十月十七日夕刊）

## 菜っぱと油揚げが喰いたい

このところ一望蕭条《いちぼうしょうじょう》のうちに一路南京に迫っている。明後日あたり、この部隊も三十里程前進する。そこで南京総攻撃に参加する。元気甚《はなは》だよろしい。数万の敵もさることながら一人位蛾眉青薫《がびせいくん》の美女にも巡り会い度《た》い。クリスマス迄には南京も片がつくと思う。来年の正月は南京で迎えることになるだろう。もう三十六になる。これはいささか淋しい。流石《さすが》に本場だけあって、未醒池塘春草《いまださめずちとうしゅんそう》の夢の感は深い。菜っぱと油揚げの煮たのが喰い度《た》い。妙なものが喰いたくなるものと、吾ながら感心している。奥さんによろしく。いずれ又書く。

（私家版『小津安二郎君の手紙』昭和十二年十二月二日）

【偶成《ぐうせい》・朱熹《しゅき》】

少年易老学難成　少年《しょうねん》老《お》い易《やす》く学《がく》成《な》り難《がた》し
一寸光陰不可経　一寸《いっすん》の光陰《こういん》軽《かろ》んず可《べ》からず
未覚池塘春草夢　未《いま》だ覚《さ》めず池塘《ちとう》春草《しゅんそう》の夢
階前梧葉已秋声　階前《かいぜん》の梧葉《ごよう》已《すで》に秋声《しゅうせい》

（若者はまたたく間に年をとり、学問の完成は難しい。だから少しの時間も軽々しく過ごしてはならない。池の堤の若草の上で微睡《まどろ》んだ春の日の夢がまだ覚めないうちに、階段前の青桐《あおぎり》の葉には、もう秋風の音が聞かれる）。

［注、「偶成《ぐうせい》」は、朱子学の開祖、南宋の朱熹《しゅき》（一一三〇～一二〇〇）による七言絶句《しちごんぜっく》。小津が中学生の時に漢文で習ったと思われる。小津はよほど気に入ったらしく、自分の俳号にこの漢詩から採った「塘眠堂」を用いた］。

## 昭和十三年［一九三八］三十五歳

一月、句容にいた山中貞雄を公用の途次訪ねた［注、山中の残した手紙には湯水鎮とあり、現在の「湯山鎮」のことと思われる］。その後、高壇舗、徐州会戦に参加し、多くの戦友を失った。激しい戦闘の直後は涙も出なかったが、しばらく時間をおいた後、ふいに戦友のことを思い出すと、急に涙が溢れ出て止まらなかったという。

六月、軍曹に昇進。同月、南京に移動し駐留する。南京では俳優の佐野周二と出会った。八月、南京の古鶏鳴寺で現地の住職から「無」の書を受けた(生涯大切にした)。九月十七日、山中貞雄が赤痢に罹《かか》り戦病死。十二月、「中央公論」を入手し、山中貞雄の遺書と「撮影監督に関するノート」を手帳に写した。

従軍中〝監督伍長〟として、小津は何度か戦場のニュース映像に登場した。翌年一月、小津が映っていたニュースを、兄の新一と母のあさゑが見たという。

この年、松竹は外国映画の輸入制限により洋画部を廃止し、自社映画の製作に集中した。昭和十三年度の外国映画の公開は、前年度の半数以下に激減した。この年、松竹は大船撮影所の新人養成が成功し、女性客層をター

**一月三日**
女優岡田嘉子《よしこ》が杉本良吉と共に樺太国境を越えてソ連に亡命

**一月十二日**
公用で上海出張の帰路、山中貞雄を訪問

**四月一日**
国家総動員法が公布

**六月二十六日から九月六日まで**
南京に駐留。俳優の佐野周二に出会う

**八月**
南京の古鶏鳴寺で現地の住職から「無」の書を受ける

**九月十七日**
山中貞雄戦病死(赤痢)

**十二月二十日**
山中貞雄の遺書と「撮影に関するノート」を手帳に写す。

**十二月二十八日**
漢口に佐野周二を訪ねる

ゲットにした恋愛物が興行をリードした。『愛染かつら』（野村浩将監督）、翌年の『残菊物語』（溝口健二監督）は、女性客の熱狂的な支持を得て大ヒットした。『愛染かつら』の脚本は、戦後、小津の盟友となった野田高梧が担当した。

# 『限りなき前進』を想う

駿河屋の羊羹《ようかん》、一日おくれて昨日手紙正《まさ》に落手しました。このところ羊羹なら成田の羊羹でも垂涎《すいぜん》しばしのところ、甚《はなは》だ贅沢の極みで早速クリークの水で茶を淹《い》れて頂戴しました。こうしていると、人間の食欲なども甚だ強い人類の欲望の一つでして、今更ながら親爺《おやじ》の脛《すね》を噛《かじ》るなどと、食欲に結んだ所人生に対する執着の程も伺《うかが》われて甚だ面白いと思っています。「……」

昨日筈見《はずみ》（恒夫）から手紙が来て吐夢《とむ》の『限りなき前進』は、おそらく本年度の最高の作品かと思うとありました。甚だ嬉しい気持です。

ただ全体に風刺が――野々宮保吉のパーソナリティが強すぎて、保吉の一代記になりすぎやしなかったか――利《き》かないのではないかという心配はします。これは野々宮保吉だけの話ではなく、AもBもCもの話にしたいのです。会社員全体の葡萄《ぶどう》の棚の話にしたいのですが、小杉の個性が少しく特異になり過ぎていないかという心配が少しくあります。これは甚だ見たいです。吐夢からは未だ何ともいって来ません――僕は戦争に来ているのでした。日本は国を挙げての非常時ですし、映画はニュースにその母屋《おもや》をとられています。「……」

上海戦線も愈々《いよいよ》クライマックスで、近々に僕たちも第一線に出動です。僕は多少疑なきを得ませんが、部隊は準備おこたりなく装備一切完了です。明日の晩か、明後日か、とにかく行ってきます。もとより生還は期していませんが、出来得べくんば生きて帰ります。では一寸《ちょっと》行ってきます。バイ！　バイ！　グド・ラック。兵隊さんにしては、字は上手《うま》い方でしょうか。

（戦の野より「新映画」昭和十三年二月号）

## 僕はますます野人に

元気は益々よろしい。ここには二月三日の入城だ。五十日程、戦友も大分なくした。仲間の坊さんは頭をやられた。脳味噌と血が噴きこぼれ物も云わず即死だった。薬剤師は腕を射抜かれて骨が折れた。戦死者は荼毘《だび》に、負傷者はそれぞれ後送されて頭数は淋しくなった。この附近には、まだ李宋仁の手兵だという残敵が、しばしば出没するし、西南二十里の近くに廬州を控えて油断は出来ない。殊に二三日前からこれ等が攻勢に転じて、夜陰に乗じて定遠城を包囲して迫撃砲を打ち込んで来る。だが、狼狽《あわ》てない。もう弾にも大分慣れて、そのまま寝込んでいる。弾も仲々当たらない。またそう当たってはたまったものではない。

今、定遠の城外はうららかな展望だ。柳が芽をふいているし、河は満々と水を湛《たた》へて菜の花が盛りだ。見渡す限り平原で、遠く霞んで雲はぽっかりと白い。それに天気がいいと春風駘蕩《しゅんぷうたいとう》、春日和照《しゅんじつわしょう》、春日遅遅《しゅんじつちち》、どんな漢字の形容詞を持って来ても、ぴったりと嵌《はま》る長閑《のどか》さだ。「……」

天丼が食いたい。安倍川が食いたい。思いかけない食物が忽然《こつねん》として現れ、甚《はなは》だ食欲を唆《そそ》る。水が呑みたい。番茶を猛然と土瓶の口にかじりつきたい欲望しばしのことで、僕はますます野人になるらしい「……」。松井大将が凱旋《がいせん》したという。今頃は風呂から上って、畳の上で一本つけて鰹《かつお》の刺身でやっちょるかと余計な心配も

したくなる

（私家版『小津安二郎君の手紙』昭和十三年三月二十四日）

## 砂塵万丈《さじんばんじょう》の中で

四月十五日に定遠を発《た》った。前進。北上だ。南支から北上のと合して津浦線を確保し連絡をとるのが今度の作戦であるらしい。途《みち》すがら、今アカシヤの花の盛りで、薫風《くんぷう》が麦の穂に渡り、水浅葱《みずあさぎ》の蒼穹《そうきゅう》、新しい褌《ふんどし》の肌触りに戦争も仲々愉しいぞなどと思う。北へ。北へ。その一先《ひとま》ずの集站地《しゅうたんち》が蚌埠《ほうふ》で、ここは兵隊で氾濫《はんらん》している。兵隊が通る。馬が通る。砲が行く。戦車が過ぎる。

この砂塵万丈の中に土民が道傍《みちばた》で饅頭《まんじゅう》を蒸して売っている。ガラゴロとうどんの車をまわしている。伸び呆けた菠稜草《ほうれんそう》。これは一把十銭。玉子が十銭で四つ。馬腹にとまってここまで前進して来た蝿《はえ》は、ここで一先ず馬の腹から離れて游弋《ゆうよく》する。饅頭《まんじゅう》も蒸籠《せいろう》も、うどんも馬糞《ばふん》も、蝿の中にある。

（私家版『小津安二郎君の手紙』昭和十三年五月三日、蚌埠）

## 山行かば草蒸《くさむ》す屍《しかばね》

本日はもう六月六日。雨。蚌埠《ほうふ》にいる。徐州攻撃に参加して宿県まで行って来た。徐州も宿県も、日を同じに五月十九日に陥落した。日本の軍隊は常に可能である前提のもとに行動が始まる。いささかの暴虎馮河《ぼうこひょうが》も敢然可能ならしめる。困苦欠乏に耐《たえ》ると云う。困苦欠乏にはリミットを作らない。一城を抜き、一塁を陥した時がその最大限度となる。

前進は急だった。戦死者もその儘《まま》に、日の丸で顔を包んで麦畑の中に置き去りに前進だ。この暑さでは二日も経てば蛆《うじ》がわく。日の丸をとれば眼窩《がんか》一杯に盛り上がった蛆だ。山行かば草蒸《くさむ》す屍《しかばね》と、字面《じづら》の綾《あや》だけでは到底思い及ばぬ凄愴《せいそう》さだった。眼の玉が痒《かゆ》くなる。鏡を見る。蛆はいないが眼の玉が痒かった。麦畑が続いてその上に照りつける。汗と埃《ほこり》と、到る処《ところ》水にも不自由した。

去年の暮、滁県攻略の時は、青みどろのみじんこのいる水に飯盒《はんごう》の飯を炊《た》いた。臭かった。不味《まず》かった。たまらんと思った。が、今度は、みじんこでもいれば喜んで飲んだ。蝌蚪《かと》［注、おたまじゃくし］を追い散らして、腹這いにクリークの水をのんだ。敵は退却に毒物を投入したと云う。蒙城では四十四名が城内の井戸水に悶死したと云う。みじんこがいれば、毒の無い証拠、何と淋しい証拠であることか。

（私家版『小津安二郎君の手紙』昭和十三年六月六日、蚌埠）

## 赤蜻蛉《あかとんぼ》が空を舞う

暦をみると八月八日に立秋とある。赤蜻蛉がしきりに飛んで、思いなしか空も高い。暑さの峠はもう越したのではないかと思う。日中炎天。未《いま》だ流石《さすが》に暑いが、これとて、ひと頃からみれば大変楽だ。この二十三日に前線に出動する。元気も仲々いい、漢口とやらへ鳥度《ちょうど》行って来る。南京には暑さのさかり二月《ふたつき》ほどいた。秦淮の画航にも乗れば、玄武湖の蓮もみた。航空便で無心をすれば、十日も経ずに東京から金が来た、あちこち支那料理も食ってまわった。愉《たの》しかった。出動までにもう十日足らず、当分はまた出来そうもない昼寝を楽しんでいる。

わが命　絶へなば絶えよ　夏草の　草のもえたる　雲の湧く果《はて》

結心のほどは誠に悲壮だと云いたいが、悪運の強いことに莞爾《かんじ》として満々たる自信を持っている。当分はまた御無沙汰するが、心配は無用に願い度《た》い。戌寅八月十三日。

（私家版『小津安二郎君の手紙』昭和十三年八月十三日、南京）

## 曼殊沙華《まんじゅしゃげ》の赤が染《し》みる

京漢線信陽にいる。十月十八日。元気は大変よろしい。信陽は十二日午前十一時三十分に陥落した。その翌日僕は入城した。南京から船で溯江、安慶まで、それから桐城、舒城、大安、固始、光州、羅山、信陽と誠にはるけく来た感じだ。桐城の城外には清冽な流れがあり、河原に曼殊沙華《まんじゅしゃげ》が赤かった。行水をした。褌を洗った。

曼殊沙華《まんじゅしゃげ》　赤きをよけて　野糞かな

穏《おだ》やかな秋の夕暮だった。大安ではコレラが猖獗《しょうけつ》を極めていた。真症患者三百余名。枕を並べて痩《や》せ細って枯竹《かれたけ》を折る様にたやすくあまた死んで行った。

固始では初級中学校の教室に泊った。天井が英字新聞で貼ってあった。その中に色刷のうまそうなクリームのショートケーキがある。寝れば顔の上に来る。あれだけはまるまる喰えまいなどと、毎日同じ事を同じ順序で考えた。霖雨《ながあめ》で十日の滞在だった。

光州は古びた城だ。日暮方入城した。誰もいない町並の暗闇にボンボン時計が鳴っていた。

羅山に着いた時は、今戦争が始まったばかり。第一線に展開した。大砲がとんで来た。空襲がやって来た。南無観世音菩薩《なむかんぜおんぼさつ》。南無釈迦牟尼仏《なむしゃかむにぶつ》。南無八幡大菩薩《なむはちまんだいぼさつ》。八百万《やおよろず》の神神は雲上遥《はる》けく御照覧《ごしょうらん》あって慈悲冥加《じひみょうが》の巨手を垂《た》れ給《たも》う。生きている。信陽にいる。今蠟燭《ろうそく》をつけて、インスタントポスタムをのんでこの手紙を書いている。

漢口は山を越してあと四十里あまり、もう一息だ。今日は五十ガロン入りのガソリン罐《かん》の底を抜いてクリークの水で風呂をたてた。久しい戦塵《せんじん》を流した。凡《おおよ》その事すべて窮《きゅう》すれば通ずで、湯上りのさっぱりとした気持は、いささかも箱根の温泉と変わらない。新しい褌もしている。

（私家版『小津安二郎君の手紙』昭和十三年十月十八日、信陽）

## 秋晴れの戦線に

一年以上いると、戦地も刺激がなくなりますね。命があって帰れたら戦争ものを作りたいと思っています。南京で『五人の斥候兵』［注、田坂具隆監督］『蛍の光』［注、佐々木康監督］なぞを見ましたが、東京で見るのと違って、木戸銭《きどせん》払ってお客になって見ているのは気が楽でいい。見ている兵隊が映写中に盛んに声をかけ半畳《はんじょう》を入れる。あれは愉快だ。

『五人の斥候兵』は、斥候長が真っ先に帰ってくるのが面白くない。せめて三人くらいに帰って来てほしいとか、一体に芝居気が多過ぎるとか、色々批評はあるが、国策線に沿う日本の戦争映画としては、あれはあれで成功していると思う。煙草がたくさんあったが、あれは嘘だね。戦地ではマッチさえないことがある。硝煙レンズの日を当てて発火し、煙草に火をつけるところなど映画に入れたらいいと思う。飯盒《はんごう》で飯を食うところや弾をこめる動作など、細かいところまで、なかなかよくやっている。小杉君以下の熱演が慥《たし》かに成功していた。

戦地で兵隊さんに見せる映画はストーリーも監督もない。綺麗な女さえ出れば、皆んな喜んでいる。南京では佐野周二君に会った。山中貞雄君は惜しいことをした。「朝日」を見てビックリした。

彼はずい分苦労したらしい。煙草がなくなって野草を煙草代わりに吸ったが、蓬《よもぎ》が一番うまかったと述懐していた。

自分の隊は、いま休養中で、魚をとったり芋を食ったり、毎日呑気にやっているので、お陰で元気回復し、この通り元気です。

（秋晴れの戦線に「東京朝日新聞」昭和十三年十一月六日夕刊）

## もう夏服ではどうにもならぬ

十一月十五日。未だ夏服を着ている。今漢口から北西に三十里あまりの孝感と応城の中程のささやかな村落長江埠にいる。湖北省だ。ここで警備についている。満々と水を湛えた湖と水田があたりを繞《めぐ》って、何処《どこ》も同じの秋の風が蘆刈《あしかり》を揺《ゆす》って、その水面《みなも》を渡り、ちらちらときらきらと縮緬波が日毎夜毎に冬を持ってくる。

ふたとせを　秋刀魚《さんま》は喰はず　秋暮るる

もう夏服では、どうにもならない寒さだ。

（私家版『小津安二郎君の手紙』昭和十三年十一月十五日、漢口北西部）

## 手帳から「覚え書抄」

僕にいわせれば火野葦平《ひのあしへい》に文句がある……あれでは少年小説の域を出ていない。もっと兵隊は複雑だ。深い心理的のものを、もっと捨て切れず、清算できず、最後の時まで持っている。こんなどさくさのなかで、谷崎潤一郎が『源氏物語』を書き上げている。里見弴がじっくり腰を落ち着けて『鶴亀』を書き流している。この

（「覚え書抄」年末の十一日間）

方がどんなに嬉しいか。

## 山中貞雄の遺書

滁県入城から一年になる。雪ふりつむ。

「中央公論」十二月号の山中貞雄の遺書を読む。撮影に関するnoteがある。その中に現代劇に対しての烈々たる野心が汲み取れて、甚だ心搏《う》たれる。詮《せん》ない事だが、あきらめ切れぬ程に惜しい男を失《なく》した。遺書ハ徐州会戦に臨むにつけて書かれたものらしい。協会の連中に宛てハ、いい写真を作つて欲しいと云つてゐる。久振《ひさしぶり》に酒をのむ。コップに中バ程ですつかりいゝ気持になる。変れバ変るものだ。

（「日記」昭和十三年十二月二十日）

冬の上衣始めて着る。貴重品の検査。入浴。
お湯を入れて羊羹《ようかん》を切り、東京に手紙を書く。
池忠、栄さんからの航空便がくる。ストーブを燃す。
かくて恙《つつが》なく一年がすぎる。三十六の齢が終る。
明日から三十七。いささか周章《あわ》て給へ。

（「日記」昭和十三年十二月三十一日）

## 昭和十四年〔一九三九〕三十六歳

三月、修水河《しゅうすいが》の渡河作戦に参加した。続いて南昌に進軍したが南昌陥落の報が入り作戦は中止となった。四月、五所平之助から谷崎潤一郎の『源氏物語』と『日本小説代表作全集』が届いた。五月、志賀直哉の『暗夜行路』後篇を初めて読み感激する。小津は従軍中に、四千枚にも及ぶ写真を撮影した他、「陣中日誌」や「撮影に就いてのノート」を記した。

六月に帰還命令を受け、七月十三日、神戸港に上陸し、松阪の旧友に電話をした。十六日に召集解除となり、高輪の家に帰った。八月六日、有馬温泉で小津の帰還を祝うクラス会が催された。同月、京都大雄寺《だいおうじ》にある山中貞雄の墓に参じた。

九月一日、ナチス・ドイツがポーランドに侵攻し、第二次世界大戦が始まった。

この年、映画製作を著しく制約することになる「映画法」が制定された。この法案により、映画製作は主務大臣の許可制になった。また、監督、役者、カメラマンは、技能審査委員会の試験に合格することが強要された。併せて、脚本の事前検閲が導入されると、映画の製作者は初期段階から内務省の監督下に置かれた。十二月、『彼氏南京へ行く』を池田忠雄と執筆した

**一月二十六日**
里見弴『鶴亀』を読む
**三月**
修水河の渡河戦に参加
**四月**
五所平之助から谷崎潤一郎『源氏物語』等が届く
**五月九日**
『暗夜行路』後編を初めて読み、深い感銘を受ける
**五月十二日**
満蒙国境で日ソ両軍が衝突（ノモンハン事件）
**六月二十六日**
帰還命令下る
**七月十六日**
召集解除、帰宅
**八月八日**
京都の山中貞雄の墓に参る
**九月一日**
第二次世界大戦始まる
**十二月**
『彼氏南京へ行く』を池田忠雄と執筆

が、「彼氏」という言葉が時節に合わないと内務省映画検閲課から指摘され、題名を『お茶漬の味』に改題した。

---

## 戦地三年目の元旦

戦争に来て足かけ三年目。二度目の正月元旦を迎へる。湖北省応城に於いてゞある。儀式に於ける軍装で、森田部隊の広場で四方拝《しほうはい》。帰つてから会食。麦酒をのんで昼寝をする。夕方森田少佐が来る。雑煮を祝ふ。風邪心地、入浴を見合せる。法隆寺からの慰問袋もらふ。

（「日記」昭和十四年一月一日）

## 胃袋が銃を持ってゐる

班で寄書をする。

＊胃袋が銃を持ってゐる、胃袋が巻脚絆を巻いてゐる、若し重慶にうまい鮓屋《すしや》があるのなら、明日の日にも僕は重慶に行き度い（＊と書く）。

衛生司令をつとめる。各隊酒が渡つて十二時頃迄賑だ。

深夜餅をやいて雑煮を造る。甚だうまい。

（「日記」昭和十四年一月三日）

## ホロホロと山鳥が鳴く

九江に向ふが路が泥濘《ぬかるみ》でとても悪い。半分も行かないうちに日が昏《く》れて、山の中に泊ることになる。満月が山の上に上る。野糞に出かける。ホロホロと山鳥がないている。節分の日だ。

(「日記」昭和十四年二月四日)

## 一万個の白木の箱

九江の兵站《へいたん》部にハ白木の箱が一万個用意してあり、病院と病院船合わせて一万五千人の収容力があるとの話が盛んにとぶ。されバ今度の合戦はハ仲々激しいらしい。一万個の中に入つてポータブルになつてハ芯がつかれる。せめて一万五千人のうちに入りたいと噂とりどりだ。

(「日記」昭和十四年二月十五日)

## 戦場での流言蜚語《りゅうげんひご》

小雨。宿舎の裏には河がある。河原は一面の芝生で、お天気さえよければ陽炎も立ち、当分の滞在をここの芝生で昼寝に送ろうと思う。風呂場、厠《かわや》をつくる。支那の正月。一月元旦だ。流言蜚語、謡言の類ハ何時もある。最近のもの若干を書き連ねると、

*平沼内閣が日ならずして総辞職した。

*長野県に暴動が惹起した。

*海南島を占領した日軍ハフランスの軍艦にかこまれた。

*慰問の途上、南京において田中絹代がスパイの嫌疑で憲兵に銃殺された。

僕に関したものでハ、チプスで入院した。揚子江のニュースをとつてゐる。桑野君との醜聞。武田麟太郎の小説。生きてゐてしかもこれだ。これでハとても死ねない。

＊1938のBest⑩　旬報社推薦。①五人の斥候兵　②路傍の石　③母と子　④上海　⑤綴方教室　⑥鶯　⑦泣虫小僧　⑧阿部一族　⑨あゝ故郷　⑩太陽の子

『五人の斥候兵』がトップでハいささか淋しい。時局に阿《おも》ねた銃後の御愛想だと思ハれぬこともない。見てハゐないが『路傍の石』の方がよいのでハないか。そのいづれも具隆作品だが。

（「日記」昭和十四年二月十九日）

## 雨の日、鮭茶漬を食す

雨。今日もまた前の道を兵隊が通る。泥濘《でいねい》ハ益々ひどく、背嚢を背負って、天幕を被って、頭からぐっしょり濡れて、あるいて行く。相《あい》すまぬ。相すまぬとハ思ひながら昼寝をする。塩漬の鮭を焼いて一日三度鮭茶漬。ラキサトールをのむ。

（「日記」昭和十四年二月二十六日）

## 戦争と糞尿譚

人間の尻の穴ハ丸いものだとバかり思ってゐた。だが戦争に来て到るところの野糞を見ると、どうも人間の尻の穴ハ丸いとバかり限ってハゐない。ゐないどころか丸いのは甚だ少ない。三枚羽根のコンプール・シャッターから絞り出した様な三角のや四角のや種々雑多であるらしい。その色彩も赤いのや虎斑のや色とりどりで、蚌埠《ほうふ》でハ胡瓜を喰ひ過ぎて青い糞に驚いた覚えもある。戦争と糧秣《りょうまつ》と衛生と生理と排泄と、誰か考現学的にくらべる奴はいないのか、糞尿譚の作家火野葦平にして『糞と兵隊』といふのハどうか。

（「日記」昭和十四年三月一日）

高輪の　侘居の庭に　葉鶏頭を　つくりつ母ハ　我待つらむか

（「短歌」昭和十四年三月三日）

# 兵隊の贅沢とは何か

たっぷりうんこをすること、新しい褌《ふんどし》をすること、風呂に入ること、これ以上の贅沢は兵隊にはなさそうだ。

（「日記」昭和十四年三月五日）

# 雑木林デ野糞ヲスル

夕方裏の雑木林に野糞に出かけると、鶯《うぐいす》がしきりに啼《な》く

（「日記」昭和十三年三月十一日）

# 裏山デ野糞ヲスル

裏山の小杉の丘に上って野糞をする。湖を越してあちこちの起伏に菜の花、蓮華畑、杏の花がさかりだ。

（「日記」昭和十四年三月十九日）

# 戦場での食欲は尽きないよ

歩くことハたゞ意志の力だった。歯を喰ひしバって黙々とあるきつゞけた。山中ハ歩兵だった。これハ山中の供養だと思った。欲は何もない、ただ足を伸してねたい。大きいコップで水道の水がのみたい、うまいもの

が喰いたい、水、水道の水、木の葉パン、ワッフル、どら焼、鶯餅《うぐいすもち》、南京豆の入ったおこし、きび餅、ビスケット、クラッカーにチーズ、お多福豆の甘納豆、ブランデーのきいたジャムのロール・カステラ、阿部川もち、吉原殿中、その他。

（「日記」昭和十四年三月二十四日）

春うらら　およそ喰いたき　ものばかり

（「俳句」昭和十四年三月二十四日）

# 足首の痛みに難渋スル

足頸《あしくび》がすっかり腫《は》れて、難渋のこと夥《おびただ》しい。拾った竹の杖をつく。割に近くに宿舎をとる。夜中に雨、つゞいて雷鳴。喩家に泊。＊頭からだけでも拳銃、雑嚢《ざつのう》、水筒、図嚢、防毒面、とこれを左右に振り分けて、腰に刀を吊るし、背負嚢と天幕をまき、その一つ一つハとり分け重いと云ふ程でもないのに、いつか、あるいてゐる長い間に肩に喰ひこむ。背負嚢には煙草二、甲一日分、乾パン二日分の六つ。長く伸びた頭髪にハ汗がたまって痒くむれ、ラクダの襯衣《しゃつ》ハ汗の塩で乾かない。

（「日記」昭和十四年三月二十八日）

未《いま》だ生きている　目に菜の花の　眩《まぶ》しき

（「俳句」昭和十四年三月二十八日）

菜の花に　昨日も今日も　暮れにけり

（「俳句」昭和十四年三月二十八日）

## 風呂と茶漬けとコーヒー

くもり、うすら寒い。車廠《しゃしょう》の裏のクリークの傍《かたわら》にアンペラで囲ってドラム缶の風呂をたてる。菜の花を見て、かれこれひと月振りで風呂に入る。「鳩居堂」の線香〈東山〉を焚《た》いて、燻製《くんせい》の鮭を焙《あぶ》って、茶漬けを食う。兵器の点検、夕方ブラジルコーヒーを淹《い》れる、とても美味い、甘酒をのむ、長生きをして美味しいものをうんと喰ひ度《た》い。

（「日記」昭和十四年四月三日）

## キレイと汚いの境界は？

奇麗だとか汚いという感情はそんなに絶対的なものではないと思ふ。汚いから喰はない——喰はないでもすむ腹具合で、あとで奇麗なのが喰へるあてがあるから喰はないだけの話で、今度の南昌戦の様な場合の、喰へる時喰っておかないと、あとから喰えるのぞみの全然ない場合にハ、ほんとに奇麗も汚いもいってはおられない。また疲れれバ疲れるほど意地悪く増長する食欲にハ、自分ながらどうすることも出来なかった。おたま杓子《じゃくし》の泳いでゐる田圃の水も呑めば、拾つたも同様の芋の切干も喰つた。埃《ほこり》を被つた支那饅頭《しなまんじゅう》の餡《あんこ》もくへバ、残飯で拵《こしら》へたおこしも平気で喰った。あとでその都度周章《あわ》てゝダイモールは呑んだものゝ僕の潔癖も案外他愛なくくずれた。いささか自負してゐる僕の芸術上の潔癖もまた、何時《いつ》か案外簡単にくずれるかも知れない。

（「日記」昭和十四年四月三日）

## 痛みを空想で紛らわす

その他の大方は喰物のことを考えた。喰いたいものを一つのこらず書きとどめておいて、東京に帰ったら悉《ことごと》く平らげてやる。仮に今その悉くを出されたら、先《ま》ず最初に木の葉パンならいくつ喰うか、ワッフルなら、鶯餅《うぐいすもち》なら、だが、これでは喰いすぎる、とても終《しま》いまで喰い切れない、初めからもっと数を減らしてかからないといけないなどと、他愛もない空想で、足の痛いのや肩の重いのをまぎらわして歩き続けた。

（「日記」昭和十四年四月三日）

## 鼬《いたち》の最後屁《さいごっぺ》のように！

弾《たま》に対しての恐怖は殆《ほと》んど持たなかった、戦争に慣れたためでもあったが、それ以上に疲労が激しかったからだ。何の欲もなく、水がのみたい、甘いものが喰いたい、足を伸ばしてね度《た》い、その他の欲は出なかった。身近く迫撃が裂け、小銃弾が流れても、何の恐怖もなかった。欠伸《あくび》をする、その瞬間に頭を弾が射抜く、そのあとのことはしらない、若し戦死をする場合にはかくあり度いなどと思ったが、どこか腹の底に俺には絶対弾は当たらないという自信に近いものが確かにあった。

何故《なぜ》だといわれれば困る、結局、この十日間は頑張れるだけ頑張ってみた。結構また頑張れた、生まれてはじめての頑張りで、これは得難い体験だったと思っている。これからの僕の人生に、その土壇場に鼬《いたち》の最後屁《さいごっぺ》のように、僕はこの頑張りを何よりの武器としたい。

（「日記」昭和十四年四月三日）

## 馬も涙をこぼしますよ

戦争に来て馬の顔を、表情をしみじみ見た。目と目の間の、鼻面から鼻穴にかけての、大まかな間のぬけた顔貌がとても可愛いゝものに思はれる。馬の目も確《たしか》に物を云ふ。泥んこになって道傍《みちばた》に斃《たお》れて置き去りにされた馬が、しバらくは四肢で力なくあがいてゐるが、やがて静《しずか》に頭を下げて死んで行く。こんな光景も一度ならず見た。

「ほんとにつらい時ハ馬も涙をこぼしますよ」と、輓馬《ばんば》の輜重《しちょう》の兵隊〔注、軍需品の輸送、補給を任務とした兵〕が云った。黙々と草を喰《は》んで、びっしょり汗ばんだ馬が横目で見てゐる。鞍《くら》ずれで背中が赤くむけ、痩せて肋骨が数へられる。人間に似た、もっとむき出しの感情がそこに見られて憐憫の情がとても湧く。

「動物の中で一番可哀そうなのハ馬、睾丸《こうがん》ぬかれて戦争に来て、後方攪乱《かくらん》にハ手出しも出来ず目標になって、どのみち死なゝけや内地に還《かえ》れない。一番羨しいのは鶏《にわとり》。あてがハれた牝鶏で事足りず、白昼隣の牝鶏まで追ひかけまわす」――。

小隊の誰かゞこんなことを云った。犬でも駄犬の方により多く、馬も乗馬より駄馬の方に余計に何か通じる親しいものを感じた。

（「日記」昭和十四年四月三日）

## 戦場の現実と映画的構図

こんなことがあった。安義から奉新に向かう途中の靖安に通ずる三叉路《さんさろ》のところで、残敵と土民が道路上に死んでいた。その土人の傍に漸《よう や》く誕生が来たかと思われる程の『赤ん坊』が無心に乾パンの袋を弄んで遊んでいた。瞼《まぶた》から血が頬に流れて凝結して、散々泣いて泣きやんで、けろりとした顔だった。傍らの藍衣《らんい》の土民が果して父親か何か知る由もないが、誰の目にも痛ましく映って赤ん坊が泣き出さない前に通り過ぎたい気持で足を早めた。

進軍が急で、誰も赤ん坊にはかまっていられなかった。四列の行軍は、この道路上の赤ん坊に堰《せ》かれて左右に分れた。巻脚絆に大きな靴、踏まれればひとたまりもない、赤ん坊が行軍の流れの中で無心に戯れていた。菜の花を背景に巧まず映画的な構図になった。だがこれはあまりにも映画的であり過ぎて、これにレンズを向けることのあからさまな作意が『Heart of the World』の足の悪い父親と娘の件を思わせた。だが、これは作意ではない。現実のいたいたしい風景でそれだけに心打たれた。

（「日記」昭和十四年四月四日）

## 戦場で『源氏物語』を読む

新緑は日増しに色濃くなってくる。このあたり緩かな雑木林で、東にだらだらと斜面になったところに、二十二三戸の戸数が建ってゐる。本部に一中隊に二中隊。そのハづれの堂めいた一戸に泊ってゐる。古びた光緒三十二年の瑞靄華堂《ずいあいかどう》の朱《あか》い扁額《へんがく》が梁《はり》から下って、西日が新緑に映《は》えて室一杯にさし込む。ローソクを灯《とも》して『源氏物語』を読んでいると、耳元近く仏法僧《ぶっぽうそう》がしきりに鳴く。そら豆の入ったためしを焚《た》ゐて、一服ののち薄茶をたてる。鴨長明の日野山閑居の趣《おもむき》がある。紫雲の如く、西の方に漂ふ藤波に乏しくとも、空蝉《うつせみ》の世をはかなむのをまのあたりに聞いてゐる。それにしても、支那の歳時記はどうも少しく出鱈目《でたらめ》だ。

（「日記」昭和十四年四月十八日）

# 『日本小説代表作集』をよむ

天長節。西南の台上で遥拝式。昼前から雨になる。昼寝。近々討伐の由。『日本小説代表作集』をよむ。＊『杜鵑』林芙美子＊『妻の作品』丹羽文雄＊『故郷』滝井孝作。

（「日記」昭和十四年四月二十九日）

# 八人分の蚤を引き受ける

突如部隊ハ討伐に出かけることになる。「小津ハ置いてゆけ、彼奴ハ下手に頑張るから」との部隊長の話の由、残留となる。島村、箕浦と小隊で三名。日直下士申受ける。瑞靄華堂《ずいあいかどう》に一人ねると夥《おびただし》い蚤《のみ》だ。八人分の蚤を一人で引きうける。ねられない。＊『丸の内草話』岡本かの子＊『帰らぬ憲兵』林房雄＊『隣り近所』和田伝。

（「日記」昭和十四年四月三十日）

# 戦争にある悲壮の明るさ

戦争のよろしさは悲壮の明るさにある。ひとときの亢奮《こうふん》ではなくて、せんじつめた高さの振舞《ふるまい》で、俗情に似て遥《はるか》に高度の、もつと神に近いものなのだ。これからの文学にも映画にもこの悲壮の明るさがあらハれる、のでハないかと思ふ。例へバ開拓者の悲壮美と云つた様な自分だけの英雄模倣でハない、悲壮の明るさだ。

（「日記」昭和十四年五月三日）

## 神韻《しんいん》縹渺《ひょうびょう》たる『暗夜行路』

夕方から安義まで道普請《みちぶしん》。この二、三日前から『暗夜行路』を読む。岩波文庫で前篇は二度目だったが、後篇は初めてで激しいものに甚《はなは》だうたれる。これは何年にもないことだ。誠に感ず。『暗夜行路』十日程にもなるのに、神韻縹渺とでもいうのであろうか。未だ新しい感動を覚えて快よい。

（「日記」昭和十四年五月九日）

## 時任謙作《ときとうけんさく》屋島行のくだり

又しても市場で桂魚《けつぎょ》を買ふ。「大人、大人」と、すっかり売子の你と顔馴染になる。入浴。早めに夕めしを連絡所ですませて、町に出て珈琲をのむ。シュークリームがある。上海、漢口、九江のシュークリームも一応ハ喰べておく。桟橋に行く、106Dの新しい兵隊が三千名程上陸してゐる。六時、安慶行の汽船つかさ丸に乗船する。これハ百三十噸《とん》程の瀬戸内海通ひの貨物半分客船半分の船で、その船倉の三等室に陣どる。時任謙作屋島行のくだりが、しきりに思ひ出される。もう読み終わって『暗夜行路』、十日程にもなるのに、神韻縹渺とでもいふのであらうか、未だに新しい感動を覚へて快よい。小雨となる。今夜は出帆しない。

（「日記」昭和十四年五月十七日）

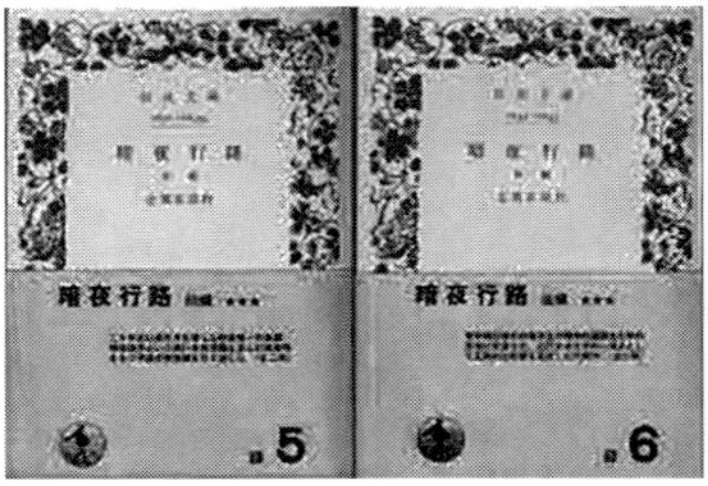


暗夜行路：志賀直哉唯一の長編小説。雑誌『改造』に大正 10 年（1921）1 月号から 8 月号まで前編、大正 11 年（1922）1 月号から昭和 12 年（1937）4 月号まで断続的に後編を発表した。小津は戦場で岩波文庫の『暗夜行路（後篇）』を読んだという。

**【野田高梧談】** 十四年の初秋帰還、そのころの小津君の家は品川駅の坂道の途中、現在のプリンス・ホテルの反対側の奥まった門内にあって、お母さんと弟さんとの三人ずまいだった。出征する時も庭は葉鶏頭の盛りだったが、帰還した時も、お母さんの心づくしで葉鶏頭が美しかった。小津君はそこの座敷で内田吐夢さんその他の大ぜいの客に囲まれながら、ユカタ姿でアグラをかき、まるでどこかの旅行からでも帰ったような顔をして、ウチワを使っていた。

「お帰ンなさい」

「やア只今――」

戦線で二年間も苦労してきた顔ではなかった。


（キネマ旬報「小津安二郎　人と芸術」昭和三十九年二月増刊）

## ボンヤリしていたい

ワハハハ――僕アまだ駄目だよ、だって何だか落ち着かない、本を読む気もしない、写真もない、という有り様だ。ここ一、二ヶ月はボンヤリしていたい。所長もそうしろと言ってくれるし。「……」どんな写真を撮る？撮りたい？　とよく言われるが、そんな具合でまだとても、そこまで手が回らない。しばらく遊ばしてくれよ。ハハハ――。

**【都新聞記者】**　戦争から帰って来た小津チャンを高輪の家へ訪問した時、まだ帰還間際にやられたという下痢の祟りで前より痩せ、戦場灼《や》けで黒くなっていたが、元気でこう語ってくれた。その、不躾な訪問の記者に、母御はこの二年、出征の留守の間、戦地の倅を思えば、これぐらいの苦労はと……女中もなしで頑張ってきたのである。ニコニコぶりも蓋《けだ》し当然すぎようか。（ぼんやりしていたい／小津安二郎の帰還心理「都新聞」昭和十四年九月四日朝刊）

**◉雁来紅の記〜至道院一周記に際して**……

## 次の年の秋

支那にもあちこちに雁来紅が咲いていた。桐城、固始、光州、信陽、壊された民家の日だまりに、路傍に、見る度にあの日の山中と高輪の庭を思い出した。それから間もなく山中の陣没を聞いた。秋も深くなってから、東京からの手紙に雁来紅のことがあった。

先日君（内田吐夢《とむ》）の留守宅を訪ねてお母さんに会った。お母さんは驚く程元気で居られた。庭に鶏頭が一茎、陽を逆に受けてその赤い色が目に沁《し》みた。

『子供の四季』（清水宏）の行く先先では、雁来紅が綺麗だった。綺麗だ、綺麗だと思いながらとうとうそれにカメラを向ける気がしなかった。君が帰って来たら山中の墓の囲りに雁来紅を一杯植えてやりたいと思う。

（雁来紅の記〜至道院一周記に際して「キネマ旬報」昭和十四年九月十一日号）

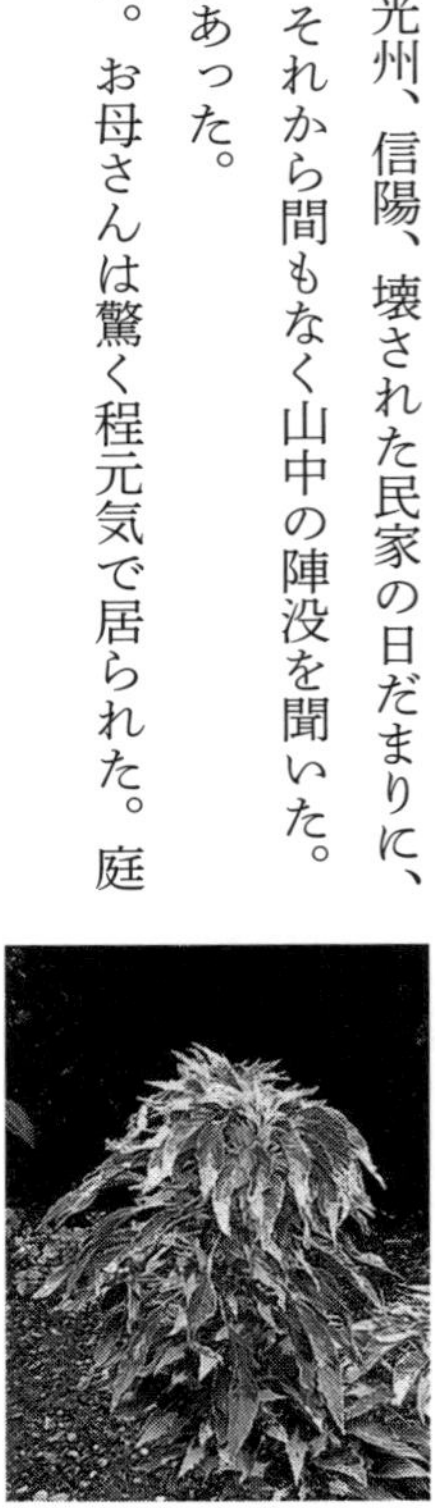

葉鶏頭《はげいとう》：漢語で雁来紅《がんらいこう》とも。ナデシコ目ヒユ科ヒユ属。葉が鮮烈な緋赤に染まり、秋花壇を彩る一年草。小津の南高輪の庭に植栽され、小津映画の多くのシーンの背景に登場した。

## 三年目の秋

僕は戦争から帰って京都に行った。京都では地元の部隊が毎日幾組となく帰還していた。若し山中が生きていれば、昨日か今日かに会えた。そう思いながら鳴瀬で酒を飲んだ。山中が好きだったという蝦焙烙《えびほうろく》と鳥の脚と小振りの徳利と薄手の猪口と、仲間は大久保忠素氏と井上金太郎だった。そういえば初めて山中を僕に会わせたのもこの二人だった。山中のことだと不思議と兵隊に縁がある。

昭和八年の秋。僕は『出来ごころ』を撮り終わると程なく、後備役の勤務演習で津の歩兵第三十三連隊に十五日程入営した。その帰り京都に寄った。

京都に着いた晩は仲秋の名月で、鴨川の磧《かわら》に近い、新三浦の座敷にこの二人と酒を汲んだ。月は東山の上にあった。四方山《よもやま》の話の末に、一度山中貞雄に会ってみないかと井上金太郎がいった。その時、山中は忙しい脚本を持っていた。多分『鼠小僧次郎吉』だったと思う。山中君の都合さえよければと僕は答えた。

当時山中はすでに日活にいた。『盤獄の一生』を撮ったあとの嘖々《さくさく》たる俊才だった。

次の日の夕暮、山中は加茂に来た。紺絣《こんがすり》の袷《あわせ》で黒の兵児帯《へこおび》をぐるぐる巻きに、薄い下駄をはいていた。風邪心地か手拭を頸《くび》に巻いて無精髭《ぶしょうひげ》を伸ばしていた。

秋山耕作が紹介した。「山中です」。嘖々《さくさく》たる俊才の、その映画から受ける感じとは甚だ違ってむさくるしいのに僕は驚いた。

その夜は蛸薬師《たこやくし》の翁から祇園に行った。酒を飲んで、映画の話をして、しらじらと夜が明けた。山中は口数少なく、杯を含んで大方は聞手に廻った。八坂神社の前で別れると、山中は下駄を鳴らして飄々《ひょうひょう》と夜明けの町を帰って行った。忙しい中を風邪心地で悠々一夜を明かしたその附合《つきあい》のよろしさ。その後姿に僕は誠に好ましいしぶとさを感じた。

それから七年。鳴瀬にも思い出が深い。こんな事もあった。昭和九年の晩春だった。

僕の親爺が死んで、その骨を持っておふくろと高野山に行って帰る際、宇治、黄檗山と見て廻った日の暮方から、おふくろひとりを柊屋《ひいらぎや》に置いて、鳴瀬で皆が集まった。

もちろん山中もいた。話がはずんで夜が明けた。

明け方の二時間程を、座布団を枕にうとうとと横になっていた山中が、むっくり起きると障子を開けた。外は五月の浅葱《あさぎ》の空だった。

「しょむない、ええ天気やなあ」、その儘《まま》台本を腰にはさむと顔も洗わずいそいそと『足軽出世譚』のロケーションに出かけて行った。

二日前の夕暮に、森閑とした高野山の奥院の納骨堂の小さい扉から、からころと親爺の骨を転がしたはかないことの感慨を、今度は改めてここで拾《ひろ》った。三村伸太郎氏がひょっこり入って来た。山中とは親しい人のついぞ会う機がなく、これが初めての対面だった。

翌日は吉田本町の山中の兄上の御宅で安置された山中の遺骨を拝んだ。去年の一月一二日江蘇省句容で会って以来のこれは変わり果てた対面だった。

東京に帰って間もなく、僕が山中の墓に戒名を書く仕儀となった。順からいけば山中に書いてもらうはずのものを、紙を延べ、墨を磨《す》って、僕が書く。

至道院殉山貞雄居士

庭には本年も雁来紅が綺麗に咲いている。

（雁来紅の記～至道院一周記に際して「キネマ旬報」昭和十四年九月十一日号）

---

## 戦場から帰還して

やァどうやら無事に帰って来ましたが、残念なのは多くの戦友を失ったことと、「俺は大丈夫だ、病気なんかしない」と威張ったのに、いま帰還という間際にマラリヤにやられたことです。が、これもどうやら退治しました。ただ二貫目ほども痩《や》せちまったのは情けないです。

しかし日本は変わってない。戦地では内地にはもうネオンもないと聞いたのに、○○あたり「ネオンがある」と皆も騒いだくらいですが、それだけに自分も変わらないという気がしました。それに映画こそ、少ししか見なかったが、新聞や雑誌、ことに雑誌は南京でも大抵買えるほどになってますから、それでやや見当はついています。

映画は成瀬君の『三人兄弟《ママ》』と、田坂君の『五人の斥候兵』を見ただけ、『五人の斥候兵』は僕がいいと推薦したので、部隊長が全員つれて見学に行ったくらいです。あとはあまり映画のことは考えなかった。何しろ歩いたコースだけで言っても、上海から大場鎮、蘇州河の戦争から鎮江、滁県、定遠、ここで警備して徐州戦に加わり、宿県、蚌埠、南京、安慶、大別山を回り信陽、漢口へ出て北へ回り、玉城から南昌へ回ったという訳で、全工程千五百里から六百里でしょう。よく歩きました。幸い落伍もしなかったが、最後の南昌攻撃の時は、くるぶしを腫《は》らして休みました。

敵の弾を初めて経験したのは滁県、情けないがビクリと来ました。が、だんだんとなれて来ました。まったく最初はなんとなく酒ばかりやりましたが、考えてみると幾分その辺り精神の働きでしょう。しまいに平気です。人を斬るのも時代劇そっくり。斬ると、しばらくじっとしている。やァと倒れる。芝居は巧く考えてありますネ。そんなことに気がつくほど、余裕が出来ました。

（戦争を体験して／小津安二郎新しき出発／帰還…休養…それから仕事「都新聞」昭和十四年七月十六日朝刊）

## 戦場体験をどう活《い》かすか？

支那兵の手榴弾の巧さ、これは痛感しました。決してそれ以上は近寄らない。ワァーと声あげて突っ込む。それで夢中で投げる。最初はそれで損害も大きかったが、こっちも工夫して、カラ声だけであるだけの弾を投げさせてしまい、突っ込むというようになり、支那さんも困って来ました。

感激した話はたくさんありますが、南昌戦の時、飯田部隊長殿の奮戦ぶりなぞ驚くばかり、大負傷したのに部下にかつがれて指揮をやめられず、遂に翌日出血多量で倒れられたこと、その一面、某橋で、破壊しかけた支那兵を追っ払った後、一人の老兵が逃げ遅れた。ピタリと座って平身低頭している。ピストル向けたが射てもせず、逃げろ逃げろと放してやった、優しい半面も拝見したものです。

戦争中、何より困ったのは、僕の身体が大きいでしょう。服が特大というのです。代わりが戦地ではない。縫工でもいてくれないかと探して歩く。また、そのため一昨年は、大晦日まで夏服着ていたことがあります。

さて、戦争でどんな体験したか、それをどんな風に生かすか、そりゃまだ乱雑なるノート、しかもその半分は向こうへ残して来たんですから、まだまだです。出発前『父ありき』の脚本だけ残して行きました。これは撮れますまい。幸い所長もゆっくり静養してと言われてますし、よく考えて新しい出発をしたいと思っています。

（戦争を体験して／小津安二郎新しき出発／帰還…休養…それから仕事「都新聞」昭和十四年七月十六日朝刊）

# 帰還後の製作抱負

東京にいれば、見るもの聞くもの一切を映画的に咀嚼《そしゃく》してかかるものだが、戦地では生死の境をうろつくので、とても考えることはなかった。僕などはまだ未熟な上、二年間の従軍で技術的に遅れたと思うから、すべて新規巻き直しの意気で頑張るつもりだ。まだ何を製作するか定まっていないが、最初は数をこなし、技術的な熟練を経てから固くならず楽な気持ちで大作にかかりたい。もちろん戦争物や兵隊物をつくる。

小津の奴、帰ったら何か変わったものを作るだろうと思うかもしれないが、現地で少しは苦労して来たから多少は変わるだろうが、大体暗いものは止めることにした。同じ暗さの中にも明るさを求め、悲壮の根本にも明るさを是非、盛り込みたいと思う。現地では肯定の精神の下に立ったレアリズムのみで、実際あるものはあるがままに見て来た。これからはこれを映画的に検討する。

それから自分で戦争物を作る時はもっと火薬の研究をし、サウンド・エフェクトなども日本式、チェコ式、水冷式の機銃はもちろん迫撃砲その他は、音に特色もあり違ってくるから、そこまで行かないといけない。太鼓、鳴物、楽屋総出の雑音的戦争映画をこしらえたくない。陣中で友人山中貞雄の遺書を読んだが、あの戦争の中にも映画に対する烈々たる情熱を持っているのに、すっかり打たれた。それから不勉強ではいかんと勉強した。まあこれから遺族の見舞でも済ましてから長期戦でいくことにする。

（悲壮の根本に明るさを／盛り込んだ戦争物／戦線から帰還の小津監督の製作抱負「報知新聞」昭和十四年七月三十一日夕刊）

## 戦地で一番感激した小説は?

向こうの兵隊も熱心に火野葦平のものを読んでいるが、いろいろ批評も出る。たとえば、感傷が多過ぎるという人もあるし、俺達の度々体験した戦闘は、この程度のものじゃない、もっと凄いものだが銃後の人々が戦争とはこの程度だと思われては残念だという説もあった。僕も面白く読んだが、しかし戦地で一番感激したのは、何といっても志賀直哉の『暗夜行路』後篇だったな。

（田坂・小津両監督対談会「東京朝日新聞」昭和十四年八月十六、十七、二十、二十二日各夕刊）

## 二年振りに帰ってみると

［戦地では］僕は『五人の斥候兵』以外は二、三本しか見ていない。二年振りに帰ってみると、映画界も中々むずかしいものになっているね。僕はこれからメロドラマを作りたいと思っているんだが、もっともこのメロドラマという意味は、アメリカ映画のメロドラマとはちょっと違うが、何しろ内田吐夢《とむ》とか具隆さんなんていう、じっくり腰を落して粘ってくる大家にはかなわんよ。近いうちに多摩川撮影所へ行って『路傍の石』と『限りなき前進』を見せてもらうつもりだが、『限りなき前進』は、僕が出征前に物語を書いてあげたものだから、どんな映画になったのか非常に興味を持っている。僕はあの主人公の発狂前はごく普通の親爺で、その親爺が発狂するところに面白味があると思っていたが、吐夢さんはあれに強い個性や、伏線を与えたらしい。

（田坂・小津両監督対談会「東京朝日新聞」昭和十四年八月十六、十七、二十、二十二日各夕刊）

## 戦地での山中貞雄

戦地で山中貞雄を訪れたとき、山中は無精髭《ぶしょうひ》を伸ばしながらニコニコして出て来て、いきなり「おっちゃん（小津氏の愛称）戦争てえらいもんやナァ」といった。僕は山中の遺稿を「中央公論」で読むまでは、ちっとも戦場で映画のことを考えなかったが、あれを見てからは「これはいかん」と思った。とにかく山中は、向こうで会っても映画のこと、熱心に考えていたよ。僕はとにかく日記だけはつけることにしたが、日記は〇〇で後から来る部隊の人に預けて帰って来たんだ。

（田坂・小津両監督対談会「東京朝日新聞」昭和十四年八月十六、十七、二十、二十二日各夕刊）

## いつ頃から仕事を始める？

当分遊ばせてもらうよ。そうだな、第一作はお正月物の喜劇にしようとかと思っている。僕はトーキーをたった二本しか撮っていないから、先ず技術的の勉強をして、それから本腰を入れる。今日も『兄とその妹』と、もう一本日本映画を見て来たが巧いものだ。しかし日本映画もキャメラの構図や何か小手先のことばかり考えていて、巧味ばかり狙っても駄目だなあ、僕の留守の間に大分新人監督も輩出したらしいが、何となくそういう器用さだけのものじゃないかという予感がするんだが。

（田坂・小津両監督対談会「東京朝日新聞」昭和十四年八月十六、十七、二十、二十二日各夕刊）

## 懐疑よりも肯定的精神で！

僕はもう懐疑的なものは撮りたくない。なんというか戦争に行って来て、結局、肯定的精神とでもいったようなものを持つようになった。そこに存在するものは、「それはそれでよしっ！」と、腹の底で号《さけ》びたい気持ちだな。『五人の斥候兵』を見たとき兵隊たちが、「班長、あなたも国へ帰ったら、ぜひ、あんな戦争映画作って下さい」なんて激励された。東京出身の兵士が多かったせいか、「自分たちが役者になって応援に行きます」とも言ってくれた。

（田坂・小津両監督対談会「東京朝日新聞」昭和十四年八月十六、十七、二十、二十二日各夕刊）

## 映画に撮りたいと思った場面

［戦争映画は検閲が喧《かまびす》しいが？］そうかな、そんなに喧しいのか。もちろん、武器の点でほんとの近代戦は駄目だが、その他の枝葉末節は映画の精神さえよければ構わんと思うがね。今度、向こうへ行ったときは、録音機は持って行かなかったのかい――たとえば、軽機、重機、チェコ機銃という風に機関銃でも色々の音の違いが面白いのだがなあ。

僕は一遍、修水河で映画を撮りたいと思った場面にぶつかった。僕が土にへばりついていると、前方の杏の木の付近で迫撃砲が破裂する。するとパラパラと杏の実が落ちる音が素敵に良い。白い花をつけた木もあって、白い花が散るのも非常に美しかった。その場面だけでも無性に撮りたくなったよ。

（田坂・小津両監督対談会「東京朝日新聞」昭和十四年八月十六、十七、二十、二十二日各夕刊）

## 従軍文士より働く庶民の姿

僕が向こうでレヴューの踊り子を主人公にしたある日本映画を見て、内地の映画陣は戦争のあることを知らないな――と思った感情、これと矛盾するようだが、しかし僕は今度東京へ帰って来て、結局、この東京のあり様に安心もしたし、頼もしいとも思った。従軍文士なんかが、ほんとうの戦争も知らずに、いろいろ戦争について書いているのよりか、黙って自分の仕事をしている人間の方に好感をもつ。

（田坂・小津両監督対談会「東京朝日新聞」昭和十四年八月十六、十七、二十、二十二日各夕刊）

## フィルムが信用できない……。

［その兵隊の後ろ姿を眺めて、この苦しみの感じ、この迫力の凄味をフィルムに写せたらとも思った（田坂）］

僕も時々、こういう場面を撮れたらと思う瞬間はあったが、仮に我が身が兵隊でなくて撮影出来たところで、俺はフィルムというものを信用出来るかと反問すると、信用出来ないという気持ちになって来たんだ。物凄い現実に直面すると、その不安があるんだね。

（田坂・小津両監督対談会「東京朝日新聞」昭和十四年八月十六、十七、二十、二十二日各夕刊）

## 戦地で一番欲しかったもの

［戦地で一番欲しかったものは？］タバコと水だな。タバコだけあれば、どんなまずい物を食ってもいいと思った。支那の粟おこしのようなものもよく食った。しかし、僕は行軍のとき、決して川や井戸の水を飲まなかっ

た。いっぺん飲むと癖がつくんだ。頑張り通す他ない。なにしろ敵が水の中へ毒を撒《ま》いて行くので、すこぶる危険で、綺麗に澄んだ水は、怖ろしく却ってボウフラでも湧《わ》いているやつだと兵隊も安心するんだ。まるで逆の話だろう。向こうを立つとき、東京へ帰ったら、自分の家の水道の栓に、二、三日かぶりついてやろうと楽しみにしていたよ。

（田坂・小津両監督対談会「東京朝日新聞」昭和十四年八月十六、十七、二十、二十二日各夕刊）

## 支那《しな》の風景と歴史

［支那の風景の美しさは？］山や家が美しいね。それから光線が強くて日本の三倍くらいかな。写真はよく失敗する。有名な寺や史蹟をずい分見たが、痛感したのは、支那歴史やそういう旧蹟についての知識の欠乏だ。山の麓で枕石漱流《ちんせきそうりゅう》と掘りつけた石があったが、その前に立って妙な気持ちがした。問題の石は目前にあるのにも拘わらず、由緒を知らないという事が僕をヘンテコな気持ちにした。

（田坂・小津両監督対談会「東京朝日新聞」昭和十四年八月十六、十七、二十、二十二日各夕刊）

## 内地の生活で感じた怖さ

二十二か月ぶりに、故国に帰還して感ずることは、われながら、田舎者になったことである。いわゆる、都会からはかけ離れた支那各地を転戦して歩いていたので、知らず知らず都会生活を忘れ果ててしまい、あらゆる文化的な欲求が、帰還した今日、内地の風物を見ても、いっぺんには湧いて来ぬのであろう。呆然として、都会の激しい混雑に困惑する。どうしてよいのか分からない。

たとえば「銀座を歩いたか」なぞよく聞かれるが、恐ろしいのでまだ歩いていない。あの浩々と輝く電飾が、落ち着いて歩かせない。以前には、気軽に夕涼みに歩けたが、いまは自分のものではないのだ。市中の往来が怖い。ゴーストップでも、いつ青に変わったのやら、いつ赤に変わるやら、見当がつかぬ。

ただ、人が歩き出すと、歩いても大丈夫なんだなと思って、ついて行く次第である。その上、自動車が飛んで来るから、はらはらする。急に、飛び出してくる。別に急に飛び出して来るのではなく、常日頃のように運転しているのだろうが、まったく突然、走って来る。

そうした按配で、一事が万事、ぴったりとしない。帰還したてだから、内地の生活が以前のようには、自分のものでないらしい。

（小津安二郎戦場談「大陸」昭和十四年九月号）

## 戦場は少しも怖くないよ

こんなことを言うと、人々は不思議に思うであろう。自動車より危い敵弾の飛んでくる戦場はどうなんだと。しかし、自分に言わせてもらえば、戦場は少しも怖くない。弾丸雨飛の文字通り、雨あられのこともある。一度などは、匪賊《ひぞく》討伐に赴いて、連絡の橋を切り落とされ、包囲攻撃を受けた。だが、さほど怖ろしいとは思わなかった。

これは、つまり兵隊にとっては弾丸が飛来するのは、見慣れた現実だからである。弾丸が飛んでいる、アレに当たったら死ぬとは考える。だが、死んだ先は考える余裕なんかない。敵がバタバタと倒れても、そこには個人的な――私的な感情はなくなっている。そして、次の戦へ進撃して行く。

戦場がすでに兵隊の中では、ちゃんと日常茶飯事にまでなっている訳だ。ところが、急に東京市内におっぽり出されると、いくら以前には見慣れた東京でも、現在は初めて歩く程度に還元したのだから、とても恐いと思う。

（小津安二郎戦場談「大陸」昭和十四年九月号）

## 戦場が日常になること

それに、自分の所属していた部隊は、上海戦、南京攻撃、漢口戦、武昌戦と、中支における会戦には、ほとんど参戦した。その傍《かたわ》ら、匪賊討伐のゲリラ戦にも加わる。実に千数百里を中支一体に駆け回った。始終、戦争をしていた訳で、治安確保された占領地区の警備をしているよりは、激しく戦場を体験し、終わりには戦場が日常になったせいでもあろう。

（小津安二郎戦場談「大陸」昭和十四年九月号）

## 死に対する無感動

東京の大震災を経験したためか、初めて敵の遺棄された死体を見たときも、なんともなかった。何も感じない。現実の中にいる人間は、そうむやみに感動しないのと同じだ。

映画や芝居を見ていると観客は、泣いたり笑ったりする。それが、同じシチュエーションに自分が置かれたとしても、映画や芝居のときのように、大げさに泣いたり、笑ったりするだろうか。一切は現実であって、ロマンティシズムもリアリズムもヘッタクレもない。

まして、戦争という厳粛な現実の中にいて、幾度か死生を乗り越えたことすら分からなくなる。兵隊にはいつも現実があって、それ以外の夾雑物《きょうざつぶつ》は不必要なのだ。そこから死に対する無感動が生まれて来るのではないだろうか。

（小津安二郎戦場談「大陸」昭和十四年九月号）

# 支那軍の強さには驚いたよ

日本の兵隊が世界で一番強いというのは、昔から、決まりきった話で、今更ここで申し上げるまでもない。だが、支那兵の強いのには、まったく驚いた。世界一の定評のある我が軍と対峙していて、もう逃げるだろうと思うほど、猛烈に攻撃しても、さっぱり逃げないのだ。平然と頑張っている。あまりしつこく応戦するので、終わりには、こっちもいらいらしてくる。いい加減で逃げやがれと益々烈しく攻撃する。それでも、射《う》ち返してくる。最後に、止めをさしてやれと突撃に移り白兵戦で勝敗をつけようと、部隊一同が敵の応戦の執拗さに、怒髪天《どはつてん》を衝《つ》いてカンカンになったとき、必ず、支那兵が突撃してくる。おのれ、と、こちらも塹壕《ざんごう》を飛び出して白兵戦になる。そうなれば、しめたもので、必ず我が軍の勝利だ。

戦いは「最後の五分」と称せられるが、実戦で、つくづくそう思った。支那軍の強さが我が軍の前で問題にならないのは、まったく最後の五分である。それまで、こいつ、いつまで頑張るのだろうと、いらいらするほど粘るのだが、粘り抜いた挙句、もう五分というときに、崩れて果敢《はか》ない突撃に移り、待っていたとばかり反撃する我が軍の前に屈服する。

慣れてしまうと、互いに攻撃し合っていながら、もう少しで敵が突撃にくる、と分かるようになる。それを受けて立つ我が軍の強さは別として、そこまで我が軍を悩ます支那軍の強さは実に驚くべきものである。

不幸にして、我が軍が英仏などと戦火を交えたとしても、むしろ支那軍よりは楽な戦いであろう。おそらく、支那軍の執拗さはなく、しかも、敵には、塹壕戦《ざんごうせん》による憔悴《しょうすい》などの致命的な弱さがあり、正に鎧袖一擲《がいしゅういってき》である。死に対する恐怖などの動揺は、英仏軍をして、「最後の五分」のときに、戦意を喪失せしめよう。その点では、おそらく攻撃をいくらされても耐え、最後に敢然逆襲する我が軍の、兵隊の強さの前には、問題ではない。

（小津安二郎戦場談「大陸」昭和十四年九月号）

## 戦地での活字に対する欲求

戦地で活字に飢えているのは、主として前線であろう。ようやく、ろうそくで読み書きできるところでは、新聞や雑誌は、貴重品であって、あるもの、ことごとく読んでしまう。上は『改造』などの総合雑誌から下は『忍術霧隠才蔵《にんじゅつきりがくれさいぞう》』まで読んだ。もちろん、月遅れにこだわらぬ。手に入ったらなんでも読む。

それでいて、治安確立し、電灯もつくようになると、書籍は、さほど貴重品でもなくなるし、わずかな灯をたよりに、故郷に手紙ばかり書いていた兵隊も、あまり手紙を書かなくなる。この一見、相反する現象が、なに故起こるのか、まだ原因に私は考え及ばぬが不思議である。

（小津安二郎戦場談「大陸」昭和十四年九月号）

## 戦場では映画から脱却していた

戦地にいて映画のことは考えなかった。少しも考えつかないのだ。それほど、兵隊に成り切っていたのだと思う。徐州会戦に参戦して後、病に侵され、不幸、中支に戦病死された東宝の山中貞雄君（『人情紙風船』等の監督）と、昨年、中支戦線で偶然、逢《あ》って話し合ったとき、山中が、戦場でも映画のことを忘れずに、色々メモを書いておいたり、帰還したら、エノケンの『孫悟空』映画を撮ろうとか、三好十郎氏の『斬られの仙太』を三村伸太郎（山中監督とコンビになっていた名脚本家）に読んでおいてもらおうかとか、相変わらず映画に対して熱意をもって話すのに驚かされた。

それからは、なるべく気を付けて、映画について考えるのだが、どうもピッタリこない。ほとんど映画の世界から、脱却してしまった自分になっていて、ただ、兵隊の自分がはっきり残るのだ。

昨日、ようやく戦死者の遺家族への御挨拶、慰問もすっかり終えて、心残りなこともなくなったから、『兄とその妹』『お加代の覚悟』〔注、ともに島津保次郎監督〕とを見た。帰還後初めて見る映画だったせいか、少しもピンとこない。いつもは専門家として見ているので非常に辛いが、そのくせ演出者の意向がすぐぴんとくる。その代わり、昨日は実に面白かった。つまり、普通の、月に一回くらい映画を観客になって見た訳で、映画をこんなに面白いと思ったのは、監督になってからはないことであった。いかに映画の世界から、遠ざかっていたか、分かって頂けると思う。

したがって、「今度どんな映画を撮るか?」と聞かれても、はっきりした目標も、プランも持っていない。漠然と考えているのは、明るい映画を撮りたいことである。そういっておきながら、案外暗い映画を撮るかもしれないが、とにかく、暗い映画は撮りたくない気持ちである。

（小津安二郎戦場談「大陸」昭和十四年九月号）

## 葉鶏頭《はげいとう》と山中の思い出

こうして話しながら庭を見ると、葉鶏頭が今年も咲いている。もっと赤々と咲いていた頃だった。出征する前に、山中が訪ねて来て、雑談していたが、ふと目を庭にやると、何とはなく言った。「ええな、葉鶏頭は」、私も、じっと、葉鶏頭を眺めて黙っていたが、やがて、他の話に移って行ったことを思い出す。帰って来て、何気なく庭の葉鶏頭を見ると、山中の言った「ええな、葉鶏頭は」のやさしい言葉つきと、人なつっこい性格が妙に思い出される。

（小津安二郎戦場談「大陸」昭和十四年九月号）

## 山中貞雄に面会した話

それは昭和十三年一月十二日だよ。南京を去る九里、句容の砲兵学校だった。骨《こつ》を持って上海に行った帰りに、その横に森田部隊が一晩泊まった。そのとき僕は滁県にいたが、そこから滁県に一日で帰れるので仲継に泊まった。そうすると隣に片桐部隊がいるというので山中を訪ねた。そうしたら奴は人気者なのですぐ分かった。

**［隊では相当人気があったのですね］** それは非常なものらしいね。朝早く、六時半頃に行ったら、向こうは朝の点呼が済んだすぐ後で、「山中おりますか」と言ったら、いろいろ探してくれたが、結局、便所に行っていた。しばらく待つと、便所から来て、「小《お》っちゃん、戦争えらいな」と言った。それが奴の第一声だったな。それで班へ入って行った。初め、北支、白茆口の上陸で、中支に回ってきた。吐夢さんに送ってもらったという中村屋の駄菓子を、食え食えと出す。「山中、お前食わないか」「この頃はなんでも食うや」。僕は朝飯を食ったばかりで、朝っぱらから駄菓子を食う訳にもいかんので、写真機を持っていたが、班で話もできないので外に出た。僕と一緒に出て、兵隊を一人入れて写した。それは現像すれば写るかもしれない。

**［どのくらい一緒にいましたか？］** 四十分くらいしかいなかった。**［内地の話は出ましたか？］** 内地の話はいろいろ仲間の話をした。最近、お前のところへ誰から手紙がきた。清水はこう言ってきた、井上金太郎はこう言ってきた、そういう話をひとわたりした。そのときの山中の感じでは、なんというか、帰ったら現代物を撮りたいという感じが非常にあった。それは言わず語らずのうちに、そういう感じを非常に受けたな。

いろいろ話して「小っちゃん、帰ったら戦争の写真撮るか」と言うのだ。「戦争の写真はなんにも考えてない、沙堂（山中氏のこと）はどうだ？」と聞いたら、撮りたいと言いたかったのだろう。「俺も分からんが、ギャグが大分たまった」ということは言っておった。

（戦争と映画を語る「映画ファン」昭和十四年十一月号）

## 関西弁の兵隊に逢うと……

東京へ来たら、いつでも会えると思ってかえって余り会わなかった。京都にいたときの方が会ったね。あれほど自分の感情を素直に出す奴もいなかった。彼奴は最後まで「あかんあかん」と頑張り通した。いい男だった。戦地で関西弁の兵隊に逢うたびに山中を憶い出した。そっくりの感じのがいるんだよ。

（『最後の一兵まで』合評「スタア」昭和十五年二月上旬号）

## 日本映画は巧《うま》すぎるよ

［支那の大陸を見て、日本映画は狭すぎるという感じは？］そういう感じは非常にしたよ。たとえば、何というのか、自嘲だけれども、日本の写真は巧《うま》すぎると思ったな。もっとぶっきらぼうな、何となく雲をつかむような、棒杭を抱いているような感じの写真があってもいいのじゃないか。総体に……。非常に、何というか、取材の点で狭められて一方的でしかないのだな。

帰って、一番初めに見た写真が島津さんの『兄とその妹』なんだ。実際巧すぎて、本当に見ていられないという感じだった。映画はこう巧くてはいかんのじゃないかという気が非常にしたのだよ。『兄とその妹』をけなしている訳じゃない。むしろ非常に感心したという意味にもなるのだけれども、巧すぎるのだよ。たまたま戦争に行ったので、あの巧さでは人をうたんという気がした。『兄とその妹』は日本映画として言ってるのじゃないよ。日本映画じゃ最高のものだよ。

一番初めにぶつかったものは、日本映画は行くべきところに行かないで、行かなくてもいい巧さの方に行ったような気がした。あの写真を見ると、巧さという点では日本で一番巧いのじゃないかという気もしたよ。水が水臭くはあってはいけないように、巧いのが身についちゃいかんのじゃないかね。

巧いというものは離れているのだからね。そのものの本質からね。見て、実際巧いと思うが、劇全体から見ると、その巧さが劇全体に戻って来ない。巧いなと思わせて、巧さが劇の本筋に戻って来ない。また島津さんが何でもなくやってのけたという巧さがね。

（戦争と映画を語る「映画ファン」昭和十四年十一月号）

## 肯定的精神の大切さ

懐疑的精神というのは、なくなるのじゃないかな。いまの話じゃないが、まず何というのか自分の精神が肯定的精神に一遍戻るのだな。戦争というものは、またそういう精神に戻らなければやれるものじゃないよ。

（戦争と映画を語る「映画ファン」昭和十四年十一月号）

## ペン部隊の醜態さ

ペン部隊の悪口になるけれども、非常にだらしがないと思う。結局、いい収穫はあるだろうけれども。文壇の人が戦争を見に行ったって、日本の軍隊があんな素人を第一線に立たせる訳がない。七五三の子供のような恰好をしてピストルなんか買って、気のはやった奴は剣なんか吊《つ》っていやあがる。

ああいうのは向こうで見て、実際、醜態だと思う。そこへ行くと、菊池寛なんか背広でステッキをついて来ているだろう。やはりあれでなければいかんと思う。従軍部隊の従軍記を見ると、弾が飛んで来ると腰を抜かす。戦争を見に来るのだから、弾が飛んで来るのは当り前だ。

（戦争と映画を語る「映画ファン」昭和十四年十一月号）

## 兵士の心境の複雑さ

戦争に打《ぶ》つかって非常に苦しい場合はある。その時、本当に一生懸命やろうという気持ちの人もある。何となく生きながらえようという人もある。そういった時に、戦争で死ぬのが男子の本懐ではない、俺には仕事があるという風に考えている人もある。また俺は子供が非常に可愛いのだ。弾が飛んでいる時に塹壕に飛び込んで、子供に会いたいと思うものもいる。火野葦平の小説のように一概に云えないことがある。そういう奴が死ぬとなると、自分の一生が終わっちゃう訳なんだ。その場合に、一生をかけている戦争というものがある。また自分の分身で思っていることがある。いざ自分は死ぬとなる、思った分身とこれをくっつけちゃう。何となく自分の人生に大きなピリオドを打ちたいと思う。打ちたいという気持ちは日本の大和魂くらいだと思う。自分の思っていることも、やはりその時自分が死ぬという現実に結び付けて大きいものにしたいという気持ちだな。そこに人間の飛躍もあるのだよ。今まで卑怯な奴が非常に勇敢なことをやったりね。戦争というものに、とにかく俺はやるだけのことはやったという満足だね。

（戦争と映画を語る「映画ファン」昭和十四年十一月号）

## 二年間の日本映画のこと

俺が映画のことを考えないで戦争したあれはあるけれども、日本映画は大体にいろいろな方向に散っているね。一つの方向にずっと上がっていない。上がっている人もいるし、技巧の人もいるし、それでいいのだけれどもね。二年間に日本の映画界は長足の進歩をしたことは認めるね。他のもの［注、他の芸術分野］と比べてね。

吐夢のものとか田坂のものなんか腰のすわったいい仕事をしている。

（戦争と映画を語る「映画ファン」昭和十四年十一月号）

# 第四章

## 昭和十五年〔一九四〇〕三十七歳▼昭和二十年〔一九四五〕四十二歳

Tokyo Story 1953
Early Summer 1951
Tokyo Twilight 1957
Good Morning 1959
Floating Weeds 1959
An Autumn Afternoon 1962
Early Spring 1956
The End of Summer 1961
Late Spring 1949

第四章

# 昭和十五年〔一九四〇〕三十七歳▼昭和二十年〔一九四五〕四十二歳

【映画法と事前検閲／国策映画の推奨／軍報道部映画班員としてシンガポールへ】

戸田家の兄妹　父ありき

## 昭和十五年〔一九四〇〕三十七歳

昨年の十月に施行された「映画法」により、映画の製作は娯楽色を極力排除し、国策に沿った映画製作が推奨されるようになった。脚本の事前検閲、映画会社（製作・配給元）の許認可制、ニュース映画と文化映画の上映義務、また外国映画の上映も極力制限された。この年は、紀元二千六百年の奉祝式典を十一月に控えており、内務省の検閲も厳しさを増していた。

二月、『お茶漬の味』の撮影準備を始めたが、事前検閲により内容の全面改訂を申し渡された。出征前夜に夫婦でお茶漬を食べるのは不謹慎であ

**二月十日**
『お茶漬の味』事前検閲で却下

**二月二十日**
小津が装丁した山中貞雄のシナリオ集刊行

**五月から八月**
池田忠雄と『戸田家の兄妹』の脚本を執筆

**八月二十一日**、
戸田家の兄妹』脱稿

り、本来「赤飯を食べる」場面であると非難された。話の根幹にかかわる改訂のため、製作中止となった。

五月から八月にかけて、池田忠雄と新作『戸田家《とだけ》の兄妹《きょうだい》』の脚本執筆を始める。八月、『戸田家の兄妹』の脚本が完成し、脚本は検閲を通った。本作から厚田雄春の撮影になり、以降、松竹の小津作品の全てを担当することになった。

八月、内務省から「健全な国民娯楽映画」の検閲方針が一般的な原則として映画会社に通達された。一般的な原則には、喜劇俳優、漫才等の出演の抑制、個人の幸福の追求（小市民映画）、富豪の生活、女性の喫煙、カフェーにおける飲酒場面、外国かぶれの言語、軽佻浮薄な動作、農村の生活を描くことは好ましい等であった。通達には脚本について、「シナリオの事前検閲を厳重に実施し、前各項に反する場合ありと認めた場合には、何回でも訂正を命ずる」とあった。

松竹の大船撮影所は、大ヒットを飛ばした女性中心映画の揚棄《ようき》を宣言した。十月、『戸田家の兄妹』の撮影開始。同月、山中貞雄追悼会に出席した。岸松雄、清水宏、溝口健二、内田吐夢、三村伸太郎らが出席した。この年、山中貞雄を偲《しの》ぶ有志によって、京都大雄寺《だいおうじ》に小津の揮毫《きごう》による碑が建立された。

---

**八月**
内務省「健全な国民娯楽映画」検閲指針

**九月二十三日**
日本軍、仏領インドシナ北部に進駐

**九月二十七日**
日独伊三国同盟成立

**十月二日**
『戸田家の兄妹』撮影開始

**十月十八日**
山中貞雄追悼会に出席

**十月十二日**
大政翼賛会発会式

**十月三十一日**
バトル・オブ・ブリテン終了

**十一月十日**
紀元二千六百年奉祝式典（宮城外苑）

**十二月十八日**
ヒトラー独ソ戦の準備を命令

## 帰って来てから見た外国映画は?

『大いなる幻影』『天使』『ブルグ劇場』『格子なき牢獄』『最後の一兵まで』それから文化映画を五本ほど。

**[『どん底』『望郷』は?]** 見せてもらおうと思った時、マラリアが再発して寝込んだ。日本物は『限りなき前進』『残菊物語』『土と兵隊』それから『兄とその妹』を半分だけ……。『土』はまだ見てない。割合に不勉強な方でね。しかし、『ブルグ劇場』は三度、『最後の一兵まで』は二度見た。結局、映画というものは、こういうことを言うのは無理かもしれないが、何でも余計見るより、いいもの一つを何度も見る方がいい。非常に欠点も目に付けば、またいいところもよく分かる。しかし『ブルク劇場』の三度は少し参ったけれど。

**[『ブルグ劇場』の演出はどう思う?]** ヴィリ・フォルストという人は、何をしていた人か経歴は知らないけれども、とにかく非常に映画的の技巧——小手先、そういうものに対して興味を持っている。ああいうこともやりたい、こういうこともやりたいという手法の技巧を、色々持って監督になった気がするね。もっとも、ヴィリ・フォルストの映画はほとんど見ていなくて、『ブルグ劇場』一本について言うのだけれど……。

**[もっとも『ブルグ劇場』を三度も見ればフォルストの正体はわかる]** あれ一本で、ヴィリ・フォルストを論ずるとしてね。長所も欠点も。フォルストは初め小手先の、技巧的な手法の興味で監督になった。だが最近では、小手先だとか技巧なんかからは離れて、映画の本質的なものに近づこうとする気持ちがある。だが、いまだ小手先や技巧を捨て切れず、これがちょいちょい顔を出す。その顔を出しているところが一番いけないと思うんだ。

二遍、三遍とあの映画を見ると、俳優に対する演出はとにかく、場面と場面の接続の小手先が、はなはだ拙く、度《ど》ぎつく眼につく。たとえば、ミッテラーと女が中庭を回っていて立ち止まり、手を回すカットで同じ形で、舞台になる、カメラが後退する、ああいった感じのところは、いかにも小手先の思いつきで、一見、場面の接続は滑《なめ》らかなはずなのだが、実際はそんなものじゃない。薄っぺらな感じだった。

こんなところは、ここだけではなかった。ただ、ヴィリ・フォルストの映画は非常に甘い。甘美だ。アメリカ風の甘さではなく、品がいい。甘いと下品になりやすいし、度を越すが、この点、はなはだ品よく美しくまとめるのには感心した。

『ブルグ劇場』は映写時間がほとんど二時間かかるね。二時間かかるにしては、このストーリーは余りにも思いつきであり過ぎるのだ。結局、いまフォルストが持っている技巧的の手法——小手先だね。そういうものに、かつてフォルストは自信がもてた。だが、そういうものが嫌になり、そういうものに自信をなくして出直したときに、フォルストは一段よくなるのじゃないかという気がするね。

**［『ブルグ劇場』は戦争から帰って最初に見た映画？］**　戦争から帰っての最初だ。やはり感心したよ。戦争中、なんにも見てないから。『ブルグ劇場』に感心したというより、映画というものは非常に愉《たの》しいという感じだった。どっちかと言えば、僕など技巧派の方だ。だから見ていて一層小手先が目について嫌だったのかもしれない。

**［皆が戦争前とどう変わったか注目してるよ］**　これは、やはり撮ってみないと分からないね。映画の思いつきや小手先に、かつて一時僕も興味を覚えた。だんだん、やっている間にそういうことが非常につまらなく思われてきた。それは数から言えば、三十何本撮っているので、フォルストより僕の方が上手《うま》い下手《まず》いはとにかく、はるかに本数的に先輩だから、そう思うのかもしれない。フォルストも自分の小手先に対して、非常に嫌気が来るだろうと思う。

（小津安二郎と語る「キネマ旬報」昭和十五年一月一日号）

## 家屋や間取りから浮き立つ生活感

この監督（カール・リッター）は何本撮った人だか見当がつかなかった。これは撮り方が非常に巧い。非常に大きいセットで人物の動かし方もうまければ、その撮り方も立体的なんだ。人物の配置とかキャメラの位置が非常に適格な気がしたのだよ。それは『格子なき牢獄』のレオニード・モギーから比べれば、はるかに巧いと思った。

別の監督がああいうことを心がければ、横幅が広くて、奥行きの深いセットで建ててあの感じを出すね。リッターは広い、ほとんど正方形と思われるセットに、あれだけの人物を立たして立体的に撮っている。たとえば、英軍の捕虜を将校が尋問しているところ、あの辺の撮り方なんか実に巧いと思った『最後の一兵まで』。カットが荒いとか、細かいとかは別としてね。それから、戦線と司令部の位置、そういうものの位置も感じも、はっきり分かる気がした。

［戦線と司令部の位置をハッキリ出す演出とは？　コンポジションにも関係がある？」画面のコンポジションじゃない。それ以前のものだね。たとえば、一つの家を撮るのに、この家の主人はどのくらいの月給で、家族が何人で、どういう会社に勤めて、この家は借家で、玄関から入ってどういう間取りになっているかということは、劇になる以前のものだけれど、なかなか重要なことなんだよ。

いざセットを建てるにしても、なかなか、この感じを出すのは難しいのだよ。非常に膨大な、セット以外にはあり得ない家を映画でよく見かけるよね。そうでなく、実際に人間が住んでそれ相応に、衣食住に関心をもっている。

ここが居間で、こっが南を向いているという間取りの感じ——それをリッターは出せる人だと思ったな。その点では、プリシラ・ディーンを使っていた頃のトッド・ブラウニングが非常に巧かった。『スタンブールの処女』、あの辺のものがね。

あの頃は、いまから見ればセットも簡単だったけれど、ロケーションからセットへの接続、セットとセットの位置の関係、なんと言うのか、位置の概念——そういうものに対するカメラの捉え方というのは、ブラウニングは実に巧かった。

**［カメラの位置の据え方でも違うものになる？］** カメラの位置の据え方にもあるけれど、俳優の動かし方とロング・ショットの使い方だね、これはいまだに、われわれ出来ないけれど。

**［最初に金持ちの家の置物をアップで見せる。次にロングに引いた邸宅全体の印象を最初のアップの説明で誤魔化すというやり方もある？］** だが、できるものならば、誤魔化さないで写して金持ちの感じを出すのが一番いいのだ。外国の映画だって——われわれは外国の金持ちはどういう間取りの家に住んでいるか知らないけれども——いろいろ話があって、ドアを開けるとあの部屋がこの隣だったのかという感じがすることがある。

そう感じることは、どこか不自然なんだよ。それでは一手遅れてると思う。初めからその感じを呑み込まして、そういう風に持って行けばいい。日本の家は、ことに木口とか畳とか襖とか間取りとか、そういったもので一つの雰囲気が出るからね。

（小津安二郎と語る「キネマ旬報」昭和十五年一月一日号）

## 技巧と内容が一致するルビッチ

しかし、ルビッチは巧いね。ああいう巧いのはちょっとないのじゃないかと思うね。採り上げる材料とか何かでなしにね。それをこなす演出力とか、場面の構成とか、映画監督でルビッチをけなす者はいないだろうね。これは『天使』なんか見ても、ストーリーやシナリオなんかに対しては異議はあるけれども、与えられた、あのものをやっていることに対しては、熟々《つくづく》と巧いと思うからね。

**〔ルビッチの古い映画は何を見ている?〕**ドイツで拵《こしら》えたのでは『カルメン』『デセプション』『ファラオの恋』。**〔『パッション』とその前の喜劇の『花嫁人形』は……?〕**それは見ていない。その後では『結婚哲学』『三人の女』など見ている。ルビッチも、どちらかといえば技巧派なんだけれど、他の者と違って技巧が技巧としてでなしに、内容の一部になってる。技巧を完全に自分のものにしているからね。

（小津安二郎と語る「キネマ旬報」昭和十五年一月一日号）

## 映画監督の批評の視点

僕たちが批評する場合は批評家の場合と違って、材料は与えられたもの。材料以前には遡《さかのぼ》らないのだ。だから、与えられた一つの材料から、いかに内容を生むかということに対して監督の技術を見たいのだ。材料はなんだっていいのだよ。いまの日本のじゃ監督の自由に材料はならない。若い人はことにそうだ。その材料からいかな内容を引き出すかで、その監督を判断するより致し方ない。批評家がそういう立場から見ることはいけないが、われわれが見る眼としてはそうなんだ。

たとえば、『暖流』〔注、吉村公三郎監督〕——僕はいまだ『暖流』は見てないが——非常によかったという。だが、僕はあのシナリオからどれだけのものを引き出したかで『暖流』の監督を見たいんだ。批評家はいいという。だが僕はどう思うか、これは分からないと思うんだ。これは誰でも——『暖流』は決してそうじゃないけれど

結婚哲学（The Marriage Circle）：大正13年（1924）に公開されたエルンスト・ルビッチ監督のサイレント映画。「しかし、ルビッチは巧いね。ああいう巧いのはちょっとないのじゃないかと思うね」（小津）。

も――いい脚本をもらって、時間が十分あって、いい俳優があれば一通りのものが出来るのは常識だよ。ただ、こういうことは言えると思うんだ。ルビッチのような自由な立場にある人が、甘んじて『天使』をいい気持ちになって撮っていることはどうか。しかし、われわれの眼から見れば、まずルビッチが『天使』を撮って、あれだけの本を、いかにこなしたかということを見たい。それはやはり巧いと思う。

（小津安二郎と語る「キネマ旬報」昭和十五年一月一日号）

## 好きな外国の監督は？

好きだった監督は、その時代々々によって違っている。古い順から、レックス・イングラム、ペンリン・スタンロース、それから、エルンスト・ルビッチ、キング・ヴィダー。ルネ・クレールも好きだ。デュヴィヴィエは好き嫌いで言えば嫌いな方だ。

ルノワールは『大いなる幻影』しか見ていないが、大変育ちがいい人のような気がする――。巧いことも巧い。衣食住に対しても非常に高尚で、良識を持っている感じがした。そういったものの、身についた感じだね。人間が出来ているのだね。そういう感じが非常にする。練《ね》れた人間だね。

時計ならベニソンがよいとか、ピッケルならシュンクのピッケルがいいとか、煙草ならアーケデヤ・ミクスチュアがいいとか、そうかと思うと内田屋のラーメンが美味しいなどという。そういうことを一通りちゃんと知っている。それで、やはりバットを吸っている感じがする。非常にこわい感じだね。

（小津安二郎と語る「キネマ旬報」昭和十五年一月一日号）

## 外国の俳優では誰が好き？

男では、チャールズ・ロートン、ゲーリー・クーパー、ライオネル・バリモア。［使ってみたい？］使えるものなら使ってみたいな。ジャン・ギャバンは好きだ。ボワイエの映画は何にも見てない。ジューヴェは『女だけの都』の坊主。あの坊主は大好きだ。女では誰だな。これも年代順に行って、ペギー・ハイランド、フランセリア・ビリトン、それから次の時代で、アリス・テリー。カーメル・マイヤースの後期も好きだった。ノーマ・シアラーも好きだよ。あの拙さにいいところがある。しかし、あの拙さが生きて来ないのは惜しい。

あとは、キャロール・ロンバート、ジーン・アーサー。美人では好きなのは、ダニエル・ダリュウ。映画は見ていないが、あれは好きだ。何んとなく不足らしい口つきをしている。大変よろしい。日本の女優では……、これはやめて置こう。序に嫌いなのも言わしてもらおう……グレタ・ガルボにキャサリン・ヘップバーン。

（小津安二郎と語る「キネマ旬報」昭和十五年一月一日号）

## 『彼氏南京へ行く』のこと

第一回作品として戦争映画をやらなかったのは、現在の各方面の条件が必ずしも、私の作ろうと考えている戦争映画に対して、満足なものではないからです。しかし、一度は戦争映画を作りたいと思っています。火野葦平氏にしても本当の戦争物を書くのは、むしろこれからじゃないかと思います。今後は『一人息子』のようなものをやってみる積もりです。

『彼氏南京へ行く』は池田忠雄君と共同で書いたものです。

有閑マダム連がいる。亭主を放りっぱなしにして、置いては遊び回っている。この連中が旅行に出かける。すると、その中の一人に、旦那が応召《おうしょう》されるという電報がくる。さすがに驚いて、今頃はどうしているだろうと思って家へ帰ってみると、亭主は何事もないような様子でグウグウ鼾《いびき》をかいて寝ている。有閑マダムは初めて男の頼もしさを知る——。

という筋で、映画では南京は全然出て来ません。内容はまあ喜劇なんですが、僕はトーキーはこれで三回目だし、ずい分、難問題にぶつかると思っています。今度の映画のセリフは非常に多く、『一人息子』に比べれば三倍くらいあります。

（何故戦争物を作らぬか「都新聞」昭和十五年一月十六日朝刊）

## 外国映画から学ぶ点は？

帰って来てから外国映画をずい分見ましたが、米国映画からは、もうほとんど摂取するものはないと思います。あえて学ぶ点といえば、技術的な面でキャメラ技術なんかじゃないでしょうか。最近、見た米国映画は『コンドル』、フランスものでは『格子なき牢獄』ですが、『コンドル』のシナリオを書いたジュルス・ファースマンには感心しました。伏線の張り方とか盛り上げ方とか、実にそつがなく巧い。まるで歯車が噛み合うように正確そのものです。それだけに、もう古いという感じが強いのです。

『格子なき牢獄』は私として不満もありますが、立派な映画だと思います。アメリカ映画はスペクタル映画がどうしても多い。そうした種類のものに莫大な金を使っているのをみると、私が製作者であるせいか、馬鹿々々しいという気にもなります。

（何故戦争物を作らぬか「都新聞」昭和十五年一月十六日朝刊）

## よい作品があれば小説や戯曲も

僕の作品は比較的オリジナル物が多いのですが、翻訳物も少しは混じっています。小説や戯曲の映画化をしなかったという理由は、小説や戯曲の映画化をすることが嫌いという訳でなく、映画化したいものがないこと、あったとしても、それは映画にするよりも、そのまま、小説や戯曲で残して置きたいという気持ちが強くなる場合が多かったからです。だから、いいものがありさえすれば、これから映画化したいと思っています。

今度の脚本は、前に申し上げた通り、池田忠雄君と共同で書いたものですが、私は自分ひとりで脚本を書くよりも、誰かと協同して書く方がいいと思っています。たとえば、私ひとりで脚本を書いている時、この場面の誰の言う台辞《せりふ》はどういう風にしようなどと迷う場合がある。が、二人でやっている時は、たとい迷ったにしてもすぐ定まるのです。

（何故戦争物を作らぬか「都新聞」昭和十五年一月十六日朝刊）

## 戦場を想うと日常は夢のよう

やあ、しばらくだな。寒くなったね。こう寒くなると戦地のことが考えられる。去年の今時分はどこにいたっけかな？　○○あたりだったな。寒いといったって、こちらの寒さなんか戦地の寒さと比べたらお話にならんよ。

人間というやつは贅沢《ぜいたく》だね。いまはこうして火鉢がないとやりきれないが、去年の今頃は、寒風の中を平気で進んで行ったもんだ。それを思うと、いま自分がこうして火鉢にあたっていることが済まないとも思うし、また夢のような気がする。この間から、あちらで撮ったライカのスナップ整理をしているんだがね（と言いながら小津ちゃんは、机の下からスクラップ・ブックを取り出してみせた。きちんと整理されていた）。

全部で四千枚くらいはあるよ。それを整理しながら時々ハッとなることがあるよ。どこだったか忘れたが、僕の歩いている横一間も離れないところに、迫撃砲弾が落っこちた。泥がぱっとはねて、僕の顔を殴りつけた。やられた！　と思ったね。実際、人間の寿命なんて予測できるもんじゃないね。弾丸《たま》にあたらずに無事に帰ってきても、病気で死ぬ人もあるしね。このスナップを整理した上、お正月に戦友のところへ送ってやろうと思っている。生きている人もあるし、名誉の戦死をしてしまった人もいる。戦死した遺家族は自分の肉親の奮闘ぶりをみて、きっと喜ぶだろうと思う。それが無事に帰ってきた僕の戦友へのせめてもの友情だと思う。

（さあ帰還第一作だ！「オール松竹」昭和十五年二月号）

## 戦争映画はまだ作れないよ

この頃、またマラリヤが起こってね。昨日まで寝ていたんだよ。それでも、今度の脚本が一先《ひとま》ず出来上がったんでよかったよ。いま、池忠さん（池田忠雄氏）が最後の手入れをしているんだ。しばらくの間、脚本なんて書かなかったもんだから、ずい分困ったね。調子が出ないんだね。もっぱら池忠さんに頼んでしまったよ。それに第一回作品というんで、会社や世間がやかましいんでね。別に戦争に行く前の小津安二郎と、いまの小津安二郎と違ったところはないんだがね。まあ、違ったと言えば、僕の気持ちが朗《ほが》らかになったくらいのもんだね。どうも小津の作品は暗くていかん、救いがなくていかんと、前はよく言われたもんだがね。今度はそういうことはないよ。戦争というものは暗い気持ちでは出来ん。

むずかしく言えば、否定的な精神をもっていては出来んのだ。すべてを肯定しなくちゃいかんのだよ。そこに人間としての強さが出来てくるんだ。つまり、めそめそしていちゃ、命を的の戦はできんのだ。勇気がいるんだ。打ちのめされても立ち上がるという気魄が必要なんだね。つまりこれを映画で言うと、救いがいるんだ。明日への希望がいるんだ。そういった意味から、僕のいままでの作品は、誰よりも僕自身が厳格な再批判が可能なんだ。

たとえば『一人息子』や『生れてはみたけれど』なんて映画は、ほんとに未完成なものなんだ。あれは、いままでは別の小津安二郎という監督が作った映画なんだと、僕はそう思っているんだ。あそこから、もう一歩進まなくちゃいかん。つまり『生れてはみたけれど』という感慨は、人間には絶対的に必要なものではないんだね。生まれたことを感謝しなくちゃいかんのだよ。自分がこの世に生きているという事実に対して、自信を持ち、生き甲斐を感じなくちゃいかんのだね。強くあること、常に野望をもつことが必要なんだ。それでなくちゃ、この人生を乗り切ることはできないんだ。

何？　今度の映画かい？　戦争ものじゃないよ。だって考えてもみたまえ。二年間も毎日泥んこの中に足を突っ込んで来ているのに、また映画でそれをすぐやれるかというんだ。余りにも生活に変化がなさ過ぎるじゃないかね。

戦争の体験は、僕は得難い経験として、しっかり自分の身体の中にしまっておくつもりだ。将来、あるいは、僕が戦争映画といったものを作るかもしれないがね。いまは作る気持ちにもなれないし、作ったところで、いいものは出来ないよ。経験が生々し過ぎるんだ。これをもう一つぐっと押さえて、かみ砕いて真実に自分のものにしてからでなくちゃ駄目だね。

（さあ帰還第一作だ！「オール松竹」昭和十五年二月号）

## 有閑マダムと冴《さ》えない亭主

今度の映画は、そう何というのか、あの、『淑女は何を忘れたか』というやつがあったね。まあ、あれの続きだと思ってもらえばいいだろう。筋をかいつまんで話そうかな。有閑マダム三人がいるんだ。金はあるし暇はあるし、毎日毎日、いかにして面白く暮らそうかと相談ばかりしているんだ。この中の一人のマダムの亭主というのが、また一風変わった男でね。野暮ったく、身装《みなり》なんかどうでもいいんだ。ご飯に味噌汁をかけて食うことが好きだし、煙草はバット、汽車は三等しか乗らないという男なんだ。だから、マダム連中とまったく違った世界に住んでいる人間なんだね。

この男が出征することになるんだ。するとその女房、つまり有閑マダムの一人が吃驚《びっくり》するんだね。ところが、亭主の方は、少しも慌てないんだ。そこに初めて男の真価を感じるというんだ。有閑マダムの生活や考え方と、この男の生活や考え方と、何れが正しいか、というよりは、どちらが僕にぴったり来るかという、二つの異なった世界に生活する人間を描いて、世の人々の批判を求めよう、大きな口をきいてしまったが、まあそんなところだね。

僕らの生活には、何か大切なものが一つ忘れられてやしないか、それを暗示しようと思うんだがね。はたしてうまく行くかどうか、やってみなくっちゃ分からんよ。

（さあ帰還第一作だ！「オール松竹」昭和十五年二月号）

## 以前と同じ気持ちで作るよ

帰って来てから、ずい分映画を見たがね。どれもこれもうまくなったなと思ったが、何だか物足りないものがあるんだ。も一つ、ぐっと迫ってくるものがないんだね。演出法は、うますぎるほど、うまいんだが……。これが日本映画の最大の欠点じゃないかなと、僕はこの頃考えているんだ。そう言ったからって、今度の僕の映画に、これが十分に出ているなんてことは一寸《ちっと》も言えないがね。

まあ、一、二本は、僕の保養のつもりで、気楽に仕事をさせてもらうつもりだよ。僕もまだ若いんだし、それに映画の仕事なんてものは一朝一夕の仕事じゃないんだからね。気長にやるつもりでいるんだ。

さあ、撮影を始めるのはいつ頃からかな。新春からとは言っても、お正月は仕事がたてこんでいるから、僕の仕事はなかなか始められないだろうと思うんだがね。三月か四月に封切できるように仕事をすればいいんじゃないかな。まだ題名も決まっていないんだよ。僕は『彼氏南京へ行く』というのはどうかと思っているんだが。

この仕事の後で、例の『父ありき』をやるつもりでいるよ。そら僕が出征前に書いた脚本だ。これもいまじゃ、相当に訂正を要するがね。

まあ帰還第一作といったって、僕はそのつもりでないんだ。以前と同じような気持ちで、気楽な気持ちでやるんだから、君たちもそのつもりで見てもらいたいね。

（さあ帰還第一作だ！「オール松竹」昭和十五年二月号）

## 山中貞雄のしぶとさ

いい奴だったよ。非常に試されている感じがした。よく、「ここどうやるかと訊《き》くんだ。俺ならこうやるというとその通りやる。AとBでCを作るということなしに、山中はAをAのまま出すんだ。［感受性が強い？］感受性というより芯から持っているしぶとさ、ねつっこさだ。具隆《ぐりゅう》が山中を知っていたら好きになっていたね。

「……」東京へ来たら、いつでも逢えると思って、かえって余り会わなかった。京都にいた時の方が会ったね。あれほど自分の感情を素直に出す奴もいなかった。

（『最後の一兵まで』合評「スタア」昭和十五年二月上旬号）

## セリフは味つけが肝心

［『お茶漬の味』は不幸にして実現しませんでしたが（検閲）、新しい脚本は出来上がりましたか？］うん、昨日ようやく出来上がった。いま清書しているがね。今度は内検閲もパスするだろうと思う。ちょうど脚本の出来上がった昨日が、僕が昨年帰還第一歩を印した日だ。今日は懐かしの原隊へ帰ったんだね。あれから、もうまる一年経った。その間に、僕はまだ一本も映画を作っていない。もっとも『お茶漬の味』をやっていれば、いまごろは出来上がっている頃だが——。

『お茶漬の味』がやれなくなって、池忠（池田忠雄）さんと二人、がっかりして。じゃあ何をやったらいいのかなと相談し合い、ようやく目当てだけついて、二人であれこれと話し合いを始めたのが、五月の初め頃だったかな。その時分、あの家（と、塀の外の新築を指示して）が地ならしを始めたばかりだった。それがもうあの通り人が住めるようになってる。脚本を書くよりも、家を建てる方が易《やす》いんだね。

［ロケーション撮影は嫌いですか？］別に嫌いとか好きだとかじゃなくて、僕のものは、いつも屋内の場面が多くなってしまうんだね。今度のものも、ロケーション撮影はほとんどないといっていいくらいだね。ロケーションで、人だかりがしているのは僕は嫌いだね。仕事をする気になれん。それに、今度のものは、セットの数もそう多くない。場面ばかり変えるのは僕はどうかと思う。もっぱらセリフ、会話で運んで行こうと思っている。

[一番苦労するのは会話ですか?]まあそうだね。この前の『お茶漬の味』のときも苦労したね。大体セリフというやつは、必要なことだけをしゃべればいいには違いないが、それに味を持たせなくちゃいけないと思うね。一見、無駄なような言葉に思えるものが、その言葉をつけ加えたために、そのセリフにずい分と味が出て、ぴったりと来るものがあるからね。セリフが硬過《かたす》ぎたとか、理屈っぽかったとか、そういうことは、きっとこのセリフの味つけが悪かったからじゃないかな。

トーキーというやつは、僕はあまり経験がないが、なにしろ三年近くも仕事をしないのだからうまく行くかどうか——。仕事にかかれば僕は熱中する方だから、自分の考えていること、やりたいことを全てやってみるつもりだ。

(小津安二郎氏に心境を訊く「映画ファン」昭和十五年九月号)

## 帰還第一作に着手する

[いよいよ脚本が出来たようですが?]この前の『お茶漬の味』でも、別に叱られるものとは思っていなかったが、それだけ今度のは、いわば安全運転第一と心がけ、いままで度々採り上げてきた母性なものになってしまった。喜劇も書きたかったが、皮肉や風刺もいけないだろうと思って止めた。今後は料理や菓子が公定相場で決まったので、あとは職人の腕で工夫するより仕方がない、と言われるように、映画も材料はほとんど決まってしまうだろう。自然、脚色なり演出なりの腕で見せることになると思う。

[で、今度の本の物語は?]前に大臣もやったことのある戸田進太郎氏が急死して、残った家族の中、長女千鶴はすでに縁づき未亡人となっており、長男進一郎、次女綾子もそれぞれ結婚して別居、次男昌次郎と三女節子だけが母と共に家にいた。父の死後、昌二郎は天津へ就職して行き、母と節子は長男の家へ引き取られるが、

ここで進一郎の嫁と衝突して、千鶴のところへ行くがここでも納まらず、結局、鵠沼《くげぬま》の別荘へ納まる。そこへ一周忌で昌二郎が帰ってきて憤慨、母と節子を引き取って天津へ、さらに節子の友人時子と結婚する、というような挿話も入る。

［この物語なら検閲でのカットはない？］ いや、それでも昌二郎の描写で友人と待合で会うくだり、待合や芸妓がカットになり、その他、二、三あります。

［大きな変更ではないですね］ そうとも言えない——今度も池田忠雄君と二人で書いたが、僕は大体コンストラクションをする、すると、すぐセリフセリフで進めて行く方、つまりセリフをそれだけ大切にする。よくセリフと劇中の人物とが離ればなれになっていることがあるから、僕はそんな点にとても神経を病む。前半を決めて、結末が出来、それで書き上げたのがこれ。溝口氏なんかは、第一稿と第二稿と直すらしいが、僕のは一稿すなわち決定稿だ。

［帰還後第一作、特別な思いは？］ そんなことはない。たとえば、戦争ものだと思わなくもなかったが、いまの日本の撮影所の機構では、しょせん無理だし、やめざるを得ない。技術的には大した変わりはないと思うが、近頃の色々な作品を見ると、ひどく持って回った、技巧に充ち満ちたのが多いようだが、私のはその意味では異なっているかもしれない。それに私は出征前、『一人息子』『淑女は何を忘れたか』の二本しかトーキーを作っていない。今度が三本目である。その点で、技巧的に未熟なところもあろう。しかし、そんなことは大した弱点にはなるまいという気持ちもある。

［『戸田家の兄妹』は相当のキャストだとか］ オールスター・キャストと言えるかもしれない。しかし、私は清水（宏）と違って、俳優はどんなのでもいい、とは行かない。巧い人でないと困る。馴染みでないと我がまま

が言えない。ところが今度は、藤野、高峰、佐分利なんて初めての人が多い。面白いのは、河村黎吉《れいきち》君で、僕が時代劇をやってた頃に組んで以来、何十年ぶりの顔合わせである。スターでもこのくらい、中以下は新顔合わせが多い。その点では心配している。二カ月はかかるだろう。もうすぐ着手するが……。

（帰還第一作に着手する／小津監督と一問一答／安全第一を願わざるを得ない！「都新聞」昭和十五年九月七日朝刊）

**【厚田雄春談】**むつかしかったのは、むしろ中国から帰られた直後に撮ろうとされた『お茶漬の味』の方ですよ。あれは残念でしたね。昭和十五年ですから、軍部がとてもやかましくなっていたんです。脚本をお読みになるとおわかりになりますが、いい話なんですよ。池田忠雄さんの脚本で、スタッフもキャストも決まってたんですけどね。

召集されて出征する前夜、亭主が奥さんと二人で、夜の台所でお茶漬をサラサラと食べるんですよ。これがペーソスのあるシーンでね。これが問題になり、お国に召されて出征するのにお茶漬とは何だというので、軍部と内務省から一発くらってしまったんです。本当なら、赤飯をたいて、鯛のおかしらつきでたくさんの人が集まって祝わなければおかしい。それを、真夜中にお茶漬とはどういうことかというわけです。けど、そこに小津先生の気持が出てるんでしょう。しかし、昭和十五年ともなると、こうしたことはもう許されなくなっていたんです。

（厚田雄春／蓮實重彦『小津安二郎物語』筑摩書房）

## 昭和十六年［一九四一］三十八歳

この年は、会社から完成を急がされた『戸田家《とだけ》の兄妹《きょうだい》』の撮影に始まった。編集に転向した浜村義康との最初の作品となった。

三月、『戸田家の兄妹』が公開された。それまでの小津作品は、評価家の評価は高かったが、興行成績はあまり芳《かんば》しくはなかった。しかし、本作品は、佐分利信《さぶりしん》や桑野通子《くわのみちこ》などのスター俳優を起用し、興行的にも大ヒット作品となった。この年のキネマ旬報ベスト・テンの一位となった他、日本映画雑誌協会選考でも一位に。この作品を機に、小津は給料を十年ぶりに上げてもらい、生活が楽になったという。

『戸田家の兄妹』の試写会の座談会で、尊敬する作家、里見弴と初めて面会した。以後、里見との交友が始まった。

四月、中国大陸で撮った写真が「寫眞文化」に掲載された。八月、大日本映画協会から刊行された『映畫演技學讀本』に「映画演技の性格」を執筆した［注、本節の最後に収録］。

五月、召集前に書いた『父ありき』の脚本を、池田忠雄、柳井隆雄と訂正した。

映画界に対する政府の統制は「映画法」（一九三九）以降、より厳しくなり、この年の秋から映画製作は、他の中小会社を傘下に収めた松竹、三つの会社が合併してできた東宝、そして、新興、大都、日活の合併によって誕生した大映三社に限定された。製作各社は「国民映画」の製作を求められた。また劇映画ではない教育映画、記録映

**二月十八日**
『戸田家の兄妹』撮影終了

**三月一日**
『戸田家の兄妹』公開。試写会で里見弴と面会

**四月十三日**
日ソ中立条約成立

**五月**
召集前に書いた脚本『父ありき』を訂正

**六月二十二日**
独ソ戦が始まる

**七月二十八日**
日本軍、南部仏印進駐

**八月一日**
米国、対日輸出全面禁止

**八月**
『映画演技学読本』に「映画演技の性格」を執筆

**十月十八日**
東條内閣を組閣

画等を内容とした「文化映画」の製作、上映も義務づけられた。
十一月、『父ありき』の撮影が始まった。
十二月八日、日本軍はハワイの真珠湾、マレー半島のコタ・バル（英領）を攻撃し、太平洋戦争が始まった。大蔵省令にて米英映画の上映が禁止された——。全国の映画館で時事映画の強制上映が始まった他、映画の上映時間の上限が二時間半以内に統制された。

**十一月**
『父ありき』撮影開始
**十一月二十六日**
米国、ハル・ノートを提出
**十二月八日**
太平洋戦争始まる

## フィルムの不足とNG

いまも南部さん（圭之助）に話したんだが、この間、撮ったところはＮＧは四割だ。大船《うち》は七割までいいことになっている。四割というと、目をつぶって清水の舞台から飛び降りた気持ちだ。ひと思いにやってしまわないとできないよ。まあ、できるだけやってみるんだね。

（昭和十五年の映画はどうであったか「新映画」昭和十六年二月号）

## 仕事の調子がでない

仕事という奴は、絶えずやっていないと調子が出ない。今度なんか三年半ぶりで、どうも勝手が違うんだ。思うようにいかない。僕がまずいのか、向こうがいけないのか、とにかくもっと実際上の修練を積まなくちゃ駄目だと思ったよ。

（昭和十五年の映画はどうであったか「新映画」昭和十六年二月号）

## 昭和十五年度に見た洋画は？

『駅馬車』『コンドル』『最後の一兵まで』『民族の祭典』『フロウ氏の犯罪』『旅する人々』と、これくらいのものかな。まことに不勉強で……。『駅馬車』は面白かった。あちこちと『駅馬車』の批評を見たが、批評家も、もっと直截《ちょくせつ》にものが言えないものかね。面白いことは一応認めながら、書いてることは右顧左眄《うこさべん》したものの言い方なのだ。他の人の顔色は覗《のぞ》かなくてよろしい。ああいう写真は、批評家も面白がって見ていいんだよ。

（昭和十五年の映画はどうであったか「新映画」昭和十六年二月号）

## 『コンドル』の出来は？

あの監督（ハワード・ホークス）は器用だよ。だが『コンドル』は『暗黒街の顔役』ほどにはよくなかった。『コンドル』の脚本だが、あそこまで気を使って、伏線をはったり、繰り返しをしたり、巧緻に組み立てねばならぬものかね。それは、まずいとしても、コンストラクションが昔ながらのサイレント的だったね。あの人の脚本はサイレント時代、一つのティピカルな［注、典型的な］ものだった。

だがトーキーなら、サイレントと違ったトーキー独自のコンストラクションがなければ困るんだ。字幕がセリフになり、セリフが積極的に働きかけるというだけでなく、コンストラクションの上にも、当然、違いが出てこなければならないと思うんだが……。あの脚本を見て、うまいという奴は、どうも映画の〝ムシ〟だよ。ハワード・ホークスは、アメリカには珍しいカットの細かい人だね。キング・ヴィダーなんかに比べて二倍以上細かいんじゃないかね。

（昭和十五年の映画はどうであったか「新映画」昭和十六年二月号）

## 気になる演技のこと

日本の映画俳優は〝思い入れ〟が芝居だと考えている人が多いね。演技とセリフってサイレントの時からの習慣からか二つに分ける。セリフが演技なんだけど、どちらかというとまだ表情の方を武器としたいらしい。またセリフを言ってるときだけ芝居で、言ってしまって科白を相手に渡してしまうと、もういいと思ってる人が多いね。

（昭和十五年の映画はどうであったか「新映画」昭和十六年二月号）

## 『最後の一兵まで』の適確さ

僕はあれは好きだ。カール・リッターの狙うものは、簡潔で、実に適確だ。リッターには文章の句読点のよさ、そういったものがあるね。ストーリーが好きだとか何とかでなく、人物の捉え方、セットの撮り方、狙ったものの掴《つか》み方が実に適確だね。

（昭和十五年の映画はどうであったか「新映画」昭和十六年二月号）

## 映画は戦争よりも難しいよ

やる気になりさえすれば、なんでもできるんだよ。戦争に行って愚図々々してれば殺されてしまうんだからね。その気でやればできるんだ。［戦争経験で］得るところはあったよ。しかし、映画は戦争よりも、ある意味で難しいね。こんな比較をしては実際すまないけれど、僕の分隊の兵隊たちは、僕の思っている通りに、間違いなく戦ってくれるからね。

（一寸した匪賊討伐戦だよ／『戸田家の兄妹』を完成した「映画旬報」昭和十六年三月一日号）

## 自作を語る／戸田家の兄妹

これも家の空気は『お茶漬』に似てるね。だから慎重に、母の愛情を中心にしたんだ。この撮影はおしまいを急がされてね、今日あげないと封切に間に合わんという、時間はあと二時間。そこで仕方なくロングでカラカラ廻しちゃったよ。撮る方じゃ気になっても、画《え》にしてみるとわからないものだね。撮影中、楽しんだ写真というものは、出来栄えには関係なく好きになるもんだが、その意味じゃ『戸田家』は気に入った作品といえるだろう。佐分利、高橋（三枝子）も初めてでね。当時としては絢爛たるスター陣だった。そのせいかな、今まで小津作品は当たらんという定評を破って、まあ大入りだったんだね。やっとこの時からかな、入るようになったのは？

『戸田家の兄妹』（松竹大船・昭和十六年）脚本池田忠雄、小津安二郎　撮影厚田雄春　主演佐分利信、高峰三枝子、桑野通子、葛城文子、三宅邦子、斎藤達雄、吉川満子、坪内美子、笠智衆、近衛敏明、藤野秀夫（自作を語る「増刊キネマ旬報二月号　小津安二郎〈人と芸術〉」昭和三十九年二月十日）

## 興行的に成功した『戸田家』

『戸田家の兄妹』は、たしか昭和十五年にシナリオを書いたと思う。これは、この前に『お茶漬の味』を書いた頃、内務省の検閲から、有閑子女を描いたとかなんとか、文句を言われ、面倒なので、製作を中止した、代わりのような作品です。その頃のぼくの作品としては、めずらしくキャストが派手で、興行的にはよかったと覚えている。

記憶といえば、封切に追われて、家にも帰らないで撮ったことだけである。撮影は、十五年から十六年に跨《また》いだ作品でした。

それまで、ぼくは好んで下町ものを手がけてきたが、これは『淑女は何を忘れたか』とともに、山の手の生活を描いた点に特徴があります。家族制度の決壊と、いわゆる人情ばなしで、家族の中のエゴイズムを描いたものです。だが、どちらかと言えば、戦争から帰ってきて、すぐ書いた『お茶漬の味』の方が、ぼくには印象深い作品です。

（思い出『戸田家の兄妹』「キネマ旬報・別冊」日本映画代表シナリオ集③〉昭和三十三年五月五日）

## いま欲しいのは金だよ

金はいくらあっても使い方だけれど、こういうことを覚えているよ。最初の戦争から帰ってきて城戸さんのところへ行ったら、「お前も戦争から帰って来たんだ。いい加減に嫁さんをもらわないか」というんだ。「いま欲しいのは嫁さんじゃありません」「何だ?」「金です。あなたは知ってるかどうか知らないが、ぼくは十年給料が上がらなかった。過去十年上がらないのは、将来十年上がらない可能性が多分にある」「それはうっかりしていたよ。帰って来たばかりで急に上げる訳にはいかないから一本こしらえろよ。それを見て上げようじゃないか」。それから出来たのが『戸田家の兄妹』。これは給料を上げるために、こしらえたのじゃないが、あれから上がって楽になったことは確かだよ。ぼくが三十五歳のときだ。

（小津安二郎・筈見恒夫対談「映画の友」昭和三十年九月号）

**【厚田雄春談】** キャメラマンとして独立して初めっから終りまでまかされた『戸田家の兄妹』は忘れられませんが、これはもう無我夢中で撮りました。麻布の鳥居坂の近くの道でロケしてたら、それがブリヂストンの石橋さんのお屋敷のすぐそばで、石橋さんのところから、いろいろ差し入れをいただいたことなんかも覚えています。最初の記念撮影のシーンは、やはり三田の方のどこかのお屋敷の庭を借りてやりました。

（厚田雄春／蓮實重彦『小津安二郎物語』筑摩書房）



## 戦場で『鶴亀《つるかめ》』を読む

『鶴亀』［里見弴］は支那で拝見しました。「文芸春秋」からあの頁だけはずして、別に表紙をつけて、背嚢《はいのう》の中に入れて、戦争中持って歩いていました。南昌攻撃の修水渡河戦の日、修水のほとりで「サンデー毎日」を拾ったのです。それに『三平の一生』［里見弴］が出ていたのです。その日の午後から総攻撃なのですが、それまでの間、ひょいとすると、今日は死ぬかもしれないと思いながら、大変いい気持ちで、これを読ましていただいたことを覚えています

（『戸田家の兄妹』検討「新映画」昭和十六年四月号）

## 『鶴亀』を読む喜び

『鶴亀』など、時局に全く無関心の閑人の低徊《ていかい》の戯作だなどと思っている向きもたしかにあるだろう。だがしかし、百の『麦と兵隊』より千の『土と兵隊』より、一つの『鶴亀』の方が嬉しかったと、現に兵隊の、生還を期し難い、前線の僕が思っているのだから致し方ない。

（従軍中の「覚え書」）

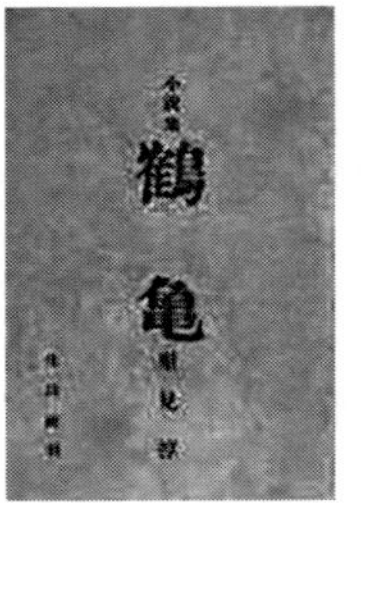


鶴亀《つるかめ》：里見弴（1888～1983）の短編小説。小津の従軍中の日記には、「衛兵所で蝋燭をつけて紅茶を飲んで、里見弴の『鶴亀』をよむ。会話のうまみにほとほと頭が下る」等と頻出する。

## 次の作品を早く撮りたい

いつも仕事を上げると、当分は仕事が嫌になるのだが、今度は仕事をやっていて調子が分かってきた時分に仕事が終わってしまったので、次の仕事に早くかかりたい。なにか早く撮りたい。これは、いままでにないことだね。トーキーになってこれで三本目で、四年振りの仕事なので、見当がまるでつかなかった。やりながら、どうやらおぼろ気に見当がついた。ついたと思ったら、終わりなんだね。前々からトーキーを知っていれば、戦争中忘れたかもしれないが、僕は知らないで戦争に行ったので、忘れる心配はなかった。

（『戸田家の兄妹』検討「新映画」昭和十六年四月号）

## 里見作品からの拝借

［劇的構成に戻るけど、やはり鰻屋の別室で泣くシーンが欲しかったですね］ あれは初めの脚本は待合で飲んでいるのです。いろいろの話の出たあと、ふと昌二郎がいなくなるのです。それに気づいてどこへ行った、「おい、探してこい」、芸者をやると、別の部屋で昌二郎は泣いている。女が帰ってきて「なんだか泣いていらっしゃるようよ」「そうか、じゃあ俺が見てくる」。友達が出かけようとすると、そこへ昌二郎が戻ってきて、……里見（弴）先生の『帽子』です。

それが簡単に訂正（脚本事前検閲）になったのです。この写真では里見さんのお書きになったものから大分、ところどころ、無断で拝借しています。それも大変拙い拝借の仕方で、写真を写すところが『安城家の兄弟』、いま、申し上げたところが『帽子』で、玉露が『アマカラ世界』で、まだ、

里見弴《さとみとん》（1888～1983）：本名：山内英夫《やまのうちひでお》。日本の小説家。兄有島武郎・生馬の友人志賀直哉の強い影響を受け、『白樺』創刊に参加。人情の機微を描く心理描写と会話の妙が高い評価を受けた。四男静夫は松竹のプロデューサー。

いろいろあります。まさか、この映画を里見さんが御覧になるとは思わなかったもので……どうも……。題名の『戸田家の兄妹』も拝借の部類です。

（『戸田家の兄妹』検討「新映画」昭和十六年四月号）

## キング・ヴィダー『城砦《じょうさい》』

『城砦』なら他の監督がやっても相当一応はやれると思う。ヴィダーまで巧く行くか行かんかは別としてね。『南風』となると、キング・ヴィダーの腕がなければ、どうにもならない。他の奴がこしらえたらお蔵《くら》になる。ああいうストーリーをどう思いついて、あれに食いつくかね。たとえば『無免許灸』というのがあるが、他の者が書いたらどうにもならない。里見弴だから『無免許灸』が書けるので、そういう意味でやはり……。

（『城砦』合評／主として演出について「映画旬報」昭和十六年四月一日号）

## 戦場で撮った写真

［ライカで撮った写真に期待していますが］いやあ、そうですか。なにしろ兵隊という立場ですから、戦闘にはライカなんか持っていかれないし、結局、警備についているとか、後方にいるとか、暇なときにパチパチ撮る訳で、その上に技術的立場がまた恵まれていない。向こうの悪い水でパンクロフィルムの、そして、ずいぶん長尺のライカのフィルムを巧みに処理するということは、なかなか困難ですからね。結局、自分の記録に撮っておくのが主であり、後日、仕事の参考にしようといった下心でパチパチ写したものです。

（小津安二郎氏に映画と写真をきく「写真文化」昭和十六年五月号）

## 戦争は写真にならない

なりますまい。激しければ激しいほど、フィルムにもマイクロホンにも信用が持てない気がしました。写真の持っている宿命的なのがはなはだ頼りなくて、この範囲では「アサヒグラフ」など一応よく撮れているとは思いますが――。

**[最近の戦線の写真、事変以来、マンネリズムでは?]** それはなかなか難しい問題ですね。ここに山中貞雄と僕と写した写真がありますが、○○でちょうど出会って、山中はそこの警備についていて、僕は前線へ行く道すがらだったのですが、それでは記念にと、他の兵隊に頼んで写してもらったのです。

まだ朝非常に早くてね、山中が戦死したのでこれが山中と僕と並んで写っている、どちらも軍服のただ一枚の写真ということになったのです。こんな純粋の記録的な写真の使い方、ありがた味、こんなところにも、確かに写真の道がありますね。

(小津安二郎氏に映画と写真をきく「写真文化」昭和十六年五月号)

## なぜ低いカメラ位置なのか?

**[低いカメラ位置はどんな考えで?]** ああ、あれはよく問題にされるのですが、別に特別の考えがあってやっている訳ではないのです。大体日本間を写すと、襖や敷居の線がフレイムのどのあたりにくるかというようなカメラ・アングルを使うと非常にうるさく、画面のコンポジションがつけにくい。そんなことも一つの要因です。

**[日本人の生活は、大体座って物を見る。比較的低い位置から物を見るのが極めて自然に感じるという習慣があるのでは?]** そういうことも言えるかもしれません。大体、私があアした見上げる、低く目の位置からのカ

メラ・アングルが好きだ、どうであるから好きだ、というのではなく、結局、あれは私の趣味だ、と言うべきかもしれません。見下すようなカメラ・アングルが好きだという人もあるし、カメラは胸の位置におく、という人もあるし、あるいは、眼の位置におく人もあるのです。映画には前のカット、それから後につながるカット、こうした連続したまとまった一つの効果を生まなければならないのです。

たとえば、こうして私と師岡さんと話している二人のロング・ショットのカットを向こうの隅の低い位置から撮《うつ》す、次にあなたのクローズ・アップになった場合に、今度はいきなり、あなたの顔を上から見下すようなカメラ・アングルで撮る。そのどちらもコンポジションとして大変優れていても、それが連続した場合に、視覚的になだらかな感じを受けない。

なだらかな感じが生まれて来ないと、雰囲気が簡単に描けない。もし、その場合に視覚的になだらかさを出したいのなら、見上げるカメラ・アングル、それから普通の眼の位置あたりからのカメラ・アングルを一ツ入れて、そして見下すようなカメラ・アングルを使えば、観る方では自然に受け入れられることになりますが、一カット余計に入って、それだけ映画が煩雑になる訳です。

（小津安二郎氏に映画と写真をきく「写真文化」昭和十六年五月号）

**【厚田雄春談】**　小津先生は、絵の描ける人だったからまず構図のことがあった。……僕が雑誌のさし絵を見ながら「先生みたいにロー・アングルから描くということは少ないものですね」と言ったら「そりゃ描きにくいよ。だから、そこにおれの位置があるんだ」と仰有ったことがあります。

（小津先生という人「シナリオ」昭和三十九年二月号）

## 俳優の演出のこと

［俳優の演技は、お茶を飲む手つきまで演出するのか？］たいていやっております。だけど一寸《ちょっと》やってみてくれ、と言いますね。それで、良ければそのまま撮影してしまいます。ですけれど、レンズに向かっては、カメラを意識しての演技をやりたがりますね。それは無理はないところなのですけれど、たとえば、お茶を飲んでいる、その手に力が入っていずに自然で実に良いんですね、だからその手が良いんだからもう一度やれ、と言ったんでは、もうそこに特別の意識が働いて、力が入ってしまって駄目になることがあるのです。だからそう言わずにだまって撮ってしまうと、今度は前ほど良くないというようなことがあるのです。マッチを擦って煙草に火をつける。

マッチを擦っても一度で火がつかない、二度、三度目につく。自然なことで誰しもやることなのですが、映画の場合では一度目に何気なく火がつかないと、そのアクションそのものが何か特別な意味を持ってしまって、困るのです。気持ちに動揺があるといったような、感情的な別の意味にとられるのです。細かいところでも、なかなか馬鹿にならないです。

［細かいジェスチュアは、始終巻で注意して見るのか？］そういう訳でもありませんけれど……。日本人は気持ちを派手な表情や大きなジェスチュアで表現することは、あまりしないと思うんです。それを演技を誇張させると、何となく鼻についた不自然なものが出来上がることが多いんですね。現在の映画では、くどいような誇張させた演技というものが、次第に少なくなりつつあるように思うんです。

（小津安二郎氏に映画と写真をきく「写真文化」昭和十六年五月号）

## 撮影を制約する条件

［映画では一シーンを撮るのは大変な努力でしょう?］そうですね。調子の悪い時や難しい撮影では一日に幾カットも撮れませんからね。映画でもロケーションの場合なんか、比較的簡単に撮っている場合が多いですからね。前に大体場所を見ておいて、何時頃が光線の具合が良いか見定めておくのですけれど、何カットも一日に撮る場合には、ある場所でもう一時間も待てば、光がまわって良くなることを知りながらも、その中に雲が出て来てしまうかもしれないし、次に撮影する場所がどうなるかも分からないし、何しろ大勢で行くのですから、そこには時間的にいろいろの事情に縛られて、充分満足の行く撮影条件ばかりでなくて、ある程度で我慢して撮って、すぐ次へかかるということがよくあります。

そんな場合には、普通のカメラなら簡単だから、光の具合の良い時に出直して撮ればよいということも言えるでしょうけれども。『戸田家の兄妹』の中にも一シーンあるのです。前に見に行った時は、道の片側が塀になっていて道路が半分影になっているのです。その路の突き当りに真白い洋館があってそれに陽が光っているので、人物はその日陰を歩いて、白い洋館を背景にして、黒く二人が浮く効果なのですが、構図もよし、はなはだ未練があったのですが、いざ撮影となると、やはり時間の都合で出来ませんでした。

映画でも写真でもそうですが、どうも光線というものが宿命的につきまとうのでね、曇りなら曇りなりの美しさがあり、雨なら雨の美しさがあるのですが、それは出てくれないのでね。

（小津安二郎氏に映画と写真をきく「写真文化」昭和十六年五月号）

# 戦場の蚤《のみ》を懐しむ

南昌攻略は春だった。

修水河の渡河戦に始まって、夜を日についでの追撃だった。

何処《どこ》も彼処《かしこ》も菜の花の盛りで、菜の花に夜が明けて、菜の花に日が昏《く》れた。

夜が明ければ、陽を受けた一面の鮮やかな黄に、眠不足の目を細め、「未だ生きている目に菜の花の眩《まぶ》しさ」だった。日が昏《く》れれば、一面の黄《あか》が、夜空に白く抜けて、いつまでも目に残った。

着のみ着のままの、埃《ほこり》と汗と垢《あか》で、装具は痛く肩に喰《く》い込み、足の裏は十文七分、ことごとく、まめになった。

水が呑《の》みたい。水道の水が呑みたい。このまま弾《たま》当たって戦死をする。白木の箱に納まって、東京に還《かえ》ったら、暫《しば》く、どうどう頭から水道の水をかけるべし。

畦に腹ばって、田圃の水を呑んだ。水には春の空が映り、おたまじゃくしが游《およ》いでいた。

足先を見つめながら、黙々とただ歩き続けた。

未だいくらも歩かないうちにもう水だった。

ふと目を上げた。一面の菜の花青みわたった空、その中を蜿蜿《えんえん》と進む部隊。これは美しい風景だった。だが、その一人一人は、歯を喰いしばりすべての困苦を忍び、欠乏に耐えている。この美しい流れの一人に僕もいる。

その時、背中に一匹の蚤《のみ》を感じた。今のうちだぞ、喰っておけ。弾に当たって戦死をする。僕の体が段々に冷たくなる。蚤はきっと囁《ささや》くに相違ない。そうすれば何の未練もなく、僕の体を離れて、他の兵士に飛び移ることであろう。

ふと、この蚤にいい知れぬ愛着を感じた。この蚤は、きっと何処かで戦友の戦死を見とどけて来たのに相違ない。力限り、根限り、頑張って、こいつは南昌にまで、連れて行ってやらねばならぬと考えた。

帰還して二年、茅ヶ崎の海近い宿で、次の仕事の脚本に難渋を極めている。

夜半、蚤に悩まされ、蚊帳《かや》の中にひそかにマッチを擦り、あちこち探しながら、あの時の美しい風景と、愛着を感じた蚤を懐かしむことしきりである。

（蚤を懐しむ「朝日新聞」昭和十六年八月四日）

## かわいい支那の子供たち

支那の子供は可愛い。われわれの部隊にも、たくさん子供がいて、われわれの手近に二人子供がいた。十二くらいの子供だが、正直な子供でとてもよかった。子供という感じでなく、やはり童子だね。それが博打が好きなんだね。先天的に好きなんだ。博打をすると眼の色が変わる。いままでのあんないいやつが、どうしてこうも変わるというほどに変わるね。また、あれほど直截《ちょくせつ》に人間性の出るものもないけれども、出るから俺は嫌なんだね。

（内田吐夢・小津安二郎対談「映画旬報」昭和十六年十一月二十一日）

## 本当の娯楽を提供したい

古い言葉だが、映画は民衆娯楽の王様である。それだけに目立つ、注文や取り締まりも強化する、そこで製作する側もひどく萎縮してしまった。それがここ半年、一年の実際ではなかったかしら。「近頃の映画はつまらん」と、よく言われていたのも、この辺に由来するところが大きかろう。

しかし、これからはそんなことではいけない。情勢がこうなればなるほど、その間、正しい娯楽が提供されなければいけない。その娯楽間に王座を占めるからは、映画にも、もちろん、十分な働き場もあるはずである。

（映画も武器の一つ／我々は其心で製作する「都新聞」昭和十六年十二月十五日朝刊）

### ◉映画演技の性格

## 映画演技の基本は「写実」

映画が、まだ活動写真と言われていた頃、活動写真は盛んに芝居を模写した。それはただフィルムを通して見る舞台劇に過ぎなかった。強いて相違を求めるなら、実際の舞台劇よりはいくらか場面的に複雑であるという程度だった。その頃は、今で言う演出も演技も舞台劇そのままであった。

日本では映画がこうした舞台劇の模写を主とした活動写真から出発したために、映画の演技も舞台劇のままを借りるようになった。しかし今日では、映画はすでにそういう舞台劇模写の域を遥かに脱して、映画それ自身の姿を持つようになっている。したがって映画の演技も、すでにまったく舞台を降りていなければならない。

ところが実際には、往々にして映画の中の演技に未だ舞台劇的の残臭があるのみならず、たとえば、映画俳優を志すというような人々の中にも、ややもすれば、今もって、映画に出る、キャメラの前に立つ、と言えば、ことさらに芝居をしなければいけない、といったような誤った考えが、かなり根強くあるかに見受けられる。

では、映画演技とはどういうものか。それを知るためには、映画が舞台劇模写の活動写真の域から脱して発見してきた、もしくは発見しつつある映画それ自身の姿の本質を知ることが必要である。何が故《ゆえ》に映画は舞台劇模写に満足できなくなったであろうか。それは映画の天性である高度の写実的性格のために他ならなかった。つまり舞台劇のもつ写実性では満足できず、これを乗り越えると同時に、表現形式ともに舞台劇そのものよりも離れて、映画それ自身の姿の探求へと出発せざるを得なかったのである。

こうして新しく映画が選んだ対象であるところの映画演技は、その根本において、写実的でなければならなかったのである。映画演技とは、一口に言って、ありのままの形、ありのままの気持ちでよい、現実そのままの巧《たく》まない仕種《しぐさ》［注、技巧や趣向を凝らさない仕種］、つまり写実ということが映画演技の基本であるということは、昨日も今日も、そして明日も変わりないであろう。

しかし、こう言ったからといって、映画演技が現実と同じ、つまり、写実そのままでなければならぬというのではない。というのは、映画劇は「実写」ではないからだ。映画劇は単なる写実とは違って、現実そのものの再構成であり、もっと完全な、そして、もっと納得のできるような人生の姿を伝えることを志し努めるものである。これは他の色々の芸術の場合にも言えることであるが、映画はその天分においても、従ってその使命においても、敢えてそれ等に引けを取るまじきものである。

こういう意味での映画劇と写実との相違が、そのまま、映画演技と現実そのものとの相違を意味することになるのである。すなわち、現実そのものから出発し、絶えず現実そのものの鑑《かがみ》において反省され、終《つい》に現実そのものより、もっと完全な、そして、もっと納得のできるようなものであろうとする努力、しかも自分を現わせば、これが映画演技の真髄なのである。また写実ということが映画演技の基本である所以《ゆえん》でもある。

（映画演技の性格『映畫演技學讀本』大日本映畫協會／昭和十六年八月十日刊）

## 映画演技を制約する「条件」

以上、映画演技の基本的性格について触れたのであるが、これを実際に生かそうとする前には、映画をめぐる色々の条件についての一応の心得が必要である。それによって、この基本的性格に血が循《めぐ》り、肉がつくことになるのである。

それには、まず映画のメカニズムというものを心得ておかなければならない。映画がどういう過程を経て製作されるか、その機構をある程度まで心得ておかないと、演技の位置というものが分からない。演技の位置が分からなくては、演技を把握するに不十分である。映画のメカニズムの中で、映画演技がどういう風に規定されていくかについて考えてみることが必要である。

まず、映画はキャメラによって撮影するのである。俳優は常にキャメラの前に立たなければならない。そこで、大体キャメラの性能を知っておいた方が都合がよい。といっても、その機械的構造や光学的専門知識の範囲にまで立ち入る必要はない。ただ、キャメラが演技とどういう関係のもとに働くかということを、理解しておいた方がよいというのである。たとえば、キャメラがバストからクロース・アップに前進するような場合、演技がバストのときもクロース・アップのときも同じであっては、フィルムに投じるコンポジションが崩れたりすることがある。

またレンズには、四〇ミリ、五〇ミリ、七五ミリなど、色々の種類があって、光線を受け取る角度がそれぞれ異なるのであるから、キャメラと俳優との距離が同じでも、齣《こま》の枠に収められる俳優の大きさが変わってくる。その中で演技すべき枠の大きさを承知していないことは、自分の演技の位置が分からないということになると同時に、また演技に狂いを生じる原因ともなる。

この枠の大きさと演技との関係が重要であるということの顕著な一例は、これは直接キャメラの知識に関係はないが、次のような場合である。すなわち、ロング・ショットのカットからクロース・アップのカットへ接続する場合である。この場合、俳優が前のカットで演技した現実の動きの継続を、そのままの大きさと速度で後のカットに持ち込むならば、その動きは突如として、その大きさと速度を拡大される結果となり、演技の破綻が起こることになる。

ただし、俳優がこういうことの全てを知り尽くし、俳優としての責任において、その一切を演技しなければならないと言うのではない。そこは監督がいて指導をするのである。だがこれらの一般的なことは俳優としても、直感的に知っておきたいもので、そうでないと監督の演技指導を理解することを全く妨げてしまうであろう。そしてこれは、頭で考えるより、実際にキャメラの前に立って経験してみないと理解し難いものであるが、こういう制約があるということは、やはり心得ておきたいものである。


（映画演技の性格『映畫演技學讀本』大日本映畫協會／昭和十六年八月十日刊）

## 映画表現のもつ断片的性格

映画製作のメカニズムとして、ぜひ、心得ておかなければならないことは、映画演技は舞台のそれのように一定の時間の中で継続して行われるものではなく、非常に頻繁に演技が中断されるということである。それは、原則的に、映画は組み立てられて出来上がるものだからである。フィルムを切ったり、継《つな》いだりして、映画は組み立てられる。

つまり演技も切られたり継がれたりする。撮影するときに、すでにそうした約束があって、カット、カットに区切って撮影される。その上、製作機構上の制約のために、順序通りには撮影されない。セットとかロケーションとかの都合があって、最初の場面を最後に撮ることもあるし、中ほどの場面を最初に撮ることもある。また、同じセットの場面が七つあれば、その七つの場面を同じセットでまとめて撮影してしまうということが原則であり、通例である。その他、色々の制約があって、場面の順序通りに撮影するということは、ほとんど全く不可能だ。また一つの場面の中についても、各カットが順序通りに撮影されることは、むしろ少ないくらいだ。

つまり撮影は、場面についても、その中のカットについても、順序通りに撮影されず、しかも現実とは違った順序で、演技していながら、俳優は各カットの中では、その演ずるところの役柄の人間になり切らなければならない。監督の指導のもとに、それを体現しなければならないのである。

（映画演技の性格『映畫演技學讀本』大日本映畫協會／昭和十六年八月十日刊）

## 俳優に必要な「観察力」

さて、俳優が、ある映画で役を与えられた場合、まず最初に基本的に重要なことは、その映画のテーマを把握することである。そして、自分の役がそのテーマのどういうところに位置しているか、全体のテーマに対してどういう意味を持っているか、ということに対する理解が肝要である。この理解があって初めて演技の方向が決定される。その上でこそ、俳優としての演技の色々な苦心や努力が実を結ぶこととなるのである。

しかし、テーマを理解しただけで、直ちに演技が成立するという訳のものではない。そこには、俳優としての身についた素養がなくてはならない。その素養を身につけるについて、もっとも大切なことは、その日常生活の中における観察力でなくてはならぬ。

俳優は、日頃、自分の周囲の色々な階級、雑多な職業の人間について観察することを忘れてはならない。また、往来を歩いているときでも、バスに乗っているときでも、自分の周囲のさまざまな人間に対する観察を怠ってはならない。そういう人間たちの表情や動きの線を、その性格や生活と結び付けて深く観察し、その収穫を完全な、納得のいく形に整理して、自分のものとして頭の中に入れて置くように心がけなければならない。

そして、たとえば、ふと、公衆電話の中に一人の男を見かけた場合、その男の服装、身振りから察して、どういう階級、どういう職業の男であるか、また電話の相手は何者であるか、用件はどんなことであるだろうか、というような細かな話まで観《み》てとるくらいの洞察力まで備えたいものである。こういう観察の結果、初めて色んなタイプを詮《せん》じつめた、納得のいく形で、映画的に知ることができるのである。

これが映画俳優として他日与えられた役柄を、自分の知る色んなタイプの中から見い出すことになるのである。そして、そのタイプの中の細かな点を、映画全体のテーマの線に沿うように処理することによって、自分の演ずべき役柄が本当に分かったことになり、同時にまた、映画のテーマも、真に映画的に理解したということになるのである。

（映画演技の性格『映畫演技學讀本』大日本映畫協會／昭和十六年八月十日刊）

## 場面の雰囲気をつかむ

俳優がキャメラの前に立って演技をするとき、撮影はカットごとに区切ってなされ、演技がそれによって常に中断されることは、前述した通りである。演技とともにその気分も中断されるのである。だから、何よりもまず、場面の雰囲気をよくのみ込んでかからないと、一貫した気分をもって巧く表現することができない。

しかし、その気分をのみ込むということも、あくまでも映画的にでなければならない。雰囲気をつかむ、その気持ちになりきる、という意味をはき違えて、三日間飯を食わないで飢えている役を演じるために、本当に三日間飯を食わないで、ふらふらになってキャメラの前に立ったというような例が、昔は往々にしてあった。

これなどは、もはや奇人の類《たぐい》であって、そんなことでは、いつまで経っても真の映画演技がつかめるものではない。それは現実そのままでしかない。この人が三日間の絶食の体験をもつことはよろしい。だが、キャメラの前に立つ時は、人並みに飯を食って来てよろしい。こんなことでは、この人が殺される役を演じる場合は、本当に死ななければならない。

すべて、演技は、俳優という自覚の上に立ってなされなければならない。つまり、監督の指図の範囲内で、日頃の観察の結果を発揮し、モデルを活用して、与えられた役に対するよき理解をもって、自己を現わし、演技することである。

実際問題として、監督の指図を超えても、俳優は俳優で、自分はこういう風に演《や》りたいと思う場合もあり得よう。しかしこの場合、俳優の言い分は、その場面だけに関しているに過ぎなかったり、また自分を中心に考えているに過ぎないものである。

監督というものは、劇全体のテンポとか、気分の動きとかを考え、個々の俳優を全体の中において見ているのである。たとえば、カットとカットとの間の距離というような、実際に画面に現れない部分までも、監督の頭の中では、埋められているのである。だから、本当の映画演技というものは、あくまで監督の演出精神の枠の中で、真価が発揮されるものでなければならないのである。

真に映画的雰囲気をのみ込むことも、従って、監督の指導の下にのみ可能である。

（映画演技の性格『映畫演技學讀本』大日本映畫協會／昭和十六年八月十日刊）

## 気持ちと形は一つのもの

前述の絶食の例とは反対に、雰囲気に対して、全然、無関心な例も、往々にして見受けられる。すなわち、その場限りの出まかせの演技をするのである。一つの演技を十遍やれば、十遍とも違うというような人がままある。これなどは、雰囲気に全然無関心なために起こる突発的演技である。こんな態度では雰囲気の理解どころか、雰囲気をぶち壊すだけである。

このどちらの例も、真の映画演技を打ち立てる道ではないことは言うまでもない。何よりもまず気持ちが大切である。その根本において、気持ちさえしっかり掴《つか》んでいれば、このどちらの例のような誤りを犯さないのみならず、監督の指導の下に、真に映画的に雰囲気をのみ込むことも出来る訳である。そして、気持ちから滲《にじ》み出たものが、形の上に自然に現れてくるようになることが出来る訳である。

気持ちと形とは、本質的に一つのものでなければならないものであって、俳優の演技を形から出発しようが、気持ちから導こうが、帰するところは一つであるべきはずである。

簡単な例で、電話をかける場合、ごく一般的に形の上から言って、その眼のやりどころの位置が受話器より低ければ相手は目下の者、高ければ目下の者、同じ高さならば同僚であると思うことが出来る。しかし、単なる目上、単なる同僚と言っただけでは、それは抽象的な概念に過ぎない。実際には、他のあらゆる属性が備わっていなければならない。話している二人の間には、色んな利害関係もあろうし、感情関係もあるだろう。それを一々言葉をもって、気持ちの内容から説明してかかることは、ほとんど不可能に近い。また、もしそうでないとしても、多くの俳優に一々気持ちを説明することはできない。

したがって監督は、俳優の演技を形の上から決めてかかる場合もある。そして、口で言えない気持ちまでも、直感的に表現して行こうとする。まず一つの形を俳優に与えておいて、その形を何度も繰り返させる。その間にだんだん俳優に、監督の求めている気持ち全体がのみ込めて来て、演技がしっくりしてくる。

前述の電話の場合も、眼の位置が受話器より高く示され、この形を繰り返すことによって、自ずと相手は目下の者であると思い至る。この程度の理解力は、俳優の誰もが備えていたいものである。そして、こういう理解力も、しっかりと気持ちに根を下ろした観察力の錬磨の結晶に他ならないのである。

（映画演技の性格『映畫演技學讀本』大日本映畫協會／昭和十六年八月十日刊）

## 総合芸術であることの深意

映画は総合芸術であると言われる。色々の意味で、映画は総合的な芸術であろう。これを演技の点から言っても、映画に現れる全ての人間、つまり俳優は、一つの渾然《こんぜん》とした総合体になっていなければならない。すなわち、個々の俳優の個々の演技が、相乗されて、渾然一体をなす総合演技でなければならない。その個々の演技のどの一つもが、その総合演技の有機的な一部でなければならないのである。

監督は絶えずこの観点に立って演技を指導するものであるが、これは監督のみの努力によって達せられるものでないことは言うまでもない。俳優自身における総合的な演技、つまり、アンサンブルとしての演技が尊重されなければならないのである。この性質がまた、映画演技の一つの特質である所以《ゆえん》である。

日常、周囲の人間を観察する場合、この「総合性」ということも没却してはならない。すなわち、切り離された個人の行動の断片を観察するのではなく、総体との関係において、つまり彼が生活する一つの協同体の中に、これを観察すべきである。そうすることによって、その行動の裏打ちであるところの気持ちを、生きた姿で把握することもでき、行動の断片を真に映画的に観察することが出来る訳である。

以上、述べてきたところをもって、簡単ではあるが、映画演技に大体の輪郭を与え、それを習得する道の方向性を示したつもりである。まことに入りやすく、達し難く、そしてこの道も、結局は、人格の錬磨に通じるであろう。

（映画演技の性格『映畫演技學讀本』大日本映畫協會／昭和十六年八月十日刊）

## 昭和十七年［一九四二］三十九歳

年始、大阪劇場での大船俳優実演舞台『健児生まる』（伏見晁《ふしみあきら》脚本）を演出、大入りとなった。出演は、高峰美枝子、佐野周二、坂本武、笠智衆など。映画新体制の下、配給・興行も厳しい統制下に置かれた。四月一日、社団法人映画配給会社（映配）による映画配給が始まると、全国四二〇〇館にも及ぶ映画館は「紅系」と「白系」の二グループに分けられ、指定された映画が一元的に配給された。前年からの企業統制により劇映画製作は、松竹、東宝、大映の三社に限られた。

**一月一日〜五日**
『健児生まる』（大阪劇場）を演出

**一月二日**
日本軍、マニラを占領

**二月十五日**
日本軍、英領シンガポールを占領

**二月二十三日**
翼賛政治体制協議会が成立

四月一日、『父ありき』が公開。『父ありき』は白系の第一作となり、紅系の第一作は『緑の大地』（島津保次郎監督）となった。興行成績は、白系の『父ありき』が紅系の『緑の大地』を圧倒した。召集前の脚本では父親役に斎藤達雄を想定していたが、『一人息子』の笠智衆の演技を評価し、父親役に抜擢した。

六月、陸軍報道部は「大東亜映画」を企画し、大手三社に戦記映画の製作を依頼した。松竹の担当はビルマ戦記になり、小津が担当することになった。当時、大船撮影所は、監督を中心とした体制から製作者（プロデューサー）中心の体制に移行することを試行していたという。後に撮影所所長だった狩谷太郎は、「陸軍から監督の指名はとくになかったが、小津監督は何となく煙たいので、小津さんに決めた」と語ったという。

小津は『ビルマ作戦　遥かなり父母《ちちはは》の国』の脚本の執筆を開始した。

この年の秋頃から松竹が興行不振に陥るようになった。松竹が得意とした小市民映画、女性の客層を意識した女性映画からの軌道修正が難しく、他社に比べ、時局に迎合した戦争物などが少なく、興行的に惨敗を喫することが多くなった。城戸四郎のもとで作られた健全で明朗な娯楽作品は、時局に合わないと批判を呼び、城戸は辞任に追い込まれた。新所長には、白井信太郎が就任し、ほどなく狩谷太郎に交代した。

**四月一日**
『父ありき』公開。紅白二系統の統制配給開始

**五月五日**
日本軍、ビルマ北部を占領

**六月**
陸軍報道部企画「大東亜映画・ビルマ戦記」の担当に

**六月五日〜七日**
ミッドウェー海戦で敗北を喫する

**八月七日**
米軍、ガダルカナル島に上陸

**十月二十六日**
南太平洋海戦

**十一月二十二日**
スターリングラード攻防戦

**十二月三十一日**
大本営、ガダルカナル島撤退を決定

## 自作を語る／父ありき

笠は『一人息子』のトンカツ屋の親父からうまくなったと思ったね。息子をやった津田少年は今どうしてるかな、一度会いたいと思っている。……これは前に書いた脚本を直して使ったのだが、映画というものは、年が進むと段々キメが細かくなってくるものでね、昔書いたものも、そのままでは直ぐ使えなくなってしまう。だから僕だって書き直し書き直しで、この点では進歩してるつもりなんだよ。「……」このあと、『遥かなり父母の国』の脚本を書いて、南方へ行って二十一年のはじめに帰って来た。『遥かなり』は残してあったのだが、この間の火事でどうなったか。佐野と笠の兵隊の話でね、やれば面白い話になったと思うんだが、軍の考えてたところと違ってたらしくてね。……もっと勇ましい話を、と言うんだな、それじゃ僕はおりるよ。このあたり、ずい分僕は寡作になっているが、こちらにいる限り、年一本は撮っているんだからね。もし戦争がなかったら、最小限度、あと七本は写真が増えてる勘定だよ。

（キネマ旬報「小津安二郎　人と芸術」昭和三十九年二月増刊）

『父ありき』（松竹大船・昭和十七年）脚本小津安二郎、池田忠雄、柳井隆雄　撮影厚田雄春　主演笠智衆、佐野周二、坂本武、水戸光子、西村青児、佐分利信、日守信一、奈良真養、文谷千代子

**【笠智衆談】**『父ありき』の主役は、『一人息子』の僕の演技を小津先生が認めてくださり、抜擢《ばってき》してもらったのだと聞いています。もちろんこれは、後で人づてに聞いたことで、本人はそんなことはおっしゃりません。出演のお話も、まったくのいきなりでした。『一人息子』の後、渋谷実監督の『桜の国』という映画に出て、その試写を観ていた時のことです。

隣りの席を見たら、小津先生が座っているじゃないですか。僕は「こりゃいかん」と思い、慌《あわ》てて外に逃げ出しました。そしたら先生も出てきて、「おい、今、観たよ」と。続けて、「君は、悲しい時には悲しい顔、嬉しい時には嬉しい顔、なんか絵に描いたような演技をするね。俺のところでやる時は、表情はナシだ。お能の面でいってくれ」。これが出演依頼だったのです。

（笠智衆『大船日記』扶桑社）

## 国策映画の興行不振のこと

活動写真は面白くなくちゃいかんねぇ。面白さ、楽しさがあって、多くの人が見なければ、映画の効果はないわけだからね。まず第一に面白いことだ。国策映画を作るとなると、すぐその面白さを忘れて、いたずらに「指導性」ばかりを盛り込んでしまう。お客さんは、入場料を払って、なにも説教を聞きに映画館へ来るんじゃないからね。情報局にしても、映画はまず楽しいものであってもらいたいだろう。映画の持つ楽しさの中に、芸術性も指導性もあるべきだ。僕はそう思うんだがね。

（たのしく面白い映画を作れ「映画之友」昭和十七年三月号）

## 映画は面白くなくては！

『父ありき』の「国民映画」参加作品に反対ですか？」そんなことを言ってるのかねぇ。別に、俺は、反対した訳じゃないんだよ。そこのとこを判然《はっきり》しといてもらおう。ただね。国民映画だから、これは堅苦しくなければいけないとか、国民映画だから、これはこう撮ろうなどという気持ちはないねぇ。また、そんな気持ちがあってはいけない。

これからの映画は、みな国民映画であるべきだからね。本当にいい映画を作ればいいんだよ。いい映画さえ作れば、これを国民に見せようが、大陸、あるいは南方へ持って行こうが、かまわんじゃないか。いい映画なら、国民映画でもあり、国策映画にもなるんだからね。

しかしねぇ、映画に必要なのは議論や理論じゃなくて〝腕〟だよ。監督は、理屈を言っている暇に、いい映画を作ればいい。まず仕事をすること、職域奉公だね。実際家は理論を言っちゃいかん。仕事をやらなくちゃ話にならん。監督政治家などという言葉が使われているが、まったく困るね。自家《うち》の会社は、組織が悪くていい仕事が出来ません、などと言い歩いている前に、まずい映画を作るんだ。作った後で、その組織を検討して、向上さすようにすればいいんだよ。仕事をせんといかん。「……」

**［『父ありき』の次は？］**次も〈楽しい映画〉を撮りたいと思っている。俺はね、『戸田家の兄妹』で母性愛を描いてみた。今度は『父ありき』で父性愛を描いている。だから、次には兄弟愛というものを採り上げてみるつもりだ。まだ、内容を話すほど具体的に進んでいる訳ではないがね。「……」

**［帰り際に］**君、映画は面白くなくちゃいかんということを強調しといてくれよ！。

（たのしく面白い映画を作れ「映画之友」昭和十七年三月号）

**［笠智衆談］**明日撮る場面に出る俳優が監督室に集められ、先生の前で、ホンの詠《よ》み合わせをするのです。読み合わせの小津演出は、そりゃもう細かいもんでした。セリフの上げ下げから間合《まあ》いまで、こと細かに決めていかれます。「……」メシを食ったり、酒を飲んだりしながらセリフを言わなきゃいかん。その時の小津演出は、箸の上げ下げからオチョコの置き方、ご飯をゴクンと飲み込む喉の動かし方まで、それこそ、一

から十まで決められていくものでした。あまり細かいので、なんだかロボットになったような気分になり、体を動かすとギシギシと音がするんでは、と心配したほどです。

（笠智衆『大船日記』扶桑社）

## 『戸田家の兄妹』に対する世評

［「大陸風を吹かせて、人を殴るような人物を出すのは怪しからん！」という意見が多くあったのですね］やはり、大陸に一年行って来たから殴るというのでなしに、もともとあの男には、どこか一面に野性的なものを持たせたかったのです。これは僕の好みから言って、出てくる人間がどちらかといえば、まあ欠点の少ない人間で、一見、はなはだ円満に見えて、努めてその円満なことを一つの処世術だと心得ているような、なんと言いますか、昔小学校で級長をしていた、未《いま》だに、まだその級長面《きゅうちょうづら》の抜けない常識的な男を人間としてあまり好まないのです。

たとえば、今度の『父ありき』でも、堀川良平が最後に秋田に行きますね。そのときに、父親の遺骨を膝の上に乗せて持って行くべきだという説もだいぶあります。大事な父親に死なれて、俺は遺骨を膝もくずさず、その上に乗せて夜通し秋田まで行くということは、どうもよそ目にも、ちょっと大がかりで手が込んでいるという感じがして、どうも押しつけがましくて大変好まないのです。

長い道中ですから、たとえば、父親の遺骨を細君に持たせて、ちょっと便所に立つこともあるでしょう。帰って来て細君から受け取って、今度は煙草を吸う時に座席に置く、こういうこともあるだろうと思いますが、誰が腰をかけたか分からない座席に遺骨を置くのも気がひける、座席に置くより網棚の上に置こう、こういった順序も成り立つと思うのです。

死なれて終わった、親爺の遺骨を夜通し大事に膝の上に持って行ったからとて、この男が孝心の念が厚いということにはならないので、そういうものを飛び越えて、遺骨は網棚の上にあげてもいい、要は精神がそこにあればいいと思うのです。

（小津監督に物を聴く対談「映画之友」昭和十七年六月号

**【野田高梧談】**『父ありき』の父親が狭心症で死ぬ。その遺骨を持って、息子が夜行列車で郷里へ帰る。遺骨が網棚の上に乗せてある。それを批評家が、「遺骨を網棚の上に乗せるとはけしからん」と非難した。その批評を読んだ時、小津君は冷たい憤《いか》りをこめてこう言った。「僕はおふくろと二人で親父の遺骨を高野山におさめに行ったんですがね、夜行列車となると、ねむくはなるし、膝の上においとくと却って落っことしたりする心配があるし、汽車の中では網棚の上が一番清潔だし、一番いいと思ったんですよ」。

（キネマ旬報「小津安二郎〈人と芸術〉」昭和三十九年二月十日）

## 映画の撮影技法のこと

［カットだけでやられると、そこに一種の「凝り」を感じて不安なのですが……］妙な潔癖があるのかもしれません。移動撮影はどちらかといえば好きです。このカットは移動にしたいと思うところでも、実際にその場での機械的の設備——移動というのは、御承知のように非常に設備がいるので、移動車にしろ、トロッコにしろ、それがスムーズに行かない場合は、場面として移動した効果が少しも出ない。

たとえば、移動すればキャメラがガタガタして水平が動揺して、場面に安定感が出ない。それなら返って一層カットで行った方がいいと思うのです。これは一つに設備の良し悪しによる問題で、円滑に移動ができるものなら移動撮影を採用したい箇所はたくさんあります。オーヴァーラップは嫌いですね。これはフェイド・イン・アウトなどと比べて遥かに嫌いです。あの映画のオーヴァーラップはよかったという外国映画を見ても、一向に感心しません。

強いていえば、無声時代のルビッチの『結婚哲学』の女同志の会話とか、チャップリンの『巴里《パリ》の女性』での壁にかかった額などの使用法が最上のもので、僕も初期の『会社員生活』というのに一度使いましたが、たとえば、なかなか便利で、まことにそれは簡便な方法ではあるけれども、どうも感心した技法ではないと思うのです。

（小津監督に物を聴く対談「映画之友」昭和十七年六月号）

## 気心の知れたスタッフたち

［スターの変遷に動じず、同じ俳優が出てくることに感心します……］スタッフというのは、御承知のように私が監督になりまして以来、キャメラマンはいま、トーキーの方をやっている茂原英雄君とずっと一緒にやっていまして、現在のキャメラマンの厚田雄治君は当時の茂原君の助手だったんですが、一緒に仕事をやり出してから、ほとんど、十五、六年たっています。気心も実によく分かっています。仕事をするのには、気心の分かった者と遠慮なく交際《つきあ》いたい。

俳優でも一度使ったことのある人を、どうもまた使うことになります。『父ありき』の笠君なども、もう、ほとんど十四、五年の交際（つきあい）です。どうも、いきなり演技のうまい人に出てもらうよりも、多少拙《つたな》くとも気心のよく分かった人の方がいい。つき合いやすい感じで、こんなことが、いつも変わらない印象を与えるのかもしれません。

（小津監督に物を聴く対談「映画之友」昭和十七年六月号）

## 作品に波及するスタッフの力

実際に映画というのは、演出家が一人で作っているようで、実は一人では何にもできない。映画には現れないけれども、スタッフの力というものは、非常に大事なものなのです。僕の場合、いままで割合に自分の思うように行っているというのも、スタッフに恵まれて、スタッフの人が意のままについて仕事をしてくれているからです。

たとえば、Ａの会社の優秀な演出家が、Ｂの会社に変わったとして、ＡとＢの撮影所でできたその演出家の作品の優劣には、やはりスタッフの力というものが、そこに働いたか働かないかで、大変な違いができるのだと思います。Ｂの撮影所でのスタッフが相当にまとまるまでは、やはり作品は前のＡの会社より落ちるようです。

なんでもそうですが、映画を作る場合には、ことにスタッフの力が大きいのです。出演俳優の演出指導などでもスタッフが統一されていれば、大変楽で、たとえば、多少不真面目な俳優が出てきても、スタッフが真面目にその職場職場でやっていると、知らず識らずスタッフの真面目さに気を打たれて一生懸命になるのですね。

監督がいくら一生懸命になっても、他の者の精神がいい加減では、どうも自分一人だけ一生懸命な気持ちにはどうもなれない。そういう点でスタッフの力というのは立派なもので、強力に写真に働きかけます。

**［恵まれたスタッフをお作りになったんですね］** なんと言いますか、仕事だけは目の色を変えてやろう、他の

ことはとにかく、仕事だけは別だといった感じでやっていますね。そういう気持ちを持った者がいれば、だんだんに、その気分がスタッフ全体に拡がって、これが一つの和になるのです。いい仕事にはなかなか手が届かないけれど、一生懸命やってみて、駄目なら駄目でこれはしょうがない。一生懸命にやらずに、いい加減なことをやっていて駄目では、どうにもこれも仕様がない。

だから、これはこの程度で負けておく、あれはあの程度で我慢をする。その負けておく、我慢をする規準をできるだけ高いところに置いてやっています。まあ最善と思えるところを尽くして、それで駄目だったら改めて考え直すという方法もできる訳です。そう思ってやっているのです。

（小津監督に物を聴く対談／上野耕三「映画之友」昭和十七年六月号）

## 監督とスタッフとの関係

お互いに、長所と欠点をよく呑《の》み込んでもらうことですね。それは初めは、なかなか思うように行かないものです。以前、未だ監督になりたての頃でしたが、ロケーションで曇っているからキャメラマンが回さないというのです。急ぎの写真でもあり、いついつまでに上げなければならぬので、回してもらわないと困るので、回してくれ、写っていればいい、奇麗に写っている必要はない。そのかわり、今度必要のある時は、君が回すと言っても、僕が嫌だということがある、と言ったことがありましたが……。

それを、たまたまその場の屁理屈で、そういうことを言ったのですが、その後、曇って大変意地張りにお天気を待っていたことがあって、そのキャメラマンが同情してくれましたが、そういうことは一本や二本ではうまく行かないので、長くやっているうちに、お互いに気心が分かってくる。

キャメラマンはことに女房役で、十五、六年も長く付き合っていると、気心が分かって、彼奴《きやつ》また機嫌が悪い、彼奴は機嫌が悪くて、こっちも機嫌を悪くしては、この場合、うまく行かないから、一つ我慢してうまくやってやろうという有難い気持ちになってくれる。お互いに気心が分かってくれれば、持ちつ持たれつで、非常にうまく行くのですね。

まあ、僕などは、どちらかといえば、いつも持たれたの方ばかりですが……。どうも時々腹を立てましてね。いけません。自分じゃ分かりませんが、キャメラマンなどに言わせると、仕事が始まると人が変わるというのですが、どうも不機嫌らしいのだ……。

まあ、腹を立てても、まあその日の仕事が済んでしまえば、どっちみち仕事の上のことですから、まあ何でもなく済むのですが、なかなかスタッフの統制ということは、難しいものですけれども、よくまとまれば、こんなにいいことはありませんね。

（小津監督に物を聴く対談／上野耕三「映画之友」昭和十七年六月号）

【笠智衆談】小津組のキャメラといえば、戦前は茂原英雄さん。茂原式トーキーを作ったあの人です。戦後になると、茂原さんの助手をしていた厚田さんに替わる。「僕はキャメラマンじゃなくて、小津組の〝キャメラ番〟だ」と言ってたぐらいの人で、ずっと先生の作品のキャメラを回していました。松竹以外の作品は別の人でしたが、他は全部、厚田さんです。みんなから「ユウシュン」と呼ばれて慕《した》われていた厚田さんには、僕もずいぶん世話になりました。僕が先生の演出でケチョンケチョンにやられてフラフラになっているような時、声をかけてくれたのがユウシュンです。「笠さん、よかったよ」みたいに。たくさんしゃべるとよけい落ち込むのがわかっているんで、一言だけです。あれには、本当に救われました。（笠智衆『大船日記』扶桑社）

## 俳優のもつ人柄の重要さ

劇場映画で実際に俳優を使う場合、その俳優は演技は大変上手だが、人間としてあまり感心しない、それがどうもぴったり来ない。また、その男の持っている精神が頷けないというような場合には、どうも一緒に仕事をするのに気乗りがしなくて、仕事にまで興味が持てないのですね。

反対に少々演技は下手でも、たいへん人間のいい気持ちのいい男だと、こっちに熱が出ますね。演技がうまいから、あれを使えば作品がよくなるという大事な場合でも、それを使うことを、ちょっと考えることがありますね。これは、たいへん我がままな話のようですが、劇映画の仕事をする上には、なかなか強く働く気持ちなのです。

（小津監督に物を聴く対談／上野耕三「映画之友」昭和十七年六月号）

## 理論よりも各人の直観

理論もなかなか結構ですが、一つの理論をもって撮影上の実際の何もかもを割ってみる。そういう理論は、われわれには肯けないのですね。一つの理論体系づけられた理論というものは、一つの方向としてもいいし、また一応それを持つべきですが、撮影上の実際のことは、多分に人情も含まれて来て、理論で割れない場合がありますね。それは無理にやればできないこともないでしょうが、そこを強引にきちきち理論的に処理していくということは、実際的には通用しないのではないかと思いますね。

あまり理論に捕らわれずに、何といいますか、その理論に多分に幅を持たせる。その幅の中にスタッフならスタッフを置けばいいので、追い詰めた理論では、なかなか統一はうまくつかないのではないかと思います。

理論で固まった一つの概念を持つより、思い思いの直観の方が遥かに大事だと思うことがあります。

（小津監督に物を聴く対談／上野耕三「映画之友」昭和十七年六月号）

## 幅の狭い理論は困るよ

ただ、方向だけは理論的にはっきりして、実際にその理論を方法に移す場合には、あまり潔癖でない方がいいようですね。これは何も先刻からのスタッフの話に限らず、作品批評などもそうで、その批評が「なるほど」と肯《うなづ》けるか、肯けないかは、やはりその批評家の持っている理論の幅の広さ、狭さですね。なるほどと肯ける幅のある立派な批評は大変啓発されますし、嬉しいのですが、どうも違った観点からの独善的な幅の狭いやつが、得々とした級長面でやって来られるのは困りものです。

たとえば、『父ありき』の良平の結婚問題などもですね、堀川先生が道義感の強い人で、良平が結婚するということに対して、入営することは、戦争に行くこと、戦争に行くことは死を意味することだ、にも拘わらず、入営する良平に堀川先生が深く慮《おもんばか》るところなく、平田先生の娘をもらうということは、道義的にいかぬという説があるのですが、これなども甲種に合格した、入営する。入営すれば戦争に行く、戦争は死を意味するといった、はなはだ戦々恐々とした推定の幅の狭い理論から出発したもので、感心しません。

甲種合格になって入営する男が、妻帯することに遅疑逡巡《ちぎしゅんじゅん》することが望ましいことであるかどうか。軽薄なことだろうか、どうであろうかを考えれば、大変明白なことだと思うんです。

たとえば、あの場合、父親が深い慮《おもんばか》りをもって、この結婚問題をさばくにしても、『父ありき』の場合だと、死んだ父の志に対して妻帯したというような特定なものになってしまって、一応の理論の解決は与えても、やはり釈然と納得はいかない。強いてこの問題を取り上げたいなら、その場合は『父ありき』のストーリーは適当でない。もっと違ったストーリーを立てて、違った角度から取り上げなければならないので、話は別になってくるのです。

今日では男が甲種に合格し戦争に行くということは、なんら重大な問題ではなく、もう普通のこと、当然のことなのです。理論は改めてここから出発して欲しいのです。

（小津監督に物を聴く対談／上野耕三「映画之友」昭和十七年六月号）

## 最後の「決着」が難しい

なぜ、そういうものを入れないかという批評よりは、「なぜ、そういうものを入れたのか」と言われる方が耐《こた》えますね。たとえば、雨が降っている。窓から雨が降っているのが見える。町では人は傘をさしている、自動車の前の硝子に雨が降りつけて、アスファルトの路《みち》にはね返っている。雨の降っている情景に色々なものがあって、その情景を短くつなぐ。浅く広く物を見せる。それを窓から見た雨だけを取り上げて、海にも降っている、山にも降っているのを思わせるような、簡潔な含みのあるものが欲しいと思いますね。雨が降っている情景だけをたくさん継《つな》いでも、見た目だけの浅い感じになってしまうのですね。

**［一つのカットでは不安なので、つい幾つもカットを重ねてしまっています］**私も毎度やっていますね。五カットどうしても必要だ、それを四カットでやってみる。四カットの出来上がったものから、どうも惜しいが、もう一カットとする、すると三カットであろうが、四カットであろうが、そう大して違いがない。これは自分の浮かべたイリュージョンへの執着だけで、実際やってみると、五カットが三カットでも同じなんですね。どう

（小津監督に物を聴く対談／上野耕三「映画之友」昭和十七年六月号）

も、ぎりぎりの決着のところが難しい。

## アクセントとしての「主観」

劇映画は俳優を使い、セットを立て、配光をして、ないところに芝居を作る。そこには演出家の作為も誇張も許される。文化映画［注、記録映画や教育映画等］は物にもよりますが、あるものをあるがままに実写的にとり上げるので、作為はもちろん許されない。その作為や誇張が許されないという感じですね。もちろん、作為があるがままのものを変えてはいけませんが、表現の誇張は適当になければいけない。

一つの構成上のアクセントとして、そのアクセントのつけかたは大変必要で、実際はありのままをありのままに撮る、撮る人がそのカットの含む重要さによって誇張し強調した方が——たとえば、もう少しキャメラを前に寄せてアップを撮るとか、もっと的確に印象づけるために、更にそのクロース・アップを長く撮るとかいうような構成上のカット、カットのおもりの取り方は必要で、あるものをあるように見た目に、ただ滑《なめ》らかに面を撫《な》でているという感じだけではなしに、もう少しカット、カットを作るという感じがあっていいんじゃないかと思いますね。

僕なんか〝主観〟があっていいと思いますね。あっていいではない、なかには〝是非必要だ〟と思うのもあります。組み立てられたもので、ばらばらの「実写」と違いますからね。

（小津監督に物を聴く対談／上野耕三「映画之友」昭和十七年六月号）

## カットの歯切れのよさ

作為は当然あって、その作為が作品から浮いて目立たずに、作品の内容が高まれば、どんな技巧を用いようが、作為を用いようが、決して構わないと思いますが……。

［ところが力が至らないために、どうしても「作為」が出るのです］そうですね。たとえば、ロングで十人くらい並んでいる。左から三人目の男をとくに印象づけたい。それにはどうも、キャメラの位置がロングすぎて適当でない、前によって三人目の男をクローズ・アップしたいのだが、アップにすると、どうも作為が勝《まさ》って面白くない。作為でもいいから、全体において、その浮かび上がらなければいいので、いつも僕の方もそうですが、何といいますか〝きめ球〟を投げ込むといったような、積極的なカットの歯切れのよさが欲しいですね。

（小津監督に物を聴く対談／上野耕三「映画之友」昭和十七年六月号）

## 題材の違いと演出

『戸田家の兄妹』は、まあ劇的に芝居があって、メロドラマの方ですね。それを演出はどちらかというと、淡々とあまり芝居をさせずに撮ったのです。まあ演出の方法としてはあれでよかったと思っています。今度の『父ありき』は、あれとは反対に非常に坦々とした筋のもので、劇的な絡みが少ない。だから『戸田家の兄妹』の演出とは反対に、劇的にメロドラマのような撮り方をやったのです。どうも試写を見るまで気がつかなかったのですが、この演出プランに、どうも大変違算があったと思うのです。

劇的に組まれていないものをいくら劇的にカットで攻めようが、これは劇にはならぬわけで、それよりは、その場面全体の雰囲気から湧《わ》いてくる、しみじみとした情感というようなものをロングで捉えた方が、しっくりした味わいが出て来たろうと思うのです。それを劇的らしく、カット、カットの積み重ねで攻めたので、カットとカットの接続に〝がさつ〟ばかりが目について、これが浮き上って、しみじみしたものが出て来なかった。迂闊《うかつ》な話で、出来上がって試写を見て初めて気がついたのですが……。

**［劇でないから特に劇的に撮ろうとお考えになったところをもう少し聞かして下さい］** ちょっと、やってみたかったのですね。そういう風に撮った方が、作品としてのボリュームが出るのじゃないかと思ったのですが、これは実際にやってみて、これなら、いままで通りに撮った方が間違いなかったという気がしました。ジョン・フォード流よりは、寧《むし》ろ、ジョン・エム・スタール方式にやった方が……。しかし今度ああいうものを撮る時に、はなはだ不逞ですが、もう一度、あの方法で撮ってみようと思っているのです。

**［いわゆる劇的な撮り方というと、具体的には？］** たとえば、病院のところで……。病室に入ると、みなアップにするでしょう。ロングで芝居を運んで、その中でアップを拾うとか……。これなども一つの例ですが、良平が仏壇の前に座り、お線香を上げてから鐘を叩いて拝みますね。鐘を叩いてから拝むまでの間に父親のアップが入っているのです。あれなども通してロングでやらせて、拝んでから父親のアップにもっていった方がよかったと思うのです。一つの〝しぐさ〟のつながりをカットで割って、感情の飛躍をカット、カットに割って見せたようなところがあるのです。

（小津監督に物を聴く対談／上野耕三「映画之友」昭和十七年六月号）

## 書くことは気が重たいよ

書くことは、どうも気が重くて、原稿などは大変苦手です。四百字詰の原稿用紙一枚書いてくれと頼まれても、ことによると徹夜になります。シナリオなんかは別ですが……。原稿はいけません。［手紙の方は筆不精の方ですか？］まあ筆無精ですが、書く相手が分かっていると、まあ書けるのですよ。たまたま批評を読んで、一言なにか言いたくなっても、いざ、これを書くとなると、気が重く、書いてまで言う気になれないのです。まあ勝手なことを言わしておけといった気持ちで……。これは非常にいかんと思いながら、どうも書かないのですね。

（小津監督に物を聴く対談／上野耕三「映画之友」昭和十七年六月号）

## 批評家は小姑《こじゅうと》じゃ困る

批評家の場合であるが、もしも映画を踏台にし、己の孤立した栄誉を担おうがための批評は、映画にとって不必要である。しみじみした愛情からの批評であって欲しい。ここはいけない、あすこはいけないでは、嫁いびりならともかく、映画を本当に愛しているかどうか分からないのだ。小姑のあるのはいいが、手をとって教えてくれればいいのだ。

現在、映画の割には批評家が多い、これが小姑が多すぎるということになってはいけないだろう、手を取って教えるということになれば、批評家の実際経験の有無という論が出そうだが、それは経験がなくても少しも差し支えない。経験ということになれば、映画は批評よりは何といっても、実際の方がうんと面白いのだから、誰も批評家になりたがらないだろう、むしろ経験がない方がいいとさえ言えるかな。

（小津安二郎放談「新映画」昭和十七年十月号）

## ビルマ作戦の描き方

僕はビルマ作戦という大きな軍行動の中の一個部隊にキャメラを向けて、中隊長、班長、いろいろの兵隊が、お互いに、上下相信倚《あいしんい》する姿を描く。すなわち、中隊長を父、班長を母とし、一つの部隊の一家団欒を前面に押したてて、ビルマ作戦を遂行する足どりを判然せしめ、もって国民的感情にうったえようと意図している。

他の会社の戦記物と僕の演出するものでは、その精神はもちろん同じであるが、内容に盛ろうとするものは違ってくると思う。これは一つの劇映画であって、いかにすれば作戦の中に劇的なるものを盛れるか、それが大変難しい問題だ。というのは、あまりに感激的なものが多いので、その取捨選択に迷うのである。兵隊の中にはいろいろの性格を持ったものがいる。あるいは、頑強な体のものも、弱いものもあり、豪胆なものも小心なものもある。それ等の兵隊が、命令のもとには、強く逞しい一つの〝たま〟となる。それをとり上げたいと思っている。

これが劇映画である以上、作戦だけを表面に押し出して作戦を知らしめるという描法ではなく、作戦の中に〝うるおい〟を出したい。劇としての感銘のうり方というものが、ある角度から考えられるべきだ。そういう感銘を与えながら、ビルマ作戦の全貌が出せれば、それで成功だと思っている。

（松竹はビルマ作戦を描く「映画之友」昭和十七年十二月号）

## 昭和十八年〔一九四三〕四十歳▼昭和二十年〔一九四五〕四十二歳

【昭和十八年（一九四三）・昭和十九年（一九四四）】

航空機を主題とした『未だ帰還せざるもの一機』、『戸田家の兄妹』続編、「満鉄発達史を背景とした困苦欠乏に耐えるテーマ」、『曽我兄弟裾野の仇討』などを構想したが、いずれも実現できなかった。昨年から脚本を執筆した『ビルマ作戦　遥かなり父母の国』は、一つの部隊内の一家団欒を主題としていたが、軍の要求する「戦意高揚」とは異なり製作中止に。

三月、内務省の検閲官を務めていた小津は、黒澤明の処女作『姿三四郎』の公開前審査に立ち会った。他の検閲官の「欧米的である」という批判を抑え、「一〇〇点満点として一二〇点」と絶賛し、その公開を後押しした。戦後の黒澤の活躍に門戸を開いた小津の洞察と気転は、日本の映画界に大きな影響を与えることになった。審査の後、小津は黒澤を祝福し、銀座の飲み屋に誘ったという。

六月、インド独立を主題とした国策映画『デリーへ、デリーへ』（『オン・トゥー・デリー』とも）を撮ることになった。同月、軍報道部映画班員として、斎藤良輔、秋山耕作とシンガポールに渡った。この頃、戦局の悪化により、船舶による渡航は危険だったため、陸軍の爆撃機などを改造した連絡機の座席が空いたときに、秋山、小津、斎藤、厚田の順で、ばらばらにシンガポールに向かった。最後に着いた厚田は、十日遅れだったという。宿舎は、市で一番の高層建築だったキャセイ・ビルの五階にあり、小津の部屋は海に面した眺望のよい個室だった。

キャセイビル：昭和 14 年（1939）に落成したシンガポールの高層ビル。小津が滞在当時は、もっとも高層の建築物だった。小津の部屋は五階にあり、海に面した眺望のよい個室だったという。

光機関（対インド工作機関）の協力のもと、シンガポールにて国策映画『デリーへ、デリーへ』の製作準備を進める。インド独立運動の志士スバス・チャンドラ・ボースと会見したり、ジャワでロケを行ったという。イギリス人役となる俳優を探すために、チャンギー要塞の中にあった捕虜収容所を訪問し、捕虜の慰安のために演芸や芝居をしていたイギリス人将校たちと面会した（後述）。その中に京都の大学で英語を教え、小津の映画を見ていた将校がいたという。
しかし、戦況は日に日に悪化の一途をたどり、映画製作は困難な見通しとなった。当初の三人の他に、後発スタッフが来訪することを中止するよう、小津は厚田に電報を打たせた。しかし、民間の電報は軍事用の電報よりも配達の優先度が低いため、後発スタッフは電報を受け取る前に出発してしまった。そのことを知った小津は、厚田に激怒したという。

**【厚田雄春談】** 後発の小津組スタッフが出発したとの知らせが来たときは、手配をしたぼくも秋山さんもとまどいました。だって、こっちは来るなって電報を打ってるんですから。小津さんの中止の決定を聞くとすぐに、ぼくの責任で電報を打ったんですが、あの時分、電報ってのは、すぐには行かないんですよ。軍用のはすぐ届くんだけど、ぼくが打ったのは私信ですから、検閲がみんな開けて検査するんで遅れるわけです。だから、行き違いで待機中のスタッフが船で出発しちゃった。「中止したはずなのに、どうして来るんだ」って小津さんは言われる。「戦況のよくない洋上で船がやられたらどうするんだ」。呼ばれてそう怒られたとき、ぼくは本当に怖かったですね。小津さん、目を真赤にして、大変怒られました。あんなに怒った小津さんは見たことありません。「こういう戦況にあるから、後のスタッフは来ると危いんだから、俺は止めたわけなんだ。それをなぜ来るんだ」と。あの小津さんの真赤な目はいまも忘れられませんね。（厚田雄春／蓮實重彦『小津安二郎物語』筑摩書房）

美術の浜村辰雄、助監督の山本浩三、録音の妹尾芳三郎、その他、三十人は、直接シンガポールに着くことはできず、危険を回避し、マニラに上陸したという。幸い、日本映画社のマニラ駐在員だった山本武の尽力もあって、無事、全員シンガポールに到着することができた。小津はスタッフの身に何かあれば、切腹するつもりだったと後に述懐したという。

戦況はさらに悪化し、撮影は中止となった。仕事がなくなった小津たちは、軍報道部の検閲試写室で映写機の点検と称し、軍が差し押えたアメリカやヨーロッパの映画、『市民ケーン』『風と共に去りぬ』等を百本ほど見る。英軍が撤退した後のシンガポールには、日本に輸入されていない作品が大量に放置されていた。とくに、オーソン・ウェルズの『市民ケーン』は印象深かったらしく、後年になっても折に触れ語っている。その後、非常召集がかかり、それまでは民間人の派遣という扱いだったが、全員現地の軍に入営させられた。

## 終戦前のシンガポール

戦前、あるいは戦争前期のシンガポールについては語られているから除くが、十九年となっては、もう内地との連絡も絶え勝ちとなり、現地の文化活動も独立してやる他なく、日本映画につけていた現地向きの字幕焼き込みも中止され、トーキーに被《かぶ》せるアナウンスでごまかしていた。アメリカ映画は、もちろん上映されずストックされていたが、これを映画人の一部は見学させてもらい、アメリカ映画のスター・システムのしっかりしていることと、リアリズム、現実の探究がいよいよ鋭くなってきたことを改めて感じた。

支那映画、インド映画については、本数も少なかったし、得るところもなし、また現地の製作は戦前でも問題にならず、早い話がキャメラを一台もっている者が中心で怪しげなステージを持ち、半素人のより集まりで、カラカラ回しをやっていたというのに過ぎず、戦争中も進展はしなかった。

戦争中、得るところのあったのは、チャンギーに抑留されていた英国の俘虜で、ないものの中から工夫していろいろな工場や機械を作り、整然たる生活をし、ロンドンで小劇場の演出と支配人を兼ねていたという大尉の指揮で、慰安の小劇場が経営されていた。兵隊がやって兵隊が見るというものでは出し物も定めてやっつけな只明るい面白いものかと思うと大違いで、カーテン、衣装、小道具も十分に凝り、演目も渋い好みが多かった。大尉に「これでいいのかしら?」と尋ねたら、「兵隊には心のゆとり、うるおいが欲しい、笑いよりは」と答えたが、このあたり「さすがに英国人なるかな」と思われた。

（終戦前後のシンガポール／小津安二郎帰還報告「東京新聞」昭和二十一年三月十六日）

**【高橋治『絢爛たる影絵』より】**「私は役者を決めてからでないと、シナリオが書けないタイプなんです。今度のもので苦しんでいる理由の一つはそれです。殊に、イギリス人の役をやる俳優は、私には探しようがない」

進藤［注、報道部中尉］が妙案を出した。占領前、チャンギー要塞の中にあった刑務所が、現在は捕虜収容所になっている。その中で、捕虜どうしの慰安のために、演芸や芝居が行われているという。進藤に収容所長に連絡をとって貰《もら》い、翌日、小津は厚田と浜田を連れてチャンギーに行った。

「日本側としては見て頂いても結構なのですが、自治組織になっている捕虜の委員たちが、一応お会いしてから御返答するといっています」

少将の階級章をつけた所長はそういうと、案内役もつとめる通訳の大尉を呼んだ。十二畳ほどの部屋に案内されると、ソファーから三人の男が立ち上がった。通訳の紹介によれば、イングランド、スコットランド、オーストラリア各軍の将校だという。

「大尉、皆さんの階級を教えてくれませんか。失礼があるといけない」

「ジュネーヴ協定によって、将校と兵は区別しています。しかし、この三人は元の階級は持っていても、現在は捕虜です。階級の区別を知る必要はないでしょう」

小津はやんわりした口調で答えた。

「いや、それは君の考え方で、こちらの人々には通じないだろう」

「捕虜は捕虜です」

「私は軍人という人間に会いに来たんだ。捕虜だろうとなんだろうと、軍人を紹介する場合に階級をいわないのは失礼だよ。そのことを私は最初に遠廻しにいったはずだよ。「……」君は今私に敬語で話している。それはなぜだい」

「あなたは佐官待遇の軍属だと聞きました」

「つまり、軍属であっても、軍に関係のある人間である以上、階級を心得てものをいわなければならないと思っているからじゃないかい」

通訳はつまった。突然、女のスカートのような軍服を着ていた男が、英語で二人になにかを説明しはじめた。そのしぐさで、小津がこういい、通訳がこう答え、小津がこう反論したといっていることがわかった。説明された二人が驚きの表情を浮かべて小津を見た。

「小津さん、私はマコーミック中佐、こちらはハーリートン少佐、それからこちらがタッパー大尉です」

幾分発音に外人特有のアクセントがあったが、完璧に近い日本語だった。

「私は昭和十五年まで京都の大学で英語を教えていました。あなたの映画も見ています。お会い出来て嬉しいです」

骨ばった手がさし出され、小津の出した手を強い力で握った。その日の会談は儀礼的なものに終わり、小津は俳優を探しているので芝居を見せてくれと申し入れただけだった。

（高橋治『絢爛たる影絵』講談社）

**［厚田雄春談］**「機材やスタッフを」遊ばせといてもしょうがないからってんで、一応は撮影を始めてはみたんです。英軍の捕虜兵をエキストラに使って撮ったんですよ。英国兵の市街パトロールの情景とか、プールで将校が泳いでいるところとか、そういう平和的なシーンを撮ったんです。「……」トーキー用のミッチェルを後続部隊が日本から持ってきてました。録音の機材も着いてまして、パルボで撮ったときよか立派なスタッフになってたんですが、撮ったってだめだろうと小津さんも思ってらしたようです。で、小津さんとしては、英国国旗がはためいているところを撮りたくてしようがないわけです（笑）。まあ、日本軍が進駐する前のイギリス統治下のシンガポールを再現するわけだから、英国国旗があってもおかしくはないんですが、何しろキャセイ・ビルのてっぺんにユニオン・ジャックを立てたいというんだから、軍部も驚いちゃいましてね（笑）。
（厚田雄春／蓮實重彦『小津安二郎物語』筑摩書房）

**［永井八津次《やつじ》（大本営第四班長）談］**キャセイ・ホテルのあの劇場の倉庫に、軍が押えたアメリカやヨーロッパの映画が山と積んであります。なにかの参考になるかと思って、あなたが御覧になりたいものは全部お見

せしろといって置きました。
（高橋治『絢爛たる影絵』講談社）

**【高橋治『絢爛たる影絵』より】** ユニオン・ジャックの撮影を終えた翌日、高木〔注、秀三中佐・南方軍司令部附光機関配属〕は前線にたって行った。高木を見送ったあと、小津は三人を連れて倉庫に入った。茫然とするほどの量のフィルム缶が積み上げられていた。作られていたリストの題名だけでは映画の内容の区別もつかない。時間をかけて監督、シナリオライター、出演俳優などから小津が検討をつける。その作品を、分厚い一冊にまとめられてあった梗概集から斎藤と秋山がストーリーを翻訳する。

そう手順を決めて、その夜は、戦時下の日本でもベストセラーになった『風と共に去りぬ』を見ることにした。場内の照明が消えると同時に、音楽が始まった。画面は真っ暗なままである。絵が出て来ない。小津の後ろの席に座っていた秋山が腰を浮かせた。「変ですね。映写機、点検して来ましょうか？」

走り出そうとした。

「お前、何年助監督やってるんだ。スクリーンを見ろ。うつってる」

「……しかし」

「真っ黒がうつってる」

フィルムの耳に音楽だけを録音し、画面は全く使っていない。しかも、タイトルが出るまでほとんど一巻が長い音楽用に使われている。その巻が終わりにかかる頃、小津が暗闇の中でいった。

「厚田兄《け》、こりゃ、この戦争は敗けだ。こんな国と戦争してちゃ勝てっこないよ」。（高橋治『絢爛たる影絵』講談社）

## 『風と共に去りぬ』の階段落ち

御本尊［ヴィヴィアン・リー］がやってるぜ、これは。「……」ま、良さん［注、斎藤良輔］よ。竹久夢二がこんな戯れ句を残してるんだが知ってるかい。……花のお江戸じゃ夢二と呼ばれ、故郷《くに》に帰ればへのへの茂次郎《もじろう》……。俺なんか大船の小津だといわれても、ベストワンだといわれても、まだまだへのへのもへじだ。どうも、なんだぜ、こんな映画作ってる連中は、俺たちとはどこか肝腎のところが違っているようだな。

（高橋治『絢爛たる影絵』講談社）

## シンガポールで得た財産

でもな、家が焼けても俺たちはほかの人間が持ってない財産をもってるぜ。ジョン・フォード、ウィリアム・ワイラー、ウォルト・ディズニー。日本じゃまだ誰も見ちゃいないんだ。ワイラーの真似をしてるだけでも、四、五年はやって行けるぜ。そうしてる中には、シンガポールで仕込んだ肥料がジワジワと効いて来る。もっとも、帰れての話だがな。

（高橋治『絢爛たる影絵』講談社）

## 南方で見たアメリカ映画

いや、なにしろ、向こうへ行った最初の一年は、百本からのアメリカ映画を見たのですよ。びっくりするでしょう。日本にいた頃には、私は一年に、七、八本見れば贅沢だったでしょう。それが、百本に飛躍したんだから、実にうまいことをしたと思ったのだが、しかし、監督があんまり見過ぎるといけませんよ。徒《いたずら》に眼ばかり肥えてしまってね。ことに、グレック・トーランドだの、ジョージ・バーンズだのというカメラマンのケッ作を見ると、フトンを被せたカメラはユウウツですからね。

[一番多く見た監督は?] ウィリアム・ワイラーでしょうか。六、七本見てますね。ジョン・フォードも多いな。

[ジョン・フォードは?] 『怒りの葡萄』『果てしなき航路』『わが谷は緑なりき』『タバコ・ロード』『モホークの太鼓』、それに『駅馬車』をまた見ました。やはり、みんな相当なものですよ。ただし、『モホークの太鼓』はまずいな。天然色ですがね。同じ傾向のものでも、キング・ヴィダーの『北西の道』の方が遥かにいい。実際、アメリカ映画てのは、びっくりするようなことをやりますね。たとえば『怒りの葡萄』でトラックが、オクラホマからずっと下りてきて、カリフォルニアへ入って行くのだが、その途中でね、トラックが横にかしいで、ひっくりかえりそうになるんだ、キャーッという人の声が聞こえるのだが、これをあんた、ロング(遠写)で見せるのだから、実際、かえりみてがっかりするね(注、ロングで見せるということはトリックなしというわけである。大概の場合には接写でやる。これはどうにでも、できるわけである)。偉いもんだよ。

[ウィリアム・ワイラーは?] 『子狐』『手紙』(ともに、ベティ・ディヴィス)『西部の男』『嵐が丘』などだが、ワイラーってのは、ひどくいい仕事をしているという訳ではないが、一番よく自分の体臭を出していますね。どうもこの人は、マゾヒズムじゃないかと思われるんだ。だから対照である演技は、サディズム的の性格を帯びてくる訳なんだが、そんな感が強いな。一体にベティ・ディヴィスものに限らず、姦通物が多いですね。ところがルビッチの『天使』は、極めてソフィスティケイテッドにあつかってるので、ニヤニヤ笑っていられるのだが、ワイラーとなると、真向から取り組むので、それどころじゃないんだね。もちろん、この方が本当だが。ベティ・ディヴィスといえば、エドマンド・グールディングの監督したのがあったので、こいつは珍しいと思って見たが、それほどのものでもなかった。風変わりなものではあったが。

［あの人は非常にムラのある人だから］そうらしいね。ジョージ・キューカーの『ザ・ウィメン』というのが面白かったな。ノーマ・シアラーだの、ジョーン・フォンティンだの、女ばかりのものでね。ロザリンド・ラッセルがニューヨークの美容院でエリザベス・アーデン［注、大手の美容院］といったようなところなのだろうけど、そこで体操をやるんだ。ガニマタみたいに、おみ足をひろげてね。あられもない風景なんだけど、ああいうことをやると、ロザリンド・ラッセルだけに面白いね。

［『市民ケーン』は?］コワいね。チャップリンの映画が六十二点ぐらいだと、こいつは八十五点ぐらいなんだ。そういうものを、ズブの素人がいきなり入ってきて作るのだから、ウカウカしていられないと思ったね。

［『レベッカ』は?］これもアメリカでないとできない映画ですね。監督は当時アメリカ映画界を押えている英国人だが（アルフレッド・ヒッチコック）、とくにカメラマンの腕がものをいう作品でね、なにしろ、レベッカというタイトルの女性は全然映画に出てこないで、彼女と寝た寝台とか彼女の使っていた女中とか、可愛がっていた犬とかで、レベッカの性格と雰囲気を出す。それで後妻が圧倒されてしまうのだから、難しいものですよ。とにかく負け惜しみをいう訳じゃないが、監督はそれほど怖るべきものはいないと思うのだが、カメラマンが昔通りのベテラン揃いで、凄いカメラを使って、役者は腕利きが一山十銭というような大安売りでゾロゾロ出てくるんだから、かなわないよ。

［デュヴィヴィエの『リディア』は?］そいつは見なかった。

［天然色映画をどう考える?］天然色というのは、なにしろ影はみんな黒くなっちまうんだから困るね。とにかくたまに見るといいと思うけど、昨日も天然色、今日も天然色じゃあ、天丼を三度々々食べさせられているようなもので、ウンザリすると思うな。一番目は天然色でいいんだけど、二番目物は天然色じゃできないから

ね。やっぱり、ブラック・エンド・ホワイトでなければできない境地がたくさんある。まあ、天然色はディズニー漫画だけで結構と思うな。

（小津安二郎氏に訊く／監督を通じてみた映画「スタア第四号」昭和二十一年六月一日）

**【昭和二十年（一九四五）】**

八月、終戦と共に英豪軍の管理下に入った。小津たちは、松竹から給与を支給されていたことを根拠に、軍属ではなく民間人としての取り扱いを受けることになり、ジュロンの民間人抑留所に収容された。収容後、ゴム林での労働に従事した他、抑留所内での日本人向け新聞「自由通信」の編集に従事した。助監督らと連句も詠み、連句と映画のモンタージュには共通するものがあったという。抑留中に記された「覚書」には、『太平記』『平家物語』『古今集』、芭蕉についてのメモが記されている。

十二月、第一次引き揚げ船で帰国できることになったが、三人が定員オーバーとなり、くじ引きで帰国者を決めることになった。小津はくじ引きに当たるが、「俺は後でいいよ」と妻子あるスタッフに譲った。小津は映画班の責任者として、助監督の山本浩三と塚本芳夫と共に最後まで残留することを選んだ。

十二月二日、日本の映画製作を著しく抑制した「映画法」が廃止され、思想、風俗、国体損傷などの理由で公開を却下された映画が陽の目をみることになった。翌年二月十二日、小津を乗せた引き揚げ船は、広島県大竹に着岸した。

## 日本人にも敗戦の伝統が

終戦の時にはシンガポールの軍報道部にいた。ところが、現地で軍関係の仕事をやっていると、数日前から「もう戦争は終わりだ」という噂が流れてきた。宿舎から見ると、いつもは厳重な灯火管制の街に、チラホラ灯がついている。「やっぱり本当だ」と思っているうちに八月十五日が来た。だから、この辺の移り変わりが、永いオーヴァーラップという感じで、とくに大きなショックはなかった。

ただ記憶に残るのは、そろそろ敗戦の色が濃くなってくると、軍人を初めとするお偉方たちが、戦争が負けたら切腹するといきまいていた。どうも切腹は困るが、ぼくだけ生き残るわけにもいくまい。仕方がないからドイツ製の催眠薬ベロナールを手に入れ、これを酒に混ぜて飲もう、いい気持ちに酔っぱらって死ねば、いかにもぼく流でよろしかろう、と考えていた。

ところが、いざ敗戦となると、切腹を叫んでいた軍人たちの負けっぷりが、実に鮮やかなのである。アッサリ、手をかえすように負けてしまった。これを見てぼくは、日本人にも必ず敗戦の伝統がある。歴史上一度も負けたことがないと言うけれど、ぼくたちの血の中には、きっと負け戦の経験が流れているんじゃないか——と思った。

(酒と敗戦／あの日私はこうしていた！「キネマ旬報」昭和三十五年八月下旬号)

## 終戦後の抑留生活

終戦と同時に日本人はジュロンに集結させられ、ここは何もないゴム林だが、バラックを建て、水道を引き電気をつけて整然たる生活を営み、現地の芸妓連の踊り、有志の劇、ストックの映画などで慰安し合った。

新聞は「新道」、後に「自由新聞」という謄写版刷りが出たが「昭南新聞」は「世界時報」と変わり、広く南方の一般の邦人へ配布されることになった。この検閲に当たる英人の将校があるとき、邦人記者に「日本の幽霊に足がないのは円山応挙の画が出てからだ、それまでのは足があった。平知盛の幽霊を見たまえ」なんと言って、吃驚させたそうだが、先方はこんなに日本を知っていたのだ。われわれも今後、これらに学ぶところがなくてはなるまい。

（終戦前後のシンガポール／小津安二郎帰還報告「東京新聞」昭和二十一年三月十六日）

## ジョホールの収容所での連句

手内職　針のさきのみ　昏《く》れのこる　塘
星一つ　おちにし夜の　吾身かな　聿
下駄の歯　おとして　後戻りする　羈
コスモスや　国は破れて　山河あり　聿
鯉のはねたる縁先の病み　塘

［注、「塘」の号は、小津塘眠堂（小津安二郎）、「羈」は中西不羈、「聿」は浜田聿白（浜田辰雄）］

**【小津ハマ談・弟信三の夫人】** 終戦まで皆一緒にいて、だんだん状況が悪くなってきたら、後から来た人達は下士官待遇だもんですから、現地召集をされて、これはいよいよ前線へ駆り出されるのかと、皆さん心細い思いをなさっているうちに終戦になったんです。小津たち先に行った人たちは、小津が佐官待遇で、あとの人達は尉官待遇だったんですね。それまでに幾らかイギリスの捕虜を使って映像を撮ってたんですが、終戦になったら、その人達に迷惑がかかるといけないからといって、小津がすぐフィルムは燃やせって言って、燃やしちゃいまして。

で、行くときに小津が、軍属だけれども給料は松竹から出してもらうようにということを城戸さんにお願いしてたもんですから、軍属をすぐ解除されて、捕虜としてじゃなく民間人の収容所に入れたんです。それにみんなが帰っても松竹に籍がありますからね。そうじゃないと失業になっちゃいます。

それで、二十年の末に帰還船が来たのだけれど、帰還船が全部を乗せるだけの定員の枠がないから、何人か残らなければならないということになって、じゃあ、くじ引きにしようっていう話になって、小津は帰れる方のくじだったんだそうですけども、俺は後でいいよって、他のはずれた人に譲ちゃって、誰か一緒に残ってくれる者いるかって、結局、助監督二人が一緒に残って下すって、ほかの人たちは年末に帰れて、小津達は翌年二十一年の二月十一日、ちょうど紀元節の日に帰ったんです。

そのあいだはもう、一年あまり生死を共にしてますでしょ？　だからその他の組の結び付きとは違うんですね。そこへ川又さんだの何だの新しい人たちが入られても、皆同化させちゃうんですね。


（「デジタル小津安二郎」東京大学総合研究博物館）

# 第五章

## 昭和二十一年〔一九四六〕四十三歳▼昭和二十八年〔一九五三〕五十歳

TOKYO STORY 1953

Early Summer 1951

Tokyo Twilight 1957

Good Morning 1959

Floating Weeds 1959

Early Spring 1956

An Autumn Afternoon 1962

The End of Summer 1961

Late Spring 1949

第五章

# 昭和二十一年〔一九四六〕四十三歳▼昭和二十八年〔一九五三〕五十歳

【敗戦／引揚船での帰還／戦後の混乱期／紀子三部作の時代】

長屋紳士録　風の中の牝雞《めんどり》　晩春　宗川姉妹・麥秋　お茶漬の味　東京物語

## 昭和二十一年〔一九四六〕四十三歳

二月、広島県大竹に引揚船で着港し、二年半に及ぶシンガポール滞在から帰国した。高輪の家はかろうじて残っていたが、家族は不在だった。深川の灰燼《かいじん》に帰した焼け跡を見て、「永代橋は二度と渡りたくない」と小津は語ったという。妹登久《とく》が千葉県野田市のキノエネ醤油を製造していた山下家に嫁いでおり、その縁で小津の母たちも高輪の家から妹登久のもとに疎開していた。二月十八日、大船撮影所に出社した。同月下旬、清水宏、井上金太郎と熱海で落ち合い、四日間ほど滞在した。三月、小津は野田町

**二月十二日**
広島県大竹に引揚船で帰港

**二月**
廃墟となった深川を見る

**二月十四日**
千葉県野田町山下平兵衛方（妹登久《とく》の嫁ぎ先）に疎開した母のもとに帰る

**二月十八日**
大船撮影所に出社

清水一六三に転居した。

二月、アメリカ映画を中心に外国映画の輸入公開が始まった。戦争で海外文化から隔絶されていた日本の映画ファンは、『キュリー夫人』や『春の序曲』など、清新なアメリカ映画に魅了された。公開された映画の選択には、進駐軍の「日本の民主化」という意向が強く反映されていた。

終戦後、占領軍の左派系軍人によって映画従業員組合の結成が勧奨され、昭和二十年十一月九日、松竹大船撮影所従業員組合が結成された。戦時中、映画報国団副団長だった野田高梧が組合委員長に任命され、同じく副団長だった溝口健二がデモ隊の先頭を歩いていたという。組合は天下り人事の反対、賃金引き上げ要求などを提出した。松竹の組合の動きは他社にも大きく波及し、この年の二月、東京・砧《きぬた》の東宝撮影所（現在の東宝スタジオ）を舞台に東宝争議が始まった。

## 引揚船で帰港する

紀元節の日に大竹に上がって、十四日に此処に来ました。

**二月下旬**
京都の清水宏、井上金太郎と熱海で落ち合い四日ほど滞在

**三月**
野田町清水一六三に転居する

**五月三日**
東京市ヶ谷で極東国際軍事裁判が始まった

**七月一日**
米ビキニ環礁で原爆実験

**九月二十四日**
ＧＨＱは財閥解体の方針を発表

**十一月三日**
日本国憲法が公布

帰る早々風邪をひいて、
水洟《みずばな》を垂《たら》して
毎日炬燵《こたつ》で暮しました「……」。
俳句も折ふし作りますが
仲々秀逸なのハ出来ません

（「手紙」浜田辰雄宛て）

**【小津ハマ談・弟信三の夫人】** 義母［母あさゑ］は高輪で、「安二郎はここから出て行ったんだから、安二郎が帰ってくるまでここを動かない」って言ってたのを、昭二十年の下町の大空襲を見て恐くなって、それで、「いらっしゃい、いらっしゃい」って言ってた義姉の登久《とく》のところへ抜け出して行ったわけなんです。で、そのままそこで終戦になりまして。うちの主人は日野自動車へ就職してたんですけれど、軍隊にとられてからは習志野の自動車隊で教官してましたので、わりに早く帰りまして、安二郎の方も翌年の二月にシンガポールから帰って参りまして、二階借りしてた義母の疎開先にそのまんま住んでたわけなんです。大きい息子が二人も帰ってきて、そこでは住めませんから、ちょうど一軒借家が空いたのに入りまして、二十二年に私どもが結婚する頃には、いいあんばいに隣が空いたので、そこで所帯を持つことができました。主人は終戦になってから自動車の方へ復職すると、また義母を一人で野田においとかなきゃならなくなりますので、野田にいられるようにっていうんで、義姉のところの醤油屋を手伝うことになりました。

（「デジタル小津安二郎」東京大学総合研究博物館）

## 落胆した桑野通子《くわのみちこ》の死

可哀そうなことをしました。ちょうど私は帰ってきて、撮影所へ顔を出したときに会ったのですが、それが最後でした［注、溝口健二監督『女性の勝利』の撮影中に倒れ、昭和二十一年四月一日、子宮外妊娠による出血多量が原因で急逝］。ちょうど芸も円熟して来たようだし、これからなのです。ことに私は、三十四～五歳の立て女優［注、主演女優］が、ぜひ欲しいと思っていたときなので、ひどく落胆しました。気のいい女優でね、昨日も池忠（池田忠雄）と話したのだが、どんなアチャラカ本（アトラクションなどに使う速成の本）でも、作者が汗顔するほど真面目にやってくれる人で、珍しいくらいだった。

（小津安二郎氏に訊く／監督を通じてみたアメリカ映画「スタア（第四号）」昭和二十一年六月一日）

## 戦後の映画界の現状

映画界の現状に対する私の感想を率直に申し上げると、「終戦一年になろうというのに暢気《のんき》だなア」ということだ。作品内容もそうだが、企業全体も然り、たとえば、新人スターがどれだけ出たか、なんといっても映画企業の中心はスターにある、素質のよい新人をどんどん育成すべきだ。

いまの大船には自分のなじみのない人も大分いるが、どの程度の力を持っているか。古い人たちで飯田蝶子や吉川満子など健在だが、しかし、すっかり喜劇人扱いされているようで面食った。私は喜劇俳優として働いてもらったことはない。

観客も変わった、というより質が低下したといわれているが、これは戦時中、観客の向上などお構いなしの

桑野通子《くわのみちこ》（1915～1946）：昭和初期の女優。本名は桑野通（みち）。高峰三枝子や三宅邦子・高杉早苗らと共に戦前の若手銀幕スターとして活躍。娘は元女優の桑野みゆき。小津作品には『淑女は何を忘れたか』『戸田家の兄妹』に出演した。

作品ばかりだったことの崇《たた》りだろうが、その観客に対して、どんな映画を作るべきか。やはり楽しい内容を盛りたい。

材料は暗い面であっても、扱う角度は明るくありたい。実際にはその逆が多いようだ。暴露もいいが、正しい批判と現実凝視が必要と思う。

資材の品質低下も重荷の一つとしても、アメリカ映画の軽快なテンポに追いつけるかを心配してる人がいるが、あまり気にしないでよい。日本人のテンポとあちらのテンポは自ら違う。無理に追いつこうとすれば、日本映画でなくなろう。それよりも、もっと熱情と余裕が欲しい。

それから「監督」はやはり「監督」でありたい。「演出」は監督の仕事の一部分に過ぎぬ。この間も、清水宏、井上金太郎、溝口健二などと、今後はお互いに年にものをいわせて、やりたいものをやろうと話し合った。年末か来年か、とにかく、自分としては年一本がせいぜいだ。

（年齢にものを云わせて「東京新聞」昭和二十一年七月二十二日）

**［小津ハマ談・弟信三の夫人］** 私は［野田で］一緒に住んでいたわけじゃありませんけれど、いちばんはじめにびっくりしましたのは、靴を磨いているんですよね。庭で。その磨き方を見ましたらね、ほんとに丹念で、私なんかお手伝いしましょうなんて言えないんです。ああ私、ずいぶん雑な磨き方をしてたんだなって思いました。ほんとに楽しみながら、きれいに磨いてるんですね。スボンのプレスなんかも自分でやりましたね。義母なんか歳をとってますし、親子三人での生活が長かったのでね。あとは家に帰りましてね、夜、シナリオを広げて、鉛筆舐めなめ、線を引いたり、枠を入れたりしてたんだそうですよ。で、私どもに子どもが生

まれまして、子供好きの人だから、うちの子はずいぶんかわいがってもらいまして。私も、義母がそもそも長男の嫁と折り合いが悪くて苦労したおかげで、ずいぶん労《いたわ》ってもらいました。

（「デジタル小津安二郎」東京大学総合研究博物館）

**◉今後の日本映画**

## 映画法による質の低下

戦前、わが国では外国映画、ことにアメリカ映画が歓迎され、知識階級は外画を愛好して日本映画を顧みなかったのであるが、昭和十年頃から日本映画にも秀《すぐ》れた作品が現れ、質的にも外画に拮抗し得る域に達した。一般大衆のみならず、知識階級をもこれに魅《ひ》きつけるに至った。ただし、時局の進展に伴い、外画輸入の制限・禁止を見、戦争勃発後は上演禁止となった。一方、日本映画は、映画法の施行により次第に低調になった。しかし観客は日本映画以外観る映画はないので、不満足ながら日本映画をみていた。だが、これは一般的な傾向であって、この間にも種々困難な条件と戦いつつ、少数の佳作が生まれたことも見逃せない。

日本映画を低調化させたものは映画関係者の不勉強にもよるが、映画法の運営を誤ったことにも、大きな原因があると思う。もともと映画法なるものは、わが国の国民文化の進展に資するため映画の健全なる進歩発展を助長することを目的として、昭和十四年十月公布されたのであるが、同法の施行によって映画製作は許可制度になり、監督（演出者）、撮影技師、俳優には、登録制度を適用し、また、それまでの映画検閲のように出来上がった映画の検閲を受けるばかりではなく、映画の撮影開始以前に、その脚本は文部・内務両省、その他の関係官庁の厳重な検閲を受けることになった。

このことは、同法の精神から言えば当然のことであるが、その実際の運営に当たっては、かえって、その精神に反するような結果を招くこともしばしばであった。たとえば、ここに飲んだくれの仕事に忠実でない労働者が時局に目覚め、翻然、悔悟蘇生するに至る過程を描かんとしても、その映画化は不可能であった。なぜなら、検閲は今日の時局においては、そうした飲んだくれの仕事に不忠実な労働者は存在しないと解釈したからである。

かように、善を描く場合に悪との対照において描くということは許されなかった。つまり、白を表現する場合に、黒色を対照せしめるならば、より一層、白色を鮮明に表現し得るにもかかわらず、黒色の使用は禁止されたため、白色ひと色で白色を表現しなければならなかったのである。この点では、映画を国家的権力で統制することでは、わが国よりも遥かに厳しかった、ナチス・ドイツでさえ、もっと寛容であった。

（今後の日本映画「文化時論（私家版）」昭和二十一年一月十一日）

## 検閲と脚本の改悪

その上、検閲は各監督官庁からくる色々な注文・抗議に対して、検閲はその責任において脚本はどこを突っ込まれても隙がないように、あらかじめの改訂を製作会社に命じたのである。これは映画脚本が映画の一つの設計図であり、ある内容を生むための一つの素材であること、そうして、その素材から、どういう内容が生まれるかという見透しを、検閲において持ち得なかったのである。したがって、脚本は各官庁から検閲へ色々な形でくる干渉に対する一つの言い訳、また予防線と化したことも時々あった。かかる検閲の映画への無理解は、当然、脚本の改悪となることが少なくなかった。

また登録制度について言えば、同法施行以後に、監督、撮影技師、俳優となろうとするものは、総《すべ》て技能審査を受け、それに合格しなければ、映画の仕事には従事出来ないようになった。私はその技能審査委員の一人であったが、次のようなことは言えると思う。たとえば、俳優の審査の場合、容貌、演技とも、俳優として見込みありと思われても、常識試験にかりに五十点を及第点とする場合、四十五点しかとれなければ、わずかに五点違いで、俳優の資格なしと認め、不合格としたのである。

これなどは一見、合理的らしくみえて、実は不合理なことであると思う。この場合、合格させ、その常識は実際の仕事に従事してからでも、修得せしめ得ることなのである。重要なことは俳優としての素質があるものを合格させることにあるのだから、いたずらに門を穿《せば》めて本末を転倒している。

これらは映画法が、その運営を誤ったために生じた弊害の二、三に過ぎないが、映画の健全なる発展を助長する目的とは、まったく反対の方向へ映画を導いて行ったことは否定できまいと思う。

（今後の日本映画「文化時論（私家版）」昭和二十一年一月十一日）

## アメリカ映画の動向

しかし、この映画法も今議会で撤廃された。形のうえでは映画界は、一応、昭和十四年十月以前に立ち返り、映画を拘束していた色々な制約から解放されたのである。検閲はマ司令部［注、マッカーサー司令部］によってなされ、民主主義確立の線に沿って映画界にも活発な活動が期待される。しかし、資材その他の関係で、急速には大がかりな作品が生まれるとは思われない。

私はシンガポールで百数本のアメリカ映画をみた。それらは主として、一九三八年から四一年の前半にかけての映画であったが、この間のアメリカ映画の動向は、ちょうど同じ時期の日本映画の傾向と軌を一にしていると考えられた。

この期間のアメリカ映画は、文芸映画、スター・システムによる映画、および天然色（テクニカラー）映画に大別し得ると思うが、映画の主流をなすものは、文芸映画である。舞台で大当たりをとり、その後、映画化された『タバコ・ロード』のごとき、あるいは、スタインベック原作、ジョン・フォード監督の『怒りの葡萄』のごときは、この範疇に属するものであるが、この両作品はアメリカ貧農の獣的とも言うべき悲惨な生活を極めて写実的に描いた映画であるが、主演者は、いわゆるスターでない、ごく地味な俳優を出演せしめている。

かつては、アメリカ映画の主流をなしていたソフィスティケイション映画はこの時期の初めに衰微し、このような写実主義映画がこれに代わるに至ったのであるが、ただ単にアメリカの現実を暴露することに興味をもつというようなものではなく、もっと地道な、現実凝視の精神に貫かれた映画が、今日の主流を形作っているのである。

テクニカラー（天然色）映画は、膨大な映画資本とその優れた科学的技術によってアメリカにおいてまず実際化され、作品も相当の本数が製作されており、一九三九年のアカデミー賞受賞作品『風と共に去りぬ』のごとき秀れた作品がある。劇映画ではないが、テクニカラーの漫画映画には優秀なものが多い。『ダンボオ』『ファンタジア』のごときそれである。天然色映画はいままでのところ、明るいスター・システムの映画であり、極めて高い興行成績が予想されるものでなければ、天然色映画にはされない状況である。

（今後の日本映画「文化時論（私家版）」昭和二十一年一月十一日）

## これからの日本映画の展望

終戦後の日本映画も、アメリカ映画のこうした線に沿って行くものと考えられる。

戦争による疲弊と終戦後の混乱の最中に、国民生活は極度の逼迫《ひっぱく》をつげ、国民のうちにかなり絶望的な気持ちに陥っているものもいるであろう。こうした情勢の中から生まれる映画の主流が、国民生活の現実から目を覆《おお》って浪漫主義の色彩を持つようになるであろうか。私は然《しか》らずと思う。第一次世界大戦後の疲弊困憊したドイツにおける芸術運動が浪漫主義に赴くことなく、かえって戦前よりも写実的傾向を強めるようになったことを想起するのである。

今後の日本映画も、この場合と同様、厳しい現実に目を覆うことなく、この現実と確《しか》と四ツに組んだ写実主義映画が製作本数は少ないながらも、その主流となると思う。しかも、その写実主義は、戦前のそれよりも更に徹底した、もっと叩き込んだものであると思うし、またそうあらねばならぬ。この写実主義に到達する以前に、終戦後の混乱につけこんだ皮相な場当たり喜劇や暴露主義的な映画が数多生まれるであろうが、それはどこまでも過渡的な現象に過ぎないし、また突き詰めた写実主義で浄化されなければならないものと思う。

ただ、この写実主義にどれだけの明るさ、愉《たの》しさを持たせることが出来るかが、一番の関心事なのである。この明るさが軽薄であってはならないことはもちろんである。飽くまで、峻厳な現実凝視の精神に貫かれ、更にそれを昂揚するものでなければならぬと考える。

映画の主流をなす写実主義映画の他に、スター・システムによる映画が生まれるであろう。

観客は事変から戦争への過程に、映画がスター・システムでなくなって行ったことに、寂莫《じゃくまく》たる気持ちを抱いたのである。娯楽としての映画は、やはりナイスボーイとナイスガールによる映画である。

現在、スターであるものも、篩《ふるい》にかけて淘汰されることは当然のことである。スターはほとんど一新されるであろうし、新しいスターを養成して、スター・システムを再び採用し、ナイスボーイ、ナイスガールによる映画が作られると思う。

（今後の日本映画「文化時論（私家版）」昭和二十一年一月十一日）

## これからの天然色映画

天然色映画はわが国でも相当研究が進められていたが、その実現をみる前に戦争が勃発して、種々な制約を蒙《こうむ》ったため、遂に今日まで実際化しなかった。しかし今後、戦前アメリカからトーキーのウエスタン式を権利金を出して借りていたように、天然色製作会社からその装置を借りるようになるであろうし、また、それによって我が国の天然色映画の実際化が一層促進されるものと考えられる。

しかし、よしそうなったにせよ、従来の黒と白との濃淡による映画は依然として製作されるであろう。現在の天然色映画は技術的にかなりの進歩を遂げたが、画面における暗部は黒白映画の暗部のようなデリケートな感じを表現し得ない欠点をもっている。事実、アメリカの第一級の監督は、天然色映画をまだ本腰には手がけていないのである。

天然色映画は錦絵の器で天丼を食べてる感じである。私たちはときには染付《そめつけ》の器で茄子《なす》のお新香で食べたいと思うのと同じように、従来の黒白映画を愛好するであろう。このことは天然色映画がさらに完璧な表現力を持ち得るに至るまで続くであろうと思う。

（今後の日本映画「文化時論（私家版）」昭和二十一年一月十一日）

［厚田雄春談］終戦でイギリス軍の捕虜生活を送って、映画班で一番最後に小津先生が帰ってこられたのが、昭和二十一年二月ですか。東京は焼野原だし、さいわい高輪のお宅は戦災をまぬがれたんですが、お母様も御親類のおられた千葉県の野田の方に疎開しておられたんで、いったんそちらに落ちつかれることになりましたが、松竹の方もまったく様子が変ってしまっていて、たいへん戸惑われたんだと思いますよ。

ぼくなんかでも、組合だ何だっていわれたって、まごつくばかりですから、もう、シンガポールなんて遠い昔の話みたいになっちゃったんです。それでもぼくは古い方だから、組合の委員になってくれっていう。労働問題を勉強したこともない俺が、とんでもないってことわるんですが、新富町にある本社にデモをかけるから来てくれと。で、それは小津さんがお帰りになる前でしたが、景気づけに行ってはみたんです。

そしたら、溝口健二さんが、デモ隊の先頭のあたりを歩いておられるんで、もう、びっくりしちまいました。そして、本社へ上って交渉して、それをスピーカーで流すんですよ。城戸さんの「きみたちはヤミの洋モクを吸ってるじゃないか」なんて声が聞こえてきたりしましてね（笑）。（厚田雄春／蓮實重彦『小津安二郎物語』筑摩書房）

［野田高梧談］戦争中の日本映画の多くがその深さと面白さを見失っていたことの最大の原因は、それが情報局の指導下に置かれて、強制的に「啓発宣伝」を「目的」とさせられた点にあるし、終戦後しばらくの間のそれが、一応の形だけは変わっても、なお依然として深さと面白さとに欠けていたことの原因もまた、C・I・E［注、GHQ民間情報教育局］あたりの指示に災いされて、それがそれ自身のテーマを見失い、軍国主義や封建思想の打破を目的としたり、軍閥の悪徳を暴露することを「目的」としていたために他ならない。

「目的」はそれが達成されるか、あるいは失敗に終わるかすれば、それで解消してしまうものである。通り一ぺんの探偵映画が、よしんば一時的な興味は渗《そそ》ろうとも、作品としての永久的な価値に乏しいのは、つまりそれがある犯罪の犯人とか、または何かの秘密の発見とかだけを目的としているからで、いかにその筋道が複雑怪奇に運ばれていようとも、所詮はその犯人とか秘密の真相とかが暴露されるまでの興味であり、それが糾明されると共にその興味は消え失せて、他には何も残らないからである。

要するに「目的」というものは、作家自身の内部から自然発生的に盛り上がってきた人生批判の結果ではなくて、外部から与えられたもの、外部的に付与されたものであるからに他ならない。それだけに作品の生まれる動機とはなり得ても、決してそれ自身直ちに主題とはなり得ない訳のものである。

（野田高梧『シナリオ構造論』フィルムアート社）

**【小津ハマ談・弟信三の夫人】**［**監督は、わりと野田の家にいたのですか？**］その頃、シナリオは、茅ヶ崎館で野田高梧さんと書いておりまして、それができると一旦ちょっと家へ帰ってきまして。昭和二十二年の二月頃でしたか、深川の大工さんに、鎌倉の大船の監督室の中を小上がりの座敷みたいに造って、炉を切って、今度、撮影にかかるときにはそこで泊まれるようにしました。そこへ撮影中は泊まって、食事なんかは、佐田啓二さんの奥さんになられた杉戸益子さんの実家が、月ヶ瀬っていう撮影所の前の食堂をなさってらっしゃるので、そこでお世話になって……。

［**撮影が始まると、家には帰らない？**］野田からは通えませんね、当時の交通事情じゃ。茅ヶ崎館だとか撮影なんかの時には、義母が私どもの家へ来て食事しておりました。小津も、撮影が終わりますと家でのんびり。昼寝ばっかりしてましたよ。よく子供と遊んでくれたんですけれど、あの、義母が迎えにくるんです。「あ

こちゃん、来ておくれ、今日は伯父さん東京に行かなきゃならないんだけれど、起きないから起こしておくれ」って。で、赤ん坊を連れてって。そうすると、赤ん坊は大好きな伯父ちゃまなもんですから、布団の上に這いあがったりしまして、すると「おお来たか」って起きちゃうんです（笑）。あの頃はまだ、お菓子なんかあんまりございませんでしたけれど、小津は家に帰るときに、進駐軍の放出でナビスコのウェハースなんか買ってきまして、一枚ずつこうやって見せびらかすと、喜んで這っていくんですよね。そんなことでからかって喜んでましたけど。

（『デジタル小津安二郎』東京大学総合研究博物館）

## 昭和二十二年［一九四七］ 四十四歳

この頃、監督陣のリーダー格となり、新しい契約条件をめぐって会社と折衝した。新作の早急な準備を会社から依頼され、約二週間で『長屋紳士録』の脚本を仕上げた。三月から『長屋紳士録』の撮影を開始。この頃から、大船撮影所本館二階の監督個室に寝泊まりした。『長屋紳士録』をめぐっては、進駐軍の検閲官と相当揉《も》めたと言われる。同作は五月に公開され、キネマ旬報ベスト・テン四位となった。戦前の「喜八もの」の味わいを残した作品だったが、下町を舞台にした作品はこれが最後となった。

九月から十月にかけて、斎藤良輔と共同で新作『月は上りぬ』の脚本準

**三月～四月**
『長屋紳士録』撮影
（撮影所内の監督室に寝泊まり）

**三月**
東宝の組合が分裂し、
新東宝映画製作所が設立された

**三月**
東京有楽町に定員八九〇名を擁した
スバル座が誕生

**五月三日**
日本国憲法が施行

備に入ったが、延期となる。

十月から十二月にかけて、城戸四郎、川喜多長政、森岩雄ら三十一名の映画人が公職追放された。

この年、映画界は戦後の混乱の只中にあった。フィルムや資材の欠乏、電力供給の不安定さ、進駐軍の示唆によって誕生した組合と経営者側との紛争、組合の分裂など、経営者も監督も、俳優もスタッフも動揺と混乱の中にあった。しかし、娯楽を求める人々の映画に対する期待は強く、観客動員は増加の一途をたどった。華族の没落を描いた『安城家の舞踏会』(吉村公三郎監督)、戦後の日本の姿をリアルに描いた『戦争と平和』(山本薩夫監督)、『素晴らしき日曜日』(黒澤明監督)などが公開され、好評を博した。

**五月二十日**
『長屋紳士録』公開
**六月**
京都に一ヶ月ほど滞在し、清水宏、溝口健二らと旧交を温める
**九月〜十月**
斎藤良輔と『月は上りぬ』の脚本準備に入るが延期
**十月**
労資紛争により東宝撮影所が閉鎖
**十月〜十二月**
城戸四郎ら三十一名の映画人が公職追放

## 収容所での生活は?

マレーでは、軍の委嘱で記録映画を撮る予定でしたが、仕事が始まらぬうちに情勢が悪化し、ひとまず中止の形となり、やがて終戦となり、向こうの収容所に入り、帰還するまで労務に従事してました。ゴム林の中で働く仕事を命ぜられ、そこに働いている間、暇をみては連句などをやってました。撮影班の一行がその仲間なんです。故寺田寅彦博士も言われていたが、連句の構成は映画のモンタージュと共通するものがある。われわれには、とても勉強になりました。軍の希望していた記録映画というのは劇の交《ま》ざった派手なものらしかった

が、ぼくは全然不向きで作る気も起りませんでした。

（小津監督は語る「キネマ旬報」昭和二十二年四月号）

## 戦後の大船撮影所のこと

渋谷（実）、吉村（公三郎）も仕事を始めたし、木下（惠介）君なんかも油が乗りかかっているし、これで一応、大船の低調も救われると思います。ただし、監督はそろっても肝じんのスターがいないのは困ったことです。主演者級の女優といっては大船に居ついているのは、いまのところ二、三人しかいないし、男優も二、三人で、これでは心細くって脚本も伸び伸びと書いていけない。現在の映画の企業性からみて、スターというものは、もっと重要視されねばならんとぼくは思いますね。宣伝さえすればスターなんていつでもでっち上げられる、と考えたら大間違いです。

（小津監督は語る「キネマ旬報」昭和二十二年四月号）

## 『市民ケーン』を見る

ぼくの見たオーソン・ウェルズ作品は、彼の第一作『市民ケーン』ですが、これはいままで見たアメリカ映画のうちでは素晴らしい映画の一つでした。これは太平洋戦争の始まる少し前に作られたものですが、彼がこの映画において作った形式は、トーキーになってからの風刺喜劇の一つの方向を示したものといえるでしょう。チャップリンの創《つく》った形式はサイレントにおける喜劇の最高なるものの一つだったと思いますが、しかし、チャップリンの形式は、トーキーとは融和しないものです。

それは、あくまでサイレント形式の魅力であって、トーキー形式の魅力とは別なものです。ぼくはここに不満をもっていました。オーソン・ウェルズは、このぼくの不満を満たしてくれる作を『市民ケーン』で示してくれたわけです。これは年代からいえば古い作品ですが、なんとかして日本へ輸入、公開してもらいたいと思いますね。

（小津監督は語る「キネマ旬報」昭和二十二年四月号）

## 最近のアメリカ映画の傾向

大体、ぼくの見た感じからいくと、アメリカ映画最近の傾向は、その本道から見ると文芸物、性格物に置いているように思えます。たとえば、『風と共に去りぬ』『タバコ・ロード』を初め多くの文芸物が映画化され、それが最近まで続いている。ますます盛んになっていく傾向がある。

これと並んで、物語の主人公となる人物の性格を作品の主流としたものが相当に作られている。伝記映画など、その一例でしょうが、しかし、伝記映画にとどまらず、広い領域にわたって、これが試みられているようです。

しかも、一方においては、スターの魅力、音楽的要素、色彩効果をふんだんに取り入れた映画も多いようで、これは大衆の好む線にしたがっている。そして、文芸物や性格物のもつ企業的な冒険を、後者のものがバックアップするようになっている。ここに企業としてのアメリカ映画の健全性というものが感じられます。

（小津監督は語る「キネマ旬報」昭和二十二年四月号）

## アメリカ映画の監督たち

**［ご覧になったアメリカ映画の監督としては誰がよかったですか？］** まず、『子狐』『手紙』『西部の男』『嵐が丘』のウィリアム・ワイラーと『怒りの葡萄』『タバコ・ロード』『わが谷は緑なりき』のジョン・フォード、それ

から『北西の道』のキング・ヴィダーなど、いづれも面白く拝見しました。戦時中だからといって少しも調子を落としていない。これは当たり前のことながら、われわれとしては感心させられました。映画というものに対する国家の政策も上手だったのでしょう。また、アルフレッド・ヒッチコックの『レベッカ』も印象に残った方です。だが結局、それらを見て敬服させられるのは、監督というよりも、キャメラ及び技術の進歩していることです。どんな思い切った映画でも、やりこなしているという感じ、監督の空想していることを、どしどし実現してみせるといった感じ、これがたまらなく、うらやましいと思いました。『市民ケーン』なんかも、そういった条件の下で、初めて示し得る仕事です。

ディズニーの『ファンタジア』を見たとき、まっさきに感じたのもそのことでした。そして『ファンタジア』を見ながら、こいつはいけない、相手が悪い、大変な相手とけんかしたと思いましたね。

**［最近、アメリカ映画も続々と公開されてますが、日本の映画監督としてどうお考えですか？］**　いまのところ日本映画も、どうやらアメリカ映画に負けない勢いで人気を博していますが、しかし、この現在の人気に慢心したり、いい気持ちになったりしてはならぬと思います。アメリカ映画に対する親しみが加わり、アメリカ映画の魅力というものが、これからだんだん増してくることは当然で、もし、日本映画がいつまでも現状の程度で足ぶみしているとしたら、早晩、その人気は失墜するに決まっています。

ですから、われわれも、いまからできるだけよい仕事をするように自重していくべきでしょう。そうして日本映画独特の味というものを発見し、それを生かしていく心がけが大切です。ぼく一人の気持ちをいえば、これからは自分というものがハッキリでた仕事をやりたい。これが現在の念願です。

（小津監督は語る「キネマ旬報」昭和二十二年四月号）

## 尊敬する志賀直哉に

この映画［注、長屋紳士録］ができて、志賀先生に見ていただけるということが、初めからわかっていたら、もう少し何とか、精を出してまとまったものを拵《こしら》えたかった。もし先生が御覧になることが分かっていたら、せめて写真屋のくだりの画面の暗いところは、切っておきたかったと思いました。「……」暗い間に皆帰ってしまって、次の場面になる、一つの省略の方法に使ってみたのですが、どうも結果は本当の省略になっておりません。ただの思いつきだけにとどまって、なんら内容的に拡がらず、はなはだこなれていない感じがします。

（映画と文学「映画春秋」第六号、昭和二十二年四月十五日）

【志賀直哉談】僕は映画は見るほうも素人なのだけれど、小津君が映画でいいたいということはよくわかった。ある意味からいえばあれに近い材料のものを私もやっている。『灰色の月』だってそうだし……。「……」だけど小津君のものは小説に近いだろうな、そんな気がした。観客に迎合しようという、それがもっとも少ないほうじゃないかな。

（映画と文学「映画春秋」第六号、昭和二十二年四月十五日）

【柳井歳雄《やないとしお》談】その頃［戦前］の彼は「ジェームズ槇」というペンネームでも知られるように、メリケン風なダンディな若者であったが、一面特定の作家（小説家）に対しては非常な崇拝の念を抱いていて、当時から里見弴氏や志賀さんのことはよく口にしていたが、後年（戦後）私は彼の希望によって、当時井の頭公園近くの牟礼に住んでおられた武者小路先生のお宅へ伴って、先生愛蔵の美術品を半日がかりで見せて頂いたようなこともあった。その後まもなく何かの試写会の時、エレベーターの中で初めて志賀さんに会った時のことを「いやあ思わず最敬礼しちゃったよ」と嬉しそうに語ったことがある。

（井上和男編『小津安二郎　人と仕事』蛮友社）

## コンティニュイティの重要さ

実際、監督をやっておりますと、コンティニュイティを極めて正確に立て、イメージをよほどしっかり掴《つか》んでおりませんと、その場になって大衆に迎合しようという気持ちでなしに、俳優につい引かれたり、その場の思いつきにはまり込むことが多いのです。ことに腕達者の俳優の場合は、その場で引かれる誘惑を非常に感じるのです。

そのため、結果としては偶然いいものができることもあり、また、つまらないものができますので、今度のは極端にこの誘惑を警戒して、うまくいっても、いかなくてもコンティニュイティの通りにやってみようと思って、カットも大変大胆に飛ばして〈一〉〈六〉〈十三〉〈十九〉〈二十六〉〈三十一〉といった具合にまとめて撮ってみました。

（映画と文学「映画春秋」第六号、昭和二十二年四月十五日）

## 映画における原作もの

［原作を忠実に映画化し、原作の味を出せる？］それは、まるで違いますね。ですから私の場合は手が出ないのです。小説に大変好きなものがあって、それを自分の頭の中で映画に組み立てても、どうも小説から受けた

感銘とはまるで別のものになってしまうのです。別なものなら、なにも小説を映画化しなくても、作家自身のオリジナルの方がイメージも正確に気も楽にできるわけです。たとえば、『春琴抄』を映画化したとして、出来上がったものは大変違います。それを人が見て、谷崎潤一郎と島津保次郎の差が、即、文芸と映画の差になっては困るのです。

私は一生の仕事として大変映画を好んでおります。たとえば、鏡花物を映画化するとして、原作のもつ香気がどの程度まで出るかといったようなことも、実は、はなはだ意味のないことで、これは監督の芸当にすぎません。声色を使うようなものだと思うのです。なにも背伸びしてまで、傍《かたわ》らに寄ることはないと思うのです。島津の『春琴抄』はつまりません。ですが、『兄とその妹』は立派です。

（映画と文学「映画春秋」第六号、昭和二十二年四月十五日）

## 必要なのは技術批評

［批評家の勝手なものさしは不要?］勝手なものさしで計るのではなく、取り上げた材料で、これが内容に拡がる方法を、「あれだったら、こうする方がよくはないか?」といった風に、実際の技術批評が何よりありがたく、役に立つのです。『戸田家の兄妹』のときに里見［弴］先生に見ていただいて、その後、座談会があり、まことにその技術批評には敬服しました。

ひそかにこっちでは得意なところが、見る方が見られると、それは思いつきが思いつきだけで終わっていて、かえって、ない方がいい個所であったり、どうも大変ありがたく、身に沁《し》みた批評でした。同席に朝日のQ氏もいたのですが、この人のものさしが違ったせいか、計られても一向にありがたくもなく、なんにもならない

（映画と文学「映画春秋」第六号、昭和二十二年四月十五日）

ものでした。

## 芸術家の眼を持ちたい

映画の監督の仕事が、ただ長年の経験と慣れで映画的に処理をするということだけでなく、たとえば、セットにしても、構図にしても、美術家の眼をもつといった具合に、一通り芸術一般は分かる眼を持っていたいと思いもし、努力もしているのです。

**［すると、色々な色彩が加わり、作品にコクが出る？］**それには映画監督の仕事もまた、先生［注、志賀直哉］のおっしゃる衣食住に興味を持つことから始まるのかも知れません。

（映画と文学「映画春秋」第六号、昭和二十二年四月十五日）

## 自作を語る／長屋紳士録

帰って来たばかりで疲れているところへ会社からは「早く撮れ、撮れ」だろう。十二日で本に書き上げたよ。そんなに早く書けるのかというから、「いやこれ一回だ、この次からはこんなに早く書けん」と言ったよ。大体シンガポールで、僕は生涯のうち最も多量に外国映画を観たんだ。それで、あいつもこれで少しは変わるだろうと思った人もいるらしいんだな。ところが『長屋紳士録』、少しも昔と変わらないというわけだ。何てしぶとい奴だ、ってね。

『長屋紳士録』（松竹大船・昭和二十二年）脚本池田忠雄、小津安二郎　撮影厚田雄春　主演飯田蝶子、青木富広、河村黎吉、笠智衆、坂本武、吉川満子、小沢栄太郎

（自作を語る「増刊キネマ旬報二月号　小津安二郎〈人と芸術〉」昭和三十九年二月十日）

## 文芸とは異なる映画的なもの

私の作品には、いままでのところ文芸物の映画化はない。そのほとんど全ては、オリジナルによっている。ここに一つの優れた小説があり、大変感銘を受けたとする。私の場合、その感銘はその小説を映画化する動機にはならない。それはまったく別のものだ。その感銘を頭の中で映画に見直してみる。文芸と映画の差が、この感銘を別のものに仕上げてしまう。

別のものになるのなら、その小説を映画化しなくてもよい。その感銘から生まれるオリジナルの方が、遥かに自分のイメージも正確で、気も楽なのである。少なくとも、背伸びだけはしなくても済む。つまらない小説なら話は別だが。

このあたりで、もう一度、映画の中に映画を見よう。映画的なあまりにも映画的なものがあってもよさそうだ。以上、己を語る――。他人のことは知らない。

（映画的な「読売新聞」昭和二十二年六月二日）

### ◉映画の文法

## 映画の文法とは？

文章を書くには文法というものがある。映画にも、文章における文法のようなものが何か常識として行われている。そのことを、「映画の文法」と仮に言わせてもらうとして、私は「映画に文法はない」と思っている。映画の文法と言われて来たことどもは、実のところ決して厳密な意味で、また正確な意味での文法というものではないということを感じ、文法に捕らわれてはいけないということを言いたいと思う。

映画の演出の常識として、こういうことが言われている。それは、仮にいまここに、二人の男女が相対して会話をしている場面を撮影する場合、交互に二人を写すとき、男と女との視線をつなぐ線をカメラが跨《また》いではいけないと言われている。もっと具体的に言えば、**A図**のように男女が話しているところを、まずカメラが①の角度から写す、その結果は画面に写される男の視線は、観客の側から見ると、やや右の方を見ている。次に②の角度から女を写す、その結果は写される女の視線はやや左の方を見ている。

したがって、観客は最初に右を見ている男を、次に左を見ている女を観ることになって、二人が互いに向き合っていることを感ずる訳で、相対している二人の人物を撮る場合に、前と後のカメラの位置が二人の視線を跨がず線の一方の側からのみ撮るということが常識であり、本当であると言うのである。

ところが私は、これを最初に左を見ている男を見せ、次にまた、左を見ている女を見せるという撮り方もするのだが、見て

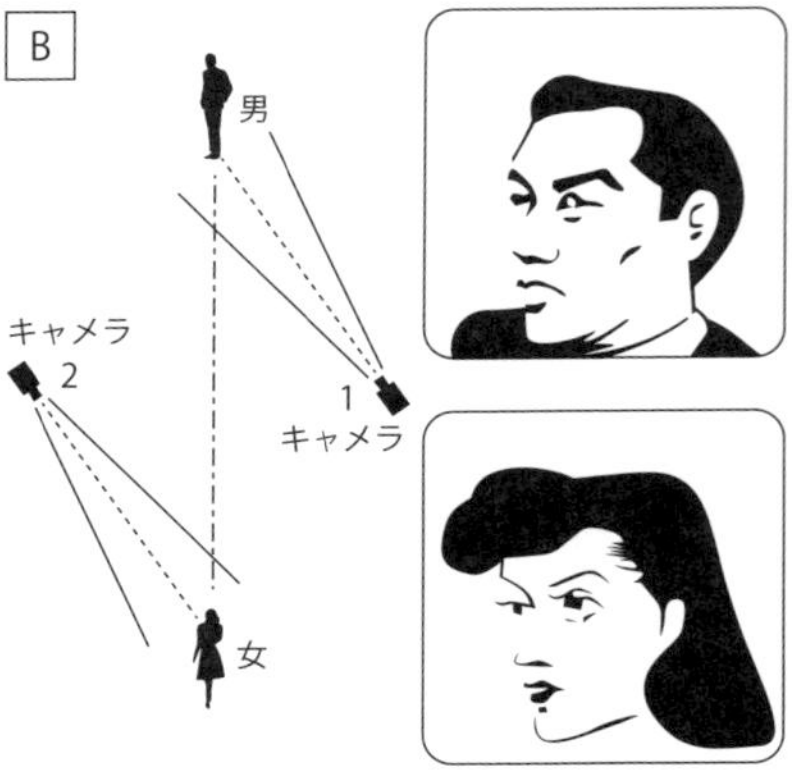


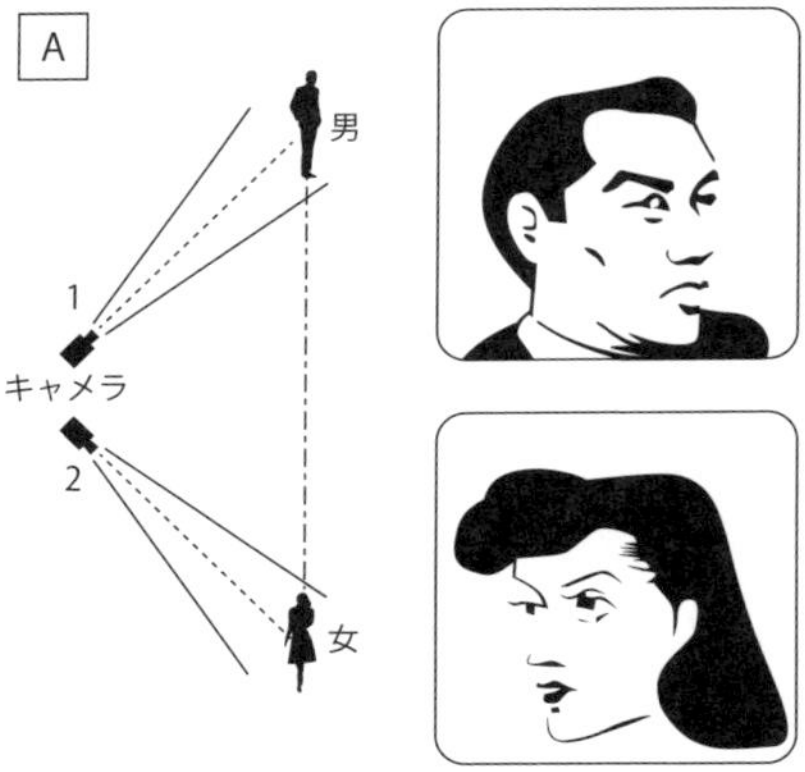

いる観客も（もちろん私も含んで）十分、二人の人物が相対しているのだということが自然に頷けるのである。この撮り方は、いわゆる映画の文法を無視したもので理由を説明すると、B図をご覧下さい。

最初①の位置から男を撮る。次に②の位置から女を撮る。写される男女は、いずれも左を見ている訳で、二人の人物の視線をつなぐ線をカメラは横断して右から左へ越えて行っている。これは明らかに違法なのである。

この撮り方をしている監督があるかもしれないと、私はその後、映画を観る度に、注意してきた、そして、いままでのところ百幾本かの映画について調べてみたが、ただ一つ、フランス映画でモーリス・トゥヌール監督の『ケニッヒマルク』の中で一瞬間ではあったが、同じ撮り方で撮った場面を発見しただけであった。

この映画の文法は、トーマス栗原氏がアメリカから帰って来た当時、若い映画作家たちをいましめた言葉として上げたものが、それ以来、日本の映画製作界に伝わって来ているものであって、私の旧作『一人息子』の試写の後、内田吐夢、稲垣浩、清水宏、滝沢英輔など監督の集まった席上で、この違法について、意見を聞いたことがあったが、稲垣浩が「おかしいが初めの内だけで、後は気にならない」と言ったことがあるが、その後、これについての異見に接したことはない。

この線を超えていけないということが、不文律なら不文律を犯した場合、その結果に何らかの破綻が生じなければならないはずであるのに、なんら不自然を感じないとすれば、この定義は決して不変のものではないということになる。

（映画の文法「月刊スクリーン・ステージ」第十三号、昭和二十二年六月二十日）

## 日本間と「映画文法」

ただ、ここで間違っては困るのは、映画の文法はあくまで常識であって、それを踏襲する方が無難であるので、常識を好んで破る必要もない。私がこのような違法を敢えてやってみた最初の出発は、日本間における人物と背景との関連において、その場の感情と雰囲気を自由に表現するためには、この常識に従っていると、どうにも、足掻《あが》きがとれなかったことから始まったのであった。

日本間に人物の座る位置というものは、ほとんど決まっている上に、広くとも、それが十畳くらいのものであってみれば、その中でカメラの動く範囲は、まことに窮屈であり、しかも、この文法に従うとなれば、ある一人の人物の背景は床の間だけであり、もう一人の人物の背景は、また襖とか、あるいは縁側とかに決まってしまう。

それでは私の狙っている、その場面の雰囲気がどうにも表現できない。そうしたことから試みた、のっぴきならない違法であったが、やってみると、それが文法でなかったということを知ったのである。

（映画の文法「月刊スクリーン・ステージ」第十三号、昭和二十二年六月二十日）

## 映画の「省略」は表現の鍵

また、昔からクローズ・アップ（大写し）は、ある感情を、より細かく、また強調するための技法であると言われているが、劇感覚を強調するためには、アップでなければならない時と、ロングでなければならない時と二通りあるのであって、これを撮影のある場合にあてはめて具体的に言ってみると、たとえば、アップが劇感情の最高潮を現す技法であると、文法通りに解釈している助監督があったとすれば、監督がアップアップアップでカットを運んでいると、そのアップのカットに演出者が最も劇の高潮を感じているのだと早のみ込みをして、その次の重大なシーンはどうするのかと気をもみ、自分たちがアップで行きたいと思うクライマックスを、カメラは引いてサッとロングで撮ってしまうと、もうてんで分からなくなってしまう。試写を見るまで、その人たちは演出の意図が分からずにいるということが多いのである。

このクローズ・アップの場合もそうであるが、これは映画の場合、最も大切な省略という問題に関連している。省略――たとえば、時間の経過を示そうとする場合、初期の技法はフェイド・アウト（溶暗）からフェイド・イン（溶明）して、丁寧なのは時計を見せたり、カレンダーを見せたりしたものであるが、これなどは、いまではカットだけで、もう十分に表現している。

しかし、省略ということは、このような字義通りの省略ばかりでなく、劇感情のリズムというか、濃淡というか、一つの部分をより細かに強く印象づけるために、他の部分をどのような方法で省略するかという重要な意味を持つもので、外形的なものでなく内容的なもので、絵画の場合にある部分を疎《うと》く描くことによって、細かい部分を、なお一層に細かく印象させるという場合と同じく、映画における省略の問題は、作劇の生命を握る鍵といってもよかろう。運慶、湛慶《ママ》の絵、芭蕉の俳句などは、この省略を最高度に極めたものではないかと私は思う。

したがって、ロングで最もその適確な表現が可能だと感じた場合、ロングを最も生かすために、その前にアップ、アップで運んだとするならば、このクローズ・アップは、物事を誇張するための技法なりと、試験勉強の暗記みたいに物を考えている人に私は言ってやる。

弟に死なれた悲しみが顔一杯のアップなら、兄が死んだ時はも少し大きくなり、母が死んだ時は目と鼻だけになり、最愛の恋人なり妻なりが死んだら目だけになるのか、そしたら一人息子が死んだらどうなるのだ、と。

（映画の文法「月刊スクリーン・ステージ」第十三号、昭和二十二年六月二十日）

## 演技者の感覚こそ基準

また演技者の場合にも頭の中で、この場合はこういう感情を……と、まるでお手本を暗記しているような演技の仕方でよしと思っているような勉強の仕方も間違っている。

私はある女優に、「金を落とした時の悲しい顔をしてごらん」という。その女優はある表情をする。私は「君は金をいくら落としたのだ？」と聞くと、「まず仮に五十円くらいの気持ちでした」という。それでは百円落とした時、と注文するとある表情をする、それから五百円の時、千円の時となると、だんだんあまり違った表情にならない。「なんだ、たくさんになればなるほど、悲しさはあまりなくなるのか」と私は冗談でいう。もちろん、これは私の天邪鬼《あまのじゃく》の冗談だけれども、演技者の演技にしても己れの感覚以外には、本当に基準というものはあり得ないと思うのである。

（映画の文法「月刊スクリーン・ステージ」第十三号、昭和二十二年六月二十日）

## 感覚はあるが文法はない

私は、よくこのように、映画の文法を無視する。私は理論を重んずることも嫌いだし、理論を軽んずることも嫌いだ。私は天邪鬼かも知れないが、物事の判断を好きか嫌いかで決めるのである。

というのは、映画は、美術や、文学その他の芸術に比べて、まだほんの赤ん坊であると思っているために、映画に文法などが出来てはいないはずだと思い、文法などにこだわって知識で身動き出来なくなることが嫌だし、映画の文法が、もし立派な不文律で天然自然の法則のようなものなら、いまの世界に映画監督は十人もいれば、もうそれでいいはずなのである。

私は映画を作るに当たって、文学者が文学を創作するとき、文法にこだわらないように、私もまた、文法にこだわりたくない。私は感覚はあるが文法はないと思っている。

（映画の文法「月刊スクリーン・ステージ」第十三号、昭和二十二年六月二十日）

## 監督の仕事は感情の抑制

〝表情がうまい〟というだけでは、いけないと思うんだ。悲しい表情、うれしい表情が巧みにできる——つまり顔面筋肉の動きが自由自在だ、というだけではダメ、それならヤサシイと思うんだ。

いまの日本の映画俳優は、表情は決して乏しくないヨ。日本人は無表情だとよくいうけれども、少なくとも俳優の場合は、アメリカ人に比べて表情は乏しくないと思うんだ。表情がうまいから、上手な役者だとは言えない。表情のうまい、まずいは、オレに言わせれば問題じゃないと思うんだ。

大事なのは「性格」だな。性格をつかむことだと思うんだ。性格をつかんだ上で、感情を出すんでなければダメだと思う。性格をつかめないで、ただ感情を出そうとするから、表情だけうまい役者ができる。悲しいから泣く、おかしいから笑うだけなら、映画俳優でなくても、誰でもできる。泣いたり、笑ったりの感情表現は、せいぜい、三、四割で十分だと思うんだ。

監督は、俳優に感情を出させるんじゃなく、いかに感情を抑えるかだヨ。『長屋紳士録』のかアやんかい――あれはね、お蝶さんがオレの注文を飲み込みすぎていた傾向があった。それに、従来のかアやんの性格から、より以上に飛躍したものを意図してもいなかったんだ。


（性格と表情「キネマ旬報」昭和二十二年十二月号）

## 性格とは「人間」のこと

性格とは何かというと――つまり「人間」だな。人間が出てこなければいけない。表情が百パーセントに出せても、性格表現はできない。極端に言えば、むしろ表情は、性格表現のジャマになるといえると思うんだ。抑えることだな。いかにして、抑えて抑えて、性格を表現するか――『荒野の決闘』のヘンリー・フォンダが、床屋で香水をつけてきて、ヌーッと立っている――あれだな、ジョン・フォードの偉いのは。フォンダが柱に足を突っぱって、椅子の上にノケぞって、ウフンといってる。あのヘンリー・フォンダの気合いは、実際、うらやましいと思うな。『荒野の決闘』だけじゃない。ジョン・フォード作品のヘンリー・フォンダはいつもいい。『怒りの葡萄』でも、『ヤング・ミスター・リンカン』でも。

ウィリアム・ワイラーの作品が何かこないかな。見たいね、『ミニヴァー夫人』なんか。ワイラーといえば、ベディ・デーヴィスは、ワイラーの写真だと、まるで人が変わったみたいによくなるネ。『小さい狐』で、ハーバード・マーシャルの夫が死にかかっているそばで、ベディ・デーヴィスが立って、お茶かコーヒーをいれている。表情も何もしやしないんだ。平気な顔でお茶を入れている。

ただ、茶わんのさわる音が、カチンカチンというだけだ。『手紙』のデーヴィスもいい。ワイラーには失礼かも知れんが、ワイラーは少しマゾヒストの傾向があるんじゃないかな。『手紙』や『小さい狐』を見ると、そういう気がする。デーヴィスも他の写真のときと全然違ってくる。芸が冴えてくる。

キング・ヴィダーの『白昼の決闘』はこないかな。ヴィダーはやっぱり見たいネ。ヴィダーだけだね、色彩映画もいけるのは。フォードの『モホークの太鼓』は、全然、つまらんよ。あれで懲りたと見えて、フォードはその後、色彩映画を撮らんね。ワイラーもテクニカラーは撮らん。

『月は上りぬ』は贅沢なキャストで撮るつもりだ。五光くらいのキャストでネ。『長屋紳士録』はカラスだったからネ。

（性格と表情「キネマ旬報」昭和二十二年十二月号）

## 昭和二十三年［一九四八］四十五歳

一月、『月は上りぬ』の脚本を仕上げ、「映画春秋」に発表した。しかし、主役に予定していた東宝専属の高峰秀子を借りることが難しく、製作を延期した。代わりに脚本家の斎藤良輔と『風の中の牝雞《めんどり》』を書き始める。五月から撮影を開始し、九月に公開。キネマ旬報ベスト・テン七位になった。小津は後に、本作を「作品というものには、必ず失敗作があるね、それが自分にプラスする失敗ならいいんだ。しかし、この『牝雞』はあまりいい失敗作ではなかったね」と述懐した。脚本家の野田高梧に意見を求めると、「現象的な世相の扱い方が同感できなかった」という評価をもらった。この頃、小津が会社をクビになるという噂も流れたという。十月八日、松竹本社での日本映画監督協会再結成準備会合に出席した。同月、製作が停滞していた『月は上りぬ』の配役交渉がまたも難渋し、再延期となった。

この年の映画界も混乱を極めた。とくに東宝の争議は激しく、四月から七ヶ月に及び、映画製作ができない状態となった（この年、東宝は六本しか映画を提供できなかった）。八月十九日には、二五〇〇名の組合員が立てこもった砧《きぬた》撮影所を、営業再開の地裁仮処分を執行するために、警察予備隊と進駐軍が包囲する緊迫した事態となった。組合員は退去し、流血

**一月**
『月は上りぬ』の脚本完成。高峰秀子を東宝から借りられず延期

**四月**
東宝は東京砧撮影所一二〇〇人の人員整理を発表（製作中止状態に）

**四月十六日**
東宝、組合の生産管理による映画製作が始まる

**四月二十六日**
株式会社新東宝設立

**五月〜九月**
『風の中の牝雞《めんどり》』撮影

**八月十九日**
東京砧撮影所で東宝争議

**九月十七日**
『風の中の牝雞』公開

**十月八日**
松竹本社での日本映画監督協会再結成準備会初会合に出席

**十月**
準備中の『月は上りぬ』再度延期

**十一月三日**

の事態は回避されたが、映画製作の著しい停滞を招いた。経営陣の公職追放の影響も大きく、東宝、松竹、大映などの経営陣十四名がその職を追われた。このような不安定な状況の中、黒澤明監督の『酔いどれ天使』がキネマ旬報ベスト・テンの一位になった。

箱根で監督協会設立総会
**十一月十二日**
東京裁判の判決が下る
**十二月一日**
松竹新喜劇が結成

## 脚本家と二人で考えるメリット

つまり、なんていうのかな。二人で考えると、一つの場面の処理でもあの手この手と、手が三つも考えられる。その中から最良のものを選択できるんですね。それから、本屋さん〔注、脚本家〕も監督と一緒に書く方が具合が良いといいます。というのは、完成して監督の手に渡ってから、アトで色々と直しを注文されるのはつらい、それよりも創作最中に監督に合点し、納得してもらって進める方が間違いがないという気持ちらしいんです。もっとも二人は良いが、三人は駄目です。脚本家が二人では監督の方が押されてしまいます。

（小津安二郎との対談／津村秀夫「近代映画」昭和二十三年三月号）

## 現場での神経を慣らすこと

欲をいえば若いうちに、もっと早く転向すりゃよかった。僕なんか神経も慣れて平気だが、それでも肉体的にもうこの頃は、昔のような二晩三晩の徹夜が利きませんね。現場の神経に慣れるには若い方がよい。何しろ監督の仕事は大勢の人間相手の仕事で、気疲れがひどいんです。人事関係ほど厄介なものはない。

［役者ですか？　主として］いや、役者よりは、やっぱり俗にいう裏方、つまり道具方や電気の方や、その大勢の人々です。別にどうということはない、よく働いてくれるし、意地悪をされることもないんだ。それでいて若い監督は、この大勢の人間に何となく圧迫を感じる。神経にこたえる……。

そのくせ、若い人が小道具でもなんでも、いい加減なところで妥協するくせをつけるともういけません。あの監督はこの程度で我慢してくれると諒解されちゃう。今度厳密なことをいっても通用しなくなる。床の間の置物一つ、掛け軸、茶碗一つでもダメを出さないと、あり合わせですまされるんですが、もっとも、やかましいことをいうには知識もいる。

溝さん［溝口健二］の偉いところはそこです。「そんな小道具はいかん」と叱り飛ばすが、どの町の何屋へ行けば良いのがあると必ず教える、どこの寺へ行くと何を貸してくれると指図する。そうなると相手も溝さんを尊敬して、いうことをよく聞くんですね、この知識がなかなか広い……。

（小津安二郎との対談／津村秀夫「近代映画」昭和二十三年三月号）

## 企業性と芸術性のバランス

映画の場合、芸術と企業というものを全然、別個に考えることはできない。むしろ、企業の中で芸術的なものをこしらえるということが成り立つのではないか。文学とか絵画とかの個々の芸術においては、企業性を無視した芸術性というものが成り立つであろうが、映画という総合された芸術においては、それが芸術的であり、芸術価値の高いものであるからといって、企業性を無視することは行き過ぎである。

もちろん、逆に映画というものが、企業性のみで成り立つものでは絶対にないのだから、映画を作る会社が、商売として成り立つものばかりを考え、作る側は、製作日数や費用がかかろうが、かかるまいが、芸術的なものをのみ作ろうと考えては、結果において映画自体の向上にはならないのだ。

監督の立場としては、一つの作品をこしらえているとき、これは企業の中の芸術であるという風に、いつも意識してやっている訳ではない。やはり芸術的感情の中に浸ってやっているに違いない。僕らもそうである。しかし、その映画が上映され、出来上がっていくプロセスには、企業性という流れと、芸術性の流れとがアレンジされていなければならぬと思う。その点、作らせる側も、作る側も、お互いに理解し合っていなければいけないのではないか？

（幅のある芸術「キネマ旬報」昭和二十三年六月下旬号）

## たやすく「芸術」と唱えるな

だいたい、芸術を作り出す芸術家が、たやすく自らを「芸術家」と称しているのはおかしいと思う。文化芸術をたやすく唱えていることは、どんなものであろうか。ぼくらが考えたときに、「芸術を作るんだ、芸術を作っているんだ」と力み返っていて、その芸術という名前のもとに、その陰に、隠れているというのが多いのではないかと思う。

現在の日本の状態においては、与えられたものの中で、一生懸命に、与えるものと作るものとが、仲良くやって良いものをこしらえるというのが、企業性の中における映画の芸術性であると思う。それで、うまく出来なければ、才能がないと見られても仕方がない。

これは一見、ことなかれ主義のような言い方ではあるが、映画は原稿用紙で、ペンや、インクのみでは出来ないものであり、資金の出所を無視しては出来ないのだから、理解出来ることである。自分だけで作って、楽しんでいられるというような、スケールの小さなものではないのである。

映画を作るためには、これで生活している多くの人間と、また多くの資材が必要で、したがって、金がかかる訳であり、そのためには、出来た映画から利潤が生じなければ、成り立たないのである。もちろん、ぼくだって、金でもうんとあれば、自分の好き勝手な映画を作ってみたいとは思うが、実際問題として現在の映画というものが、企業の中に成り立つものであるから、やはり、企業の中で一生懸命作るべきであろう。

（幅のある芸術「キネマ旬報」昭和二十三年六月下旬号）

## 映画は楽しいもの

その結果、いわゆる芸術作品が生まれなくてもいいと思う。根本的に映画は楽しいものでありたいのだ。一本一本、青筋立てた芸術的と称するものであったら、映画の幅というものが、反って狭いものになりはしないか。いまの日本の現状から見て、片より過ぎはしまいか。「芸術のために」とよく言うが、あまりに芸術に対して心やすいと思う。

芸術というものは、畏《おそ》れていいのだ。真の芸術は、もっと高いものであるはずであり、真の芸術家は、芸術に対しては、はにかみを持っているものだ。金と日数をかけさえすれば、芸術的なものが出来るであろうか。芸術とはそんなものではないと思う。映画の企業性に立脚した芸術性をもっと掘り下げて考え、その中からいいものを生み出すべきである。

（幅のある芸術「キネマ旬報」昭和二十三年六月下旬号）

## 企業なしに映画は成立しない

映画芸術は、どういう形においても企業でなければ成り立たない。そこで、アメリカのようにプロデューサーが、企業の中で芸術が成り立つような考え方をしていればいいのだが、東宝の場合のように、企業の中で、いいものを作る当面の責任者であるプロデューサーに人を得なかったために、今度のような失敗をしたと思う。「会社の重役には芸術は分からない。われわれが作ろうとし、また作るものは芸術作品である。会社がつぶれても芸術的なものが出来ればいい、いいものさえ作ればいいんだ」とのみは、言い切れぬことは、現状から推して誰にも考えられることである。

しかし一方、「儲かりさえすればいい」ということも、もちろん、言い切れることではない。だいたい、東宝のあの程度のものなら、何も会社をつぶさなくとも出来るはずであり、結局、マネージする側が成功し得なかったといえる。東宝のやっていることを見て、同じ映画会社の松竹を見ると、色んなことでケタが違っていた。東宝はよくやっているなと思った。ぼくには製作日数、費用にしろ、よくあんな風にやれるなと思っていただが、やはり、やり切れなかったのだ。アメリカの場合と違って、販路が狭いのだから一万フィートを越す作品ばかり続いては、やっていけないのが当たり前だ。いま考えると、東宝は無政府状態であったといえるのではないだろうか。早く打開策を講じなかったのは両方とも悪いのだ。しかし、いまその結果を首切りという形で持って来るというのは、人道上の問題からも頷《うなず》けないが――。

映画製作の現状から考えて、東宝の一万フィートを越した作品を眺めたとき、あれは七千フィートで出来たはずだと思われるのだ。あまりぜい肉をつけ過ぎたと思う。そのように、ぜい肉のついたものが、芸術的であるというのなら、ぼくらは黙って引き下がるより他ない。

ぼくの場合も松竹では、あるいは企業にならぬ映画を作っているかもしれぬが、それでも会社の言には、なるべく従って、監督の立場として、また企業を考慮に入れているつもりである。その折り合いということは、結局、人間同士信用しきっていることで、話し合いや妥協が出来ないことはないと思う。ぼくは細かいことは知らないが、東宝の場合、最初から感情問題に出発しているので、寄り合い所帯のため、人と人との結び付きがなかったことも、いけなかったのだろう。双方の言い分も一応うなずける。

（幅のある芸術「キネマ旬報」昭和二十三年六月下旬号）

## 映画は幅のある芸術

日本映画がいまの状態において、芸術的なもので押し切るというところまでは、至っていないので、日活、東京発声、第一映画などの場合も、みないい写真の出た後、きっと苦境に陥った。東宝も場合もそうで、そうかと言っていい写真が出た、しかし会社はつぶれた、というのではかなわないのだ。

長い目で見ていいものも出来、安易なものも出来、次第に大衆も教育して、映画を向上させていくのがいいと思う。いま、芸術を中に挟んでいがみ合うことは、どんなものであろうか。誰もが日本映画をよくしたいと思っているので、だからといって芸術を振り回すことも考えものである。

その意味で、東宝の組合側が、二十八本製作をすると言い出したのは、芸術性を確立するために、あるいは、お茶をにごすようなものを含んでも、とにかく企業の中の芸術性ということを考えて、二十八本の提案をしたのだから、会社も何とか聞き入れてやって欲しいものだと思った。

組合側がいたずらに日数のかかったものを芸術的であると宣伝し過ぎたのは、船頭多くして船を自称芸術に乗り上げた形になってしまう。芸術、芸術と、自ら唱える芸術の中で、動きがとれなくなり、芸術の本体を低下させる結果にすることは愚かである。芸術を誇張し過ぎると、芸術というものは、金と暇がかかるばかりで、金は儲からないものであるというだけのことになってしまう。

映画芸術――それは企業の中で作られる楽しいものであり、幅の広いものでなくてはならぬ。

（幅のある芸術「キネマ旬報」昭和二十三年六月下旬号）

**［アサヒグラフ「映画スター推薦・天下の美男子告知板・高峰美枝子さん推薦」］**『父ありき』『長屋紳士録』等、一連の人情ものの作風で知られる氏は、終戦後シンガポールから引き揚げ、目下第二作『風の中の牝雞《めんどり》』を撮影中。「僕が美男子になりましたか」と笑う五尺八寸十八貫余の大きな体が胸のあたりで大きく揺れる。それにつられるように助監督連が笑うと、氏はテレ臭げに笑い声をひそめる。「高峰美枝子さんと一緒に仕事をしたのは『戸田家の兄妹』一回だけですよ。ときどき撮影所内で顔を合わすことはあったが……、いや見込まれましたね」と頭をかく。仕事のあるときは大船の撮影所に泊まり込んで頑張るが、平常は疎開先千葉の野田で、老母と二人きりの生活。未だに独身の気楽さで「帰れば昼寝ばかりしている」そうだ。「結婚はチャンスですね。僕にはそいつが恵まれなかった」と、仰《おっしゃ》言るあたり、昔の恋人が未だ胸に残っているらしい。

（映画スター推薦・天下の美男子告知板「アサヒグラフ」昭和二十三年七月七日号）

## 自作を語る／風の中の牝雞《めんどり》

『長屋』のあと『月は上りぬ』を書いたが、色々の事情で今に至るまで撮れない。もうあの本じゃ駄目だがね。……作品というものには、必ず失敗作があるね、それが自分にプラスする失敗ならいいんだ。しかし、この『牝雞』はあまりいい失敗作ではなかったね。

『風の中の牝雞』（松竹大船・昭和二十三年）脚本斎藤良輔、小津安二郎　撮影厚田雄春　主演佐野周二、田中絹代、三宅邦子、笠智衆、村田知英子、文谷千代子、東野英治郎、清水一郎、三井弘次

（自作を語る「増刊キネマ旬報二月号　小津安二郎〈人と芸術〉」昭和三十九年二月十日）

**【佐藤忠男】** この映画は、当時の荒廃した風俗を、つくりものの廃墟セットなどでモノモノしく再現したどんな作品より深く、敗戦ということの問題点を掘り下げた作品だったと思う。そこには敗戦によって日本人が失ったものは何か、という問題が出されている。敗戦直後のこの時期に、小津がその問題をあえて取り上げたところに、強い意味を感じる。失われたものとして見つめられているのは、単に一人の主婦の肉体的な貞操だけでなく、すべての日本人の精神的な純潔性そのものなのではあるまいか。

（佐藤忠男『小津安二郎の芸術』朝日新聞社）

## 昭和二十四年〔一九四九〕四十六歳

野田高梧と『晩春』の執筆を始める。『箱入り娘』以来十四年ぶりのコンビ復活となった。清水宏（志賀直哉という説も）が勧めたという広津和郎の短編小説『父と娘』を原作としたが、大枠の筋以外は独自の物語となった。以後、『秋刀魚の味』まで全ての作品は野田との共同執筆となる。戦後の価値観が激しく動揺する中、古都鎌倉や京都を舞台にした他、茶道、能楽、寺、石庭（龍安寺《りょうあんじ》）など、日本の伝統的な芸能や情景を取り入れた。初めて原節子、杉村春子等を招き、戦前とは異なる俳優も使うようになった。原節子の起用は、志賀直哉からの勧めもあったという。この年のキネマ旬報ベスト・テン一位となり、映画界に〝小津復調〟を強く印象付けた。

五月、毎日ホールで日本映画監督協会発会式が挙行された。会員は七十名を擁《よう》し、会長は溝口健二、副会長は牛原虚彦、小津は事業製作委員長、機関誌「映画監督」編集委員となった。六月、戦後のＧＨＱによる直接の検閲を撤廃するに当たって、映画界の自主的な規制の強化を目的に、映画倫理規程管理委員会（旧映倫）が発足した。

九月十九日、『晩春』が公開。『月は上りぬ』は、三度企画に上がるも延期となった。

この年もストライキや人員整理が頻発し、下山国鉄総裁が轢死した下山事件、

**三月四日**
志賀直哉、広津和郎と熱海にゆく

**四月**
映画倫理規程管理委員会（旧映倫）発足

**五月四日**
毎日ホールで日本映画監督協会発会式

**五月～九月**
『晩春』撮影

**七月六日**
下山事件（国鉄総裁轢死事件）

**九月十九日**
『晩春』公開

**九月～十月**
『月は上りぬ』三度企画に上がるも延期に

**十月一日**
中華人民共和国建国

**十一月三日**
湯川秀樹、ノーベル物理学賞を受賞

**十一月**
東京映画配給株式会社（東映）設立

青森発上野行き上りの旅客列車が脱線した松川事件など、暗く不穏な事件も多く、世相は必ずしも明るくはなかったが、石坂洋次郎の青春小説を原作とした、原節子主演の『青い山脈』（今井正監督）が製作され、大ヒット作品となった。日本映画の製作本数も増加し、十一月には、東京映画配給株式会社（東映）が設立された。

### ◉スター・システム濫用

## 映画とスター・システム

映画製作上の一つの方策として、スター・システムというものが、昔から考えられている。アメリカのモーション・ピクチュア・アルマナックなんかを見ると、一九四七年度のMoney making starは誰々、四八年度は誰々と、全国の映画館の支配人から集まった投票でスターの人気が調べられている。ひところ、シャーリー・テンプルなど、数年にわたって最上位を続けていたが、つまり、そういった興行面の収入高から眺めたスターの人気というものは、映画製作の上で非常に大きな発言権をもっている。

スター・システムの根底は、いってみれば、そこに源を発しているので、私などは映画が民間企業という形をとっている限り、自然なことだと思っている。いいかえれば、一般大衆がスターというものに寄せる「人気」が、映画作品にとって大きな吸引力となっている以上、そこを利用せずにそっぽを向くのは、映画製作者が特殊な場合を除いてあり得ないと思われる。

元来、スター・システムは、映画の生まれる前、すでに演劇には洋の東西を問わずあったものであり、我邦なんかでも、カブキの如きは、とりわけその特徴が濃厚であった。映画も劇の形をとるようになり、俳優を必要とするようになって、順次、演劇とよく似た環境におかれることになり、ここにスター・システムの誕生を見たわけだが、しかし、さすがにその伝統と歴史の差から来る影響は著しく、この映画と演劇におけるスター・システムは、実質的に見るとかなり大きな隔《へだ》たりが発見される。

映画の場合、スターというものの出現は、その発生の場所が自由で、地上いたるところから出て来る可能性をもっていて、その点、まことにワクの局限がなくて開放的であり、マスクとかタイプとかいう点からは、思い切った選択が出来ていいのだが、それだけに、いざスターの地位についたとなると、彼らは多くの場合、演技の勉強を忘れて、一人で天下を取ったような誤った観念に支配されがちなのである。そこへいくと、演劇の世界は、主役級に昇るにも相当の階梯《かいてい》があり、ながい年月を必要とするので、なかなかどこからでも簡単に飛び込むという訳にはいかない。

ことにカブキの世界などは、封建色が至って濃いから、家柄や格式に伝えられて自由な出世は出来ない。この欠陥がある反面、芸道というものに対する修行心がはげしいから、俳優各人は一人前になるまでに、血の滲《にじ》むような稽古をする。そのために、一本立ちのスター級に達した時、彼らは演技の上では、一応成熟期に入っている。

これは、映画スターの場合と比べて、著しい相違だと思う。そして、また、ここに演劇におけるスター・システムの強味というものが感じられ、映画においては、そこに重点を置くことの不安が感じられるのである。

(スター・システム濫用「キネマ旬報」昭和二十四年四月上旬号)

## スターの生命は演技力

だからといって私は、演技が成熟しなければ映画のスターになれない、と言っている訳ではない。そんなことを言ったら、年若いスターは、永久に映写幕上に姿を見せないことになる。演劇などと違って映画の場合は、演技が成熟していなくても、スターになり得る場合が多い。現にシャーリー・テンプルの如きがそうである。だが私の望むことは、それだからといって、それにスター諸君が安心し、アグラをかいていては危険だということを言いたいのだ。

スターというものは、考えてみると、この世の中で非常に興味ある存在だと思う。とりわけ映画スターの場合、彼らは、いまも言ったように、演技の練達者であるために世間から持てはやされている訳ではない。演技とか芸とかよりも、むしろ、スターに備わったタイプ、生まれついてのマスクによって一般大衆の人気を勝ち得ているのだ。

いいかえれば、そのスターの生来のタイプやマスクが、何らかの意味で、時代の好みに合い、大衆の憧れと一致し、現代人の感覚にピッタリしたときに、スター自身も恐らく予期しないような人気がわいてくるのである。それは決して優れた芸術家に対する尊敬ではもちろんない。一般大衆の憧れであり、好みであり、魅惑のアイドルなのだ。そして、その人気を利用しようというのが、映画会社の腹だということになる。なぜなら、映画に集まる一般大衆は、映画の中心興味をそこにおくのが通例だからだ。スターの身体から放散される、その一種いい知れない魅力に人々は引き寄せられるのである。

それは純情可憐な美しさの場合もあろう。豊麗妖美の場合もあろう、哀婉切々《あいえんせつせつ》たる場合もあろう。快男児的明朗さもあろうし、美男型のやさしさの場合もあろう。知的匂いの洗練された美しさの場合もあるし、バーバリズムの権化、デカダンスの象徴の場合もあろう。とにかく、この中の何れかに一般は「好み」を持つのである。『安城家の舞踏会』に続く数作で森雅之君が人気を得たのも、それであるし、『酔いどれ天使』で三船敏郎君が、俄然、世人の目を惹くようになったのもそれである。極端な言い方をすれば、これも大衆の偶像崇拝に近いものと言えよう。

（スター・システム濫用「キネマ旬報」昭和二十四年四月上旬号）

## 映画監督とスター・システム

ところで、「監督にとって、このスター中心のシステムはどうか」ということになるが、私としては、これには必ずしも否定しようとは思わない。行き過ぎたスター・システムは困るが、ある程度のスター重視は当然だと考えている。あれは一言でいえば、スターが出る作品は、興行的には一つの保証を持つことになるからである。さればといって、スターに依存する考えはない。スターがなくとも仕事はやれる自信はあるが、あって邪魔なものでは決してなく、反《かえ》って便利であり、力になってくれる方が多いから、その意味からも私としてはスターをむしろ歓迎したい。ことに演技力もしっかりと、カンの優れたスターなら困るということはない。

この演技力ということだが、スターの生命というものは、この演技力の如何に左右されるところが多い。どんなに時代の好みに合い、世間から喝采されるスターでも、演技力に乏しいと知らぬ間に世の中から飽きられて来るものだ。俳優にとって、なによりも大切なものは演技力、芸の力である。芸の精進を怠らぬことが、スターはもとより、俳優全般にわたって不可欠の条件だが、現在の日本の映画界を見渡してみて、そこを本気にやっている人が果たして何人いるだろうか。まことに心細い状態だ。

そして、スターの大半は、現在の人気に安住し、芸の勉強などはそっちのけで、契約高の取り決めに忙しく、各社をただ忙しく駆けめぐっているにすぎない。情けない次第だ。

（スター・システム濫用「キネマ旬報」昭和二十四年四月上旬号）

## スターを忌避するジャンル

監督によってはスターを使うのを、あまり好まない人もある。既成スターを避けて、強い新人を選んで配役陣を組織していくのだが、こういう監督の仕事は、監督にしっかりとした自信があり、企画がないといけない。興行的には大きな冒険となる率が多い。だが、それが成功すれば、いままでにない味の画期的作品ともなり、監督の野心も実を結ぶことになるから、仕事としては確かに面白いに相違ない。清水宏の『蜂の巣の子供たち』は、それが成功し、実を結んだ好き例だ。

既成スターを使いたがらない監督は、大体に見てセミ・ドキュメンタリー的傾向をたどる人たちに多いようだ。これは一つには、そういった傾向のものには、作品の性質上、既成スターが出て来ると実感を壊される場合が、往々にしてあるからだと思う。

セミ・ドキュメンタリー独特のあの生き生きした、セットを使わず、いかにも事件の起こった現場のフンイキをそのまま出しているかの如き効果を必要とする、この種の作品においては、やはり登場する人物も、普段、映写幕で見知り越しのスターの顔ではことを壊すのだ。

なるべく観客に馴染の薄い俳優の方がいいので、配役もその狙いにしたがって揃えられる。そして、それを使って、本物さながらの感じを出す。『裸の町』の成功なども、その企画の水も漏らさぬ実施から来ていると思う。

なにしろ我々は、バリー・フィッツジェラルド以外は、ほとんど知らないのだから。

そんな訳で、セミ・ドキュメンタル映画においては、顔の売れたスターは用いられない。しかし、スター必ずしもセミ・ドキュメンタリーに不適という訳ではない。役柄によっては必要な場合もある。まず通例では、無名の新人が抜擢される方が多い。何と言っても、セミ・ドキュメンタリーは監督の中心となるべきもので、その点、スター・システムとは縁が薄い。


（スター・システム濫用「キネマ旬報」昭和二十四年四月上旬号）

## スター養成の名人

また、話はスターにかえるが、スターというものはいかにして作るか、これが現在考えられていないことが日本映画の短所だと思う。既成スターを使って、映画をこしらえることには、ウの目タカの目で至るところに争奪戦を演じているが、それはあくまでも今日以後、将来の日本を背負うべきスターの養成という点については、さっぱり考慮が払われていない。

この分で行くと、現在の乱暴な使い方によって、既成スターは次第に荒廃して行く一面、その補充がつかないという恐るべき事態が起こって来る。これは必然だ。おそらく五、六年経つか経たぬ間には、スターらしいスターは影を絶つことになると思う。この点を我々は、お互いにもっと慎重に考えねばならぬと思う。

こういう点については、往年の大船所長、城戸四郎は達眼の士だった。彼は「スター作りの名人」と言われたほどだが、まったく、そのスター養成については、先見の明と手腕とを持っていた。彼はスターを新人の中から育てて、一人前にするコツに妙を得た人で、当時、他社が大船から盛んにスターを引き抜いたものだが、いくら引き抜かれても、へこたれることなく、後続スターをどしどし育てて平然としていた。やはり、こういう手腕は敬服すべきものだと思う。

大体、新人を抜擢する際には、その新人を強力な既成スターに添えて売り出すのが、上策のようだ。新人一本立ちよりも、その方が安全性があり、人気の出方も早い。そして秘訣は、なるべく最初は憎まれ役よりも同情される役がよい。女の場合などことにそうで、初めは大スターの扮する主人公の妹とか味方といった役を握るのがよい。観客は自分たちの好きな主人公（大スター）の味方という意味で、その新人に好意をもつ。そして、それが幾度か積もる内に、その新人が好きになって来る、といった塩梅《あんばい》だ。

城戸プロデューサーはこの手を使って、新しい女優を送り出した。栗島すみ子の妹役から今日の地位を築いたスターも相当いる。それに加えて、城戸プロデューサーは監督に申し入れて、新人を配役陣の適当なところに入れさせた。監督の方も喜んで引き受けたものだ。ところが現在なら、そういう申し入れがあっても、監督は容易には引き受けないだろう。

昔と違って監督は契約制となり、一本、一本が勝負だから、自分の意図する以外は冒険をしたがらないからだ。興行的安全率を確保するためには、出来るだけ既成スターの顔ぶれで配役を決めようとするのである。要するに、こんなところにも、新しいスターの出て来ない原因がある。

こういうことから見て、新しいスターの養成ということの関心は払われるべきだと思う。結局、後続部隊がなくなれば、映画企業にとって一番有力なものがなくなるのである。スター・システムを存続させるか否かについては、それほど未練はない。だが、スターの影寥々《りょうりょう》たる明日の日本映画を想像することは寂しいことである。


（スター・システム濫用「キネマ旬報」昭和二十四年四月上旬号）

## 監督の腕は刈り込み

監督は、植木屋のようなもので刈り込みですよ。余計な枝を取るだけで、「こういうところに枝があればいい」と思っても、ないところには枝はつけられませんよ。満ちゃん（吉川満子）は、持っていながら隠すんだ。何から何までこっちに言わせてね。だから、何か僕が間違えたことを言うと、間違えたことまでやるんだ。

（栗島すみ子さんを囲んで女優会議「婦人倶楽部」昭和二十四年五月号）

## 映画を見た後味のよさ

後味のよさというのは、確かにたまりませんね。内容的なふくらましがなくて、材料だけを理屈で並べているから後味がいかぬのだと思います。

（栗島すみ子さんを囲んで女優会議「婦人倶楽部」昭和二十四年五月号）

## 原節子との初顔合わせ

婚期の遅れた娘と早く妻を亡くした父の物語『晩春』。広津和郎の作を読むうち、全然違ったアイデアが生まれて、この筋が出来上がったのだが、作者仁義で、広津氏の作と名乗った。

今度、初めて［原節子と］組んでみて、そんな評判［注、原節子は美しいが、演技力に難がある］はウソだったのが分かった。少なくとも根本的な人物のつかみ方が正しいのには感心した。そりゃNGは出した。しかし、巧ければ、もっと巧くと欲張るのでこうなる。ただ、新しい人には双方に遠慮があるので、具合の悪いのは事実だ。

新劇の人に出てもらったが、結局、演技の本質は同じであろう。ただ、たとえば、アップの時は小さく演技するというような約束には従ってもらわないと困るだろう。舞台人は、こんな約束を早くマスターするかどうかで、映画にマッチするかどうかの運命が決まると思う。

（原節子と小津の初顔合せ「東京新聞」昭和二十四年八月二十一日）

【山本武談】『晩春』では、その後の小津さんの映画の常連となった原節子が初出演した。この原節子の起用は、湯河原の中西旅館で打ち合わせのとき決まったと思う。志賀直哉先生も見えられて、いろいろ話をしたが、そんなとき「原節子さんを使ってみたら……」という話が出たように記憶している。あるいは小津さんが、以前から意中の人として考えていたのかもしれない。

とまれ、原節子と小津さんの最初の出会いは印象的だった。原さんを見たとたん、ボーッと小津さんの頬が赤く染まった。「節ちゃんって美人だなァ」、小津さんはあとでそういった。たしかにその時の原さんは類《たぐい》まれな美人だった。この世にこんな美人がいるのか、と私は思ったほどだ。

（井上和男編『小津安二郎　人と仕事』蛮友社）

## 自作を語る／晩春

『箱入り娘』以来、野田さんと久しぶりに顔を合わせた写真だ。ライターと監督が一緒に仕事をする時、体質的にも似た者同士でないと、うまく行かないことが多いね。一方が寝坊で、一方が早寝だというようでは、バランスがとれなくて、却《かえ》って疲れちゃう。その点、野田さんや斎藤良輔《りょうすけ》君とは、酒も寝起きの時間もよく合うんだな、こりゃ大事なことだと思うよ。僕と野田さんの共同シナリオというのは、もちろん、セリフ一本まで二人して考えるんだ。しかしセットのディテールや衣装までは打ち合せないんだがね、それでいて二人の頭の中のイメージがピッタリ合うというのかな、話が絶対にチグハグにならないんだ。セリフの言葉尻を「わ」にするか「よ」にするかまで合うんだね。これは不思議だね。いつか里美［弴］さんに話したら、ゴンクール兄弟が小説を書くのもそれか、と合点されたよ。もちろん意見の違いは出来るよ。両方とも頑固だから、仲々妥協しないね。

（自作を語る「増刊キネマ旬報二月号　小津安二郎〈人と芸術〉」昭和三十九年二月十日）

『晩春』（松竹大船・昭和二十四年）原作広津和郎　脚色野田高梧、小津安二郎　撮影厚田雄春　主演笠智衆、原節子、杉村春子、宇佐美淳、三宅邦子、月丘夢路、三島雅夫、坪内美子、桂木洋子

**【野田高梧談】** 実をいうと、僕は『風の中の牝雞《めんどり》』という作品を好きでなかった。現象的な世相を扱っている点やその扱い方が僕には同感できなかった。で、ハッキリそれを言うと、小津君も素直にそれを認めてくれ、そして二人で茅ヶ崎館にこもって『晩春』を書くことになったのである。

（キネマ旬報「小津安二郎　人と芸術」昭和三十九年二月増刊）

**【笠智衆談】** いつものようにテストの繰り返し。長いカットでしたので、何回もやっていると、先生の細かい指示もわからんようになってくる。シビレを切らした先生は、とうとうご自分でやってみせてくださいました。映画で我々がやっている独特の口調、みなさんご存知の〝小津節〟で、長い台詞を淀《よど》みなくしゃべれる。これが、舌を巻くほどうまい。僕などが及びもつかないのはもちろん、小津組のどの俳優さんより上手だったと思います。先生が俳優になられていたら、きっと演技賞ものの名優だったでしょう。「……」

それにしても『晩春』は、苦労した作品でした。すんなりうまくいったカットは、ひとつもなかった。ダメダメダメの連続です。先生の演出も、あの頃が一番厳しかったんじゃないでしょうか。ちょうど脂の乗りきった頃で、ホンも良かったもんだから、気合いが入っていたのでしょう。

（笠智衆『大船日記』扶桑社）

**【杉村春子談】**［小津監督との出会いは？］それは、あたしもよくわからなかったから、聞きましたのね、先生に。どうして使ってくださったんですかといったら、稲垣（浩）さんの『手をつなぐ子等』（昭和二十三年）を見たからとおっしゃいました。

**［母親役でしたね］**ええ、先生がそういって下さって、ほとんどの作品で使って下さいましたからね。あたしは……そういうふうな言い方しちゃいいか悪いかわからないけど、いわゆる日本映画の良き時代だっていわれるときに、その時分のこれっていわれる監督さんにほとんど使ってもらっています。

（川本三郎『君美《うる》わしく〜戦後日本映画女優讃』文春文庫）

**【貴田庄談】**原は『晩春』の撮影が始まった時、「テストを三十回も四十回もやるんですって」と小津監督にたずねました。すると小津は、「あなたがビールを二十本ものむという噂と同じですよ」と笑って答えたそうです。原はまた、撮影中に感じたこととして、小津監督が「私に何も言ってくれない……。よいわけはないので、お気にいらないのでしょうが、注文してもしょうがないと思って、あきらめていらっしゃるのじゃないかと……、なんだか不安で……」とも述べています。

これらの発言は、一九四九年十月号の「映画ファン」に載《の》った上原兼と原との対談における言葉です。『晩春』は一九四九年九月十三日に公開されていますから、二人の対談は『晩春』の撮影中のことでした。原の言葉から判断すると、小津はほとんど原にやり直しを求めなかったようです。

（貴田庄『原節子　あるがままに生きて』朝日文庫）

## 原節子の素晴らしさ

先日、木下恵介監督の『お嬢さん乾杯』を見て、原君はやっぱりいいパーソナリティをもった得難い女優だと思った。原君を一言にして批評してみると、第一に素晴らしく〝勘〟のいい人だということであり、〝素直〟であることだ。このことはお世辞でなく、ぼくははっきり言いきれる。『晩春』のシナリオも、もちろん紀子の役は、最初から原君を予定して書いた。

（井上和男編『小津安二郎　人と仕事』蛮友社）

**【原節子談】** 新鮮といっていいのかしら。今までの日本映画に見られなかった古い日本文化のすばらしさが感じられますものね。『晩春』は今までの小津さんの作品とちょっと違うんではないかしら。形式的には、あまりかわっていないと思うんだけど、内容的には日本的で、そして高いところを狙っていられたように思うんです。それが終戦直後ともちがって、日本人としての自覚に目ざめかけた大衆にうけたのね。

（貴田庄『原節子　あるがままに生きて』朝日文庫）

# 泥中の蓮を描きたい

わたしの狙いなどと言って、別に変わった方法もなく、わたしなりにやっているんです。手っとり早く言えば、自然のままに撮っているといえるでしょうか。しかし、これは方法的なことで、その本質面を言うとなると、ちょっと考えてしまいますね。

たとえば、わたしの戦後、撮ってきたものなどから、大方の人が理解して頂ければと思うんですが、これでは余り卑怯になるかしら……。

とにかく、わたしがキャメラに向かう折りに根本的なものとして、いつも考えているのは、キャメラを通して深く物を考え、人間本来の豊かな愛情を取り戻したいということ……。

そりゃ戦後は風俗やら心理やら、いわゆるアプレゲール［注、「戦後派」の意。芸術・文学等の新潮流を指す］と言われる奴は、いままでと違っているかも知れませんが、その底に流れるもの、ヒューマニティーといったら抽象に過ぎるかもしれませんが、ほのぼのとした人間の温かみといったようなものを、どのようにしたら、もっともよく画面に表現し得るか……。この辺がわたしの常に考えていることで、そしてやりたいことなんです。

泥中の蓮――。この泥も現実だ。そして蓮もやはり現実なんです。そして泥は汚いけれど蓮は美しい。だけどこの蓮もやはり根は泥中に在る……。わたしはこの場合、泥土と蓮の根を描いて蓮を表わす方法もあると思います。しかし逆にいって、蓮を描いて泥土と根をしらせる方法もあると思うんです。戦後の世相は、そりゃあ不浄だ、ゴタゴタしている、汚い。こんなものは私は嫌いです。だけどそれも現実だ。それと共に、つつましく、美しく、そして潔《きよ》らかに咲いている生命もあるんです。これだって現実だ。この両方ともを眺めて行かねば作家とはいえないでしょう。だが、その描き方に二通りあると思う。さきほど言った泥中の蓮のたとえで——。

しかし、この場合、美しく情の世界を謳《うた》いあげようとすると、すぐ、懐古だ、低徊《ていかい》だという。このような一つの目しか持ち得ないのが戦後の風俗でしょうが、それだけが真物じゃないと思うんですよ。『晩春』『風の中の牝雞』、そして、以前の『長屋紳士録』と、わたしの系譜は、いまいったような理念に支えられていると思うんですが……。

脚本も悪い、撮影機はだめだ。このような極めて悪い条件の中で、いかに豊かなものを表現できるか？——。そのためには、画面の一つ一つに留意しなければならない。この辺からわたしの凝り性という別名も生ずるのでしょうね……。

（泥中の蓮を描きたい〈私のねらい〉「アサヒ芸能新聞」昭和二十四年十一月八日）

**【原節子談】**〔注、身内からの『晩秋』の演技評価が散々だったという話から……〕セーヴされないで、自分でやりすぎちゃったところがあるのかもしれません。小津さんとおっしゃるかたは大分押さえられる方ですけれども、私がはじめてだったからです。あれで私は何か御褒美いただいちゃったのですけれどもね。うちのものにいわせますと。余り感心しないというようなな。

（「日本評論」昭和二十五年十月号）

**【杉村春子談】**先生がね、部屋へ入ってきて、なんとなくひと回りして出て行ってくれとおっしゃるの。すぐに意味はわかったけど、こういうのはむつかしいのね、なんとなくでしょう。よくあるじゃない、玄関まで出かけたが戻ってきて、なんのために戻ってきたのかわからなくなって、あれなのよ。はい、わかりましたってわたしやったの。うまくいったのかしら。

（貴田庄『原節子　あるがままに生きて』朝日文庫）

## 映画という表現の制約

［映画という表現形式に窮屈さを感じることは？］ありますね。細かい味が出せないんです。映画の表現というものは、一秒二十四コマという制約の下にあるでしょう。だから肉眼でジッと見詰めなければ分からないというような誤魔化しは受付けないんですね。だから、私は日本人の生活を撮りながら、床の間というものを出したことがないんですよ。床の間を画面に入れないんです。
［床の間の気持ちが生きない？］まあ、そう言えるでしょうね。あの壁へ照明をパッと当てれば、浅くもなるし、そこに掛ける掛物《かけもの》だって、活花《いけばな》だって、神経質に吟味したくなりますからね。あの着物［注、結城紬《ゆうきつむぎ》を『晩春』で表現］は、線がゴワ張ってるから、女優は着たがらないんです。それを着せてみたんですがね、無地物だったけど、とにかく結城を着ている奥様という感じが出ましたよ。

（二つの椅子・高田保連載対談「週刊朝日」昭和二十四年十二月二十五日）

【川又昂《かわまたたかし》談】今思い出すのは『晩春』（一九四九年）の最後の場面。あそこで娘を嫁にやった笠さんが監督に泣いてくれと言われたでしょう。今まで意見したことのない笠さんが、監督にただひとつ逆らったんです。（泣く演技が）どうしてもできない、駄目だと意見して。立派だと思います。

（松浦莞二・宮本明子編著『小津安二郎　大全』朝日新聞出版）

【笠智衆談】「笠さん、皮を剝《む》き終わったら、慟哭《どうこく》してくれ」と言われました。〝嗚咽〟ではなく、〝慟哭〟です。「おーっ」と声を上げて泣けと言う。オーバー嫌いの先生からそんな注文を受けたのは初めてでしたから、ずいぶん驚きました。僕はできませんでした。できないことはわかっていました。あの場面で慟哭するのは、なんぼ考えてもおかしい。

「先生、それはできません」

小津先生の演出に、「できません」などと答えたのは、あれが最初で最後です。先生は、無理にやらそうとはされませんでした。ご自身も迷っておられたのかもしれません。それに、長い付き合いだったので、僕がそういう演技をできんちゅうことが、誰よりもわかってらしたからでしょう。

（笠智衆『大船日記』扶桑社）

## ドキュメンタリー『鏡獅子』のこと

あの頃は、まだプレレコの技術〔注、先に音声を録音し、後でそれに合わせて画面を撮影すること〕がなかったんで、キャメラが自由に使えなかった。全部シンクロだったから、どうしてもキャメラに無理が出来たんです。『晩春』の中に入れた梅若万三郎さんの御能は、プレレコですから、自由にキャメラが使えたんで、よかったけれども。

（二つの椅子・高田保連載対談「週刊朝日」昭和二十四年十二月二十五日）

## 六代目尾上菊五郎《おのえきくごろう》のこと

『柿右衛門』を舞台で上演している時に、映画を撮るなら芝居を見といてくれというので、見にいったんです。今日は映画の小津が見に来ていると番頭が知らせたんですね。そこで、その日の六代目は、映画的演技を舞台でやってましたよ。だが、それを見ていてぼくが思ったことは、アップが撮れないということなんです。演劇的な誇張をグッと抑えながらやってるんだけども、芝居をしまいとしているところに映画的でないものが、やっぱり出て来ていましてね。

［だが、ロングに引いた時は、素晴らしくうまいね］、芝居の人は誰でもそうなんだ。ロングになるとグッと味が出て来る。六代目と話をした時に、

「映画の演技でどんなところが一番難しい？」

「ここに大勢いる、その中の一人が昨夜一緒に酒を呑んだ男だ。その男の顔をヒョイと見て、〝ゆうべはどうも〟と軽く言って、すぐまた目を元へ返す。この場合の目の動き方というようなものが難しい」

「その時、君はどう監督してる？」

「気持ちを説明したり、何遍もやらしてみて、ツボに嵌《はま》ったと思うところで撮る」

「その目を向ける時、向けられる相手の顔は写るのか？」

「写ってない」

「じゃ、ヒョイッとハンケチ出して振ってやれ。そうするとヒョイッとこっちを向くだろう。これだと自然にいくよ。これなら演技でなくて生理だから無理がない」……。

そんなことを言ってました。その話を聴きながら、この人は映画監督が出来るナと思って感心しましたよ。

（二つの椅子・高田保連載対談「週刊朝日」昭和二十四年十二月二十五日）

## 昭和二十五年〔一九五〇〕四十七歳

二月、日本監督映画協会を協同組合に改組した。理事長は溝口健二、常務理事は牛原虚彦、小津は理事、事業融資委員となった。同月、『晩春』キネマ旬報ベスト・テンで一位になった他、三月、毎日映画コンクールで日本映画賞、監督賞、脚本賞を受賞した。この年、初めて松竹以外の他社である新東宝で『宗方姉妹《むねかたきょうだい》』の撮影が決まった。松竹からの助監督二人（山本浩三と塚本芳夫）以外は、全員初めてのスタッフとなった。大佛次郎《おさらぎじろう》の新聞連載小説を原作とするも「これは君たちの宗方だ」と大佛から言われたという（前作『晩春』と同様、野田高梧との共同脚本）。この映画の撮影のために新東宝は、当時、日本に二台しかなかったミッチェル型の最新型モデルの撮影機を特別に輸入したという。

五月から撮影を開始し、九月に公開した。大ヒット作品となり、その年の洋画を含む興行成績一位となった。本作のロケ地である薬師寺ブームが起こった。薬師寺のロケに、小津が敬愛した志賀直哉が、家族を連れて見に来た。小津は「志賀先生がわざわざ来て下さった」と喜んだという。

前年、田中絹代は松竹を退社後、日米親善大使として渡米し、帰国時に投げキッスをした行為が「米国かぶれ」とマスコミから批判され、撮影中、小津との呼吸も合わなかったという。松竹を退社した田中を起用した影響もあってか、

---

**一月十九日**
田中絹代の投げキッス事件

**二月十四日**
監督協会、総会で協同組合に改組

**二月**
『晩春』キネマ旬報ベスト・テンで一位

**三月四日**
『晩春』毎日映画コンクールで日本映画賞、監督賞、脚本賞受賞

**四月二十二日**
山本富士子が第一回ミス日本に

**五月六日**
『宗方姉妹《むねかたきょうだい》』薬師寺ロケスタート

**七月**
レッド・パージが始まる

**六月二十五日**
朝鮮戦争が始まる

小津と野田は松竹の準専属制を解かれた。

六月二十五日、北朝鮮軍が三十八度線を越境し、朝鮮戦争が始まった。共産主義の脅威が現実のものとなり、ＧＨＱの対日政策も労働運動の抑制、レッド・パージと、その姿勢を大きく転回した。映画界からは一〇〇名を超えるパージ者が出た。彼らは松竹、東宝、大映から放逐され、独立プロで製作活動を続けることになった。

九月、次回作『麦秋』の準備に入った。十月十三日、ＧＨＱの政策変更に呼応するかのように、公職追放になっていた経営陣の解除が発表された。城戸四郎、川喜多長政、森岩雄らが経営に返り咲いた。

**八月二十五日**
『宗方姉妹』公開
黒澤明『羅生門』公開

**九月**
次作『麦秋』の準備を開始

**九月十五日**
国連軍による仁川上陸作戦

**十月十三日**
公職追放になった映画人全員の解除

## 永遠に通じるものこそ

一九五〇年になったからと言って、僕にはことさら新しいものがあるとは思えない。永遠に通じるものこそ常に新しいのであって、巷《ちまた》にあふれるロングスカートだとか何だとかいう流行は単なる現象にすぎない。現象が変わらぬこと……、それが新しいのであるから、古いとか新しいとかいうことが、ただ現象だけでいわれるのなら、僕の今年はことさら古いものを追求したい。

もちろん撮影所の機構は機械的に新しくなるだろうし、それは何よりも僕の希望するところだ。街を走るボロボロの自動車を笑い、外国の新しい型の自動車をうらやむ気持ちは、僕の立場でいえば、現在の撮影所で使われているキャメラと同じだ。この点では、一日も早く新しいキャメラや録音設備が、わが国の撮影所に整備されることが望ましい。

とかく、わが国の映画は幅が狭いと言われるが、これは日本自体が狭いんだから仕方がない。もっと映画事業そのものが健全な成長を見せ、シナリオ・ライターや監督に経済的な根底がつけられなくてはならない。

僕としては目新しい題材をつかまえることも大切だが、むしろ、それよりも今まで通りのありふれた材料で、もっといいものが作れると思う。高度な作品への努力が今年の僕の仕事だ。

戦後すでに五年、観客の眼も高まってきている。この観客の成長に応えるためには、やはり良い作品を作らなくてはいけない。いい作品は必ず観客が来る。そのために今年頃から良い作品は、ロングラン興行を実施すべきであって、この結果はきっと作品の質を向上させると思っている。ミミズのエサばかり、取り替えてフナを釣っている感じの今までの映画興行のやり方では、もう観客から飽きられてくることを企業家も知るべきである。

一方、新人だが、監督にしろ俳優にしろ、現在わが国で行われているプロデューサー・システムでは、かえって新人の輩出を妨げるきらいがあり、今年こそはプロデューサーが新しい冒険の出来るように会社が反省する必要がある。

（僕は古いもので／新しい年への提言「読売新聞」昭和二十五年一月一日）

## 場面の構成と演技指導

場面の一つをとって、絵画的に美しいということは、動きのある映画では、美しいということにならない。絵はハガキの羅列ではないからである。問題は、場面の接続の仕方で、私は、それ故に、アップとロングの継ぎ目が目立たないように苦心している。そして、私の好みは、キャメラを縦深に移動することで、横にはあまり移動しない。

横に長い手法をみると、並び大名を舐《な》めているような感じを受ける。その好みのために、私はセットも奥行きのある、幅の狭いのを作ってもらっている。そこに独特な悩みも出てくるわけで、背景の描き方も変わってくる。もちろん、場面の構成で重要なことは、そこに演じられる俳優の演技が生きるかどうかである。構図を考えるために演技が窮屈になることもあり、反省させられることもある。これは本末転倒で、注意しなくてはならない。むしろ、場面は絵画的には美しくなくても、芝居でつなげて、美しく見せることが重要である。

この場合、構図ないしは、その場面に出る構成の材料は、演技者が控え目な演技をするか、演技が大きいかをも考えて、それと均衡しなくてはならない。その点でいいと思ったのは、『女だけの都』［注、ジャック・フェデー監督］であった。

（場面の構成と演技指導「百万人の映画知識」昭和二十五年一月十日刊）

**【厚田雄春談】** 小津さんが大事にされてたのは、「……」コンポジションのバランスが画を繋《つな》げたときに守られているかどうかってことなんです。

（厚田雄春／蓮實重彦『小津安二郎物語』筑摩書房）

## 画面は清潔にしたい

私は画面を清潔な感じにしようと努める。なるほど穢《きたな》いものをとり上げる必要のあることもあった。しかし、それと画面の清潔、不潔とは違うことである。現実をその通り取り上げて、それで穢い物が穢らしく感じられることは好ましくない。映画では、それが美しく取り上げられなくてはならない。たとえば、私は、街の場面を撮るときに、このごろの街に見られる、汚らしく貼られたビラなどは避ける。また、現実にはそこにないものでも、画面の構成上必要な物は加える。

私は、場面を作る。作られても、それが映画的には現実であり得る。もちろん、それが高じて、汚いものをあくまで取り除いていると、今日感から遠のいていくこともある。しかし、それが画面外で補われていくことをも、映画では考えなくてはならない。しかも、今日感のあることが必ずしも貴くはない。風俗を撮るときには必要であろうが、目先の現実追及を、私は、ばからしいと思っている。風俗の批判は劇そのもので行うこともできるはずである。

結局、場面の芸術的構成が、小手先の技術によって行えるものだという考えは退けなくてはならない。映画の技術は、単にオーヴァーラップを巧みに使い、スムーズにキャメラを動かすことではない。これらをまったく打ち捨てても、なお、そこに残るものが、本当の技術である。技術は場面、場面に鬼面人《きめん》を驚かすことではなくて、もっと大きなものである。

〈場面の構成と演技指導「百万人の映画知識」昭和二十五年一月十日刊〉

## 映画は、第八芸術？

［一九二一年、米国で初めて映画を〈第八芸術〉と言ったそうです］その時分、芸術と果たしていえたかどうかは疑問だね。大雑把に見ても、活動写真が発達してきた初めは、なにか非常に筋を客に知らせる。それからややあって、映画が感情を表現できるということになって、いまや一つの性格の描写というようになった頃、初めて芸術——他の文学なんかの表そうとしていることと同じものを映画でも狙うということになって——もし芸術という言葉がつけば、その頃からだろう。

われわれの少年のころは、何か筋ばかりで映画を見せていた。もっともいまでも筋ばかり、いや、筋の通らん映画さえもあるけれども。それがだんだん感情で——その感情も表情をたよって泣き笑いするようになった。メリー・マクラレンなどという女優が、クローズ・アップで喜怒哀楽の情を出して人を納得させる。それがいまは悲しい顔をしないでも、何か一つの人間の性格がわかるという風になってきた。これはほんの最近で、なにしろ、ルス・ローランドが汽車の屋根から飛び降りた時代だからな。

（春宵放談〜映画芸術の特性をめぐって〜「キネマ旬報」昭和二十五年四月上旬号）

## 初めて唸《うな》った作品は？

やはり、チャップリンの『巴里《パリ》の女性』、ルビッチの『マリッジ・サークル』（結婚哲学）なんというのが面白かった。それまで連続物とか、そんなものを見ていたのと、その面白さが違って来た。『巴里の女性』とか『マリッジ・サークル』はね。描いているものは非常にソフィスティケーション趣味の、何か感情の機微というようなものが、大変よく出ていた。それまでのは筋だからね。とにかく口をきかないで出ているやつの気持ちが、実に手に取る如く分かったということは大変面白いと思った。

（春宵放談〜映画芸術の特性をめぐって〜「キネマ旬報」昭和二十五年四月上旬号）

## なぜ、最後までサイレントを続けた？

カメラマンに茂原［英雄］というのがいたのです。会社の命令で、茂原に一つトーキーの機械をこしらえないかということになり、大船の技術部に出したので、茂原がトーキーを一生懸命に研究していた。それで茂原のトーキーができるときに僕は撮ろうと茂原に約束した。ほかの方式で撮らずに茂原で撮ると。一番初めにやったのが『一人息子』。あれが十一年、だから松竹が既に五年に『マダムと女房』を作っていたのですから、六、七、八、九、十と六年目にトーキーを撮ったのです。

**[芸術上の意見ではない?]** 別にその意見じゃないのです。『マダムと女房』が旬報の一位ですか。あれが昭和五年ですか。それから『生れてはみたけれど』『出来ごころ』『浮草物語』と頑張って、その次に来たのが、『妻よ薔薇《ばら》のように』。それからはサイレントは旬報の七位か八位にしか入らなかった。「……」

僕はシンガポールでずっとスーパーのない写真を見たが、スーパーなしで見られるのは、大変素晴らしい写真か、一本調子のものかで、中途半端なものはいけない。場面的に、どうしてこの場面が必要なんだろう、この場面はこういうことを話していたのだろうということで、判断はしたけれども、全然わからないのがあるね。

(春宵放談〜映画芸術の特性をめぐって〜「キネマ旬報」昭和二十五年四月上旬号)

## 映画固有の表現とは

たとえば、登場人物はお互いに分からないで、「見ている客だけは分かる」というものもあり得るのだ。たとえば、オーソン・ウェルズの『市民ケーン』の話は他の小説では書けないと思う。あれは映画だけに可能ですよ。つまり、『市民ケーン』の話はこうなんです。最初の画面は大新聞記者が死ぬ。死ぬとき「ローズ・バット」という。それは女の名前じゃないかと、その新聞社の記者が探すのですが、結局、分からない。それはその死んだ主人公が小さいとき雪国で自分が遊んでいた橇《そり》の名前なんだ。

つまり、位人身を極めて栄耀栄華に暮らした男が、やはり人生を振り返って、子供のとき遊んだ橇が一番懐かしかった。それがどうして分かるか。その新聞記者たちにはさっぱり分からない。それはケーンの家の売り立てで、いろいろなものを競売に付した。昔からのガラクタがあって、ガラクタは全部焼くのだね。そこへ橇を持って来て火中に放り込む。燃えている橇の背中に書いてある。「ローズ・バット」と——。それはただ客にだけ分かる。

（春宵放談〜映画芸術の特性をめぐって〜「キネマ旬報」昭和二十五年四月上旬号）

## カメラマンの眼の広さ

やはり『市民ケーン』は、グレッグ・トーランドにして初めてできると思う。ああいうものになると、監督よりカメラマンの持っている眼の方が大きいのだなあ。「……」

僕のカメラマンをしていた茂原君は途中でやめたが、実にうまい。いいカメラマンだと未だに思っているのですがね。あんなうまいカメラマンはちょっといなかったと思うのです。

［うまいというのは？］ものの実感というか、たとえば人間の顔を写す、人間の顔の艶《つや》を出したり、あの当時のいまほど進んでいないメークアップのときに艶を出すんだから凄い。

（春宵放談〜映画芸術の特性をめぐって〜「キネマ旬報」昭和二十五年四月上旬号）

## 肉厚の素材『宗方姉妹《むねかたきょうだい》』

『宗方姉妹』というのは、大佛《おさらぎ》［次郎］さんの何というのか、新聞小説には似合わない、あまりないようなスラッとした話ですね。それを大変メロドラマに組んだのです。芝居がかりに組んで、それをさらっと撮ろう。芝居にしないで……、つまり格は大変高いところへおこう。だから、もちろん今までこんな芝居の多い脚本というのに打《ぶ》つかったことがない。こういうようなものを映画でこなしたことがない。それで非常に面白いと思うのですよ。とにかく、いま十七シーンくらい書いているのだけれども、あらゆる場面が、大変、何かたっぷりやることがあるのだなあ。

だから『晩春』なんかの例を引くと、あのときは野田さんと割にスラッとしたものに拵《こしら》えるつもりで書いた。今度はそうじゃない。それはしまいの方はスッと仕上って、やはりメロドラマにしたくない。組み方もメロドラマじゃないのだね。

[今までにないヴァリエーションですね]ないものですね。これも大変面白いと思う。いままでのものより大変油っこいのです。

(春宵放談〜映画芸術の特性をめぐって〜「キネマ旬報」昭和二十五年四月上旬号)

## 格調あるメロドラマに

大佛次郎の『宗方姉妹』は、広い見方でゆけば大衆小説の一種である。

だが、さすが原作者が大佛次郎だけに、この小説には作者の高い趣味が籠《こも》っており、今日よく見かけるエゲツなさが感じられない。つまり、ある種の気品がある。そこに私たち(小津、野田)は共感をもった。私たちは、それを映画の上にも出したいと思う。私は元来、昔からメロドラマはあまり手がけていないが、メロドラマが嫌いな訳ではない。やらなかったのは、良いメロドラマの素材がなかったからである。

メロドラマというと、決まって大向こうの大衆の気に入るような卑俗低劣な材料が多かった。つじつまの合わない筋、主人公たちの性格の不明瞭な姿、そこにあるものは、見物を無暗に泣かせたり、いたずらにハラハラさせたりする種類であった。そういうのがメロドラマの大半だった。これでは、いかな私でも手が出せないではないか。
ところが、今度、『宗方姉妹』映画化の相談を受けて読んでみると、広い意味での大衆小説であり、またメロドラマ的な仕組みもあるにはあるが、いま言ったように性格もよくのみ込めるし、他にちょっとないほどの品位をもっている。そこで、それなら私の流儀にも合いそうなので、新東宝の申し出を引き受けることにした。私は、この素材から格調のあるメロドラマを作り上げたい。

（『宗方姉妹』はどんな作品か「映画物語」昭和二十五年五月号）

## 自作を語る／宗方姉妹《むねかたきょうだい》

大仏さんも「これは君達の『宗方』だ」と言われてね、本はわりあい楽に書けた。はじめての新東宝も昔知ってた連中がよく協力してくれて楽しいものだった。しかし、正直なところ、原作物はどこかやり難いね。つまり、原作者が自分のイリュージョンで書いているものを、既成スターにあてはめて描くわけだろう、むずかしいよ。
大体僕は本を書くとき、それをやる俳優のリミットや性格にあてはめて書いて行くんだ。その方が俳優も楽だしね。昔は新人を苦労して使ったが、今ではうまい人にうまくやってもらいたくてね。何も持ってない人で苦労する元気はなくなったね。結局、うまいまずいより、人間のいいのがいいんだね。一寸《ちょっと》うまいのにうまがられるのが一番困る。いい人は次の写真にも何とかして出てもらいたくてね、無理して役を作っちゃったりする。

『宗方姉妹』（新東宝・昭和二十五年）原作大仏次郎　脚色野田高梧、小津安二郎　撮影小原譲治　主演田中絹代、高峰秀子、上原謙、山村聡、堀雄二、高杉早苗

（自作を語る「増刊キネマ旬報二月号　小津安二郎〈人と芸術〉」昭和三十九年二月十日）

宗方姉妹《むねかたきょうだい》：大佛次郎原作の小説。昭和 24 年（1949）6 月～ 12 月にかけて朝日新聞紙上で連載。翌 25 年（1950）朝日新聞社から単行本が刊行された。

**【高峰秀子談】**三十回も四十回もダメを出す。もう自殺しようと思ったんですね、あのときの田中［絹代］先生。ちょうどアメリカから帰って来て、例の投げキッス事件で叩かれてたときですね。小津先生は何から何まで気に入らないんです。私、「小津の野郎！」と思ってすごく癪《しゃく》にさわって。

田中先生はロケバスのなかで、ヒデコちゃん、あたし鎌倉山のうちの崖から飛び込めば、すぐ死んじゃえるわね、なんていうから。もう小津先生のこと癪にさわったの。で、慰める言葉もないし、そういう方になんかいったってしようがないからただ黙ってました。

（川本三郎『君美《うる》わしく～戦後日本映画女優讃』文春文庫）

**【高田好胤談】**「本当に新しいということは、いつまでたっても古くならないってことよ」というあの当時有名になった名文句は、姉さんのセリフであった。そこへ志賀直哉さんが奥さんや子供と見学に来られ、［注、『宗方姉妹』の薬師寺ロケーション］一日中楽しく見ておられた。

今も私の手元にその時の写真がある。志賀先生がわざわざ来て下さった——と後々まで小津さんはそれを話された。余程嬉しかったのであろう。

（井上和男編『小津安二郎　人と仕事』蛮友社）

**【志賀直哉談】**『宗方姉妹』は評判が悪いと聞いたけれども、みたら相当に骨を折って撮っているね。なかなかよいと思ったので小津君に葉書を出した。

（『毎日新聞　夕刊』昭和二十五年二月十日）

## 昭和二十六年［一九五一］ 四十八歳

三月七日、日本映画監督協会臨時総会で、財政基盤確立のための事業活動活発化方針が決まる。製作事業委員会（小津委員長）で具体策を協議した。同月、日本映画監督協会が企画した日本初の総天然色映画『カルメン故郷に帰る』（木下恵介監督）が公開された。

四月、小津も野田も自信をもっていた『麦秋』の脚本が完成した（半年近くの時間をかけた）。『晩春』に続き、原節子を紀子役に想定したが、原の出演料の高さから松竹が難色を示した。小津は「原さんに出てもらえなければ、この作品は中止する」と強く主張し、小津の意向を原は伝え聞くと「あたしはギャラは半分でもいいから、小津さんの作品に出演したい」と申し出たという。

原の周囲には、前作『晩春』の原の演技に否定的な意見もあり、原が小津映画に、実は「消極的だったのではないか」という意見もあるが、「世界の檜舞台《ひのきぶたい》で一、二位を争うような映画に出たいわ。それも日本独自の味わいのあるもの。ホラ昔やった『晩春』のような」とも語っており、原が小津映画に消極的だったとは考えにくいという（浜野保樹『小津安二郎』参照）。

『麦秋』はこの年のキネマ旬報ベスト・テンの一位となり〝小津調が確立した〟という評価を得た。十二月、『麦秋』が芸術祭文部大臣賞を受賞した。成瀬巳

**三月七日**
監督協会臨時総会で事業活動活発化方針決まる

**三月二十一日**
木下恵介『カルメン故郷に帰る』国産初のカラー作品公開

**三月一日**
三社が合併し東映設立

**四月**
『麦秋』の脚本完成

**四月十一日**
マッカーサー元帥解任

**六月〜九月**
『麦秋』撮影

**九月八日**
サンフランシスコ平和条約に調印

喜男の『めし』と同点となり、決選投票の結果『麥秋』に決まった。
この年、黒澤明監督の『羅生門』がヴェネツィア国際映画祭金獅子賞（グランプリ）を受賞し、国際的な評価を得た。黒澤の受賞は日本の映画界にとって大事件であった。国際的にはあたかも「鎖国」していたかのような日本映画のコンテンツが、芸術性において世界から認められたことは、海外市場に対する突破口を開く契機になった。
この年、映画の入場料金の統制が撤廃され、映画会社は自主的に料金設定ができるようになった。料金の値上げにより興行収益は大幅に伸び、日本の映画界は経営的にも質的にも黄金期を迎えようとしていた。アメリカ映画の配給も各社の自主配給となり、日本の映画界は新参の新東宝、東映も含めた自由競争によるビジネスに変貌していった。

一日炬燵《こたつ》
亜紀子［注、弟信三の長女、当時一歳十ヶ月］と遊ぶ
うららかな元旦
（「日記」昭和二十六年一月一日）

黒澤、久坂の「白痴」をよむ
訳わからず

---

日米安全保障条約締結

**九月**
黒澤明『羅生門』ヴェネツィア国際映画祭金獅子賞受賞

**十月三日**
『麥秋』公開

**十一月十四日〜十八日**
松阪へ旅行

**十二月十七日**
『麥秋』芸術祭文部大臣賞受賞

登場人物の白痴なるは可なるも
脚色　監督の白痴なるは不可

（「日記」昭和二十六年一月二十四日）

茅ヶ崎から肥後と東京に出る
アユの買物などして
東興園にて麦酒　山本来る
久々に野田に帰る
マッカーサー―元帥解任となる

（「日記」昭和二十六年四月十一日）

亜希子と遊ぶ　炬燵の簀《すのこ》の上に座布団を敷き　せまきところにて人形と遊ぶ……
うたたねののちひとり夜白むまで『荷風日乗』をよむ
深夜　亜紀子ひとり目ざめ人形と遊ぶ
やがて人形の手をしゃぶり　眠りに落つ
病母（ハマ）長く離れて入院中なれば
幼心自ら慣れて性となるか、憐れいとど深し……

（「日記」昭和二十六年六月一日）

## 少年時代の脳膜炎の再発？

痛くなるねェ。やっぱり痛くなるよ。とくに、こんな映画作ったら大受けだろうな。モウかるぜ、ひとつ撮ってみてくれよ……、なんて言われると、俄《にわ》かに痛くなるんだ。だからぼくは、自分がやりたいと思う仕事をやっていくことにしている。もうこの歳になったんだものね。これは、と思う仕事をやらなきゃ、バカらしくて……。

（麥秋のころの健康診断／小津安二郎氏「毎日グラフ」昭和二十六年八月十日）

## 群集心理を描くには個人の心理から

映画の発達してきた跡《あと》を見ると、はじめは筋を見せる作品ばかりだった。連続活劇などがそうだね。つぎに感情を中心とするようになって、ハイカラなソフィスティケーションが流行った。さらに発達して今は人間を描くようになっている。文学の追求する初歩のところへやっと到達した訳だ。

これから進むところといえば、映画でなければ出来ないもの……、たとえば「群集の心理」を描くようになるといいと思う。わたしも出来れば、そういう境地を拓《ひら》いてみたいが、しかし「群集の心理」を描くには、やはりまず個人の心理を描けねばならんからね。

（麥秋のころの健康診断／小津安二郎氏「毎日グラフ」昭和二十六年八月十日）

## 日本人のテンポを大切に

国には国のテンポがあって、たとえば、フランス的なオットリした味をもっているルネ・クレールが、アメリカへ渡って映画を作ったって、アメリカではかえって間《ま》の抜けたものになってしまった。日本でもそうだよ。

日本のテンポがある。アメリカ映画の真似をしたってダメだ。

（麥秋のころの健康診断／小津安二郎氏「毎日グラフ」昭和二十六年八月十日）

## 麥秋のころの健康診断

ぼくの家系は長命の家系でね、母は七十七歳で達者だし、父は六十九で亡くなった。ぼくも、多分長命するだろう、と安心しているんだが、父が狭心症でいったんだから、ぼくも末は心臓でいくことになるかな？　父が倒れるとき、ぼくは見ていた。『父ありき』という作品の終わりで、笠智衆君の父親が心臓発作で倒れる場面ね。あれはその時の父をモデルにしたんだ。

（麥秋のころの健康診断／小津安二郎氏「毎日グラフ」昭和二十六年八月十日）

## 子役の演出をする

［『麥秋』劇団ちどりの子役村瀬禅に］ダメだよ、芝居をしちゃ。よろめいて柱にさわるんじゃないんだ。自分の家だから、どこにどんな柱があるかよく知っているんだよ。いつもそこにあるものを何気なくさわりながら歩いていく……、そういう感じで演《や》るんだ。

（麥秋のころの健康診断／小津安二郎氏「毎日グラフ」昭和二十六年八月十日）

## 小津さんの血液型は？

［小津さんはきっとO型ですよ。胆汁質らしいもの……］おれがそんな粗雑な人間が見えるか、てんで調べてみたら、やっぱり自分が考えている通りA型だったよ。こう見えても神経は弱いんだ。

（麥秋のころの健康診断／小津安二郎氏「毎日グラフ」昭和二十六年八月十日）

# 一番あなたに影響を与えたものは？

やっぱり文学だ。音楽を聞いても、文学を通して音楽を理解しようとする。そういう習慣になっている。

（麥秋のころの健康診断／小津安二郎氏「毎日グラフ」昭和二十六年八月十日）

**【永井健児談】** 挨拶をしようと私が近寄ると、小津は私に気付いた瞬間、（おやっ？）といったけげんな顔をして私を見つめた。そのあとすぐにニタッとしてから、うしろにいた山本［注、山本浩三（助監督）、渾名は、青沈］を振り返って大きな声を上げた。

「おい〝青枕〟ストライキのギラギラボクが来たぜ」

周囲にいたスタッフたちがいっせいに私に振り向いた。山本も私を見て笑顔をつくった。

「どうもご無沙汰しておりまして、お元気そうで何よりです。今日は、突然おじゃましまして……」

私が挨拶すると、小津が目尻をさげて「よく来たな。元気だったかや。この間、下ちゃん［注、『宗方姉妹』の美術監督・下河原友雄］も来たよ。その時も、みんなで〝ボク〟の話してたんだ」

私は急に目頭が熱くなった。

「……先生、あの時は、電蓄なんかのことでご迷惑を……」

「いんだいんだ。新東宝じゃあ楽しかったよ。いい思い出になった。ボクも、オレの若い時みたいにいい度胸してたぜ。それはそうと、今日はまさか、松竹へストライキをすすめに来たんじゃあねえだろうな」、小津はおどけてみせた。

（永井健児『小津安二郎に憑かれた男』フィルムアート社）

［注、永井健児は、小津が新東宝に出向いて『宗方姉妹』を撮影した際に美術助手を担当していた。永井は『宗方姉妹』の現場で小津に反抗し、その後、以前、勤めていた店舗デザインの仕事に戻っていた。翌、昭和二十六年（一九五一）八月、海水浴で鎌倉・材木座海岸に行った帰路、大船撮影所を訪ねた。『宗方姉妹』の時にお世話になった小津組の美術監督・浜田辰雄に『麦秋』を撮影していたステージに連れて行かれ、一年ぶりに小津と再会した］

## 『麦秋』演出の悩み

『晩春』では父と娘の愛情——父と娘だけでなく、二人と交渉のある人々の感情もであるが、主として——父と娘の愛情の交流、否、交流しないでチグハグとなったり、モツれたりもするが、その愛情の微妙な動きをキャメラでとらえたものである。とらえ得る限りを描き出したつもりである。つまり、そういう意図で『晩春』の脚本を書いた。

ところが『麦秋』はそうではないのだ。『麦秋』は、間宮紀子を中心として、彼女の婚約に至るまでの、春から秋までの日常の出来事を、エピソードとして並べてあるだけである。『晩春』で意図した感情のそこはかとない動きを、場面内に表現しようというのとは変わって、『麦秋』はさらさらと事件だけを描いて、感情の動きや気持ちの移ろい、揺らぎなどは、場面内では描こうとせずに、場面と場面の間に、場面外に盛り上げたいという狙いだった。

しかし、それは大それた意図だったよ。脚本はよく書けているつもりだ。今年の脚本賞は『麦秋』だという自信がある。しかし、脚本はよいが演出はよくない。毎晩、暮夜《ぼや》ひそかに考え込んでるよ、明日はどういう風にしようかと。こんなことは、二十年この仕事をしているが、『麦秋』が初めてだ。暮夜ひそかに明日の演出に悩むなんて。嘘じゃない、本当に悩んでるんだ。小津はもっと巧《うま》かったはずだがなと思った。

映画は損だなと思う。『麦秋』で俺が意図したことなんか、小説でなら書ける。たとえば、志賀さんのものなんか、行と行の間に字でないものがちゃんと表現しているものがある。俺が小説を書いたって、志賀直哉になれやしない。なれるとは言わないが、小説でなら書けることが、映画だととても難しいんだ……。

この頃がっかりするよ。俺が苦労して撮ったものと、誰かが苦労もしないで撮ったものと、比べてみて、そう違わんということだな。山と谷ほどの違いが有れば苦労のし甲斐もある。それが大した違いがないというのは、実際がっかりするよ。そんなはずはないと思うんだが、そうなんだから。

（小津安二郎に悩みあり〜『麦秋』のセットを訪れて「キネマ旬報」昭和二十六年八月下旬号）

**【野田高梧談・麦秋の頃】** 戦後、僕が小津君と共作するようになってからの第三作、昭和二十六年（一九五一）の春から初夏へかけて、茅ヶ崎の宿にこもって書いたシナリオである。「……」

この時も僕たちのいつもの癖で、ほとんど端役《はやく》に至るまでの全部の人物の配役をあらかじめ頭において書いた。そうする方が俳優各自の演技の質やセリフ回し、つまりエロキューションやイントネーションなどがはっきり浮かんで、比較的間違いのないものが出来ると思うからである。「……」

この作品の全体を通じて人生の輪廻を感じさせることが出来たらという意図が僕たち二人にはあったのだが、それはどうも巧《うま》くいかなかったようである。

『晩春』を撮るまで、小津君は新劇の人たちを配役の中に加えることに大変慎重で、なかなかウンと言わなかったが、その時、僕と僕の家内との推薦で初めて杉村春子さんに出てもらい、結果はそれが大変気に入って、この時もまた杉村さんを煩わせたばかりでなく、東山千栄子さんにも出てもらったわけだったが、その東山さんには別掲『東京物語』の時にもまた出てもらうという気の入れようだった。その慎重さと打ち込み方が、いかにも小津君らしいと僕は思う。

撮影は真夏の暑い盛りで、作中の茂吉のセリフに「一度大和へも来んかな。大和はええぞ、まほろばじゃ」とあるのを、スタッフの連中が「セットは暑いぞお風呂場じゃ」と言い替えたりして、楽しく進んでいた。

（キネマ旬報「小津安二郎　人と芸術」昭和三十九年二月増刊）

## 東山さんと原さん

東山千栄子というのは、知らないで嫌いだったが、つき合ってみて、大変いいことが分かった。安心のできる人だ。何をするか分かって大変いい。原節子もいいよ。素直で、好い演技だ。もっと好い条件で仕事をしたい。大船撮影所の悪口は言いたくないが、もっと色んな点を改善してもらわなければ、われわれは本当によい仕事は出来ないよ。暑いのは俺だって辛いよ。城戸さんに、設備を良くしてくれと旬報で言ってくれないか？

（小津安二郎に悩みあり〜『麥秋』のセットを訪れて「キネマ旬報」昭和二十六年八月下旬号）

## 原さんは勘の鋭い女優

彼女とは一昨年の『晩春』以来、今度の作品で二度目のおつき合いですが、お世辞でなく本当に巧《うま》い女優さんですね。一時、世間から美貌がわざわいして演技が大変まずいという、ひどい噂を立てられてたこともあるが、僕はむしろ世間で巧いといわれている俳優こそ、まずくて彼女の方がはるかに巧いとすら思っている。小手先だけが眼にとまる巧さは、本当の巧さではない。

その点、彼女は自分で納得のいかない演技は絶対やらない。僕が一つのセリフを注意すれば、心理まで訂正するといった非常に勘のいい鋭さを持っている。おそらく、日本の映画界で勘の鋭い女優といえば、彼女と高峰秀子だけだろう。その意味で、今後の僕の作品における彼女の演技は素晴らしい進歩を見せている。今後の彼女への期待は大きい。

(彼女は誰でしょう／小津監督の理想の女性「産業経済新聞」昭和二十六年八月三十日)

**【沢田勉談】** その秋のクランクインが迫った昭和二十六年のある日、真夜中に小津さんから、すぐ原節子さんの家に行って、こんどの作品にもぜひ出演してくれるよう頼んでくれと、電話がかかってきたことがあった。きょう大船撮影所の所長さんから、原さんはギャラが高いから別の女優さんにしてくれと言われたが、原さんに出てもらえなければ、この作品は中止すると言ってきたと、珍しく小津さんが昂奮した声で仰有《おっしゃ》るので、すぐ近所の原さんの家へ行って、小津さんの言葉を伝えると、「あたしはギャラは半分でもいいから、小津さんの作品に出演したい」と言うので、それを電話で小津さんに報告したら、小津さんは大変よろこんでくださった。

(井上和男編『小津安二郎　人と仕事』蛮友社)

## 原節子／知性群を抜く

僕は過去二十何年か映画を撮ってきたが、原さんのように理解が深くて、うまい演技をする女優はめずらしい。芸の幅ということからすれば狭い、しかし原さんは原さんの役柄があって、そこで深い演技を示すといった人なのだ。たとえば、がなりたてたり、子守っ子やおかみさんのような役は、あの人の顔立ちや人柄が出来上がっていないというそれを「原節子は大根だ」と評するに至っては、むしろ監督が大根に気づかぬ自分の不明を露呈するようなものだと思う。

映画が人間を描く以上、知性とか教養とかいうものも現れて来なければならない、そういう意味でも原さんの演技には内容があるといえる、もちろん原さんが結婚すれば、また違った面が出てくるとは思うが……。

〝原節子は日本人向き〟という評、結構、大いに結構なことだ。

実際、お世辞抜きにして、日本の映画女優としては最高だと私は思っている。

（原節子／知性群を抜く「アサヒ芸能新聞」昭和二十六年九月九日）

## 紀子（原節子）のセリフ

ああベンさん〔注、沢村勉・脚本家〕、紀子のいいセリフが出来たよ、「あたし四十にもなって、まだ一人でブラブラしてるような人って信用できないの。子どもぐらいある人の方が却《かえ》って信頼できるのよ」と、原さんがその役を受け持つ紀子のセリフを読み聞かせて下さったあとに、こういうセリフが続くんだよ。「ただし小津さんは別よっ」てセリフがね。

（井上和男編『小津安二郎　人と仕事』蛮友社）

# 成長する原節子

ぼくは今まで『晩春』に次いで、今度『麥秋』が二本目のつき合いですが、前の場合より、すべての面で成長していると思う。原節子のよさは、内面的な深さのある演技で、脚本に提示された役柄の理解力と勘は驚くほど鋭敏です。演技指導の場合も、こっちの気持ちをすぐ受け取ってくれ、すばらしい演技で解答を与えてくれます。単に顔面筋肉を動かす迷優はずい分多いけれど、彼女のようなのは数えるほどしかいません。

演出家の中には、彼女の個性をつかみそこね、大根だの、何んだのと言う人はいますが、その人にないものを求めること自体、間違っているのです。日本の映画界は、スターに求めることの余りに大きく多いことが欠点でしょう。国際舞台へ出て恥ずかしくない人というと、彼女はたしかに有資格者の一人でしょう……。

（彼女の個性／小津安二郎談「アサヒ芸能新聞」昭和二十六年九月九日）

野田から大船にくる
志賀　里美　広津三氏
大船にて『麥秋』試写をみられる
のち鎌倉古都曳にゆく
志賀さんを送り乍《なが》ら熱海にゆき
稲毛屋で井阪栄一に会ふ

（「日記」昭和二十六年九月二十七日）

# 自作を語る／麦秋

これはストーリーそのものより、もっと深い〈輪廻〉というか〈無常〉というか、そういうものを描きたいと思った。その点、今までで一番苦労したよ。中に出てくる子供が乱暴だという。乱暴でも世代がちがうんだし、あの子もまた大きくなればそれなりに変わって行くはずなんだ。だから、芝居も皆押しきらずに余白を残すようにして、その余白が後味のよさになるようにと思ったのだ。この感じ、判《わか》ってもらえる人はわかってくれたはずだが……。原さんはいい人だね。こういう人があと四、五人いるといいのだがね。

（自作を語る「増刊キネマ旬報二月号　小津安二郎〈人と芸術〉」昭和三十九年二月十日）

『麦秋』（松竹大船・昭和二十六年）脚本野田高梧、小津安二郎　撮影厚田雄春　主演原節子、菅井一郎、東山千栄子、笠智衆、三宅邦子、二本柳寛、淡島千景、井川邦子、杉村春子

**［志賀直哉談］**　小津君のシナリオは、いつも非常に明快で読むたびごとに大変楽しい気持ちになるが、出来上がった映画の方がシナリオよりも更によかった。淡々とした描写の中に捨て難い味がにじみ出ていて立派な芸術品となっていることは何よりも喜ばしい。

（新聞広告用推薦文「東京新聞」昭和二十六年十月五日）

このところ
原節子との結婚の噂
しきりなり

（「日記」昭和二十六年十一月十七日）

四十九回誕生日　満四十八才になった勘定になる
夕方から池端邸に招待されて野田さんと御馳走になる
テープレコーダーなどいれる
十二時過　帰る　帰ると雨

（「日記」昭和二十六年十一月十七日）

**【兄新一の次女・小津喜代子談】**私がまだ大学一年生の頃ね、「（安二郎）おじさん、どういう女の人が好きなの」って聞いたの。そしたら、いい女っていうのは、いつでもいい女なんですって。例えば、御飯を食べているときでも、寝ているときでも、何しているときでもいい女じゃないといけないんですって。だから、結婚したりすると、自分がいいと思ってた人の、例えば悪いところが見えてきますよね。どうしても。それがイヤなんだって。きれいなものはきれいにしておきたいって言うんですよ。そのくせ、女の人は嫌いじゃないらしいんですよ。

（「東京人・小津安二郎特集号」平成十五年十月号）

**【大船撮影所第四ステージ／『麥秋』撮影訪問記】**他と違って私語ひとつもれない。厳粛なまでの緊張ぶり、蒸し風呂のような熱さ。結髪屋《けっぱつや》が淡島につきっきりで首筋の汗を拭《ふ》いている。その手前、低く据えたカメラにへばりつき、こまかい仕草やセリフのニュアンスから、黄八丈《きはちじょう》の着物の着くずれまで、一々指図しているのが小津監督である。夏帽、汗でぐしょぐしょになったワイシャツ。丹念なテスト、テスト、テストの連続。ワンカット終われば、助監督たちを俳優の坐る位置におき、ステージ中を左右にのぞきまわる。ほとんど憑《つ》かれたようなひたむきさ……。



（映画への愛情に生きて「映画新潮」昭和二十六年十一月号）

## 『麦秋』で表現したいこと

『麦秋』は『晩秋』に一番よく似ているわけですが、自分としては、あの中で何を出してみたいかといえば、これは果たしてできるかできないかは分からないけれども、とにかく、劇的なものを減らして、表現されているものの中から「余情」というものが何となく溜まってきて、そういうものが、つまり一つの物のあわれになり、それがこの映画をみたあとで、たいへんあとくちのいいものになる——というようなものができればいいと思って、やりはじめてみたのです。

もっともそれはでき上ってみて、写真にそれが出ていなくては何にもならないことだし、完成した上でないと何ともいえない話なのだけれども、狙いはそういったものなのです。つまり写真に十分芝居を盛りあげていくのでなくて、七分目か八分目をみせておいて、その見えないところが物のあわれにならないだろうか、というのが狙いで、これが面白くいけば、僕は将来そういったものを撮ってみたいし、またもし今度うまくいかないならば、勉強し直して、どうやったら今度それがうまくいくかを考えて見るつもりなのです。

くり返していうようだが、つまり、小説なんかでいえば、行と行との間のニュアンスというか、日本画といえば、余白のよさというか、とにかく感情をむき出しにして、噛み合っていくというのでなしに、どこかで、何となく、そういうものを味わえるもの——ということなのです。

だから、題材は、自分自身としては割合に冒険しているつもりなのです。もともと、いままでにもそういうことが全然なかったとはいえないけれども、とにかく、もうそろそろ、そういうものを出してもいいのではないか、という気持ちでやっているのです（考え考え、ぽつりと語り、またぽつりと語り、という調子）。

（映画への愛情に生きて「映画新潮」昭和二十六年十一月号）

**【浜村義康談】** あの人は撮影のとき、O・Kの一、二、三、四、五なんてしつこくやるんですよ。それは、自分の思っているのと演技がぴったりこないんですね。僕が大変感心しましたのは、『麦秋』のときでしたか、杉村春子と原節子の出ている場面で、原節子が杉村春子の息子と結婚してもいいというので、杉村春子が泣いて喜ぶところがある。O・Kの一は、杉村春子の演技がとてもいいんです。二の方は、杉村春子はとくにということはないです。これはもちろん、杉村春子の見せ場だから一がO・Kだろうと思うんです。「小津ちゃん（オッチャン）、いまの一ですか？」と聞くと、「いやあ、あれは少し芝居をしすぎるよ、二にしよう」と言うんです。一人だけ特別に見えたりしてはいけないんですね。

（佐藤忠男『小津安二郎の芸術』朝日新聞社）

## ぼくは、まだまだ職人だよ

［先日、笠智衆さんの芸談（東京新聞）に、先生がマチス展を御覧になって「いかにも余裕がある。芸に遊ぶという感じがする。さすがに偉いものだなあ」と言われたと書いてありましたが……］あれは、本当はぼくがいったのではない。志賀（直哉）先生がその意味のことを書かれていたのに対して、ぼくはたいへん感心したということなのです。

何というか、なんだかんだでこねまわして、ああでもない、こうでもないといってやった仕事も、それも芸術にはちがいないだろうけれども、しかしやっている者自身が楽しんでいないというのは、大きくいえばやはり職人芸ではないか、と先生はいわれているのだが、そういう意味では、ぼくなんかは、まだまだ職人芸より以上には出ていないのでね（ここで小津さん微笑した。自嘲めいたそれではない。自分をよく理解している人の坦々とした微笑だ）。

（映画への愛情に生きて「映画新潮」昭和二十六年十一月号）

## 下町への愛情はどうなった?

［戦後作品から貧しい下町の風景や庶民の不在は、寂しさを感じるが］それは、こういっちゃ悪いけれど、そういうところに住む人に、昔ほど愛情をもてなくなってきたのです。昔はその人たちがこんなに不人情ではなかったし、たとえば、自分たちの軒の前に朝顔の花でも咲かせてというような、きれいな考えももっていたのだけれども、近頃は、ゴミを散らかしっぱなしでいたり、どうも生活の程度が低くなったというか、とにかく愛すべき一面が、昔ほど目にとまらなくなったのです——（しばらく間）。

一つには、こういうことがいえると思いますね。それは、汚いものを描くときに、それをきれいなものとして描いたのでは嘘になるが、それを汚く誇張して描く分には通るということがある。しかし、それにしても、それはリアルではないと思うし、共産主義の側の映画も、その意味ではリアルでないと思う。

一方、われわれはきれいな方を強調しているかもしれないし、その点では、まあ同罪だと思うね（笑）。しかしとにかく、今後ぼくの写真にガスタンクや悪たれ小僧が決して出てこなくなるという訳ではないのです。そう一気に僕が成金になったわけでもないのだしね（一同笑う。約束の五分はとっくに過ぎ、小津さん自身、もう忘れている。当初のこわい印象と違い、人懐かしいおじさんという感じ)。「……」それは[下町は]僕の作品の出身地ですから、ほかには還《かえ》れない。しかし、イヤなやつを描いてみようという気持ちは、なかなか起こらないです。

(映画への愛情に生きて「映画新潮」昭和二十六年十一月号)

## 不易なものとは?

[世相は変化します。先生が動かないものとして追及してきたものは?]ぼくの場合、それはやはり人情ということでしょうかね。

[浪花節の人情?]ちょっとちがいますね。そして、ぼくのいう人情というものは変わらないけれども、表現が変わってきたということはいえるでしょう。

[先生の眼の向け方が変化していった?]それは、移ってはいったでしょうね。しかし、本質的には、何も変わっていないでしょう。人間というものは、そうたやすく変わるものではなし……。それから対象への愛情ということですが、ぼくはよく女をとりあげて描いていますが、大体、パンパンとか未亡人とか芸者とかいうものは、それ自身として個性があるというか、特異性があるというか、割合につかみやすいけれども、娘さんというのは、小説においてもそうだけれども、描きにくい部類の女なので、それだけにぼくは、ほんとうの娘さんを描いてやりたいなあという気持ちが強くあるのです。

(映画への愛情に生きて「映画新潮」昭和二十六年十一月号)

## 西洋の監督の影響は?

それは大変関係があると思う。たとえば最近でも、ウィリアム・ワイラーとかジョン・フォードとかはたいへん好きだし、『女相続人』とかいうものをみると、たいへん感心するのです。どういうところに感心するのかといえば、やはり、ものを扱う映画的な感覚といいますか、そういう点は、たいへん啓発もされ、また真似もしたいと思うのですが、しかし、このところをこう撮ってあるから、俺もこう撮ってみたいということではない。つまり、処理方法なのです。

それはもちろん、向こうはアメリカなので、フライパンにいきなりバターを塗って揚げてしまうが、こちらは鰹節《かつおぶし》でダシをとるという違いはあるけれども、やはり処理方法というものは、感覚的に影響されるのではないですか。たとえばワイラーの写真をみて、あとで何かの場合に、ああいう場面があの作品にあったから、こういうものを撮ってみようという感じを受ける。具体的にどこがどうであったから、ということではなくてね。

（映画への愛情に生きて「映画新潮」昭和二十六年十一月号）

## 文学から受けた影響は？

［内容的に先生に影響を与えるのは？］文学なんかそうです。やはり志賀さんのお書きになったものなんかは、何というか、そこにものの見方と人間の愛情というものが、たいへん出ていますね。つまり、ただ事件がどういうように進展していくかだけでなしに、事件の上に書いている人のものの見方と愛情をもった主観があるということですね。

（映画への愛情に生きて「映画新潮」昭和二十六年十一月号）

## 納豆を専門に作りたい

［世の中や事件と一緒に激動してみるのは？］それは、そういうことの得意な人がやればいい。たとえば納豆を

つくる人もあり、油揚をつくる人もあり、豆腐をつくる人もあるので、ぼくならば、その中の納豆つくりだけをやっていればいいと思うし、同じ納豆でも、さらにもっとちがった納豆を扱っていきたいし、まだ、ぼくはぼくで、拵《こさ》えなければならない納豆のことで手一杯だという気がしているのです。

［もっと庶民向けの納豆は?］それは題材の問題で、いい題材があればやりたい。しかし、番組の関係上「長屋もの」では一本立ちしにくいから、もう少し大きなもの、絢爛《けんらん》たるものをと要求されてくるのです。それならば、かあちゃんや、はなたれ小僧の集団を描けばいいじゃないか、ということになるだろうけれども、しかし、それはまた、なかなか骨が折れることなのでね。

（映画への愛情に生きて「映画新潮」昭和二十六年十一月号）

## 作品への要求と商業的要求

［商業的要求を入れて『晩春』『麦秋』という作品を描く?］それは、こちらの思うことと同時に、商業的にも成り立つものをやりたいとは思います。同じ写真についても、営業部の方は商業的面から考えるし、製作部は芸術的な面から考えるし、お互いに協力してはいるけれども、それは別のものです。だから、ぼくは、これは儲かると思ってやっているわけではないのです。

それからまた一つには、こういうことが多分にあるのです。それは一つのセットをつくる場合、製作上の能力と、一方ではセットに対するこちらのイリュージョンがあり、実際にはたいへん困ることもある。ところが、それが鎌倉あたりの学者の中産階級の家庭なんかということになれば、ちょっと古本でもならべておけば、すぐセットができる。ロケも手っ取り早くできる、ということもあるのです。もっとも、これは内輪話だけれどもね。

（映画への愛情に生きて「映画新潮」昭和二十六年十一月号）

## いま作りたい世界

［庶民の中に人情がなくなった原因は？］それは、その人たちが悪いのではなくて、世の中がやはり悪いのだけれども、しかし、世の中が悪いのだといえば、きりがない話なのだね。だが、人々が、その日に見た映画の中で、そこに出てくる人間がこんな悪いことをやっていたが、それでいいのなら自分たちも安心だというように、悪党が見て安心するような映画ではやはり世の中が悪くなるね。僕はもっと別なものを描いてみたいので。

（映画への愛情に生きて「映画新潮」昭和二十六年十一月号）

## 『麦秋』の世界は逃避？

［『麦秋』の世界に現れるしみじみとした良さは、実際に荒れている世の中から逃げた「息つき場所」でしかないのでは？］それは、さっきもいったように、ぼくは納豆作りでしかないのだから……。

（映画への愛情に生きて「映画新潮」昭和二十六年十一月号）

## 高級ケーキを庶民は食べる？

［『麦秋』の九百円のケーキは、庶民には高過ぎない？］（ちょっと考えてから、はっきりと）やはり食っていますよ。それはやはり食っているのじゃないですか。惜しいとは思いながら、それでもうまいと思いながら……。

（映画への愛情に生きて「映画新潮」昭和二十六年十一月号）

## 昭和二十七年［一九五二］ 四十九歳

一月十六日、大船撮影所本館が失火により全焼した。小津が撮影時に寝泊まりした監督個室も焼失し、部屋に備えてあった、書籍、骨董類、戦場で撮影した四千枚に及ぶ写真も灰燼《かいじん》に帰した。同月、『麦秋』がキネマ旬報ベスト・テンで一位、ブルーリボン監督賞を受賞した。

二月、毎日映画コンクールで日本映画賞を受賞。成瀬巳喜男監督、原節子主演の『めし』と同点受賞となった。二月末から戦前の脚本『お茶漬の味』の改稿を始めた。戦前版では夫が「出征」となっていたが、戦後版では「海外出張」に改訂された。

三月二十九日、弟信三の子供が一歳を前に死去。「しきりに涙が出る」と日記に記した。

五月、念願の北鎌倉に母と共に転居した。『お茶漬の味』の完成試写会で再び敬愛する志賀直哉と面会した。十月に『お茶漬の味』が公開。本作品は、この年の洋画を含めた興行成績で四位となる成功を収めた。

戦後インフレもあり、俳優の出演料が高騰した。製作本数の増加は、人気俳優の専属契約による囲い込み、引き抜き合戦などを招くようになった。俳優が大手の映画会社を離れ、独立プロダクションを組織する例も数多く見られるよ

---

**一月十六日**
大船撮影所本館失火により全焼

**一月**
『晩春』ブルーリボン監督賞受賞

**二月十六日**
毎日映画コンクールで日本映画賞受賞

**二月～四月**
『お茶漬の味』改訂版脚本執筆

**三月**
黒澤明『羅生門』が米国アカデミー賞最優秀外国映画賞を受賞

**四月二十八日**
日本独立（GHQによる占領終了）

**五月二日**
北鎌倉山ノ内一四一五に母と転居

**六月～九月**
『お茶漬の味』撮影

うになった。
前年の黒澤明に続き、日本映画の海外の映画祭での活躍が目立った。黒澤明監督の『羅生門』が米国アカデミー賞最優秀外国映画賞を受賞した他、溝口健二監督の『西鶴一代女』がヴェネツィア国際映画祭で銀獅子賞を受賞した。一方、小津の作品は、その内容があまりにも「日本的」すぎて、海外の観客から理解されるのは難しいと判断され、積極的な宣伝や輸出はなされなかったという。

**八月**
溝口健二『西鶴一代女』がヴェネツィア国際映画祭で銀獅子賞を受賞

**十月一日**
『お茶漬の味』公開

昼寝　勝負の世界――木村義雄よむ
満々たる自信
烈々たる闘魂まことによし

（「日記」昭和二十七年一月一日）

炬燵《こたつ》に座つて酒をのみ
新平家物語をよむ
まこと栄枯盛衰　栄々盛々はなし
昼寝　うらゝかに晴れた好天

（「日記」昭和二十七年一月四日）

監督協会の役員会に出る

茅ヶ崎に帰る
夜　深夜　大船撮影所本館火事の由にて起される
のち益子より電話で本館全焼の由

（「日記」昭和二十七年一月十五日）

## 黒澤君と女優たちのこと

外国から監督が来て、日本で映画を撮ることは、色々タメになることがあると思うが、自分たちから言えば、それで撮影所の設備が改善されるだろうから、それが一番ありがたい。それには、やはり一流の人が来てくれることだ。

黒澤君はずっと注目しているが、自分は『野良犬』が好きだ。最近の黒澤君は内田吐夢《うちだとむ》のテツを踏むのじゃないかと少し心配している……。

吐夢は優れた作品をたくさん作ったが、目先を変えた〝実験〟をするうちに、概念的になり過ぎて面白くない映画をムキになって作ったんだと思う。女優では自分の映画に出た人でいえば、原節子と高峰秀子がうまい。二人とも、こっちの思うところを、間違いなく受け取ってくれて、それを素直にやってくれる。

高峰は、いまちょうど具合の悪い年齢で、娘と大人の間をどっちつかずで難しいところだ。原節子には得手不得手がはっきりしている。黒澤君のように使われると、彼女はいいところが出せないのじゃないか。

長く女優を見ていると、ニューフェイスの時分から、いつも一人ぼっちでいるような人はいい女優になる。よくナカのいいのがいて、どこへ行くのにも、何をするのにも二人連れでいるというのは大抵ダメだ。お互いそれがカメラの前に遠慮してしまうらしい。川崎弘子（『わかれ雲』で復帰した）はいつ見ても一人きりでいた。それがカメラの前に立つと、人の違ったような大胆な演技をした。

下積みの人たちは、監督が使わないのを怠慢のように言うらしいが、監督の方はいつでも眼を光らして探している。井川邦子を発見した監督は、彼女が下駄箱にクツを入れている姿を見て「使える」と思ったと言った。鏡の前の独り芝居で「自分はこんなに巧いのに！」と思っていても、いざカメラの前に立つとダメなのが普通なのだ。指で書いた字が巧く思えても、本式に筆をもって紙を書くと見られないというのと似ている。

（カンのよい原と高峰「毎日新聞」昭和二十七年一月二十二日）

東京記者クラブの昨年度の監督賞になり
新橋クラブの表彰式に笠とゆく
久々に原節子　杉村春子と会ひ
笠　谷村錦一と築地森にゆく

（「日記」昭和二十七年二月五日）

北鎌倉に売家ある由　森と清水毎日記者
差配津島と家を見にゆく　道わるし
好々亭で昼めしを食ひ　皆で月ヶ瀬にゆく
酩酊　茅ヶ崎に帰る

（「日記」昭和二十七年二月十一日）

近代映画の記者　夕方に出かけにくる　原稿依頼を断る
野田氏と三人　駅までゆく
大船で「本日休診」をみる
まるでドタバタの喜劇　になつていて　感心しない
月ヶ瀬によつて茅ヶ崎に帰る

（「日記」昭和二十七年二月二十五日）

朝、顔を洗っていると、野田から電報
希一［注、弟信三の長男、あと一週間で満一歳］死んだ由。
しきりに涙が出る

（「日記」昭和二十七年三月二十九日）

## 検閲で怒られた『お茶漬の味』

『お茶漬の味』は、昭和十四年だったか、日華事変で召集されて、帰って来てすぐ書いたのだった。主人公は有閑マダム、関西旅行の展望車の中で主人出征の電報、さすがにあわてて引き返すと、寝静まった家の中で御亭主一人、壮行会の酒に酔って悠然と寝ころんでいる。しみじみ寝顔を見ているうちに、たのもしさが湧いてくる。珍しく一人で軽い夜食の支度をする。そして二人でお茶漬を食べるという話で、佐分利と死んだ桑野通子《みちこ》で撮るつもりだったから、当時の検閲官に「目出度い出征にお茶漬とは何事か」と叱られてイヤになってやめてしまった。その次に、これならいいでしょうと、皮肉をこめて書いたのが『戸田家の兄妹』だったが、これも待合の場がいかんというので、うなぎ屋に格下げした。

（検閲で怒られた『お茶漬け』「東京新聞」昭和二十七年三月十二日）

## 年二、三本はできるよ

［小津さんでも商売を考える?］当たり前さ、年一本というのだって、ぼくが言い出したんじゃない。脚本の決定、配役の都合、ステージや会社のスケジュールでこうなるので、年二本は無理でも、二年三本くらいなら無理なくやれると思う。

（検閲で怒られた『お茶漬け』「東京新聞」昭和二十七年三月十二日）

## 傑作の生まれる静かなお部屋

［次回作の構想は出来上がりましたか?］いや、まだだよ。実はね、一昨日あたりから、こういうものをやろうという方向がハッキリしてきたばかりなんだ。初め考えていた話は、ヴォリュウムを出せば出していくほど暗くなるのでね。それで全然、新しいものを考えようということになって、がらりと変えたのです。［どうして暗いものは……］みんなが苦しんでいるのだから、やはり見て愉快になるシャシン（映画）でなくちゃァ……。『麦秋』の次のシャシンだから『ばくぜん』（漠然）だね。未だ方向が決まったばかりで話すこともない。それよりお酒でも飲んでいきなさい。

［はじめのストーリーが暗いというのは?］そうだね。前に撮った『一人息子』のような話なんだよ。暗いというより重たいのだね。なにかこう重い。押せば押すほど重くなっていくのだよ。やればやるほど重苦しくなっていく。昔はね、そういう話は大変好きだった。でも、ああ世の中はつまらんと思っても、それは自分一人で思っ

ていればいいことでね……。

まア、世の中がつまらんということは、みんなが思っていることだろう。変なたとえかもしれないけれど、うんこがくさいということは誰でも知っていることだよね。それをホラこんなにうんこがくさいぞと、誰でも知っていることを、金をとってまで分からせる必要はない。今はくさいものにふたをするときだと思います。

それを進歩だと思う人もいるだろうし、退歩である、甘っちょろくなったという人もいるだろう。しかしね、そういう甘っちょろさは楽しいと思うがね。

**［そういう考えは、いつ頃から持たれましたか？］**　いつからとハッキリしないが、いつからともなく、だんだんに変わってきました。現実にうちひしがれている人たちを追求することも大切だけれど、のべつそれでは息苦しいからね。生活が苦しい。だから、食うためにはどんなことをしてもいいからといって、パンパンでもなんでも是認は出来ないだろう。そんなもの、それがいい作品になればいいけど……。お客さんはお金を出して映画を見るのだからね、気の毒ですよ。

（傑作の生まれる静かなお部屋「映画ファン」昭和二十七年四月号）

## やってることは喜劇なんだよ

**［次の作品は喜劇ですか？］**　そうだね。ぼくは二十五年間に四十五本シャシンを撮ったけれど、そのうち三十本くらいは喜劇だよ。ぼくなんか本質的に楽天的だから、やっていることは喜劇なんだよ。そういうことを人には見せまいと思って悲劇めくが……。歌麿というとヒョロッとした優男《やさおとこ》を想像するけれど、実際は太って油ぎった男だそうだね。

人間は自分にないものに憧れるのだろうな。もっとも悲劇とか喜劇とかいっても、見る人によって、それが喜劇にもなるし、悲劇にもなるからね。極端から極端で同じことだと思うよ。これは悲劇、これは活劇、これは文芸映画と区別するのは、考えれば可笑しなものじゃないかな。

（傑作の生まれる静かなお部屋「映画ファン」昭和二十七年四月号）

床屋くる　朝めし　麦酒
大船に電話して武市　青枕に来てもらふ　鳥なべ　酒
路を書く　午後十一時　すべての〈お茶漬の味〉脱稿する
甚だ壮快　苦あれバ即ち楽ありか
脚本書き始めてより正味二十一日間也

好晴　飛行機しきりにとぶ
日本独立の日　出社
志賀先生にシナリオ送る
洋服かへて山本と出京　東興園にゆく
のちピカデリーで〈September Affair〉を見る
また東興園による　筈見《はずみ》に会ふ
築地満員につき　終列車で帰る
沢村三木男と同車　テレモスを買ふ

（「日記」昭和二十七年四月一日）

（「日記」昭和二十七年四月二十八日）

## トウフ屋でしかないよ

［『お茶漬の味』の前の脚本と今度の脚本では、かなり変わる？］いや、そんなに変わってない。この前のは、終わりで出征することになっていたのが、今度のは南米へ行くことになったんだけど……。が、『お茶漬の味』は『晩春』や『麦秋』とは全然違ったもので……。喜劇的な要素が多くて、比較的笑いの面が多くなっているから違うといえば違うけど、本質的には違ったものではないね。

観客は一本一本違った作品を作ることを監督に望んでいるようだけれども、結局、トウフ屋でしかないんだからね。油アゲとかガンモドキくらいの違いしか出てこない訳だ。『麦秋』や『晩春』がトウフならば、『お茶漬の味』はガンモドキくらいだろうね。

えっ？ 風刺……、やや風刺的なものもあるけど……。僕が喜劇的なものを撮るのは『淑女は何を忘れたか』以来で、あれが昭和十一（ママ）年だったから十五、六年ぶりになる訳です。人は十年同じだというけど、十年前と同じではない。やっぱり、それなりに進歩しているんだからね。

（小津監督トウフ屋談義／『麦秋』が豆腐なら『お茶漬の味』はガンモさ「産業経済新聞」昭和二十七年五月二十七日）

## 一番、うまくできた作品は？

よく聞かれますけど、うまくできたというのは、なかなかないですよ。どの写真が好きかと言われると、悪い物でも好きなものは、製作中わりに気持ちよく出来たのはいいので、自分ではどっちもどっちだと思っておりますから、やっている間に、大変支障なく行ったのが好きな部類に入るのです。

（縦横鼎談「週刊サンケイ」昭和二十七年六月十五日）

## 自分の作品を見る気持ちは？

三年くらい経つと、自分の写真みたいな気がしなくなるのです。その場合、こしらえて何らかの感銘があると、「あの時はこういう感情だった」という、はっきりしたものではないが、頭の中に残っておりまして、成長とともに技術的に自分の頭ができていて、「あの時こうだった」と思って、自分の写真を見ると、まるで違うんですね。頭の中で育ってしまうのです。

映画をこしらえていると、文学や絵画と違って、五年か十年たってしまえば、その作品はなくなってしまうのです。そのことを考えると、昔は「男子一生の仕事じゃない、大変つまらないなあ」と思ったこともあります。今はそれがかえって魅力ではないかと思うようになっています。頭の中で自分の仕事が成長されてしまうのです。

（縦横鼎談「週刊サンケイ」昭和二十七年六月十五日）

## 批評家は無用の長物

映画の場合も似通ったものを感じます。批評家がじれったくなってしまいます。余計なお世話だ、こっちは豆腐屋だから、豆腐とガンモドキしかできない。他の物を作れったって無理ですよ。うるさいものですね。

（縦横鼎談「週刊サンケイ」昭和二十七年六月十五日）

# 鎌倉新居での日常生活

いやー新居じゃないんだがね、つまらない家だよ。ただ山の中なんでヒル寝をするのにいい。ヒル寝はぼくの道楽でね。**［家族や飼っているものは？］**ばあさんと姪だけ。あー、ばあさんというのは、おふくろだがね。飼っているものも、やはりそれだけでね。**［奥さんもらう意志は？］**あー、最近心当たりはないが、そういうものがないと、不自由じゃないかと思うね。**［生活のモットーは？］**気の向くまま。嫌なことはやらずに好きなことだけやること。**［つき合う人々］**うん、誰かれと言わず、大ていつき合っているけどね。**［勝負ごとでは？］**僕は勝負事はやらない。パチンコは時々やるけどね。あれはまだまだスタらないだろう。**［一ヶ月の小遣いは？］**ああ、これを言うと家主がうるさい。僕は倹約家だから、わずかなものでね。まあギリギリ一ぱいに使っているというところだね。**［健康法について］**適当に運動し、適当に酒を飲み、うまいものを食って、よく寝る。無理をしないでね。**［新聞記事中にとくに関心を持つもの］**新聞紙全部だね。**［読書、趣味］**小説に限っていない。いろいろ読むがね。趣味というほどのものはないな。**［ファン・レターについて］**ザラザラの紙に鉛筆で汚く書いてあるのは読む気がしない。きちんと書いてあれば、返事を書くことにしている。女優にしてくれとか、あの俳優を使ってくれなんていうのが多いね。**［脚本を書くときは？］**うん、やっぱり家では書けないんで、大てい茅ヶ崎へ行く。茅ヶ崎館だね。僕の日常って、まあそんなところだね。

（小津監督に日常を聞く／ヒルネが道楽だよ、奥さん？　最近心当りないネエ「アサヒ芸能新聞」昭和二十七年六月二十二日）

**［野田高梧談］** そのころお母さんは妹さんや弟さんのいられる千葉県の野田市に小津君と二人で疎開していられたのだが、それからは北鎌倉に、これも小津君と二人で住まわれることになった。理想的な、と言っていいほどのいいお母さんで、小津君はある意味でのテレ屋だったから、僕等の前ではわざとお母さんをぞんざいに扱っているような顔をして「ばばアは僕が飼育してるんですよ」などと口では言っていても、芯は本当に親思いのいい息子だった。

一緒に銀座に出ると、ほとんど必ずと言ってもいいほど、小津君はお母さんに手土産を買って帰った。「まアまア野田さん、せっかく来ていただいたのに、今日もまたあいにく安二郎の家内が留守でござんしてね、どうぞまアこんな婆さんで勘弁して下さいね」、そんな冗談がこだわりなくスラスラと出るようなお母さんだった。

（キネマ旬報「小津安二郎　人と芸術」昭和三十九年二月増刊）

## 会社泣かせのスローモード？

そんなことないよ。今度なんか木暮さんにマキノ雅弘より早いと言われた。もっともマキノより早いと言われても、サッパリ嬉しくないがね。撮影現場の条件さえ良ければ早いよ。たとえば、ヒッチコックの撮影が早いのなんのと言っても、それなりの理由がある。問題は撮影に入るまでの準備期間が十分にあって、それによって精密なコンテ（コンティニュイティ）がたち、そしてリハーサルを十分にやって、撮影の設備さえよければ、そう日数を食うものではない。僕は最近、こんなコンテの立て方をしている。おそらく僕独自のものではないかと思うが……。

［小津脚本のセリフ、アクションの行間には、鉛筆でいくつもの縦線が引いてあり、これは、ショット、ショットの変わり目。その上に、赤・青・黄・緑などの色鉛筆で各行が塗り潰され、この色分けは、ロング、アップなどの区別である］

だから、たとえば、佐分利のロングのポジションとなると、芝居の前後するのはお構いなしにロングの芝居だけをまとめてドンドン撮る。芝居が前後するから俳優の方は面食らう場合があるが、監督の頭の中ではチャンとまとまっている。大体コンテは精密なものを初めに立てておくのがいいとされているが、精密なコンテの立つ監督と立てられん監督とがいる。

サイレント時代に僕も五年間ばかり、その場でコンテを立てて撮影したことがあるが、その場でウィットが出てくるといいが、そうでないと困る。とくに頭の疲れている時なんか、いい考えが浮かんでこない。昔のフランク・タットル、グレゴリー・ラ・カヴァ（アメリカの監督）などの作品にムラのあったのも、それではないかと思う。つまり、その時の調子次第で良くなったり、悪くなったりする。しかし調子次第といった小手先だけでは、結局、本質的なものは掴《つか》めない。

（『お茶漬の味』のセット訪問／小津安二郎と語る「映画の友」昭和二十七年九月号）

## 僕は優し過ぎるんだよ

僕はちっとも怖かないよ。むしろ、あんまり僕が優しいもんだから、女優さんの方で、クドかれるのを、警戒してるんじゃないかと心配しているんですよ。

（僕はちっともこわくないよ／小津安二郎監督放談「映画ファン」昭和二十七年十月号）

## 笠智衆は人間がいい

それ（『落第はしたけれど』）以前の作品にも、ちょいちょい顔を出している。苦節何年という努力型だな。『落第』の後で時々使っているが、『一人息子』（昭和十一年）でトンカツ屋の親爺をやった頃から巧くなった。笠は真面目な男だ。人間がいい。人間がいいと演技にそれが出てくる。僕が元来、演技にはそれほど巧い拙いはないと思ってる。

たとえば、銀座の街頭にしばらく立って、あそこを通る種々雑多な人の群れを、通り抜けの俳優と思って見てみ給え。あいつは演技が拙いから使えないといえる人は余りいない。自然のままに写し撮るということが大事じゃないかな。ところが、キャメラを向けるとすぐアガる、そして少しでもいいとこを見せようとする。一番、愚劣なのはそういう意識だ。笠には割合とそれが少ない。僕が好んで使うのも、そんなところにあるでしょうな。

（僕はちっともこわくないよ／小津安二郎監督放談「映画ファン」昭和二十七年十月号）

## 田中絹代は難しい役者

本数は多いが、実はちょっと手に負えない。とても使いにくい女優だ。巧く使ってみたいと思うが、どうも一度も成功したためしがない。日本の映画女優の典型的な存在ですね。だからといって、新人があれを真似しては困る。あの人は、喜怒哀楽の自由に出る人だ。しかし性格的にしっかりしたものは出ない。彼女自身は性格的にしっかりしてる人だが、それを外に出すのをいつもセイブしている。それは個性、学歴、環境のせいかもしれない。

しかし役によっていい。最近、好調なのも、自分に向いたいい役を選んでいるためだろう。だがインテリ女性の役だけは不向きだ。大体日本の女優は、表情は肩から上のものと思い込んでいる手合いが多い。顔面筋肉の表情は無用だ。百面相になったらお仕舞《しま》いです。

（僕はちっともこわくないよ／小津安二郎監督放談「映画ファン」昭和二十七年十月号）

## 佐分利信のうまさ

巧《うま》い、監督になってから巧くなった。『戸田家』の頃はそうでもなかった。あの映画でお通夜の場面がある。あそこで佐分利が外から帰ってきて、「腹へった、腹へった」と言って廊下へ出て、空を見上げて「明日もいい天気だ」というセリフがある。クサクなるんじゃないかと心配したが、まあ、やらしてみようという訳でやらしてみると、それが巧く感じが出て成功した。意識してやったものかどうか知りたくて、後で彼に聞いてみたら、本人はそんなことはケロッと忘れてる、無意識にやったらしい。つまり無意識の良さが出ている。最近の彼にはそれがよく出る。久しぶりに今度付き合って、カンのいいことにも感心している。日本の男優の中では、何人といない人だ。

（僕はちっともこわくないよ／小津安二郎監督放談「映画ファン」昭和二十七年十月号）

## 頭のいい高峰秀子

［高峰秀子は］昭和五年の『その夜の妻』や翌年の『東京の合唱』などに出ている。彼女は女に生まれてきたのが可哀そうなくらい頭のいい子だ。津島君（恵子）もその口だよ。セリフの読み合わせで俳優の素質の良し悪しが分かる。エロキューションも、もちろん大事だが、それ以前に、このセリフはこんな気持ちで喋《しゃべ》ると

いう、喋る時の気持ちを呑み込むことが大事だ。

よくこちらでエロキューションを直すと、こちらは、その時の喋る気持ちを注意したつもりだが、喋り方を注意されたと思って、喋り方にばかりこだわっている俳優がいる。この調子で何回やっても同じで、そんなのは俳優として劣等生、カンの問題よりイカレテルといった方がいいかもしれない。この点、デコちゃんは一言でピンとくる。実にカンの鋭い頭のいい子だ。

（僕はちっともこわくないよ／小津安二郎監督放談「映画ファン」昭和二十七年十月号）

## 原節子はお気に入り？

長い間、色々な監督の間で揉《も》まれ、そして、大根々々と散々叩かれながら、猿がドングリを拾うような、誰にだって出来る下手糞な演技の真似事をしなかったところに、原節子の偉さがある。大根と誰が言ったか知らんが、実に無礼だ。あの人は喜怒哀楽の表情以外のものを持っている。これまで、表情を動かす勉強をあまりしなかったのがいい。人参《にんじん》も牛蒡《ごぼう》も一緒くたにして使う監督にあったらたまらんが、いい素質を持った人だから、使いようによって、いくらでもいいところを引き出せる人だ。

（僕はちっともこわくないよ／小津安二郎監督放談「映画ファン」昭和二十七年十月号）

## 三宅邦子は鷹揚《おうよう》で品がある

あの人は演《や》りすぎないからいい。喜怒哀楽のゆっくり出る人、なんかこう、ドタッと育ったという感じで、鷹揚で品がいいから好きだ。人間も大変いい、コセコセしていない、女佐分利《さぶり》といったところだ。

（僕はちっともこわくないよ／小津安二郎監督放談「映画ファン」昭和二十七年十月号）

## 『宗方姉妹』の山村聡《やまむらそう》は？

いつだったか、月ヶ瀬（食堂）で彼がメシを食っているのを見て、一度、使ってみたいと思って『宗方姉妹』に出てもらった。あの頃と比べて、最近は少し技巧に走って来た感じがする。『帰郷』もそうだ。猿がドングリを拾いかけてきた傾向がある。

（僕はちっともこわくないよ／小津安二郎監督放談「映画ファン」昭和二十七年十月号）

## 自作を語る／お茶漬の味

これは戦争中に書いたシナリオだが、当時検閲のためにお蔵《くら》になっていたものを、そのままにしておくのはもったいないので、引き出してきた作品です。元のシナリオでは主人公が出征することになっているんだが、時代が変わったので南米に行くように書きかえた。このため、ドラマの転換が弱くなってしまったことは事実です。ただぼくは、女の眼から見た男……顔形がどうだとか、趣味がいいとか言う以外に、男には男のよさがあるということを出したかった。しかし、あまり出来のいい作品ではなかったな。

『お茶漬の味』（松竹大船・昭和二十七年）脚本野田高梧、小津安二郎　撮影厚田雄春　主演佐分利信、木暮実千代、鶴田浩二

（自作を語る「増刊キネマ旬報二月号　小津安二郎〈人と芸術〉」昭和三十九年二月十日）

## 津島恵子への注文

津島君への僕の注文は、妙に巧くなってくれるなということだ。今のままの素直さがあなたのシンショウですよ。僕は今度『お茶漬の味』であなたを使ってみて、大変素直な人だと思って感心している。演技の解釈が素直で正しい。大体演技というものは、説明的なのは困る。これはいかん。二宮尊徳というと、薪《まき》を背負って本を読んでないと偉く見えないという説明では困る。悲しい顔をしてくれというと、腹痛の時の歪んだ顔をする。これでは余りにも説明的すぎる。舞台出の俳優に割合にこんなのが多い。そんなことのないように、してもらいたいんだ。

（僕はちっともこわくないよ／小津安二郎監督放談「映画ファン」昭和二十七年十月号）

## 初めてのロケ地に挑戦！

こんどの作品には、僕としては珍しく野球場、競輪場、パチンコ屋などの場面が出てきますが、いずれも経験がないので苦心しました。野球場で木暮君（妙子）を呼び出すところも、雰囲気を出すために野球場のアナウンサーに呼んでもらって、場内に響く音で録音したのですが、果たして〝目白の佐竹妙子さん〟と呼んで、もしそういう名前の人があったら、本当に帰ってしまう心配をしたり……。

（『お茶漬の味』の感想「産業経済新聞」昭和二十七年十月一日）

## 『お茶漬の味』を製作して

別にどこをよく観て下さいとか、ここんところ苦心しましたとか言うことはないね。新しい試みをやった訳でもない。強いて言えば、佐分利、木暮御夫婦の心理の綾なのだろうが、そればかりに重点を置いた訳ではない。そういうことは観客が自由に判断されるべき問題だ。

とにかく感想といえば、夏の間に暑い撮影で参《まい》ったということだね。映画もだんだん企業化され（もっとも以前からそうだが）、一度撮影を始めたら、あとは自動車工場で自動車を製作するのと同じで、一貫した流れ作業だろう、小説家や画家なら、マズいと思ったらやり直せるし、途中で考える余裕があるのに、映画ではそうは行かない。こういう傾向をはなはだ苦々しく思っている。

この『お茶漬の味』を芸術祭参加作品だと思っている人もあるが、今年は『王将一代』だ。僕のは『麦秋』が去年参加した。今年もと言われていたが、それでは僕が〝お祭り屋〟になってしまう。参加作になろうがなるまいが別に気にしていない。とくに、そういう区切りをつけて売り出すのはおかしいと思う。

佐分利君の写真は『ああ青春』を見たけれど、なかなか良いと思った。しかし、あの人は自ら監督するときは自分は出演しない方がいいと思うね。演出家は常に客観的にものを見なければならないから、自分が出演しては正しく客観視することは難しいと思うのだ。

（〝お祭り屋〟になりたくない／小津安二郎監督談「アサヒ芸能新聞」昭和二十七年十月五日）。

## 本当にやりたい仕事

よく今後これだけやる……、たとえば三本、本［脚本］を持っているという人があるね。そういう人は三本とも作らないのじゃないだろうか？　そんなにやりたいものがあるはずないと思うね。できれば結構だがね。本当に気に入ったものはないからな。まあ、「これならちょっといける」というものを引き出してお茶をにごすというようなことでやるのは、その仕事をやりたいと思うのじゃなくて、その仕事をやってお金が欲しいということじゃないだろうか。「……」

頭と腕とのバランスがとれるものにぶつかれば、やりたいものが出てくるね。材料はつかんでも、自分の腕がそれだけなければ、どうにも仕様がない。正直な話、今度のおれの作品を見てくれとは、なかなか言えんよ。「……」材料はつかんでも、自分の腕がそれだけなければどうにも仕様がない。

（溝口・小津・清水三監督大いに語る「読売新聞」昭和二十七年十一月十日）

## 推薦できる新人は？

あまり若い子は使わないが、淡島千景なんか若い女優の中で推薦できますね。うまいね。「……」しかし、素人も玄人もないね。かえって玄人の場合が悪いこともあるし、要するに、やるものとその人間の演技というものに対する考え方だね。

（溝口・小津・清水三監督大いに語る「読売新聞」昭和二十七年十一月十日）

## 気心の知れた人がよい

コンビと言えば、年中、同じ人と組むことは、いいか悪いかで、色々な議論が絶えないが、僕はやはりお互い同士、すぐ話の分かる人でないと困る。野田高梧氏とよく脚本を書いているが、二人とも茅ヶ崎で、一、二ヵ月も泊まり込むが、酒の量も、魚の好みも、宵っぱりの朝寝坊であることも、ほとんどピッタリしているのが、まことに具合がいい。

夜になって、片一方はすぐ眠くなる、僕一人で取り残される、という風では仕事にならない。同じ意味で、俳優諸君も僕は全然知らぬ人をお願いする時は、とても臆病になる。それも筋で見せるような映画では、そう苦労をしなくてもいいが、性格で見せる作品とでもなれば、相当うるさい注文も出さねばならない。

その時その時に、一々芝居をつけて行くと、大変な手間がかかるから、自然、知った人を頼みたくなる。それも昔はどうしても思い通りに動いてもらおうと、直し直しで、一晩一カットなんてこともあったが、いまはもうそれだけのコンがなくなった。その人のやれる上乗のところで妥協することを覚えてしまった。

（小津安二郎芸談「東京新聞」昭和二十七年十二月二十六日）

## ホンモノはよく写る

そんな僕だけに、俳優の見方も他の人とは違うらしい。『麦秋』で二本柳寛《にほんやなぎひろし》君を推薦してくれた人があり、僕は『戦火の果て』を見に行ったが、気に入った。そして出てもらったが、清潔ないい感じをもつという狙いにピッタリした。

山村聡君は、大船の食堂で、山村君が他の仕事で来て、昼食しているのを見て、すぐその気になって『宗方姉妹』にお願いした。この時もよかった。『晩春』『麦秋』と二本、原節子君に出てもらったが、それまでに「原は大根だ」という御本人には気の毒な噂が伝わっていた。それだけに、出てもらった時は心配もあったが、結果は取越苦労だった。僕に言わしたらこの人は、大きな喜怒哀楽を大げさな表情では出せない代わり、チラリとした動きで立派に表現するというタイプの人なのである。

換言すると、大きな声を出さなくとも、大怒りに怒っている感じを出すことはできるはずである。原さんは、こうした演出をすれば、その中で実に細やかな感情を、しかも楽々と見せる。

絶対に「達者だ」という評判の俳優を使ってみると、どうもやることが何から何まで説明的で困った場合もある。つまり、年寄りだというと、年寄りの真似をし過ぎるのである。個性をなくして「サァ御注文は如何です？」で動かれてはかなわない。

『お茶漬の味』で社長の役に石川欣一氏にお願いして煩わしたが、石川さんは、たくまずして社長なのだから、黙って座っていて社長の人柄だった。私は小道具や衣装にうるさいと言われる。しかし、たとえば、床の間の軸や置物が、筋の通った品物だと、いわゆる小道具のマガイ物を持ち出したのと、第一、私の気持ちが変わってくる。出て来る俳優もそうだろう。

また、人間の眼は誤魔化せてもキャメラの眼は誤魔化せない、ホンモノは、やはりよく写るものである。

（小津安二郎芸談「東京新聞」昭和二十七年十二月二十六日）

## 世間を裏切らない仕事

こんな風だから、近頃、流行の俳優のかけ持ちというのは嫌だ。それに困る。俳優の方も、同時に二役では真剣になれまいし、僕の作品に全力を費やしてしまっては、Bの作品はいい加減になるだろう。これは早急に、まったく何とかしなくてはならぬ日本映画界の問題だと思う。こんなことを繰り返していると、映画人の多くは職人になってしまう。いくら上手でも、職人では底が知れている。幸いにして終戦後、ことに、ここ二、三年来は、映画に対する世間の眼が変わってきた。

僕などの時代には、映画界に入るというだけで人聞きが悪かった。したがって、俳優になるなどと言えば、生活だけのためか、父祖家業にその道の人がいる場合かに限られていた。それが、いまでは立派な職業の一つになった。だからいままでは映画界に入るといっても、何の障害もないだろう。その点、これから映画人になろうとしている若い人は、恵まれていると思う。そこで我々もこうした世間の期待を、裏切らない仕事を積み重ねて行かねばなるまい。

（小津安二郎芸談「東京新聞」昭和二十七年十二月二十六日）

## 僕らの脚本の作り方

もうお正月も目の前へきた。世間も忙しくなってきたが、僕も次の仕事の相談で、三、四日前から湯河原へ出かけてきた。例によって今度も野田（高梧）氏と一緒だが、僕と野田氏との仕事のやり方は、ハッキリした筋を立ててかかるというより、世間話をする中に、何か方向が決まってくる。四方山話《よもやまばなし》のうちに、どんな人のどんな生活を扱おうかくらいの漠然とした目標が決まる。次には、では、こんな事件を入れようというような筋めいたものが浮かんでくる。人物の会話の断片が出てくる。そのうちに本筋が出来上がる。セリフが決まる。

したがって、僕たちの場合は、いわゆる第一稿が決定稿である。その際、ある程度の俳優を予想するのはもちろんだが、その人の色合いや持ち味やを想像しながら書いて行く。（小津安二郎芸談「東京新聞」昭和二十七年十二月二十六日）

## 撮影で僕が「粘る」理由

したがって、実際、撮影となって予想の配役が変わったり、あるいは、その俳優にしても動いてもらって、こっちの想像とてんで感じが違うことがある。そんな場合は非常に困る。

僕がよく撮影でネバると言われるのは、こんな際、何とかして設計通りに演技してもらおうとする時で、撮影が一応ＯＫとなっても、「もう一度」と押すことの少なくないのは、「もっといいものが出やしないか」と思う時で、ともに僕の強欲が然《しか》らしめるところである。またAとBとの絡み合いの場面では、Aがよくても Bが悪かったり、反対の時もあり、余計難しくなる。監督でさえこんなだから、原作者が見たら、さぞかし失望することが多かろうと想像する。原作者の想像する人物と俳優とが一つになりにくいからだ。

『風と共に去りぬ』でゲーブルの扮したレッド・バトラーは、この意味では上々の部だ。これが僕のオリジナルものを多く撮る一つの理由でもある。メロドラマは苦手だ。メロドラマは自分より哀れな境遇の人を見て、流す涙は楽しいということが根本になっている。だから、出てくる人間は、無知な常識はずれが多いし、事件にも不自然さがなくてはならない。これはダメだ。たとえ涙を狙っても、催涙《さいるい》的でなく、自然なものを求めたい。

『宗方姉妹』のときは注文で、大仏（次郎）さんの原作を、しかも俳優まで決まっていて撮った。『晩春』は広津和郎氏の『父と娘』からアイデアを頂戴した。いずれも原作とは色々違った点ができたが、これは文学と映画との相違で、致し方なかったと思っている。いつか里見（弴）さんからは『晩春』の結末を、「娘を結婚さした晩、父親が淋しく一人で帰ってくる。留守番の人を玄関からではなく、台所から送り帰す。座敷へ入ろうとして、娘のいた二階をつと見上げる。こんなことにしたら……」と、試写会の後で言われて、ありがたく「なるほど」と思った。こんな批評は、その作品で間に合わなくても、次の作から何か役に立つ。

（小津安二郎芸談「東京新聞」昭和二十七年十二月二十六日）

## 苦手なロケーション

もう一つ僕のクセを白状しておくと、僕はロケーションが好きでない。セットでも行けると思う芝居はセットへ持ち込む。ロケーションは天気にも左右されやすいし、スターに群集の前で注文はつけにくいから、気を遣うし、思い切ったことができない。その結果、ロケーションもセット向きに撮ってしまう。反対なのは、亡くなった島津（保次郎）さんだった。この人は、セットもロケーションみたいに撮った。中を行くのが清水（宏）で、彼は彼らしくロケーションはロケーションらしく、セットはセット向きに軽く監督してのけている。

（小津安二郎芸談「東京新聞」昭和二十七年十二月二十六日）

## 映画音楽に求めること

音楽については、僕はやかましいことは言わない。画調を壊さない、画面からはみ出さない奇麗な音ならいい。ただ、場面が悲劇だからと悲しいメロディ、喜劇だからとて滑稽な曲、という選曲はイヤだ。音楽で二重にどぎつくなる。悲しい場面でも、ときに明るい曲が流れることで、却《かえ》って悲劇感の増すことも考えられる。

こんなことがあった。支那事変のときの修水河の渡河戦のときであった。僕は第一線にいた。壕の近くにアンズの木があり、白い花が美しく咲いていた。その中に敵の攻撃が始まって、迫撃砲がヒュンヒュンとくる。タンタンタンと機関銃や小銃の間を縫って大砲が響く。その音や風で、白い花が大変美しくハラハラと散ってくる。僕は花を見ながら、こんな戦争の描き方もあるのだなと思ったことがある。これも一つの音楽と画面の例だが――。

僕も五十、幸いにして至極健康だ。酒も二、三合が適量だし、徹夜は苦手になったし、道楽は何より昼寝。監督生活も二十七年目を迎えることになった。戦争で七年間映画は作らなかったが、『お茶漬の味』まで作品四十四本になる。今後も精々長生きしていい仕事をしたいと思っている。

（小津安二郎芸談「東京新聞」昭和二十七年十二月二十六日）

【山内静雄《やまのうちしずお》談】映画の音入れをするときは、吉澤［博］さんが全部指揮するんだけど、あと二、三秒切らないとはまらないとか、どうしたら、そこにはまるようになるか、一回か二回のテストでピシャッてやる。そりゃ天才だよ（笑）。斎藤高順《さいとうたかのぶ》さんにしても、斎藤さんの音楽が小津作品に一番合うって推薦したのは吉澤さんだったからね。やっぱり音楽に関しては、吉澤さんの功績は非常にあるよ。

（松浦莞二・宮本明子編著『小津安二郎 大全』朝日新聞出版）

## 昭和二十八年［一九五三］五十歳

一月、年始を新鎌倉の新居で迎える初めての正月となった。

二月初頭から五月まで茅ヶ崎館に野田高梧と共に滞在し、『東京物語』の脚本を執筆した。四月、『父ありき』以降に助監督を務めた塚本芳男が緊急入院し、小津が看病するも二日後に急死した。この辛い経験は、後の『早春』で逝去する男の場面に反映した。五月二十八日、『東京物語』の脚本が完成する。紀子役に原節子を起用し、『晩春』『麦秋』に続く「紀子三部作」の完結編となった。七月から『東京物語』の撮影を開始し、十月二十二日の熱海ロケで撮影を終了。十一月三日に『東京物語』は公開された。

小津作品の中では、脚本への追加の書き込みが多く、セリフが当初より増え

**二月一日**
NHKがTV放送を東京で開始

**二月**
野田高梧と茅ヶ崎館に『東京物語』執筆のため投宿

**二月〜五月**
『東京物語』脚本執筆

**三月十四日**
衆議院バカヤロー解散

**七月二十七日**
朝鮮戦争休戦協定

ているという。「ぼくの映画の中ではメロドラマの傾向が一番強い作品です」と小津は語った。映画館で観客が涙を流すことは、「私も脚本を書いた野田（高梧）君も計算に入れてなかった」という。キネマ旬報ベスト・テンでは、『にごりえ』（今井正監督）に次いで二位になった。

九月、映画製作を再開した日活による監督・役者の引き抜きに対抗上、松竹、東宝、大映、新東宝、東映による五社協定が結ばれた。この協定により、各社専属の監督、役者の引き抜き、貸し借りが禁止された。小津は「映画製作に支障を来《きた》す」と協定に反対した。十二月八日、『東京物語』が芸術祭文部大臣賞を受賞した。今井正監督の『にごりえ』との決選投票となった。

日本映画は活況を見せ、ＮＨＫのラジオドラマから映画化した『君の名は』（大庭秀雄監督）は、空前の大ヒット作品となった。三部作合計で三千万人の観客を動員したという。他、美空ひばりのミュージカル時代劇、嵐寛重郎（アラカン）の鞍馬天狗、森繁久彌のサラリーマンものがヒットした。明るいテーマの作品の一方で、沖縄戦で看護婦として前線に立った、ひめゆり学徒隊の悲劇を描いた戦争映画『ひめゆりの塔』（今井正監督）、戦争未亡人の悲惨な末路を描いた『日本の悲劇』（木下恵介監督）など、過去を振り返る作品も話題を集めた。

---

**七月〜十月**
『東京物語』撮影

**七月**
吉澤博（演奏指揮者）推薦で斎藤高順《たかのぶ》を音楽担当に

**八月八日**
ソビエト水爆保有を発表

**九月十五日**
『君の名は』第一部公開

**十一月三日**
『東京物語』公開

**十一月十日**
中国から帰還した内田吐夢を京都駅に迎える

**十二月八日**
『東京物語』芸術祭文部大臣賞受賞

北鎌倉の新居で初めての正月　風が仲々強い　入浴
炬燵で屠蘇《とそ》を祝つていると大卯がくる　昼寝
今年は大酒を慎しまう　いい仕事をすべし
映画も大いに見よう　あまり欲を出さぬこと
身体を大事にすること

（「日記」昭和二十八年一月一日）

出社　山本武　高村所長に会ひ
五時前の電車で
野田さんと湯ヶ原中西［旅館］にゆく　ハなれ二十五番
食事ののち雑談
東京物語のあらましのストウリー出来る

（「日記」昭和二十八年二月四日）

暖かくなる　春の風だ　梅一輪初めて咲く
本日スバルで旬報のベストテンの表彰式があり
チャップリンの『ムッシュウ・ベルドウ』黒澤の『生きる』
共に見ていないので出かけるつもりがまた面倒になりやめる
入浴　鮭の粕汁　早くねる
野田さんから電話で明日中村組の試写の由

茅ヶ崎ゆきハ明後日とする

（「日記」昭和二十八年二月四日）

春雨　昨夜寝不足にて何となく気勢上らず
芦沢出社するので月ヶ瀬で天婦羅頼む
信三［弟］くる　浜子のレントゲンの写真をとりに来たらしい
四時の電車で帰る　亜希子の誕生日の由
入浴　天又の天ぷらくる　天ぷらが重なる　が芦沢仲々帰らず
八時すぎ芦沢帰る　大変それを肴《さかな》に話をたのしむ
十時仕事始める　能率大いによく
熱海の宿よりラストまで一息に構成出来る
二時過ぎ就寝　雨上り星が出る

（「日記」昭和二十八年三月二十五日）

月ヶ瀬で水島と香川京子に会ふ
駅前の本屋によつて「荷風全集」などの金を払ひ帰る
夕めし　原達と会食する
とにかく書き始める
熱海の海岸のところから書記のシーンを上げる

（「日記」昭和二十八年四月八日）

朝　良輔の買つて来たゴルフの練習用のボールを打ってみる　仲々うまくいかぬ
昼間　おでん屋の追加訂正をする
良輔のところに幾野が来て莨《たばこ》をもらう　エクスポート二つ
夕めしののち一人薬屋に行つて
セリドン　鼻のくすり〈ＰＱＢ〉ペニシリンのトローチなど買ふ
夜　原のアパートをやる
野田さん　アドルムをのんで先に寝る

（「日記」昭和二十八年四月十八日）

## 映画の宣伝写真は厄介者

この宣伝でスチルを作るというのは、監督にとっては大変にやっかいなものでしてね、僕なんか大そう嫌いなんだ。

いったい宣伝スチルは何のために撮るかというと、ポスターをこしらえる下絵として撮る場合が、いまの松竹などで大変多いのです。それで、ポスターのために急がされる訳ですが、僕なんかスチルマンと協力して、コンポジションを見てやったり、そのため『お茶漬の味』の時など、まる一日つぶしてしまったこともあるくらいですが、結局、どうも映画の撮影と同時に撮って行くやつが一番いい。ところがそうすると、どうしてもポスターをこしらえるのに間に合わない。

また、撮影の際、この場面がいいからスチルに撮ろうということになると、映画撮影の方は、そこで気が抜けてしまうのです。また映画の方では三十五ミリで撮るのに、スチルは乾板に写すという訳で、せっかく、決まっているライトも全部移動しなければならない。こいつは大変なので、それで結局、その場でスチルを撮ることが出来なくなってしまうのです。ちゃんとライトを決めても、それがスチル撮影で全部狂ってしまう。ですから実際に撮影にかかると、どうしてもスチルは継子《ままこ》扱いになってしまう。

気の毒とは思いますがね。それで、ライトさえ変えないでスチルが撮れたら、というので、そういうレンズを探したんです。僕の持っていたもので百何ミリかのレンズがあって、こいつを使うと、ほとんどライトを動かさないでも済むんです。『お茶漬の味』の後からは、これで写すようにしましたが、これからは、割と面白いスチルが撮れるだろうと思います。

（映画宣伝写真はなぜ進歩しないか「アサヒグラフ」昭和二十八年六月号）

春風駘蕩　藤の房めつきり紫となる
尾道の子供たちくるくるくだり　やるのち雑談二時す就床する
競輪十四枚買ふ　五レースのうち四レース当る
五百円のプラス　通計三千七百三十円のプラス也
競輪この日なく　雑談何となくはずまず
仕事　昨日の料理屋のところ訂正して
紀子の帰る日のくだりにかゝる
メーデー　穏やかなりし由きく

（「日記」昭和二十八年四月二十八日）

朝めしがすむとマシロ屋が春服の仮縫ひにくる
仕事にかゝる
尾道　紀子帰る日の京子の問答を上げる

（「日記」昭和二十八年五月一日）

高村所長に会ふ　カンヌ映画祭より帰りて初めて也
脚本〈東京物語〉面白しとのこと也
五時より、木下恵介の〈日本の悲劇〉の試写をみる
野心作ならむも一向に感銘なく粗雑にして
すの入りたる大根を噛むに似たり
奇にして凡作也

（「日記」昭和二十八年五月二日）

珍しく晴天となる
シャツとズボンに白帽にて出社　本年初めてのいで立ち也
駅にて田尻に会ふ　会社　月ヶ瀬に寄る
浜田医院による　明午後、鼻茸を切るべしとのこと也
帰宅程なく山本武より電話あり　参上すべしとのこと　待つ程なく来る
敬三の役　高橋にてハ如何とのこと　理由を述べて断りぬ

（「日記」昭和二十八年六月二日）

敬三の役　彼の如き肥大漢にあらず
会社の俳優運用上　適当ならざるを押しつけたるゝハ甚だ不愉快也
茶の芽をつむ　夕食ののち　またしても『荷風日乗』をよむ。

（「日記」昭和二十八年六月九日）

## 色彩映画に対する困惑

色彩映画も、カット、カットを細かくすると、色の調子が揃って来ないので困りますね。そういう欠点を監督技術で補うとなると、やりたいことがやれません。［色彩映画に魅力は感じる？］大いにあるんですがね。ただ、こっちのやりたいことができなくて不自由なので、それが嫌だと思うんです。

（映画撮影の新技術～色彩映画を中心として～「アサヒカメラ」昭和二十八年七月号）

## 白黒の外国映画のこと

［『第三の男』『陽のあたる場所』など、白黒の外国映画はどうですか？］両方ともよかったな。向こうでは、ロケーションにライトを持って行って撮ったりしますね。日本では補助のライトは持って行かないで撮っている。また『真昼の決闘』なんか時間的に、その時刻の光線を狙っているところが大変多い。それで僕もロケーションなどに行って、朝から何時まではこの芝居、何時から何時まではこの芝居というように、分けて撮ろうかと考えたことがあるのですが、それは大変なことなんです。

（映画撮影の新技術～色彩映画を中心として～「アサヒカメラ」昭和二十八年七月号）

【斎藤高順《さいとうたかのぶ》談・作曲家】私は松竹大船撮影所に呼ばれました。私の目の前にいる岩のように大きな人物こそ、当時の映画関係者の間では神様のような存在と言われていた小津安二郎監督、その人でした。当時、松竹大船撮影所で音楽部門を仕切っていた吉澤博さんの推薦で、私は初めて小津監督とお会いすることになったのです。大変厳しい監督であるという噂は私の耳にも届いておりましたので、夢のように思う反面、恐ろしさで身も縮むような複雑な気持ちでした。

緊張のあまり口もきけずに頭を下げていると、小津監督は開口一番「今までにどんな映画音楽を作曲しましたか？」と言われました。私は「まだ一度もやったことがありません。先生のお仕事が初めてです」と答えました。すると、一瞬驚いたような表情を見せましたが、すぐにニコニコ笑いながら「そいつはいいや」とおっしゃいました。これが、小津監督と交わした最初の会話でした。この日から約十年間、小津監督が亡くなるまで、一緒にお仕事をさせていただくことになったのです。

（小津安二郎の映画音楽　Soundtrack of Ozu.「斎藤高順回想録」）

## 顔にアクセントをつける

顔ののっぺりした女優さんにアクセントをつけるのなら分かるが、どんな顔でもそれなんです。原節子など顔が立派なんだから、柔らかいペッタリな明かりでも十分立体的に写るのだけれど、やはりアクセントをつけてしまう。

（映画撮影の新技術〜色彩映画を中心として〜「アサヒカメラ」昭和二十八年七月号）

## 月ヶ瀬で香川京子に語る

［大船撮影所前、月ヶ瀬食堂で香川京子に話しかける］香川さんの映画ってのは、余り見てないんだがね。香川さんとはよく会うものだから、そこでぼくが見染めたわけなんだ。どこで会ったかな……。トーコー園で……。人中に出られる時にね、実に洗い立ての感じがして、大変まァ、ぼくは見染めたわけなんだ。あなたは余り明朗に笑いすぎやしないかナ。「……」香川京子というと、いつも笑っている顔なんだナ。嬉しいからって笑うわけじゃないしネ。金でも拾えば別だけど……。

【取材後記】聞いているうちに、香川生徒はまるで人が変ったようになる。小津をにらみつけて、泣き出しそうな、怒り出しそうな、顔色まであおざめてしまう。講義たっぷり三時間。酒豪教授ようやくマワッたらしい〝香川さん〟が〝京子ちゃん〟になるころ、荒っぽく降り通った雨の道まで、ウチワ片手、のっそり見送りに出る。「よかったわァ、来て」、無残や笑顔を吹きとばされて、夢から覚めたような独り言であった。

（女優と監督／香川京子・小津安二郎「毎日新聞」昭和二十八年七月九日夕刊）

【志賀直哉談】夕方小津安二郎来る。暫くゐて、「東京物語」の方言をテープ・レコーダーにとる為め尾道へ行つた話をする。「暗夜行路直哉」とした碑が建つてゐるのを見て来たといふ。偽筆の碑は珍しい。夕方かへる。

（志賀直哉「日記」昭和二十八年七月十八日）

海に臨んだ竹村家という割烹《かっぽう》旅館に泊り、毎夕食後、そこの一家の人たちに集まってもらって、セリフの一つ一つを丹念に直していったのだが、時には先方の人たちの間で、そういう言い方はしない、とか、いいえ土着の人たちはそういう言い方をします、とか、いろいろ議論になったりして面白かった。三晩ぐらいかかったと思うが、一応その訂正を終わると、こんどは先方の人たちに出来るだけ自然に読み合わせをしてもらって、それをテープにとって帰ってきた。

**［野田高梧談］**

（キネマ旬報「小津安二郎　人と芸術」昭和三十九年二月増刊）

**［高橋治（当時助監督）『絢爛たる影絵』より］**　小津との出会いの瞬間を私は覚えていない。野放図な組織であるだけに、大船の助監督には奇妙な几帳面《きちょうめん》さがある。それらが放埓《ほうらつ》に流れることを僅《わず》かに救っていた。勿論《もちろん》、ある監督と助監督の初めての出会いもひどく折目正しい。それを覚えていないのは、その日起こったことのせいだろう。

上京して来た両親を長男長女が持て余し、原節子扮する次男の未亡人に一日のお守りを頼む。東京見物を終え、彼女の隣室から借りて来た酒で笠智衆の父をもてなすアパートのセットだった。

「原さん、徳利が傾きすぎる。まだ盃《さかずき》一杯分しか酒をついでないんだ」

「あ、そうでしたわね、御免なさい」

原は小津に向かって微笑《ほほえ》み返した。小津は厳しい注意を出したままの顔を崩そうともしなかった。

「じゃ、本番行ってみようか」

大声を出すわけではない。しかし、セットは水を打ったように静まり返った。息を殺す出演者、スタッフの動作が却《かえ》って明確な〝音〟に感じとれる。

その様《さま》がひどく意外だった。

仁王立ちになる監督、畏怖させる声を張り上げる監督、殊更大仰《ことさらおおぎょう》に動いて見せる監督、そんな姿を見なれていた。それらの人々にくらべて小津はいかにも異質だった。巨匠と呼ばれて久しく、しかもどこにいてもひと眼でその存在がわかる巨体である。大船の助監督が「先生」と呼ぶ監督は小津一人だった。先生と呼ばれる人はステージが割れそうな声を出してもおかしくない。だが、本番を告げる小津の口調には特に改まったものはなかった。そんな様を見て、受けとる側が意外に思うだけの話なのだが、笠は小刻みに震えていた。

東山千栄子、原、二人の肩が硬直した。

「はい、では……ホンバン参ります」

わざと間《ま》を外したようなノンビリした声が小津に応じた。長年コンビを組んでいるカメラマンの厚田雄春《あつたゆうはる》である。意識的に三枚目を演ずることで緊張をほぐす。厚田はその辺の息は絶妙だった。

映画の現場の仕事には、一種いいようのない間がある。

監督が本番を指示する。助監督が復唱する。撮影、照明、録音、技師の名で呼ばれる各部門の責任者がその復唱を確認する。

「はいッ、本番ッ」

再び助監督の声がかかる。

「トラックナンバー××。カットナンバー△△」

カチンコを叩く最下位の助監督はカメラの前に出ながら、録音、撮影両種のための編集用の番号を叫ぶ。

別なブースにいてステージから見えない録音技師妹尾芳三郎《せのうよしさぶろう》の確認はブザーの音で戻って来る。これらは一種儀式にも似た手順であった。

俳優の額に浮いた汗を押さえる。気づかなかった道具の不備を正す。そんな些細な中断があっても、儀式の順は元に戻る。儀式である以上、進行させる順は形だけでなく完璧な内容を要求される。いわゆるNGは演技者に許されるものであって、スタッフがそれをおかすことは嫌われる。しかも、流れを乱してはならない。

だが、その日、私は流れに乗れなかった。小津組の雰囲気に不馴れだったせいもある。小津の妙に静かな声にも気圧《けお》されてもいた。笠、東山、原と三人の超一流演技者の異常な緊張を眼《ま》のあたりにしたせいもあったろうか。

間を外し、私は一瞬立ちすくんだ。ステージの土間にじかに敷いた薄べりの上で巨体を屈《かが》め、小津は低く構えたカメラのファインダーを覗《のぞ》いていた。その小津が私を見た。わずかに顎《あご》が動いた。一時に頭に血がのぼった。人を顎で使う気か。そう思いながらも、私は習慣的な声を上げた。

「本番参ります。トラックナンバー……。カットナンバー……。」

カメラの前に出た。

「よーい、……はいッ!!」

低いが、見事に通る小津の声だった。

カチンコを叩く。小さな黒板の文字と、その上の白黒に染め分けられた拍子木が合わされた瞬間がフィルムにうつれば良い。当時は録音テープなどなかった。拍子木の音も、以下の科白《セリフ》も光学的に音ネガに録音される。その拍子木の音を画面に合わせれば科白は喋る口の動きに同調する。カメラと録音機は同速で廻っているからだ。助監督の手や体は画面から早く消えるに越したことはない。僅かでも齣《こま》数の節約になる。松竹のしつけはそんな細かなことにも厳しかった。

叩いた。カメラの視野から逃げる。思いもかけず引き足が凄い音を立てた。土間に置かれたブリキ缶の灰皿を蹴《け》とばしたのだった。

「高橋、靴、ぬげ、草履にはきかえろ」

巨体がそのまま襲いかかって来るような大音声《だいおんじょう》だった。

（高橋治『絢爛たる影絵』講談社）

**【厚田雄春談】**【撮影開始の合図は？】「ヨーイ」「ハイ」でしたね。終りも「ハイ」。小さく「ヨーイ」っていわれてから調子がいい時は「ハイ！」って大きな声になる。まだだなあと思ってると、やっぱり低い声で「アイ」となる。そういうエロキューションは、僕にはわかりましたね。だから、だいたい見当つけといて、ぼくが「本番まいります」って頃合いをうかがうんです。「スタート」とか「カット」とか、英語は使われませんでした。

昔、牛原虚彦監督がハリウッドへ行ってこられて、「ヨーイ」というところを「レディー」というふうに変えられた。ぼくらも冗談で「レディー」なんて言いましたけど、小津さんは、最初から最後まで、「ヨーイ」「ハイ」で通されました。牛原さんは、「もう一回」ってところを「ワンス・モアー」って英語になるんですよ（笑）。だからぼくは冗談で「ワンス・モアー」とか「モアー行きますか」なんて言ってましたが、撮影しているときはそんなの使やしません。

（厚田雄春／蓮實重彦『小津安二郎物語』筑摩書房）

**【斎藤高順《さいとうたかのぶ》談・作曲家】**小津監督の映画ってものは、もちろん、一本一本違うものですけれども、もとに流れるものは、一本のような感じしましたんでね、わたくしも音楽の作風をまったく変えるってことはありませんでした。もちろん、メロディ、テーマはみんな違うメロディで書きましたけれどもね、同じ考えでやりました。やっぱりね、小津監督は音色も大変さわやかな音色がお好きでね、ですから弦楽器を主体に使いました。金管楽器は、ホルンは使いましたけれどね、普通の金管楽器はあまり使わないで、木管楽器、弦楽器が主ですね。

登場人物の心情でなく、外から聞こえてくる音楽、ちょうど、今日は天気がいいとか、今日は少し陽がかげっているとか、お天気のような音楽をやってくれっていうんです。お天気は、当人が嬉しかろうが悲しかろうが、降ったり照ったりしますからね。今日は天気がいいなっていう音楽をやってくれって、おっしゃってました、悲しい場面でもね。

（「現代に蘇る小津安二郎の世界」ＮＨＫ、平成五年）

## 『東京物語』の製作意図

芥川の『侏儒の言葉』に〝人間の不幸は親と子という関係に始まる〟というのがあるが、肉親には肉親ゆえの嫌悪感がある。この感情を子供たちを通して描いてみたい。これに対して、他人ゆえの同情というものを、未亡人となりながら亡夫の両親につくす女性によって現そうというのだが、この女性もやがては自分の道を求めて去る。人間、愛情というものに甘えきるわけにはいかぬということだ。

しかし、末娘によって、私はこの作品の救いというより、人間の救いを暗示させるつもりだ。いかに現実を追求しても、私は糞は臭いといっただけのリアリズムは好まない。私の表現し

『東京物語』尾道ロケ：「今はテレビがあるけれど、原さんのような銀幕のスターは雲の上の人で、一生会いたくても会えない存在だったから、皆さん、大変なことだったんでしょう」（香川京子）。

たい人間は常に太陽に向かって少しずつでも明るさに近づいている人間だ。したがってこの作品の製作意図は観客が自分の感情は抑えても親孝行をしようと思うような映画をつくることだ。

（肉親愛に入れたメス／小津監督『東京物語』の製作意図「産経新聞」昭和二十八年九月二十五日夕刊）

**【香川京子談】** とにかく原さんがいらっしゃるときは大変な人出でね。（原さんは）尾道入りのときは一つ手前の駅で降りて、車でいらっしゃったと聞きました。今はテレビがあるけれど、原さんのような銀幕のスターは雲の上の人で、一生会いたくても会えない存在だったから、皆さん、大変なことだったんでしょう。

（松浦莞二・宮本明子編著『小津安二郎　大全』朝日新聞出版）

**【斎藤高順談】** 作曲家は、映画音楽の録音日の一週間から十日くらい前までにスコアを完成させておき、それを小津監督の前で一旦演奏披露するのです。これが御前演奏会と言われ、小津監督は作曲家に御前演奏をさせる特権を、松竹大船撮影所でただ一人持っていました。もしそこで監督が気に入らなければ、作曲家は録音当日までに書き直しを命じられるのです。ついに「東京物語」の御前演奏会の当日となりました。スタッフ連中は、極度の緊張状態にあったことはいうまでもありません。トップタイトルの音楽が終わっても小津監督は一言もおっしゃいません。それから次々と吉澤さんの指揮で曲が演奏され、とうとうラストシーンの音楽も終わりました。恐る恐る監督の方に顔を向けると、一言「今度の音楽はなかなか良いね」と言われたのです。続けて監督は、「いいね、音楽みんないいからね、この通りでやってください」と褒《ほ》めてくれましてＮＧはひとつもなし。スタッフの人たちがみんな喜んじゃいましてね、今までにないことだそうです。

フィーリングが合ったのでしょうか。もう嬉しくて、録音の日まで家で酒を飲んで寝てました。

（小津安二郎の映画音楽　Soundtrack of Ozu.「斎藤高順回想録」）

## 『東京物語』の脚本のこと

『東京物語』は急に思いついたものでなく、前々からやってみたくて、野田高梧氏と話し合っていた。実は『麦秋』を作るとき、あの中へ入れたかったが、よした。脚本は今年の二月半ばからかかって、三、四月と、約八十日間かかって書き上げた。推敲《すいこう》に推敲を重ねる方である。一日平均十一、二枚（二百字詰）の速度で、一番早く書けた日で十六枚。書きまくる人々に比べると、まさに雲泥の相違である。監督は楽だが、一番苦労するのが脚本――ヘタして一年一本も出来んことがあっては大変だから本には苦労する。

（小津安二郎の演出／『東京物語』の撮影を見る「キネマ旬報」昭和二十八年十月上旬号）

**［野田高梧・『東京物語』の頃］**　たしか戦前だったと思うが、日比谷劇場で上映されたアメリカの保険会社の養老保険の宣伝映画に『明日は来らず』というのがあって、子供たちを頼りにしていた老夫婦が最後に別れ別れになって、一人は都会へ、一人はカリフォルニアへ行くというような話だったのを、僕だけが見ていて、それもウロ覚えだったのだが、それがこのシナリオのヒントになったのだった。昭和二十八年（一九五三）、これも茅ヶ崎の宿で書いた。

瀬戸内海に面した小都市を背景にしたいというので、尾道に決めはしたものの、その地方の方言が分からず、新藤兼人君が広島の人なので、同君の言葉癖を辿りながら書き進めて行ったのだが、どうにも巧くいかず、それはロケハンの時にシナリオを持って行って直そうということになった。

で、シナリオ脱稿後、実際に出かけて行ってみると、僕たちがかつて見て胸に描いていた尾道とは、汽車の線路と町筋との関係なども大分様子が変わっていて、小津君としては多少ガッカリしたようだった。

海に臨んだ竹村家という割烹旅館に泊り、毎夕食後、そこの一家の人たちに集まってもらって、セリフの一つ一つを丹念に直して行ったのだが、時には先方の人たちの間で、そういう言い方はしないとか、いいえ土着の人たちはそういう言い方をしますとか、いろいろな議論になったりして面白かった。三晩ぐらいかかったと思うが、一応その訂正を終えると、こんどは先方の人たちに出来るだけ自然に読み合わせをしてもらって、それをテープにとって帰ってきた。

シナリオでは海岸通りの朝市がファースト・シーンになっているが、これは案内書に拠《よ》って書いたもので、映画では確か倉庫の並んでいる海岸通りがファースト・シーンになっていたと思う。そういうことは実際に現場へ行ってみて、それが画《え》になるかならないかの問題であろう。この時も初めから配役を頭に入れて書いたこと勿論《もちろん》である。

(キネマ旬報「小津安二郎 人と芸術」昭和三十九年二月増刊)

## 親と子の関係を描く

たとえば、どこの家庭でも、しばしば経験することだが、肉親同士であるが故に、かえって平素は身内の者に冷たい者がいる。その冷たい者が他人には馬鹿に親切だったりすることもある。肉親同士はお互いの愛情に慣れ過ぎているためだろう。この物語の老父母も、自分達に対する子供達の愛情にふと幻滅を感じて淋しい気持ちに襲われる。ただそれだけで、作者は特に、どちらの愛情を否定しようとか、また強調したりする気持ちはない。強いて言えば〝親と子の関係を描く〟そのことだけだ。

（小津安二郎の演出／『東京物語』の撮影を見る「キネマ旬報」昭和二十八年十月上旬号）

## 自作を語る／東京物語

親と子の生長を通じて、日本の家族制度がどう崩壊するかを描いてみたんだ。ぼくの映画の中ではメロドラマの傾向が一番強い作品です。

『東京物語』（松竹大船・昭和二十八年）脚本野田高梧、小津安二郎　撮影厚田雄春　主演笠智衆、原節子、東山千栄子

（自作を語る「増刊キネマ旬報二月号　小津安二郎〈人と芸術〉」昭和三十九年二月十日）

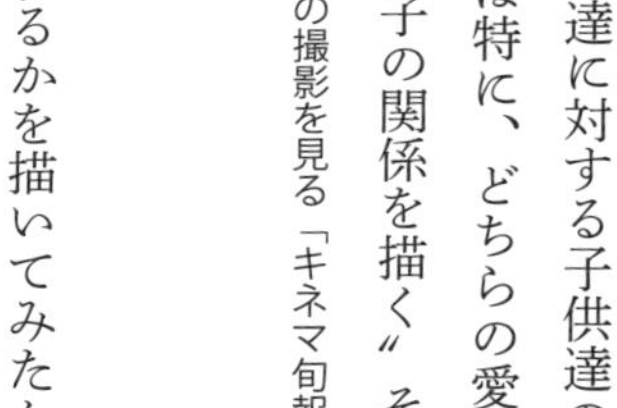

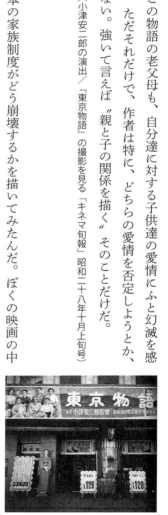


『東京物語』上映館：昭和 28 年（1953）、『東京物語』上映中の映画館・浪花座前。当時の入館料（学生）が「120 円」だったことが分かる。絵看板には原節子の立ち姿が。

**【厚田雄春談】** やっぱり、これ一本といったら『東京物語』でしょうね。これは小津おやじはもちろん、スタッフ全員ものっていたし、僕も少しは経験をつんでいたんで、一つのカットにも全霊をこめて撮りました。

（厚田雄春／蓮實重彦『小津安二郎物語』筑摩書房）

**【池田哲郎記者・『東京物語』撮影現場取材】**

大坂志郎、玄関から上がる。

「君は肩から歩くが、足が開き過ぎるぞ」、小津の声がかかる。

大坂「そうか、間に合わなんだか、そうやと思うたんや」

小津「セリフが駄目だ」

大坂のアクセントが、どうしても関西弁にならない。

小津「少し溜息まじりで」と、注意されて、「そうか、間に合わなんだか、そうやと思うたんや」

大坂、上気気味になって益々一本調子、小津、何回も辛抱強くやり直しをさせる。

このセリフだけで、ワンセット一時間半たっぷりと消費する。凝り屋で頑固な小津の演出だけに、無理からぬことだろうが、当の大坂志郎は、可哀想なほど大根ぶりを見せて汗顔の態《てい》。そういえば、杉村春子も笠智衆を初め、ほとんどのスターが、口を揃え、俳優たちの前で、「今度の映画は難しい」「先生の前に出ると上がってしまって、演技以前でわからなくなる」「まったく厳しいね」「やりきれねェ」と私語が交わされるのを記者は聞いた。わずか一言半句のセリフ、こんなところにも、決して妥協しない小津の昔からの、会社泣かせのスロモーといわれる原因があるのかも知れない。いや、その妥協を嫌う潔癖性が、つまり彼を頑固にする。

（小津監督の芸・色・髭「丸」昭和二十八年十二月号）

## コンテの立て方は?

おそらく僕のは、独自だろうね（小津の台本を見ると、セリフと演技の行間に鉛筆でいくつもの縦の線が引いてある。この線は、ショット、ショット（撮影する一コマ、一コマの変わり目を示すもので、その上に、赤、青、黄、緑等の色鉛筆で各行が塗りつぶされている）、この色分けは、ロング、アップ等の区別だよ。映画の撮影は、ファースト・シーンからラストまで、物語の順序を追って撮影されるものでないが、これを細かく分類すると、ロングいくつ、アップいくつといった風に分けられる。同じロングでも、キャメラの向きの全然違ったものは別だが。一つのセットで、同じ向きのロングがいくつかあると、それを一括して撮影した方が効率的だ。だから、たとえば、誰かのロングのポジション（位置）となると、芝居の前後するのはお構いなしに、ロングの芝居だけをまとめてドンドン撮る。

芝居が前後するから、俳優の方は面食う場合もあるが、監督の頭の中ではチャンとまとまっている。大体コンテは、精密なものを初めに立てておくのがいいとされているが、精密なコンテの立つ監督と立てられん監督とがいる。サイレント時代に、僕も五年間ばかり、その場でコンテを立てて撮影したことがあるが、その場でウイットが出てくるといいが、そうでないと困る。

とくに頭の疲れている時なんか、いい考えが浮かんでこない。昔のフランク・タットル、グレゴリー・ラ・カヴァ（米国の監督）等の作品にムラがあったのも、それではないかと思う。つまり、その時の調子次第で、良くなったり、悪くなったりする。しかし、調子次第といった小手先だけでは、結局、本質的なものは掴《つか》めない。

（小津監督の芸・色・髭「丸」昭和二十八年十二月号）

## 脚本の読み合わせ

読み合わせは、原則として前の日に、皆を集めて、台本を持たして、いろいろ研究し合う。『麦秋』のときも、中に麦の穂が入っていたというのを、麦の「ホウ」が入っていた、「ホ」というのが出ない「ホウ」になる。テープレコーダーで何ベンもかけている。お茶なんかも困るね。おい茶を下さい、おいお茶持って来い。

（小津監督の芸・色・髭「丸」昭和二十八年十二月号）

## もっとも巧く撮れた写真は?

よく聞かれるが、巧くできたというのはなかなかない。どの写真が好きかと言われると、悪い物でも好きなものは、製作中わりによく出来たのはいいので、自分ではどっちもどっちだと思っている。やっている間に大変支障なく行ったのが好きな部類に入る。

(小津監督の芸・色・髭「丸」昭和二十八年十二月号)

## 自分の作品を見返すと

三年くらい経つと自分の写真みたいな気がしなくなる。その場合、こしらえて何らかの感銘があると、あの時はこういう感情だったというはっきりしたものではないが、頭の中に残っていて、成長とともに技術的に自分の頭ができていて、あの時こうだったと思って、自分の写真を見ると、まるで違うのだ。

頭の中で育ってしまうのだね。映画をこしらえていると文学や絵画と違って、五年か十年たってしまえば、その作品はなくなってしまう。そのことを考えると昔は、男子一生の仕事じゃない。大変つまらないなあと思ったこともある。今はそれがかえって魅力ではないかと思うようになっている。頭の中で自分の仕事が成長されてしまうのだね。

(小津監督の芸・色・髭「丸」昭和二十八年十二月号)

**【厚田雄春談】** あの、『東京物語』でセッちゃんが東山さんの肩を揉むところあるでしょ。あん時に揉むってことは、本当なら、こういうふうにやるんだってことで御自分が裸になって、こうやった訳ですよ。そこで僕はね、「セッちゃんにももっと、触ってやったらいいじゃないですか」って言った訳です。そしたら真赤になって、「馬鹿なこと出来ますか」。「でもいいですよね、小津さん二枚目だよ」ってこう。で、私が「ちょっと位置が悪いから、少しこう、原さんこっちにちょっと向いて下さい」と肩触った。そしたら、小津さんがいうんです。「おいおい、二枚目って」。（笑）「いいじゃありませんか」ってなもので、きっかけ付けてあげるとねえ、やっぱり照れる。「お前の方が先に触ったんだから」とか。まあこんなの冗談なんて言って、気さくなとこありますねえ。

（蓮實重彦『監督　小津安二郎』筑摩書房）

## 『東京物語』の意外な反応

あの作品を見て、泣いたりすることは、私も脚本を書いた野田（高梧）君も計算に入れてなかった。ただ親子の関係を否定も肯定もしないで、ありのままに書いてみよう、いいとか、悪いとかでなしに親孝行しなければと……と、感じてくれたなら、作者としては満足ではないかと思っていた。

だから今回の受賞は、おそらく毒にも薬にもならないし、可も不可もないというので、文部省としては妥当だとして、お褒《ほ》めにあずかったのだと有難く思っているが、私としては自信はもてなかったが、気に入ったところも多く好きな作品となった。

一番当たらずさわらずのところで人を感動させることに意義があったので、撮影の苦心としても余り演技を誇張しないで、感じを下目に抑えてみた。小津の芸の頂点に立った作品だなどと批評されたことは、好意を示したようでいて、ぼくを買っていない言葉だと思う。

しかし、ぼくはたとえば、豆腐屋なんだから次の作品といっても、ガラッと変わったものをといってもダメで、やはり油揚とかガンモドキとか豆腐に類したもので、かつ丼を作れたって無理だと思うよ。

（例えば豆腐の如く／『東京物語』の小津安二郎監督「東京新聞」昭和二十八年十二月九日）

**【デイリーテレグラフ紙評】**『東京物語』の主題は辛抱づよいが、報いられることの少ない老年の問題であり、田舎から大都市に出て、結婚して独立した子たち、孫たちを歴訪する老夫婦の姿に象徴されている。親しみの持てる、小さな場面、場面が、小津監督がいつも一緒に仕事をするシナリオ作家野田高梧によって、奥深い真実と洞察力をもって描き出され、それらのものは徹底的な単純化の中に、しみじみとした情緒と詩のような美しさを逃さぬ優れたキャメラで捕らえられている。近く公開されるこの映画監督の他の十五本の作品に対する観客の食欲を十分に刺激するに足る、文字通りの傑作映画といえよう。

（東京物語評・パトリック・ギブス「デイリーテレグラフ、ロンドン」昭和三十八年八月十六日）

**【ディ・ヴェルト紙評】**小津監督は、いたずらに声高だったり、荒々しく振る舞ったりすることなく、静寂の雰囲気を醸し出すのに独特の力を発揮する。このことが彼の映画が、あれほど深い感動をともなう理由である。静寂こそ、小津映画の基本的な本質なのである。

小津映画の音楽もまた、それと同じ役割をはたす。それは、いつも騒々しかったり、ドラマチックに過ぎたり、不愉快な耳ざわりだったりすることはない。彼の音楽は、まことに微妙で、心にしみ通るような物悲しさの流れるような音楽で、きわだった特徴を示している。

（日本映画監督の巨匠小津安二郎「彼のキャメラは言葉なしでも物語る」ヘルムート・ハース「ディ・ヴェルト、ベルリン」昭和三十八年七月十三日）

# 第六章

## 昭和二十九年［一九五四］五十一歳▼昭和三十二年［一九五七］五十四歳

Tokyo Story 1953
An Autumn Afternoon 1962
Early Summer 1951
Tokyo Twilight 1957
Good Morning 1959
Floating Weeds 1959
Early Spring 1956
The End of Summer 1961
Late Spring 1949

第六章

# 昭和二十九年〔一九五四〕五十一歳▼昭和三十二年〔一九五七〕五十四歳

【田中絹代監督『月は上りぬ』を支援／最後の白黒映画】

早春　東京暮色

## 昭和二十九年〔一九五四〕五十一歳

四月、鈴木清順、今村昌平ら有能な新人監督が松竹から日活に引き抜かれた。五社協定に入っていない日活の映画製作再開により、他の映画会社と日活との軋轢《あつれき》が激化した。日活は映画製作を継続化するために、多くの俳優、監督、スタッフを引き抜いた。松竹、東宝、大映、東映、新東宝は、協定を作って引き抜き防止に対処したが、協定を無視する者の移籍を止めることはできなかった。

配役の問題等で製作が難航していた脚本『月は上りぬ』が、監督協会第二回企画作品となった（その脚本料を協会の財政資金とする目的があった）。小

**一月十日～一月二十四日**
大相撲初場所を観戦

**一月**
東映が短編を加え、二本立て興行を実施した

**三月一日**
ビキニ環礁で第五福竜丸事件（死の灰）

**三月**
日活は『国定忠治』で封切を再開

津は斎藤良輔、野田高梧と共に改訂作業を始めた。『宗方姉妹』を担当した児井英生《こいえいせい》（当時日活）が製作を担当し、協会推薦で田中絹代が監督をすることになった。

小津は、脚本の提供、スポンサーとの交渉役など、田中への協力を積極的に推進した。しかし、五社協定に入っていない日活と松竹との激しい対立、そこに、小津が関与していたことも問題をさらに拗《こじ》らせたという。結局、松竹や大映は自社の役者を出すことに難色を示し、スター役者の起用は断念した。

八月、初めて蓼科にある野田高梧の山荘・雲呼荘に滞在し、次回作『早春』の構想を練った。九月、松竹との契約期間が終了した。小津は松竹との契約を更新せず、フリーの立場になることを選ぶ（田中絹代を応援する意味もあったという）。『月は上りぬ』をめぐる五社との折衝は難渋し、結局、製作も監督協会が担当し、配給のみ日活が請け負うことになった。十月十六日、『月は上りぬ』クランク・イン。十二月、完成試写会を迎えた。

この年も日本映画は海外の映画祭に出品し、『地獄門』（衣笠貞之助監督）がカンヌ国際映画祭グランプリを獲得した他、『七人の侍』（黒澤明監督）と『山椒大夫』（溝口健二監督）がヴェネツィア国際映画祭で銀獅子賞を受賞した。この年のキネマ旬報ベスト・テンは、木下惠介監督の『二十四の瞳』と『女の園』が一位と二位を独占した。

---

**四月〜六月**
監督協会第二回企画作品『月は上りぬ』の脚本を改訂

**五月二十四日**
監督に決まった田中絹代の激励会

**八月十八日〜九月三日**
野田高梧の蓼科の別荘「雲呼荘」に初めて滞在

**九月**
松竹との契約期間終了。契約更新せずフリーに

**九月二十六日**
青函連絡船「洞爺丸」の海難事故

**十月十六日**
『月は上りぬ』クランク・イン

**十一月二十四日〜二十九日**
野田、里見と伊勢・志摩・大阪・京都を旅行

**十二月九日**
『月は上りぬ』試写（翌年一月八日公開）

年始の客　あまたくる
（「日記」昭和二十九年一月一日）

鎌倉会　長谷華正楼
（「日記」昭和二十九年一月三日）

熱海水口園［翠光園］にて監督会
（「日記」昭和二十九年一月六日）

大雪なれど千秋楽にゆく
吉葉　山鏡に勝つて全勝
（「日記」昭和二十九年一月二十四日）

夜の車窓（マド）　残んの雪の　ひた走る
（「俳句」昭和二十九年一月二十六日）

終日うち
次の作品　ストウリーも何もないが
おぼろに輪郭らしいものが感じられる
インテリの長屋物といつたところか
（「日記」昭和二十九年三月五日）

## 流行のこと

どっちかと言うと、流行に遅れている人に好意を持ちますがね。

（風俗と流行「心」昭和二十九年四月号）

## フォトジェニック・カメラ・フェイス

顔のホリが深いとでもいうんですか、それにライトが当たると陰影が活《い》きて来て、表情に深みが出るんですね。日本人は外国人に比べて顔が割に平板でホリが浅いから、ライトの陰影の効果といったものは余り出てこない。それを出そうとすると、ちょっと極端になりますしね。

こないだも『小さい狐』という映画を見たんですが、この中にベティ・ディビスの扮する女主人公の大切な心理描写があるんです。それをパン・フォーカスのクローズ・アップだけで長く撮っているんですが、顔のホリが深いので実に性格的に深いものが出ている。

ただ大きく見開いた目と、ほとんど無表情に近い大写しで、心理的な陰影が非常によく出ているんです。それを見て、日本の映画俳優で、あれだけの心理的な深さが、たといパン・フォーカスにしろ、クローズ・アップだけで、はたして出せるかなァと、ちょいと考えたんですが、どうも無理じゃないかと思ったんです。

**［メーキャップだけの問題じゃないですね］**ええ、だから日本の俳優の場合は、顔の表情だけに頼らずに身体全体の、手だとか後ろ姿だとか、クローズ・アップだけでなく、バストもロングで入れて、カットを積み重ねて補わないと、あれだけの性格的な陰影というものは、そう、簡単には出ないんじゃないかと思いました。

（カラーは天どん、白黒は茶漬の味「カメラ毎日」昭和二十九年六月号）

## 写り方を意識する俳優

顔がシンメトリー（均整）でない人もなかなか多いんですよ。厳密にいえば、誰でもシンメトリーじゃないけど、こんな人は写し方によって何かそこに、その人の特徴が出てきて、たくまない表情で、愁いを含んだ感じだとか、微笑だとか、個性的なニュアンスが出てくるんです。木戸光子君や川崎弘子君なんかそうでした。

**［人間の顔は左半分がきれいというのは本当？］**それは人によってちがうようですが……。木暮実千代君なんか、向かって左から、本人からいえば右顔の方にカメラが来ることを望んでいるようですね。私の顔はどこから写された方がいいってことを、ちゃんと意識していますね。

これは聞いた話ですが、ある有名な時代劇の俳優が、撮影の時、大写しになると左を向かしてくれと監督に注文するそうです。監督がどういうわけだと聞くと、「オレが左を向いた方がよくはないか。映画館の客席は左半分が婦人席だ」というんだそうです（笑）。「……」写ったとき、左の婦人席に自分の左側が向くってこと、ちゃんと計算に入れていたというんで、監督が実に驚いていましたがね。

そんなのは別としても、自分は左の方がいいとか、右の方がいいとかということを知っていて、写され上手というか、この辺に顔を向ければ、ほお骨は出ッぱらないと、ちゃんと意識して巧みにある方向に顔を持っていく……そういう人はありますね。映画の場合は、困ることもありますけれど。「……」映画の場合でも、きれいに写されようとか、そういう意識があるのは、スチルの場合はともかくとして、映画では困りますね。そういうことを忘れて、もっと気持ちが出て来ないと……。

（カラーは天どん、白黒は茶漬の味「カメラ毎日」昭和二十九年六月号）

## 写真趣味のこと

シンガポールへライカを置いて来て、その後やってません。「……」僕も最近また一つ買うことになってるんです。僕の写真もずいぶん古いもので、初めてキャメラをいじったのが中学生時分にベス単、それからブロニーです。ライカは昭和五、六年でしたが、エントツ（距離計）を立てるA型のライカが日本に入った頃……。僕がエルマー3・5のA型ライカを買ったとき、フィルターを三つばかりつけて三百円くらいでしたかね。その時分には高いと思ったけど、それは実によく写りましたね。面白くなって引伸機も買ったりして、ずいぶんやったものです。

本当に凝ったのは監督になってからですが、監督しながら俳優にいろいろ注文を出したりして……。ライトも自由になりますし、たいへん面白かったんですが、それがやっぱり仕事中だと、ちょっと仕事が中断されちゃうんですね。こっちの気持ちも俳優の気持ちも中断されるので、どうも具合が悪いんです。

あの頃は清水宏君や、五所平之助君なんかも、さかんにやりましたね。このあいだも監督協会の連中でカメラを持っているものが、写真の会をやろうじゃないかという話が出ましたよ。稲垣浩君なんかも熱心ですね。何か面白いものができるかもしれません。

（カラーは天どん、白黒は茶漬の味「カメラ毎日」昭和二十九年六月号）

## 映画は事前修正が肝心

映画の場合には、あとで修正はとてもできないから、修正の分も含めて先に準備するわけです。メーキャップというのは、その修正の部分で映画ではどうしても、先にやっておく必要があるんです。僕は先に修正をしとくという意味で、撮影中いつもワゼリンを持っているんですよ。芝居で感情が高調してきたりする時には、何か油ぎった感じになるのを、洋画家が肖像画を描く時に顔にハイライトをつけるように、ライトの関係を見て、俳優の顔の一部分にワゼリンを塗るんですよ。塗った部分が光って、その時の表情を大変助けるんです。大変効果が出るんですね。

すべて映画の場合は、どうも修正が先に来て、普通写真とは逆になりますね。泣いているような時でも、悲しいからといって目の中に涙のかわりに目薬をさしたくないんで、その代わり、目尻のあたりにワゼリンを指の先で少したたいて、先に修正しておく。ちょっと、二、三本下がった髪の毛の耳たぶなんかにワゼリンを塗ると、そこが光って何となく悲しい感じが出るわけです。

今では、悲しい場面の撮影には、たいていの俳優は簡単に涙を流しますが、昔は、グリセリンかなんかの目薬を作らせて、さしたことがあります。それだとポロポロとすぐ落ちないで、目の中がいかにも涙で濡れているような感じで、頬を伝わって落ちても光るので、よく使ったことがありました。

（カラーは天どん、白黒は茶漬の味「カメラ毎日」昭和二十九年六月号）

## キャメラ位置の低さ

別にどうという理由はないんですが、いつからともなく、ああなったんですね。なぜか、僕はあまり上の方から見ると、日本の座敷は障子や唐紙が多いので、水平の線を下げないと絵になってから、上の方が軽くて質的なバランスがとれていないような気がするんですよ。しっかり重さが下に落ち着かないような気が……。だからローライだと上からのぞけるが、ライカだとこうやってね（低くなってみせる）。

だから僕のロケーションは、夜鷹《よたか》と同じで、薄べりを持って歩くんですよ。男娼の夜鷹みたいなもんですね（笑）。きれいな場所ならいいけれど、とてもかなわない。だから昔と比べると、だんだんキャメラの位置が高くなりました。この頃はこのくらいですね。

（カラーは天どん、白黒は茶漬の味「カメラ毎日」昭和二十九年六月号）

## 映画のフレームという存在

映画にはワクがありますね。ワンカットの構図はそのフレームの中に決まってくるんですが、映画は動くもんだからフレームは意識しない方がいい、カメラを自由に使ってやった方がいいという人と、せっかくあのフレームがあるんだから、あのフレームを活かした方がいいという考えの人と、両方ありますね。僕なんかは後者の方だけど……。フレームは意識しなくていいといったって、やはり、目でみるものだから多少の構図になっていないと困ると思うんです。実際また映画のフレームの縦と横との割合は実によくできているんですよ。

（カラーは天どん、白黒は茶漬の味。「カメラ毎日」昭和二十九年六月号）

## 龍安寺《りょうあんじ》石庭の撮影

あの時は八月の初めで、光線が強く、太陽が真上で、砂が馬鹿に白くなって、大切な石が黒くなってコントラストがつき過ぎたんですが、秋とか冬とか、光線のもっと柔らかいときなら、大変きれいに撮れるんじゃないかと思いました。色んなレンズで方々から、ずい分、石を写してみたんですが、ワイドで石が全部見えるようにも撮りましたが、余りよくないんですね。

あの庭の石というのは、順々に一つずつ見ていくのが一番いいと思いました。せっかく来たもんだから、ついでにと思って、撮影の済んだ後で、庭にレールを敷いてゆっくり移動で、順にあの石全部を撮ってみようと思って準備をしたんですが、あいにく夕立が来てやめました。

（カラーは天どん、白黒は茶漬の味「カメラ毎日」昭和二十九年六月号）

## 映画撮影用のキャメラのこと

いま使っているのはアメリカのミッチェルという撮影機で、レンズはアストロというのを使っています。まだ僕の仕事では国産は使っていないと思うんですが……。レンズよりキャメラが具合悪いんじゃないでしょうか。

[フィルムは？] 国産です。

（カラーは天どん、白黒は茶漬の味「カメラ毎日」昭和二十九年六月号）

## 普通の写真が映画に役立つ

構図なんかも大変あるし、小型のキャメラでも持って表を歩いていると、いつも「何か面白いものはないか」と、色んな細かいことが目につきますね。そういうものは、やっぱり、そのまま映画に持って来られますね。たとえば、桑畑の間から筑波山が見える。その桑の枯枝に子供の赤い手袋の片方が引っかけてある。何でもない月並な俳句の情景でしょうが、そんな情景でも実際に行き当らないと、普段のわれわれにはちょっと考えられない。おもしろいなァと思うんです。こんなことが度重なると自然に、色んな観察が深くなり、写実の目が肥えてきますね。映画にもすぐ役立って来るんです。

たとえば、会社員の住宅のセットなんかで、ここの主人は手取り一万三、四千円のサラリーマンで、年齢は三十四、五歳、女房がいて子供が二人あって、この家の生活も、もう五、六年ほど経っている。子供は障子も破くだろうし、遊びに行けば手袋の片方も落としてくる。ちゃぶ台は折り畳みの小さいやつだが、子供が乗るので少し脚がグラグラ揺れている。そういった物の細かい見方が、全体の雰囲気を作るのに大変役に立つんです。同様に映画を見て、普通写真を写す人の参考になることも非常に多いと思いますね。いつだったかロケーションで、竹藪《たけやぶ》へ朝日がパッと差し込んでいるところを写していたんですが、差し込む光線をはっきりさせるために、風上で焚火《たきび》をして煙らせて光線の縞《しま》を出し、油で竹の幹を拭《ふ》いて、光らせて朝の感じにしているのを、キャメラを持った中学生が、二、三人感心して熱心に見ていましたが、「あアンだ、ああいう時はああやるのか」なんて、やたらに焚火されて竹ばかり写されても困ると思いましたよ（笑）。

（カラーは天どん、白黒は茶漬の味「カメラ毎日」昭和二十九年六月号）

## 松竹との再契約、田中問題のこと

八月いっぱいで終わりましたが、再契約はしていません。松竹には金銭上や経済的なことには関係がないのですが、別のことで不満が絶えない。たとえば、私の作品を国際劇場で封切したときには監督に無断で切って上映している。もちろん会社は深謝の意を表したが、それで済むものではない。こういう細かいことまで一々契約に書けるものではない。しかし、いやしくも契約者である以上、丸がかえの芸者とは違う。作品が出来上がれば、後はどうでもいいという気分がイヤなのです。

三十年もいる社だから身勝手にやめるという訳にはいかないが、場合によってはフリーになってみようかとも考えているのです。それに田中（絹代）さんのこともあるのです。

［『月は上りぬ』のことですネ］ええ、あの作品は監督協会企画で、契約問題に抵触しない人々によって作ろう

ということで出発したもので、とくに五社の幹部に了解してもらっているので、問題はないと思っていたのに、どういうものか田中さんを五社対日活問題の中に巻き込んだ形になってしまった。田中さんとしてはまったく災難で、そういう際に責任者の一人である私だけが再契約専属になって、田中さんの孤立状態を続けさせるという訳にはいかないという気もあるのです。（次作品の構想成った／小津監督、田中問題を語る「東京新聞」昭和二十九年九月六日）

最近の大船のシナリオよむ
感心するもの全くなし

（「日記」昭和二十九年六月二十二日）

風呂にゆく
仕事の話ひらける
兵隊の話を思ひつく
ラスト出来る
信州大学の丘に登る
題名　早春と決る

（「日記」昭和二十九年八月二十七日）

〈雲呼荘小唄〉
一　雨の降る日の蓼科は
　うすら寒さの身に沁みて

足を丸めて昼寝すりゃ
とんとんとんかつ食ひたいな
蓬莱屋がなつかしい

二　雨の降る日の蓼科は
昼はひねもす　ねるばかり
呑んでは食ってねるばかり
うう　うう　うなぎ食ひたいな
尾花の蒲焼　食ひいたいな

三　うな子ととん子がやってきて
枕に近く　にじり寄り
びんのほつれをかき上げて
恋し　なつかし　主さまと
さめりや昼寝が恨めしや

台風一過　久々に晴れとなる
母　啓子　おとなりのおくさん　鎌倉松竹に二十四の瞳をみにゆく

（「蓼科日記抄」昭和二十九年九月一日）

留守番　宿酔　マシロ屋　オーバーの仮縫にくる

（「日記」昭和二十九年九月二十七日）

一時半の電車で里見先生と野田と出京。
大丸・三越・小満津
それから〈かもめ〉を俳優座でみる

（「日記」昭和二十九年十一月二十七日）

里見先生から電話で志賀先生鎌倉に来られる由
車で野田と出かける　ウイスキー　のち散歩で八幡さんにゆく
帰つて夕めし　酒　浜やき　鱶《ふか》のひれ
八時十分の大船で志賀先生と共に帰る

（「日記」昭和二十九年十二月十七日）

**【山内静雄《やまのうちしずお》談】**やっぱり周《まわ》りを見るとね、すごい監督がすごい作品作ってるっていう、列強があった時代じゃないですか。互いに切磋琢磨する精神が、映画を作るとき一番大事なもんだという気がしますよ。今はないでしょう。木下恵介なんて先生から見れば後輩だけれども、映画はボンボン当たるし、日の出の勢いですよ、その時分はね。内心ではそうとう競争意識があったに違いないと思う。そういうところは普通の人ですよ。セット一つだって、いいセットを誰が早くとるかっていうことは、たいへんな競争ですよ。それは製作の親玉が配分するんだけども、できるだけ早く行って、これこれこういう理由だから第三ステージがどうしても欲しいんだと言ってみんながやり合う。各パートの人たちが、みんな戦争なんですよ。そういうものの集積が、小津映画であり、木下映画なんですよ。

（『デジタル小津安二郎』東京大学総合研究博物館）



## 昭和三十年［一九五五］五十二歳

一月八日、昨年、小津が様々な折衝、調整に尽力した『月は上りぬ』（田中絹代監督）が公開された。同月、成瀬巳喜男監督の『浮雲』も公開され、「俺にできないシャシンは溝口の『祇園の姉妹《きょうだい》』と成瀬の『浮雲』だけだ」と小津は絶賛した。また成瀬の『浮雲』を「今迄の日本映画で最高のレベル」の作品とほめたたえ、『浮雲』を見たために「今年の仕事が延び」てしまったと語った。

二月から次回作『早春』の脚本を練るために茅ケ崎館に滞在した。

四月、休暇で来日した米国のウィリアム・ワイラー監督と帝国ホテルのパーティで話をした。小津はワイラーの作品を評価しており、ワイラーについて「思ったより田舎っぺいだと思った。ネクタイの好みとか、妙な靴をはいてたり、それだけに来易い感じで、大変好感を持った」、「ナイロンのシャツを

**一月八日**
『月は上りぬ』（田中絹代監督）公開

**一月十五日**
『浮雲』（成瀬巳喜男監督）公開

**二月**
『早春』の脚本構想のため茅ヶ崎館に入る

**四月十八日**
ウィリアム・ワイラーと帝国ホテルのパーティで会う

**五月**
『浮雲』（成瀬巳喜男監督）を絶賛する

**五月十四日**
ワルシャワ条約機構結成（冷戦激化）

着てたんでガッカリしたよ」などと、親しみを込めて語った。

六月、『早春』の脚本を脱稿。二年前から親交のあった若者グループを題材にした。『君の名は』で注目を集めた岸恵子を抜擢した他、池部良などの新しい俳優を使った。八月から『早春』の撮影に入り、十二月に完成した。『晩春』『麦秋』『東京物語』の製作を担当した山本武が日活に移籍したため、本作から里見弴の四男である山内静夫《やまのうちしずお》が製作についた。

十月、監督協会理事会で役員改選があり、溝口健二に代わって日本映画監督協会理事長に就任した。

この年一年間の映画館の入場者は、八億九四〇〇万人に達し、映画館の数も、この年の八月の時点で、五一八二館を数えるようになった。映画の製作本数も年間四〇〇本を数えるようになり、十年前の六倍を超えるような数字になった。映画界の市場規模が拡大、膨張する一方で、二本立て興行などによる量産競争、濫作による質的な低下などの問題も発生した。

海外との交流も活発になり、東宝はイタリアとの合作映画『蝶々夫人』（カルミネ・ガローネ監督、八千草薫主演）を公開した。大映は香港の映画会社と提携し『楊貴妃』（溝口健二監督、京マチ子主演）を公開した。この頃、各映画会社の経営陣は、映画祭出席、映画の買い付け、日本映画見本市の開催など、積極的に海外渡航するようになった。

---

**五月二十七日**
ヘレン・ケラー来日

**八月～十二月**
『早春』を撮影する

**八月七日**
東京通信工業がトランジスタラジオ発売

**九月三十日**
ジェームズ・ディーンが交通事故死

**十月十三日**
日本社会党再統一（左派と右派が合併）

**十一月十五日**
自由民主党設立
（自由党と日本民主党が合併）

**十一月二十九日**
『野菊の如き君なりき』（木下惠介監督）公開

快晴　起きて庭の草などぬく
阿南くる　夕方　原研吉夫妻　岩間くる
酒　雑談　十時すぎ帰る
近年にないうららかな元旦
年頭所感　朝酒はつゝしむべし
凡て物事怠るべからず

（「日記」昭和三十年一月一日）

五時半里見氏と出京　日本食堂で一電車待つてから
先生　野田　沢村と帝劇のシネラマを見る
前半で日活のファミリークラブの宴会にゆく　こゝも五分程で
天一で天ぷらを先生のご馳走になる
ルパンによる　終電となる
狩野近雄同車　車で先生を送って帰る

（「日記」昭和三十年一月四日）

## 茅ケ崎館にて『早春』の話

こんどは割に酒も少ない方ですよ。『東京物語』のときは四十七本、『宗方姉妹』のときは七十本だった。いまは一日に二合ぐらい。飲めばいくらでも飲めるが二合が適量ですね。この部屋は静かですよ。夜になると、枕もとまで波が寄せてくるような錯覚を起こすときがありますよ。どこかにお菓子があるんだが……。オモチがあるから焼こう。食べながら話しましょう。「……」

［最近、何か映画は？］この前、野田さんと小田原まで行って『浮雲』（東宝）を見たが、いい映画ですね。下手なフランス映画よりずーっといいよ。デコちゃん（高峰秀子）もうまかった。

（小津監督『早春』の構想なる「報知新聞」昭和三十年三月二十七日）

## 懐かしい東京の物売り

このごろ東京で築地に泊まると、朝、物売りがくる。あれを聞くと、何ともいえない懐かしい感じがする。むかし、銀座裏で飲んでいると、おいなりさんが来たものだ。「……」夏、かんかん照りで、永代橋の上に定斎屋《じょうさいや》［注、夏に薬箱を天秤にかけ売る行商人］がくると、いかにも夏だと思う。かついでいるやつは誰でも同じ顔してるね。

（『早春』快談「シナリオ」昭和三十年六月号）

## 次回作は若い世代を題材に

こんどの映画は東京の蒲田に住んでいる若いサラリーマンが、ちょうど夫婦の倦怠期で、毎日電車の中で顔を合わす女の子と仲良くなり、遂に間違いをおかす。妻も彼にはイヤ気がさして、夫婦の間に危機が訪れている。そんなとき男は急に転勤になって、ひとりで中国地方の山の中へ発《た》つ。別れると思っていた女房が夫を追いかけてくる。そこで二人のよりが戻るという筋で、ま〝雨降って地固まる〟といった話だ。いままでの話より時代が若くなっている。予定しているキャストは、若いサラリーマンに池部良、妻に淡島千景、問題を起こす女に岸恵子、そのほか高橋貞二、それにいつもの笠智衆など……。クランク・インは六月中旬になるだろう。

いつもと同じような作品だと人にいわれるが、わたしは自分をトウフ屋だと思っている。トウフ屋では焼ドウフ、ガンモドキ、アブラアゲしか出来ない。トウフ屋にシチューやトンカツをつくれといってもムリだ。それはトンカツ屋にまかせればいいので、サシミとトンカツが並んでいるような店は大ていうまくない。だからデパートの食堂はまずいんだよ。

（小津監督『早春』の構想なる「報知新聞」昭和三十年三月二十七日）

雨になる。おそくおきる。
ブランデーをのんで
岩波から出る『志賀直哉全集』の推薦文を書く。

（「日記」昭和三十年三月二十日）

## 爽やかな後味（『志賀直哉全集』推薦文）

志賀先生にお目にかかると、いつも、それからしばらく、何ともいえない爽やかな後味が残って、僕の心のどこかを、涼しい風が吹き抜けます。今度先生の全集が岩波から出ることになり、それには先生の手紙や日記も含まれる由、出版が待たれてなりません。これは、どなたにも、是非、読んでいただきたいと思います。きっと清澄な後味が爽やかな風にのって、どなたの心にも吹き抜けると思います。

（貴田庄『小津安二郎文壇交遊録』中公新書）

## 志賀さんという人

こんど志賀さんの全集が岩波から出て推薦の辞を書いているけれども、志賀さんのところにときどき伺って、志賀さん自体を見ているのは、見えているのは、志賀さんという氷山の水面に浮いている五分の一だと思う。もっと人間的なものが大変いいのじゃないかと思う。それじゃ実に完璧な、金甌無欠《きんおうむけつ》、天衣無縫《てんいむほう》の人かというと、そうとも思わない。「……」そうでないところに大変持ち味があって人間的なものなんだ。里見（弴）さんでも同じことだと思うのだな。

（『早春』快談「シナリオ」昭和三十年六月号）

## マンネリズムで失うもの

志賀さんに言われて、なるほどと思っている。同じものを何べんも拵《こしら》えれば、すぐマンネリズムにおちいる、マンネリズムも結構じゃないか、マンネリズムの恐るべきことは、躍動するリズムをなくすること、これは大いに考えなければいかない。

（『早春』快談「シナリオ」昭和三十年六月号）

溝口、牛原とこの日三時に羽田についた
ウィリアム・ワイラーの会に出席
帝国ホテルにいく。

（「日記」昭和三十年四月十八日）

## ウィリアム・ワイラーの印象

この間、ワイラーにも会ったが、知性的でもなかったな。思ったより田舎っぺいだと思った。ネクタイの好みとか、妙な靴をはいてたり、それだけに来易い感じで、大変好感を持った。

（早春快談「シナリオ」昭和三十年六月号）

## 夫婦生活の早春を描く

結婚したらすぐいい夫婦になるのじゃない。夫婦になってからもいろいろ誘惑があったり、いろいろなことがあるが、そういうのは、だんだんお互いに気にならなくなって、初めて立派な夫婦ができる。それまでの過程は長い人生からいってみれば、早春のようなものだ。だから人生の夫婦生活の早春の部分を書いたわけだ。

（早春快談「シナリオ」昭和三十年六月号）

## 映画の鬼だって？

あいつは実に「映画の鬼」だと言うが、ぼくは映画の鬼はあまり尊敬せん。

（『早春』快談「シナリオ」昭和三十年六月号）

## 登場人物に躍《おど》らせる

［今度の映画に登場する青年たちの途に、一つの美しさを追求させたのか？］それは登場人物の自由にしてい

るわけだ。こうじゃなければいかんとか、これはいかんじゃないかということは、一つも言っていない。われわれが人物を設定して、その人物が勝手に躍《おど》るので、これは少し具合が悪いじゃないかと思うのだけれども、躍るがままに躍らしているということでしょうね。

(『早春』快談「シナリオ」昭和三十年六月号)

## 『早春』の題材的ヒント

野田さんの近所に住んでいる若い青年たちが、やはり鎌倉から、朝、東京へ行ったり、横浜へ行ったりして、そういうグループが自然にできちゃった。そういう関係で、われわれもそういう連中とつき合って、こういうことは面白いなと思った。いちばん初めは、鎌倉からその連中が乗る。それでいつも乗ると、前に掛けているのが、決まって横浜で降りる。だからあいつの前にいれば、横浜から座れる。そんなことから、「どこへお勤めですか?」と口をきくようになり、知り合いになる。

すると今度は、それの友だちに紹介されるという具合で……。去年の春、いつも暑いときの仕事だから、今年は少し遅らそうじゃないか、秋になって仕事をしようというので、そういう連中と鎌倉の山を歩いたりなんかした。そうしたら、秋どころか一年遅れちゃった。そのとき、それを題材に何かやろうという意志はなかった。自然にそういうものがこり固まってきたのだ。

(『早春』快談「シナリオ」昭和三十年六月号)

## ストーリーよりも後味

ストーリーと言ったけれども、このごろ野田さんとぼくの仕事は、ストーリーを重く見ない。ヴォリュームというか、内容というか、その内容が社会的にどうとか、倫理的にどうとかいうものじゃない。たとえば、映画の宿命だ。時間で人を縛って、その人に何がしの感銘を与えるという一つの内容がおもで、それをなるべく退屈させないように、映画的に見せよう、ということは大変考えるけどね。「……」そういう点から言えば、ストリーとかテーマとかいうが、一口にいえば、見終わったときの後味だね。

いくらいい話でも、後味の悪いのは御免だ。我慢して見ても、後味のいいものはいいと思うのだ。「……」ストーリーの綾では、メロドラマとかミイちゃんハアちゃんを相手にする場合はいいが、おとなの鑑賞には堪えない。堪えたとしても、ヴォリュームはない。なかなかうまくできた商品ということで、作品にならないで商品で止まっちゃうのじゃないかと思う。

（『早春』快談「シナリオ」昭和三十年六月号）

## 企業の利潤というワクの中で

映画の宿命というか、企業の上に成り立って、利潤がなければというワクのせいで、せいぜい我がままを言っているわけで、ワクを破るということは、なかなかできないし、そういうものを知っていての我がままなんだから……。本当はこんなことではいけない。本当に破ったら、もっといいものができるかもしれないが、それは一ぺん拵《こしら》えて、もう終わりということになるかもしれない。これは困ると思う。

年期を入れて、おれはこういう写真を拵えてやろうと、助手を何年もやって、それでやってみて、これで終わりというのは……。人間が生まれ変わったり出来、尻尾を切られたトカゲがまた尻尾が生えてくるというのならいいけども。

（『早春』快談「シナリオ」昭和三十年六月号）

## 批評家にお願いしたいこと

映画批評家が俺の作品をいいとか悪いとか言ってくれるのは結構だけれども、啓発されることはない。てめえの写真のいいか悪いかは自分が一番よく知っている。

一回二時間見るのだが、おれは半年かかってこうやって、あすこはゴマ化しきれん、あすこはいけない。それ以外の同じ写真のいいとか悪いとかいうことは、日本映画のために何にもならない。それは、うたかたの水際に消えるようなもので、もっと五社協定・日活の問題で、「こういうものを、こういうふうにしたらいいのじゃないか」と、そういうものの見方があると思う。そういうものを、もっと大いに書いてくれるといいと思う。

それは、われわれはとにかく、五社並びに日活なんかも期待しているのじゃないかな。批評家が自分の殻の中に閉じこもっているのでしょう。

（『早春』快談「シナリオ」昭和三十年六月号）

## 成瀬巳喜男《なるせみきお》の『浮雲』

この前『浮雲』を見たがね、いいね。大人の鑑賞に十分たえる。大変なもんだ。その少し前に、『狂熱の孤独』ってフランス映画を見たんだが、問題じゃない。『浮雲』の成瀬のうまさ、長足の進歩をとげてるね。中篇的な監督から、ガカイのある大物になったという感じだ。そりゃ、二、三の欠点はある……それを入れても、今までの日本映画の最高のレベルを行ってるよ。あれを見たんで、今年の仕事が延びちゃった。『浮雲』だよ、何ていったって……あ、いけねぇナ、怠けてちゃいけねぇナ……と思ったね。巳喜ちゃん自身もあんな写真作って困ってるんじゃないかな……次の仕事が出来なくて……まあ、今年の日本映画のホープは成瀬しかないね。

（早春快談「シナリオ」昭和三十年六月号）

## 監督の持つオクターブ

監督のオクターブは持って生まれたものだから、たやすく変えられない。成瀬やぼくなどは低い。黒澤は割に高い。溝口は低いような顔をしていながら実は高い。

（蓮實重彦・山根貞男編『成瀬巳喜男の世界へ』筑摩書房）

**［吉田喜重《よしだよししげ》談］** 小津の映画もまた、人生は別離であることを繰り返し描いてきた。それを非条理なものとは考えず、人間の自然なありようとして受け入れ、淡々と表現してきた。それをいま成瀬が、測り知れない人間の非条理な業として描くのを知ったとき、小津はみずからの視点が危うく揺らぐのを感じたに違いない。それが『浮雲』への称賛となって表われたのだろう。

（蓮實重彦・山根貞男編『成瀬巳喜男の世界へ』筑摩書房）

## わたしのクセ

洗い上げた美しさの志賀文学は好きでもあり、尊敬しています。とくに志賀さんとは親しいが、映画はおのずと分野が違うんで、キッチリした簡潔な画調であの境地まで行き、映画での洗い上げた完成美を作り出したいとは思う。

どうかすると「たまにゃ、変わったもの作ったらどうだい」という人もいるが、ボクは「豆腐屋」だと言ってやるんです。「豆腐屋」に「カレー」だの「とんかつ」作れったって、うまいものが出来るはずがないので、今度も『早春』というのを、あと三分の一でシナリオが脱稿するので、七月頃からかかりたいと思う。

とりたてたクセというのはないと思うが、とにかく人の和だけ大事に考えている。

作品から見て、渋い性格だと思っている人がいるでしょうが、どっこい、喜劇調を地で行く朗《ほが》らかな性格があるんだがね。

（わたしのクセ「読売グラフ」昭和三十年六月七日号）

朝から仕事　一時三十分　脱稿する
機構三月三十日ならば八十七日也
野田さん昼すぎ帰る　夕方山内くる
岡村書店店主を誘ひ　車にて　藤沢入舟にゆく
すし屋によつて車でりんどう
更に深更
里見先生のところにゆく
ブランデイにて完成の乾杯をする
酩酊一方ならず

（「日記」昭和三十年六月二十四日）

宿酔　昼頃　野田さんくる　周章《あわ》てゝ起きる
脚本よみ合わせをする　三時半帰る
五時半の電車で出京　新川大国家にゆく

映画之友の座談会
筈見《はずみ》恒夫　淀川長治　山本恭子など

（「日記」昭和三十年六月二十五日）

十時十分　東京ラジオの〈戸田家の兄妹〉の名作アルバムをきく
何の連絡もなく無断のことなれば不愉快千万也
抗議申込む
夕方からナイトショーにて東京物語が鎌倉松竹である
電車でゆく　野田夫妻　静夫夫妻と見る
のち権五郎から　りんどう　大佛　林夫妻　山口くる
車で山口と帰る
早速に東京ラジオより電話あり

（「日記」昭和三十年六月二十八日）

## 俳優を揃えるのは大変？

脚本を書くとき俳優は決まっている。俳優が分からなければ脚本は書けないよ。その俳優の能力もあるしね。絵描きが絵具の色を知らないで、ぶっつけに絵を書くようなものだからね。「……」スターにも二色あると思うね。大変、概念的なもので動いているのと、狭いけれども自分の頭でのみ込んでいくやつ。何でもこなすけれども、格好で見せるのがいる。われわれは色々なのとつき合っているけれども、格好でみせられちゃ、二度とつき合いたくないと思う。

〔二度以上使った俳優は魅力があるということ？〕そういうと、デコ（高峰秀子）なんかは一ぺんつき合っただけだけれど、あれはもう一ぺんつき合いたいと思っている。デコとか原節子、こんなスターが日本に出て来たということは、映画が大変成長した結果だと思う。あれだけのやつはいないよ。すれっからしじゃないからね。仕事しているときに、自分の人気とか、そういうものを考えていない。もっと、まっとうに打ち込んでいる感じがする。香川（京子）は大変いいと思うよ。清潔で……。

（小津安二郎・筈見恒夫対談「映画の友」昭和三十年九月号）

## 監督第一作『懺悔の刃』のこと

あれは、いまなら弁解してもいいだろう。監督になったとき、予備の召集が来て入営の日が決まっちゃった。それまでに撮り上げようと大変忙しい思いをしたが、雨なんか降ってオープンだけがどうしても出来ない。それでファースト・シーンは斎藤寅次郎に撮ってもらった。兵隊から帰って、どこかでやっていたのを初めて見たよ、出来上がったものは。

（小津安二郎・筈見恒夫対談「映画の友」昭和三十年九月号）

## 戦前のキネマ旬報ベスト・テン

あの時分は「キネマ旬報」の権威がないこともあったな。会社は、いまはベスト・テンになると有難がるが、あの時分はかえって嫌がったからね。『生れてはみたけれど』が一位になったとき、二位がたしか『忠臣蔵』だったと思う。『生れてはみたけれど』は［お客が］入らないのでひどい目に会ったのだから、どのみちうち（松竹）

の写真が一位二位なら『忠臣蔵』を一位にしてくれないかという話があったよ。その時分、批評家も多少大人じゃなかったのだな。客の入らないものを好んでよがった傾向があったのじゃないかな。

（小津安二郎・筈見恒夫対談「映画の友」昭和三十年九月号）

## いまなら僕は助監督落第だよ

いまなら僕は助監督にもなれないよ。第一次試験に落っこちる。あんなつまらない（助監督試験問題のこと）わからないことを知らなければ監督になれない。そんなことはない。大事なことを知らないで、つまらないことを知りすぎているやつが試験に受かっているという気がするね。

（小津安二郎・筈見恒夫対談「映画の友」昭和三十年九月号）

## 若い監督たちに

腕が伴わないで、すぐに芸術家になり過ぎるのじゃないか。下手なままに何か良心的なものに取り組もうとする。それをまた褒める傾向がある。若いうちは何をこなしてもいい。そういうことは何にも恥にならない。自分自身を大事にするということだよ。その大事な仕方だが、苦労させるとか、苦労するということで自分を大事にする方向だな。仕事もしないでとりすまして、良心的なものと取っ組むのが芸術家だというような妙な考え、あれはない方がいいと思う。

（小津安二郎・筈見恒夫対談「映画の友」昭和三十年九月号）

## 筋よりも構図や雰囲気

映画では、筋が面白いとか何かでなく、映画の構図とか雰囲気、写真はつまらなくても、そういうものがよく出ているということで、特殊な、好きな監督がいたな。「……」それから、ペンリン・スタンロースなんかよかった。この頃、ぼくはますます映画にはっきりした筋があることが嫌になってきたね。これは、こうやれば芝居になるのだけれど、芝居になりすぎても困るというふうな気持ちになっている。今度は努めて芝居にしない。流れが整頓しているかどうかは分からないけど。

（小津安二郎・筈見恒夫対談「映画の友」昭和三十年九月号）

## 映画の「筋」と「表現」

筋は一つの説明で、われわれの見たいのは表現だから、君がおれの映画を見てけなすようじゃ表現が分からないんだよ（笑声）。

（小津安二郎・筈見恒夫対談「映画の友」昭和三十年九月号）

## 製作中の生活は？

仕事が終わると、こんなものを一杯やります（と、コップの酒を手にした）。スタジオへ入ってからの仕事は、割に楽でしてね。明日は、狭いアパートの一室に、大勢集まるシーンを撮るもんですから、そんな点で工夫に頭を使いますが、シナリオを完成するまでに、イマジネーションはすっかり設定できていますから、スタジオへ入ってからの気持ちは楽です。「……」

とにかく、仕事はシナリオを完成するまでです。野田高梧と二人で、ああでもない、こうでもないと、その間が一番苦しいが、その代わり、これで本が出来たという時はホッとします。嬉しいもんですよ。そんな時に、雑誌なぞから原稿を頼みにくることがある。書けそうな気がして、引き受けるんですね。ところが、原稿用紙を広げると書けない。こちらから原稿料をつけて、なんとか断りたいということになる。

（『早春』の小津さんと語る「キネマ旬報」昭和三十年十月上旬号）

## 海外進出を目指すことの危険

日本映画の海外進出ということを、われわれの立場から見ますと、日本の現在の映画がそのまま海外へ出られない、つまり海外へ出るために何か工夫があるようだが、その工夫がこれから大きくなるのではないか、たとえば、横浜の弁天通りみたいに、うちかけに葵《あおい》の紋をつけたものが、つまり、日本人の着ない、日本人の趣味をはなれた日本人とつかず、外国人とつかないものが、外国人の趣味に訴えているように、競争が激しくなると、そういう特殊なものが出来るんじゃないか。われわれが拵《こしら》えようとしたものよりも違ったものが、海外の進出を目指すようになるんではないかということが、心配になるんですがね。

（映画界これでいいのか「文藝春秋」昭和三十年十二月号）

## 現在の日本映画は「現代物」か？

いまの日本映画のなかで現代物はないと思うな。現代のような顔をしておりますけれどもね、現代じゃありませんよ。はるかに古い。

（映画界これでいいのか「文藝春秋」昭和三十年十二月号）

秀行と四時半上京
山内同車　陶哉集合
先づ尾花　浅草観音　さくら　赤坂　木の下
参会者　貞二　良　不二夫　春男　富二
雄春　茂子　高順　吉沢　山内　ガチャ

（「日記」昭和三十年十二月三十一日）

## 昭和三十一年［一九五六］ 五十三歳

一月、『早春』が公開。二月、松竹と年に一本の映画製作をすることで再契約した。以後、一年毎に契約更新することになった。

四月、大修館書店の教科書・新高等国語に『麥秋』の脚本が掲載された。

六月下旬から八月上旬まで蓼科《たてしな》にあった野田高梧の別荘・雲呼荘に断続的に滞在した。

九月、蓼科に滞在し『東京暮色』の脚本の準備に入った。蓼科の土地を気に入った小津は、片倉製紙の旧別荘を借り「無藝荘」と名づけた。

十二月、『東京暮色』の脚本を脱稿。当初、次女明子役には、岸恵子の起用を想定していたが、『雪国』（豊田四郎監督）の撮影が延び、代役に有馬稲子がキャスティングされた。父親役に想定していた山村聰《やまむらそう》とのスケジュールも合わず、代わりに笠智衆が父親役となった。全体に暗い色調の内容となり、脚本執筆中も野田と小津の間には対立があり、完成後の作品についても野田は批判的だったという。

「経済白書」の序文「もはや戦後ではない」は流行語となった。この年、石原慎太郎の小説『太陽の季節』が映画化され、既存の秩序を無視する「太陽族」という若者たちが登場した。松竹の「大船調」路線に興行的な退潮

**一月二十九日**
『早春』公開

**二月一日**
松竹と年一本の再契約。以後も毎年更新する

**三月十一日〜二十二日**
野田高梧、笠智衆、里見弴、那須良輔らと九州旅行

**六月二十三日〜八月九日**
断続的に蓼科に滞在。肥厚性鼻炎が悪化し手術のため下山

**八月二十四日**
溝口健二死去（骨髄性白血病）

**九月**
蓼科滞在。『東京暮色』の脚本にかかる

**九月**
片倉製紙の旧別荘を借り「無藝荘」と名づけた

**十一月〜十二月**
断続的に蓼科に滞在、『東京暮色』の脚本完成

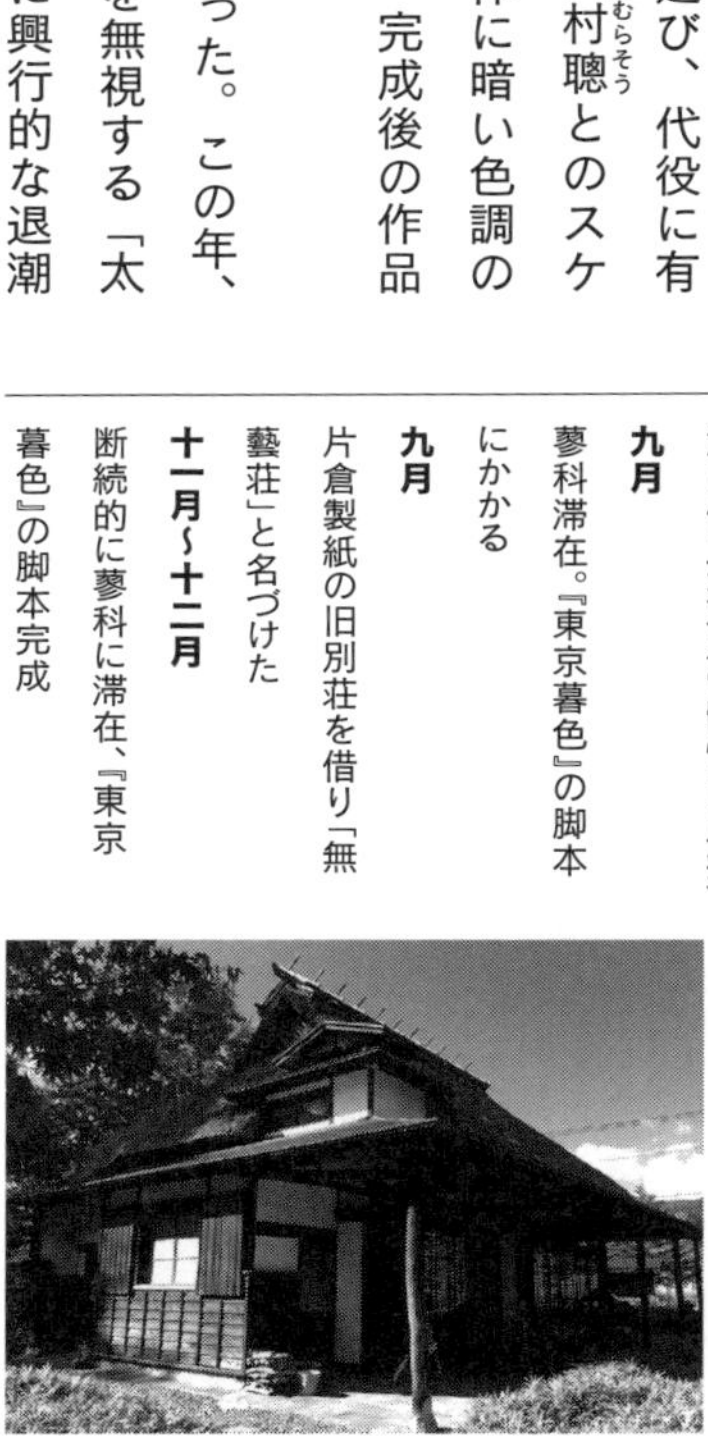

無藝荘《むげいそう》：昭和初期に製糸業で名高い諏訪の片倉家の別荘『片倉山荘』（木造平屋建て約126平方m）を、昭和31年（1956）、蓼科に腰を据えシナリオを書き始めた小津が借り『無藝荘』と命名した。

の兆《きざ》しが現れ始めた。東映が二本立ての時代劇ブームを起こし、松竹の興行成績を上回った。翌年には大映にも抜かれ三位に転落した。

---

屠蘇を祝ふ
昼寝なかバに　原研夫妻　岩間くる
通済夫人　のり子ちゃん　あき子さんくる

（「日記」昭和三十一年一月一日）

山内夫妻　奥さん　清水　厚田　浜田　堀　荻原　佐原　長谷部
田代　田中　及川　秩父　志賀　佐々木　北川　益子　由利子
吉沢　高順　西田　妹尾　山際　山本　武市　笠　三井

（「日記」昭和三十一年一月二日）

昼寝　夕方から里見邸に年賀にゆく　笠　八田　静夫夫妻同席
水菜のハリハリ
笠を送つて帰る
坂口くる　青枕くる

（「日記」昭和三十一年一月三日）

井阪栄一くる　ラッシュ
通済老くる　和田金の肉にて月ヶ瀬にて会食

九時からラッシュ試写　早田秀敏くる
五時半から所長試写　のち月ヶ瀬にて　赤飯　酒

（「日記」昭和三十一年一月七日）

通済氏こられる　夜小雨となる

（「日記」昭和三十一年一月十八日）

## 『早春』で間口を広げる

こんどの作品（『早春』）は以前のと違って若い人が出て来て、大分花やかなものだっていわれるんだが、実は従来のようなものに飽きが来たんだ。それで若いものにも間口をひろげてみようというわけだ。キス・シーンが珍しいたって君、カタワでなけりゃキスもするよ。皆さんのやってることをやるだけでね。「……」この次はしばらく休んでから、やはり青年、中年、老年と三代ぐらいの交錯したものを考えているんです。年代のギャップというか、日本の家族制度の欠陥を出してみたいと思うんだ。

（会心の酒に酔う好々爺／小津さんが語る『早春』あれこれ「報知新聞」昭和三十一年一月十八日）

## 時代劇は撮らない？

時代劇？　そうね。キマリがあるんでね。これを無視して撮らせてくれて、マズかったら撮り直しをさせてくれるならやってみたいね。しかしね、日本に本当の現代劇は少ないんですよ。今の人間は劇になりようがないんだ。全部時代劇さ。上役が不愉快だとするだろう。ヒッパたいてやめりゃ食えない。やはり上にヘイヘイしてなきゃならないしね。

（会心の酒に酔う好々爺／小津さんが語る『早春』あれこれ「報知新聞」昭和三十一年一月十八日）

## あしかけ三年の『早春』

ボクの作品ではこれが一番長くかかった。延びた事情はご存知の通りだが、撮影時間に俳優がそろわないとで、もうひとつ手間を食った。掛け持ち俳優が多いから、二人は身体が空いていても、一人来ないために撮影ができないことがある。他の撮影場所から飛行機で飛んでくるというような放れ業をやっている。「……」専属もいいが、それで身体をしばるというのは感心できない。こっちにしたところで、専属の俳優以外に欲しい人もあるからネ。それには、やはり俳優がゆとりを持って出たり、会社が自由に俳優を貸してくれるような気持ちにならなければダメだ。

おまけに絶対量が足りない上に、二本立てで引っ張り回される。これじゃ満足な映画はできやしない。いまの二本立ては興行社のためにやっている。興行社はたくさん品を並べて儲けりゃそれでいい。キャンディ屋みたいなもんだが、観るものはそうはいかない。少しでもいい品をつくりたい。それが製作会社が興行会社に負けている現状だからネ。

（三年ぶりで完成試写／『早春』めぐる小津談義「東京新聞」昭和三十一年一月二十日）

## 自作を語る／早春

久方振りに取り上げたサラリーマンもので、会社員の生活を描いて見たかった。大学から社会に出た喜び、会社につとめた時の希望が、だんだん崩れ、三十年勤めても大したことにはならない。会社員生活を世代の変化からとらえ、そこにサラリーマンの悲哀のようなものが出せればと思ってね。戦後の作品では一番長尺ですよ。しかしぼくとしては、なるべく劇的なものを避け、何でもないシーンを積み重ねて、見終わったあとサラリーマンの生きる悲しみが感じられるようにつくったものなんだが。

『早春』（松竹大船・昭和三十一年）脚本野田高梧、小津安二郎　撮影厚田雄春　主演池部良、岸英子、淡島千景、高橋貞二

（自作を語る「増刊キネマ旬報二月号　小津安二郎〈人と芸術〉」昭和三十九年二月十日）

**【野田高梧談】**［小津は］帰還後、戦死した部下の遺族に遺品を届けようと、あちこちと尋ねまわり、やっと探しあてたところ、その兵隊が分隊中では一ばん臆病だったにも関らず、細君は亭主がいかに勇敢だったかを聞きたがって困ったという話も聞いた。後年『早春』のなかに取り入れた戦友たちの噂に出る女の話はその細君の感じを発展させたものだった。

（キネマ旬報「小津安二郎　人と芸術」昭和三十九年二月増刊）

**【山内静夫《やまのうちしずお》談】**やっぱり、プロデューサーとしてはじめて一本まるまるやった『早春』が一番今でも印象に残ります。『彼岸花』とか『秋日和』あたりのところはね、興業的には良かったけれども、少し安泰すぎたかなっていう気がしないでもないんですね。

戦前の蒲田時代には新進気鋭の、いわばヌーヴェルヴァーグだった人でしょ。それが大家になってしまった居心地の悪さっていうのは、先生自身の中にあったに違いないんですよ。そうとう本人は模索して、別のものやろうか、別の脚本家と組もうかとかいう思いはあったんだけれど、最終的には、まあこっちの方が無難だなと。もう失敗は許されない時代と、許されない立場になってたってことはいえるでしょうね。

（「デジタル小津安二郎」東京大学総合研究博物館）

# 池部良の起用

あの人とは初めての仕事だが、前から知っていた。風貌はキレイだし、インテリで勘もいいし、独特の雰囲気を持った役者だ。こんどの役は和事師《わごとし》［注、柔弱な色男役］といった気分の役で、和事師は上方歌舞伎のものだろうが、東京でやってできないこともなかろうというのが、ボクの一つの狙いだったのだが……。

［池部の演技はかたくないか？］それは違う。大体、俳優というものは楽器と同じようなもので、それぞれの持ち味がある。チェロにヴァイオリンの音を出せといって、それができなかったからアレは下手だということはどうかと思う。原節子がゲラゲラ笑ったり、ワイワイ泣いたりする芝居ができないから大根役者だというのと同じだ。

その人の持ち味があるのだから、それを発揮させるのが監督の仕事だと思う。高橋貞二なんか意識して芝居してないのに、他人の真似られぬいいところがある。そうした俳優の財産を活用して、才能を伸ばすようにしてやるのが本当だ。

（三年ぶりで完成試写／『早春』めぐる小津談義「東京新聞」昭和三十一年一月二十日）

雪になる　夕方山内くる
九時半から　市民座で　早春
のち扇谷里見邸で　大佛　川端さんと座談会　毎日新聞
池部も車でくる　五時帰る

（「日記」昭和三十一年一月二十三日）

東劇一時の試写　志賀先生来られる
新橋クラブ演舞場　久保田夫人　静夫と三田

（「日記」昭和三十一年一月二十六日）

早春　封切大入
八王子鳥山ゆき
里見先生　有島さん　横山　那須
静夫　山口　のち扇谷　野田氏風邪也

（「日記」昭和三十一年一月二十九日）

## 淡島千景と岸恵子

淡島君は、野球でいえばコントロールをもっている人なんだ。そこへゆくと岸君はまだ時にヒョロヒョロ球を投げることがある。池部君と岸君で僕としては初めてのキッスシーンを撮ったんですが、あとで池部君に怒られましてね。実際にはさせずにおきながら、後で引っぱたかれる場面があるんでね（笑）。

（映画『早春』をめぐって「毎日新聞」昭和三十一年一月二十七日）

**【淡島千景談】**　先生はセットで絶対にお怒りになったこともないし、大きな声を出されたこともない。それが怖いんですよ。怒ってくだされば、ああ、怒られたと思うんですけれども。大きい声で、「君、だめじゃないか」なんておっしゃったことは一回も、私、伺ったことがないんです。それだけに先生が何を思っていらっしゃるのかと思うほうが怖いし、難しいんですね。

（蓮實重彦／山根貞男／吉田喜重編著『国際シンポジウム　小津安二郎』朝日新聞社）

**【岸恵子談】** 皆は恐がっていましたけど、恐いっていうより、とても厳しい方でしたね。むしろ自分自身に対して。私は年中怒られていました。何度テストしても芝居が決まらないって。そのたびに他の人が皆、恐縮しちゃうわけですよ。私は昔から野放図だったから、「じゃあ先生、同じ芝居をやるんだったら、なんで何回もテストやるんですか」なんて言っちゃったりして（笑）。

小津先生の芝居って小津調といって、計算された芝居をきちんとやらなければだめなんですよ。例えば、台詞を言う時、このコップをテーブルから口までもっていく間に言うべき台詞がね、ピシッと合わないと、絶対カメラを回さない人だったんです。

ところが、私はオッチョコチョイだから、飲んじゃってから台詞言っちゃったりして（笑）。そうすると他の人の芝居が全部一斉に狂ってくるんですよ。「……」私は即興あるのみだったから（笑）。

（西村雄一郎『殉愛／原節子と小津安二郎』新潮社）

## 散文に挑戦した映画

いままでの僕の映画は韻文的だったが、こんどのはあえて散文的に作ってみたんです。ぶっつけで俳優さんたちにもあまり芝居させないように、自然の演技をやらせてみたんです。もちろんその底には韻文を忘れてはいません。

（映画『早春』をめぐって「毎日新聞」昭和三十一年一月二十七日）

## 鎌倉の山でウズラと歩く

鎌倉の山を歩いていたら、目の前の道にウズラが一羽いるんだね。見ると、よちよち歩いていて、ぼくが停《と》まるとウズラも停まる、ぼくが歩き出すとウズラも歩き出す。面白くなって、ウズラと一緒に、停まっては歩き、歩いては停まっていた。そしたら、ふと、このオレガ頼朝だったらどうだろう。ウズラに道を尋ねて歩く頼朝……、そんな空想がわいてきてね、つい二百メートルぐらいもウズラと山道を歩いてしまった。そうすると、急に山が開けて、道が向こうへ下っているところに来たんだね、ウズラはさっと飛び立って行ってしまった。

（小津さんを訪れる「映画旬刊」昭和三十一年三月上旬号）

**【尾崎宏次】**だらだら坂を上っていく。左手に山があって、小津さんの家はその向こう側だった。坂の途中で、中年のアメリカ婦人がひとり降りてくるのに遇《あ》った。英字新聞を小脇に抱えて、黒いズボンをはいている、渋い感じの女だった。夏向きにできた門を入ると、この小山の中腹をつらぬく小さなトンネルがあった。

正面に立つと、出口がくっきり見えた。入っていくと、靴の音がそれでも小さく反響した。そこを出て、左へ坂を登り切ったところに小津さんの家があった。垣の下をぐるっと飾っているのは、背の低い茶の木だった。

「あのトンネルね、どんなに酔っ払って帰ってきても、入口に立ってじーっとしていると、出口がぽっと明らんでみえるので安心なんだね。その出口の明かりを頼りに歩き出す。酔って歩いて、ちょうど五十七歩でこのトンネルを抜けるんだ」。

五十七歩と数えているところが、笑い出したくなるくらい几帳面に聞こえた。

（小津さんを訪れる「映画旬刊」昭和三十一年三月上旬号）

## 小津さん、道楽は何?

道楽というと、ぼくは昼寝ですよ。

（映画『早春』をめぐって「毎日新聞」昭和三十一年一月二十七日）

## 今後の契約と企画のこと

とにかく松竹と再契約することにしました。まだ印は押してないが、二月一日からで本数は一本以上ということになっています。

**[大映とはやる?]** 話は聞いている。大映、松竹の話し合いで了解さえつけばやるつもりでいる。松竹で一本撮ってからだから早くて今年の暮れごろになるでしょう。

**[大映は京マチ子主演と聞いたが]** あの人は〝肉体女優〟と見られているが、僕はそうではないと思う。むしろ人前では思うように話も出来ないほどの内気な人なんだね。そういった持ち味を生かしてやってみたい。

**[具体的な企画は?]** まだ何もいって来てないし、僕自身も何もない。松竹のは『早春』のようなサラリーマ

ンものか『晩春』『麥秋』など一連のものか、このどっちかをやるつもりで構想を練るところだ。

（大映でも一本とりたい「報知新聞」昭和三十一年二月七日）

一日うち
鎌倉松竹「早春」初日
母　小山さんと行く
啓子本町に帰る

（「日記」昭和三十一年二月五日）

リンドウに集つて車で羽田にゆく
十一時十分飛行機出る　三時十分前福岡着
森先生の出迎をうけ　車で二日市大丸にゆく
先生夫妻　美妓くる　二日市大丸別荘泊

（「日記」昭和三十一年三月十一日）

吉田と井阪昼からくる　家で酒
吉田を車でカマクラまで送り
井阪と辰巳　ベン天すし
中山義秀氏に会ひバー　りんどう　里見先生ゐる
コラコルムの試写　草間に会ふ　井阪泊

（「日記」昭和三十一年四月十六日）

## 池部良のタバコの箱回しに

俺は、この本なんか、三年も温めて、何ヶ月も野田と蓼科（注、茅ケ崎館の誤り）に閉じ籠《こも》ってさ、書いたんだ。だから、俳優さんの御勝手で、一字でも作り変えたら、俺は困るんだ……印刷された通りにきちんとやっておくれよ。「……」ばか、何やってんだ。杉山はな。手前の間抜けさ加減を後悔したりして、おろおろでタバコの箱を無意識で回してるんだ。お前さんのは、ただ箱を回してるだけじゃねえか。スターなんて、つまらねえシャッポを被ってる池部良が、タバコの箱を回してるだけだ。俺はタバコの箱を撮ってんじゃないよ。太神楽《だいかぐら》の皿まわしみてえなことしか出来ねえんだったら、早いとこ東宝にかえっておくれ。

（池部良『21人の僕：映画の中の自画像』文化出版局）

## 悪く思いなさんなよ

〝良べぇ〟〝たばこの箱〟はかわそうだった。あらな。箱を回すのは、どうでもよかったんだ。お前さんも、軍隊行ったりして苦労はしてきたと思うよ。でもな。お前さん。坊ちゃん気分が抜けてない。錆《さび》ついた陰鬱な気分なんかに、なったことのないみたいな顔をしている。だから、ちょいと、そういう顔にさせてやろうと思ってさ。ちょっと、怒鳴ったんだが悪く思いなさんなよ。あのカット、うまく継がりゃ、お前さん、演技賞確実だね。

（池部良『21人の僕：映画の中の自画像』文化出版局）

## 再婚した池部良にお祝いの席で

これからも批評家から色々悪口を言われるだろうが、一切気にするな。映画は監督の評価が一番なんだ。監督の俺がお前を一番いいって言ってるんだから、それでいいんだ。

（松浦莞二・宮本明子編著『小津安二郎　大全』朝日新聞出版）

**［淡島千景談］** 小津先生がオーバーアクションがお嫌いになっていらっしゃることは、だいぶ分かってきているわけです。ですから自分でいろいろ考えて、バタバタとうちわを使うのは、これはものを考えているんだから、ゆっくりとうちわを使う、と。その場合に、大きくうちわを使うというよりも、無意識的に使うというふうに、役者としては考えていくわけですね。

ですから、先生がそこで、「もうちょっと大きく使うほうがいいよ」とおっしゃれば、ああそうか、と思いますし、「ここのせりふのところでやめたほうがいい」とか、「何秒やったときにやめたほうがいい」とか、私がいつまでもあおいでいれば先生がそうおっしゃってくださる。

だから自分が考えたことを全部お見せして、先生がオーケーを出してくださって、先生がそこからいいところ取りをしてくださってフィルムに収まるという感じだったと、私は思うんです。

ですから、先生がそこでうちわを使えと言えばうちわを使ってみる。そのあおぎ方じゃなくてこういうあおぎ方がいいよと言えば、そのほうがいいに決まっていると私は思うし、それから、池部さんがたばこの箱をくるくる回しながら黙って考えていらっしゃるシーンがあるんですね。

そのときでも、池部さんがやっていらっしゃったのを見て先生が、「そうじゃないんだよ、こうだよ、君はぶきっちょだね」なんて冗談をおっしゃりながら、くるくるくるっと回してお見せになる。**［うまいんですか、やっぱり？］**はい、先生、お上手でした。くるくると何げなくこう。

（蓮實重彦／山根貞男／吉田喜重編著『国際シンポジウム　小津安二郎』朝日新聞社）

## 高橋治のシナリオに

上手《うま》くないね。君のは勘定合って銭足らずだ。**［どういう意味ですか？］**ああ、なにもかも全部書いちゃっちゃ駄目だということさ。「……」大事なのは勘定が合うことなのかい。それとも銭が残ることなのかい。「……」映画の人物というのは、懐に、なんか刃物のようなものをのんでなきゃ駄目なんだよ。確かに刃物がある。それがどんなものか、いつ抜かれるか。客はわくわくしながらそれを待っててくれるのさ。あのシナリオはあけっぴろげで、腰巻チラチラさせてる女みたいだな。それを最後まで抜かないのが一番良いんだ。「……」その刃物だけどな。抜かないですみゃ一番いいんじゃないのかな。

（高橋治『絢爛たる影絵』講談社）

東京 9.30　大船 10.22　阿蘇
志賀　里見先生との三人旅　13.50 浜松
勝見次郎邸にゆく　少憩　車にて　浜名湖北岸都築

琴水泊

15.12　玄海にて京都にゆく
19.16　京都着
麸屋町　柊家に泊

（「日記」昭和三十一年六月三日）

（「日記」昭和三十一年六月五日）

**［志賀直哉談］**一昨日勝見君の出迎えをうけ浜松見学をしてから浜名湖の北岸を自動車でまはり都築といふところに泊る、勝見夫婦と柳の知人の内田さん夫妻で却々《なかなか》賑やかだつた、そして昨日十時頃からポンポン汽船をやとつて、浜名湖廻りをして東海道線に出て、二夫妻をすすめて一緒に蒲郡ホテル、それまでは皆勝見の御馳走になつたので、三時半頃皆でホテルの御馳走を食ひ別れた、今日は三時過ぎの汽車で京都柊家へ行く事にした、何かと小津君の世話になつてゐる、八日の朝帰る。

（「葉書」昭和三十一年六月五日）

志賀先生――博物館
里見先生――玉葉告別式
小津――溝口を見舞
五時　吉井邸より谷崎邸
佐々木にて会食

里見先生と達子さんと開陽亭によつて帰る

（「日記」昭和三十一年六月六日）

**【里見弴談】** それは、志賀直哉と小津君とぼくと三人で、浜名湖をまわろうということで、ある人の招待で出かけたことがあるんです。小津君の志賀直哉に対する崇拝というか、憧憬というか大変なものでして、彼一流のわがままが志賀の前だと、霜に煮え湯をそそいだ如くに消えてしまう。

（井上和男編『小津安二郎　人と仕事』蛮友社）

新宿十二時にて蓼科に向ふ
北川　村上　新宿駅にくる
茅野下車　五時半　雲呼荘着

（「日記」昭和三十一年九月六日）

夕めしののち散歩に出る　何処もねてゐる
シナリオの話出ておおいにすゝむ
題名〈東京暮色〉ときめる

（「日記」昭和三十一年九月七日）

シナリオ脱稿
午後九時二十分

（「日記」昭和三十一年十一月二十九日）

初雪二センチ程ふる
方々に脱稿の電報出す
寒い　志賀　勝見に小包出す
玲子ちゃん五時半くる

（「日記」昭和三十一年十一月三十日）

玲子さん浄書
夕方宗さんくる

（「日記」昭和三十一年十二月一日）

村上　笠くる
シナリオ完成祝

（「日記」昭和三十一年十二月二日）

夕方から
里見邸にゆき
シナリオ完成祝ひ

（「日記」昭和三十一年十二月五日）

## 次回作『東京暮色』のこと

いままでは劇的なものは避けて、なんでもないものの積み重ねで映画を作ってきたが、こんどは僕のものでは戦後初めてのドラマティックな作品となろう。芝居に逃げずに、まともに芝居にぶつかるという作り方をしてみようと思っている。

話の仕組み自体はメロドラマ的なものだが、メロドラマになるもならぬも芝居の押し方次第だ。近頃は、〃大船調〃批判が厳しいようだが、正調の〃大船調〃とはこれだ——それが僕がこの映画を作る魂胆《こんたん》さ。

（小津監督の次回作決る／ドラマティックな『東京暮色』「毎日新聞」昭和三十一年十二月十三日）

## 昭和三十二年［一九五七］五十四歳

一月、『東京暮色』の撮影開始。最近の大船調批判という風潮に「正調の大船調とはこれだということを、この作品で示してみようと思っている」と小津は意気込みを語った。二月二十八日、大船撮影所前の食堂月ヶ瀬の益子《ますこ》と佐田啓二が結婚した。小津と木下惠介が仲人を務めた。四月三十日、『東京暮色』が公開。小津組には珍しくアップ前の一週間は夜間撮影が続いたという。

しかし、公開後の評価は芳《かんば》しくなく、キネマ旬報のベスト・テンは「十九位」に終わった。野田は後に「リアルに現実を表現することは無意味だ」と批判した。七月十九日、後楽園球場で里見弴の古稀と大仏次郎の還暦を祝う野球大会に小津は参加したが、アキレス腱を切るというアクシデントに見舞われ、鎌倉の片山医院で手術をした。八月から十一月、中断を挟みながら蓼科で昭和九年に公開された『浮草物語』の改稿『大根役者』を執筆した。

昭和三十年までは、松竹は業界の第一位の座を占めていたが、その後、収入は漸減し、昭和三十二年度の興行成績は三位に低迷した。東映の二本立て興行の影響などもあり、松竹も二本立て配給を強化する方針をとった。

**一月〜四月**
『東京暮色』撮影

**四月三十日**
『東京暮色』公開

**六月十六日**
京都での監督協会総会に出席
しばらく滞在

**六月二十九日〜七月十七日**
蓼科滞在

**七月十九日**
後楽園球場の野球大会でアキレス腱を切る

**八月〜十一月**
短い中断をはさみ蓼科に滞在
『大根役者』の脚本を執筆

## 『東京暮色』では「芝居」から逃げない

いままでは劇的なものは避けて、なんでもないものの積み重ねで映画を作ってきたが、こんどは芝居を逃げずに、まともに芝居をぶっつけるという作り方をしようと思っている。話の仕組みはメロドラマ的だが、メロドラマになるもならぬも、それは芝居の押し方次第だ。

(一年ぶり小津監督の『東京暮色』撮影へ「東京新聞」昭和三十二年一月二十六日)

**【有馬稲子談】** 初めて小津先生の作品に出して頂くことになって、うれしいと同時に、大変怖いような気が致します。小津先生に初めてお目にかかったとき、この作品で従来の私の感じと違ったものが出れば成功だといわれましたが、果たして私にできますかどうか。ともかく今度はすべてを先生にお任せして、一年生のつもりで一生懸命やりたいと思っていますよ。(一年ぶり小津監督の『東京暮色』撮影へ「東京新聞」昭和三十二年一月二十六日)

## もっとあっていいオリジナル脚本

一概にオリジナル映画の方がいいということは出来ないが、映画自体の青写真(オリジナル)が、もうちょっとあってもいいとは思うね。完璧な方法さえ講じられれば、文学を媒介とした映画が作られてもよいが、映画で見るより小説で読んだ方がいいというのでは困ると思う。映画の貧困の補いに文学を借用するというのでは文学にも気の毒だが、映画としても不甲斐のない話だ。

といってオリジナルも、ぼくのようにオリジナルばかり三十年もやっていると、ああこの題材は昔やったことがあるとか、人がやったものに似ているとかいうことで、だんだん範囲が狭くなる。ぼくにしても一年一作では……などと言われるが、オリジナル一万フィートの作品は、小説で言えば長編小説で、そう簡単に作れるものではない。そこへ会社の注文が入るとなるといよいよ難しい。

（『東京暮色』クランク・イン／オリジナルを守る小津監督に抱負をきく「産経時事」昭和三十二年一月二十六日）

## 小市民映画の懐疑精神は？

［かつて日本映画の最高峰を築いた小津作品を頂点とする小市民映画の懐疑精神が、どうして『自転車泥棒』（一九四八年、ヴィットリオ・デ・シーカ）や『屋根』（一九五七年、ヴィットリオ・デ・シーカ）のコースに発展しなかったのか？］当時の社会に対して懐疑的な目を持っていた小市民映画の懐疑精神が、戦後発展できなかった理由は何もない。しかし、二時間近い写真を要求されると、そういう骨格を持った小市民映画の材料がなかなかない。

それにまた年を取ると、懐疑に訴えるよりも、あるがままのものを見つめようとする気持ちが強くなる。退歩か成熟か分からないが、三十代には三十代、五十代には五十代の写真を作ってもいいのじゃないか。実は『東京暮色』の前に小市民映画を発展させた『夕暮』をやろうと思ったが、いろいろと会社の都合があって……。

（『東京暮色』クランク・イン／オリジナルを守る小津監督に抱負をきく「産経時事」昭和三十二年一月二十六日）

# キネマ旬報ベスト・テンの思い出

ずいぶん昔のことです。ぼくの『生れてはみたけれど』がベスト・テンの第一位になった時、松竹のある重役が、当時「キネマ旬報」をやっていた田中三郎さんに、「あの写真に第一位をやるのは困る、全然お客が入らない写真だから、同じ表彰するなら衣笠君の『忠臣蔵』にやってくれ」と言ったそうです。いまでこそ、ベスト・テンに入ったといえば、人からお祝いの一つも言われるけれど、当時はそんなものでしたね。

要するに批評家に褒められた写真は、お客が入らないと相場が決まっている。だから、批評家からベスト・テンをもらっても、会社では少しもいい顔をしない。かえって「あいつは批評家の機嫌ばかりとっている。お客のことを考えない」と言われて、ぼくなど自分の写真がベスト・テンに入ると、撮影所に顔が出せなかった。なんだか悪くて、所長に挨拶できないんです。

当時から比べれば、日本映画も進んだし、観客の眼も肥えましたね。「キネマ旬報」ベスト・テンの功績でしょうかな。しかし、逆に映画を作るのが、ずいぶん骨の折れる仕事になった。気苦労が多い。色がついたり、スクリーンが広がったりして、ますます大変だ。もう昔のように、一年に七本も八本も作れません。

ところで、ベスト・テンの選び方には、いろいろ問題もあるけれど、まあこれは何十人という人々の総意だし、だいたい当たっていることが多いでしょう。ただし厳密な意味で、順位をつけることは難しいでしょう。自分の作品が一位、二位になっても、腑に落ちぬことがよくあるし、まあ、仕方がないことです。

（あの日あの頃／入選の思い新たに「キネマ旬報」昭和三十二年二月上旬号）

## 新宿の深夜喫茶のロケハン

だいたい予想通りで、分かったね。こんなところで恋を語る気持ちには、ぼくらには到底なれないが、いまの若い人たちには、これでなくてはいけないんだろうね。殺伐としていて、味気なくて、調和的でなくって、どだいつまらんよ。しかし、こういう場所で恋が語れる若さは、もう一度欲しい気がするね。

（〝小津ファウスト〟監督／深夜の新宿を行く／『東京暮色』ロケハン「読売新聞」昭和三十二年二月一日夕刊）

## なぜ寡作なのか？

寡作の理由ですか？　小説の映画化はどことなくムリがありますね。オリジナルで行くとなると、長編小説を書くのと同じものだから、一年に二本も三本もという訳にはいかない。いままでの私の作品は、劇的なことを避けて一つ一つの積み重ねが劇的な構成になるのをネラっていましたが、『東京暮色』では劇の盛り上がりを意識して作ります。たとえば、主役の有馬（稲子）君が電車にハネられるようなところですね。

（『東京暮色』に取組む小津監督「報知新聞」昭和三十二年二月三日）

## カラーやワイドはやらない？

カラーやワイドに飛びつかない理由ですか？　ワイドは舞台効果が先走るでしょう。四畳半や六畳の芝居の味が出ませんよ。カラーにしたって、私のものでは『宗方姉妹』や『お茶漬の味』なんかには向いていると思うんですが、まだ色を意識しなくてはならない段階でしょう。ちょうどトーキーになったばかりの頃、〝音〟

ばかり追って、芝居がお留守になったのと似てるんじゃないですか。もっと色を意識しなくなったら取り組みますよ。

（『東京暮色』に取組む小津監督「報知新聞」昭和三十二年二月三日）

## 独身の理由だって？

ぼくの男性のシンボルはね、君、まだ勇気リンリンたるものがあってね。つまり、決してカタワじゃないんだ。だからこの先、いいのがいたら……といいたいんだが、どうやら独り暮らしで終わりそうだな。ぼくは主義としては多妻主義なんだが、どうも実行力に欠けるところがある。それでやむなく一妻主義をとろうと考えたことがある。

だが、なんというか婚期を逃しちゃったんだよ。というのは「嫁もらえ、嫁もらえ」とうるさくいったおやじが死んじまって、それから兵隊で日華事変、太平洋戦争だろ、ヒマがなかったんだな。目下の心境じゃひとりがいいね。

（こたえられぬ独身のダイゴ味「週刊読売」昭和三十二年四月七日号）

## 独身のダイゴ味

朝起きて一杯飲んで昼寝して……、いまおふくろと一緒にいるが、こっちが寝ているときゃ向こうが起きているし、まるであべこべだ。嫁さんはこうはいかねえと思うんだ。だいいち子供だ。ぼくは子供は好きだが、自分の子をこしらえようとは絶対に思わん。だって、ああいうちっちゃいのは、大きくなって何になるか、全然わかんない。まちがって人殺しになっちゃって、そいつのシリぬぐいするんじゃ、やりきれないしね。といって総理大臣になったって親父としちゃ、うれしくも悲しくもないし……。

（こたえられぬ独身のダイゴ味「週刊読売」昭和三十二年四月七日号）

## 夫婦のムツゴト

適当にね。軍隊用語でいえば要領よくね。しかし、女なんてのは環境によって必要なくなるもんだ。戦地の生活がそうだったね。よくきく話だが、お寺の坊主が禁欲して、えらいなんていうが、ぼくはちっともえらいと思わんな。環境でどうにでもなるもんだ。「……」

女優なんてのはねキミ。ありゃぼくからみりゃ仕事の材料でね、道具とおんなじさ。ただ見ているだけの話で、いちいち恋こがれていた日にゃ仕事にならない。「……」

警察を描写するのに、ドロボウになってブタ箱へ入る必要はないだろう。だけど、夫婦のムツゴトなんてのは、撮らせりゃ下手かも知れないな。せいぜいワイ談かワイ本で仕入れるより手がないもの。

（こたえられぬ独身のダイゴ味「週刊読売」昭和三十二年四月七日号）

## 映画監督は重労働だよ

寝たいときに寝て、好きな仕事して、いい酒飲んで、生命保険なんてのは全然関係なく、貯金もしなくて済むし、まあ人もうらやむ生活でしょうな。だいたい映画監督なんてのは重労働でしてね。家へ帰りゃ眠たくて、とても嫁さんのサービスなんて、できませんよ。

（こたえられぬ独身のダイゴ味「週刊読売」昭和三十二年四月七日号）

## 優れた印象批評を買う

まぁ、目にとまれば見ますが、当て得たものには、あまりブツカリませんね。自分の映画は自分が一番知っている。

批評家の諸君も、一日に三本も見るんで、批評にどうも生理的な匂いが強いようだ——というのは、ウナドンの後にはシブいお茶が飲みたいものだが、コーヒーなど出されると、それがどんないい味のコーヒーでもマズく感じるね。それとおんなじなんだ。

コッテリした映画の後にまた同じ傾向のものを見ると、どうしても正確な評価が出来なくなるものさ。結局、すぐれた印象批評を一番買うが、Qさん（津村秀夫氏）なんかいいと思う。批評家にどうあって欲しいなどとはいえない。みんなそれぞれ個性を持って生活しているのだから……。

（印象批評を買う／一日三本見たのでは……「報知新聞」昭和三十二年四月二十六日）

## 自作を語る／東京暮色

これは若い女の子の無軌道ぶりを描いた作品だと言われるが、ぼくとしてはむしろ笠さんの人生……妻に逃げられた夫が、どう暮らしていくかという、古い世代の方に中心をおいてつくったんです。若い世代は、いわばその引き立て役なのだが、どうも一般の人々は、その飾りものの方に目がうつってしまったようです。

『東宝暮色』（松竹大船・昭和三十二年）脚本野田高梧、小津安二郎　撮影厚田雄春　主演有馬稲子、山田五十鈴、原節子、笠智衆

（自作を語る「増刊キネマ旬報二月号　小津安二郎〈人と芸術〉」昭和三十九年二月十日）

**【志賀直哉談】** これは悲劇であるが、小津監督は纖細な技巧を用ひて、出来るだけ柔らげて描いてゐる。しかし、父に背いた母親に対する姉妹の反感は物凄いばかりで、長い年月苦労して来たらしい母親には残酷すぎる気がした。然し人生ではかういふ事は、却って本統にあるのかも知れない。

（「朝日新聞」昭和三十二年五月一日）

**【有馬稲子談】** この映画が残念なのは、私の演《や》った明子が最後、自殺か何かの理由で死んじゃうことです。自殺なのか、それともたまたま電車に轢《ひ》かれたのかはわからない。これはあとで聞いた話ですけど、作品をつくる時、小津さんはこのことについて野田高梧さんとものすごくもめたんですって。結局、私は何かよくわからないうちに死んじゃうので、あれがちょっと気に入らなかったですね。

撮影中、どう読んでもそこがわからないからプロデューサーの山内静夫《やまのうちしずお》さんに「なんで死ぬの？」って聞いたんですけど、「わからないよそんなこと。監督に聞けよ」って言うのよね。

でもそんなこと、大監督に聞けませんよ。撮影が始まってから「先生、私なんで死ぬんですか？」なんて。「……」だから最後までわからずじまいで終わった。あれがちょっと残念でしたね。何も死なせなくてもよかったんじゃないかと思うんですよね。

（有馬稲子／樋口尚文『有馬稲子　わが愛と残酷の映画史』筑摩書房）

## 『東京暮色』を撮り終えて

僕はだいたいが無精者なので、一年に一本しきゃ撮らない訳なんですが、今度のようにクランク・アップ間際になって、連日徹夜が続くような無理な仕事をさせられると、あまり好きでない仕事がますます嫌いになってしまいますね。

僕の仕事はオリジナルものが多いので、構想を練ったり、脚本を書いたりするのに手間がかかってしまうってことなんですが、それでも実際に筆をとって書き始めてからは一ヶ月くらいでしたよ。なにしろ、信州の蓼科高原にホトトギスが鳴くころから雪が降り出すころまで、つまり六月から十二月まで引っ込んでいたんですが、その間も仕事をしているときよりは、のんびり遊んでいるときの方が多かったくらいですね。

今度の『東京暮色』で一番苦労したと言えるのは、山田（五十鈴）さんや有馬（稲子）君のように、僕と初めて一緒に仕事をする新しい人が入ってきたので、そういう人達と、今まで僕の作品にずっと出ている人達とを統一するっていうことでしたね。

だから山田さんや有馬君とは、つとめて一緒に食事をしたりして、ことあるごとに話し合う機会を多く作って、お互いにどういうことを考えているかをつかむようにした訳です。有馬君は非常に仕事熱心な人で、体当たりでぶつかってくるっていう闘志満々なところには感心しましたね。おそらくこれ以上できないという演技をしてますよ。

この作品は、今までの僕のものと違って、ドラマティックな内容を持ったものなんですが、一貫したテーマとしては、原（節子）君の役の主観である「子供には、いかに両親の愛情というものが重要な影響を与えるのか」っていうことを言いたかったのです。それに尾をひいて、子供にその両親の愛情を与えることができなかった笠君の悲哀っていうものが現れてくる訳です。

この写真のことを「正調大船調」と、もっぱら言われているらしいんですが、これは松竹の作品が当たらないと「大船調というものも再検討すべきときに来ている」なんて言い出す松竹の重役達への僕の皮肉で、必ずしもこの作品が大船調だっていう訳じゃないですよ。

体が回復するまで、しばらく休みをいただいて、次の仕事の構想もぼつぼつ練ろうと思っているんですが、この次に撮る作品も、やはりドラマテックなものにする予定です。今までの僕の作品は、新劇の一幕物のようなものが多かった訳ですが、これからは歌舞伎の二番目狂言といったようなものを撮ってみたいと思っているんです。

（焦点は親の愛情／感心した有馬君の熱演「東京新聞」昭和三十二年五月一日夕刊）



**［山内静夫談］**「この作品は好きだよ」と、ひとこと言いましたよ小津さんは、私に。

**［それはいつ頃ですか？］**終わった頃ですね。完成してから。むしろ評価があまりよくない、というなかで、「いや、俺はあの作品が好きだ」と、はっきり私に言いましたね。私も「ひじょうに好きだ。あれはいい」と言いましたしね。「少し変わったことをやったほうがいいですよ」と酒の上では言いましたけれど。振幅があったほうがいいというわれわれ周囲の考えは、わかっておられたと思うんです。小津さんも、そういう思いはあったはずですよ。

ただ、野田さんにしてみれば、小津さんとやっていくということが、シナリオライターの第一人者である野田高梧さんのよりどころだった。

他の監督、若い人たちが野田さんと組むことは、ほとんどなかったですから。

そういうことも小津監督はずいぶん配慮していたんだと思いますよ。大作家で、世話になった先輩でもありますからね。仲間として、戦友として、野田さんという人のことを考えていたのでしょう。

（「東京人・小津安二郎特集号」平成十五年十月号）

**［野田高梧の娘玲子談］**小津さんは『東京暮色』の時、凄くのってやってたわね。だけど、うちの親父さんは、

俺は嫌だねって、のらないのよ。毎晩お酒飲むでしょ、そうするとね、小津さんは、玲子ちゃん、野田さんがやってくんないんだよ、困るんだよって、何回も何回もこぼすの……。

うちの親父さんは、何っていうのかな、ぶつかりあいの後の芝居を書きたいわけ、『晩春』も『麦秋』も『東京物語』もそうだったと思うんだけど、小津さんは何か物足りなくて、激しいものを表に出したい、それは今だと思ってらしたんだろうな……。

こんな云い方、いいのかどうか判んないけど、人間の暗い部分にも、眼をやりたかったんだと思うのね。そこがまた、うちの親父さんは気に入らない訳。ま、そういう意味では、二人がどうも合わないところがあったのね、あれは。

（井上和男編『小津安二郎作品集Ⅳ』立風書房）

**［野田高梧の夫人静《しず》談］** もう、つまんないことでケンカするのね。小津さんはね、画面で考えるわけ、野田の方は言葉で考えるわけ、小津さんが人物をこっちから入れさせたいと思うとするでしょ、そうすると、「そんなところからは入れません」と野田が言うの、「いやいや僕は入れます」って言うと、「そうですか、それじゃもう脚本《ほん》書くのやめましょ」ってね、そいで二人、口きかなくなっちゃうの、そうすると、わたしが間に入るよりしようがないでしょ、三人しかいないんだから……だから、散歩行きましょうかってね……よくその時分、タクシー読んで上諏訪へ行ったんです。映画を見たり、ご飯食べたりして、まあ帰ってくるんですよ。でも、仕事の話は一切しないの、お酒は飲みますよ、飲んでも仕事の話に触れない、それで二、三日かな……毎日、私が散歩に連れ出すわけ、そのうちに、途中で歩いててね、どっちかが何か言い出すの、すると片っぽうが、ああ、「それいいですね。それで行きましょう」てんで、おしまい。

（井上和男編『小津安二郎作品集Ⅳ』立風書房）

## なぜ『浮草物語』の再映画化を？

つまり映画にするよい原作がなかったということだね。人情というものは、二十三年前もいまもそうは変わらぬものだよ。むろん時代をあの当時に戻してやるわけじゃない。僕は風俗を描くつもりはないからね。俳優は前は坂本武、八雲理恵子、坪内美子、飯田蝶子だったが、こんどは進藤英太郎、淡島千景、有馬稲子、山田五十鈴、そういった人たちを予定しているのだが……。ロケは能登か秋田の海岸地帯で、雪の場面でうらさびしいフンイ気を出したいと思っている。

（明春『大根役者』に着手／小津安二郎監督の次期作品／名作『浮草物語』の再映画化「日刊スポーツ」昭和三十二年十一月二十一日）

## トーキーで撮りたかった『浮草物語』

あの頃（『浮草物語』）はトーキーが出現したばかりで、音とりばかりに気が払われ、肝心の撮影の方が従になってしまう当時のトーキーだったので、私はサイレントで撮ってしまった。しかし、トーキーで自然に撮れたらどんなにいいかと思っていたのだ。

私のものとしては、あれは芝居の割合が多いものだし（ぶつかり芝居があるという意味だそうだ）今度も面白いものになるだろう。現代化は別に必然性もないし、考えていない。描こうとするのは結局いつの時代にも変わらぬ人情話だから――。

（独特の人情話〝トーキーで描きたかったから……〟／小津安二郎氏『大根役者』「日刊スポーツ」昭和三十二年十二月二十日）

# 第七章

## 昭和三十三年〔一九五八〕五十五歳▼昭和三十五年〔一九六〇〕五十七歳

TOKYO STORY 1953
Early Summer 1951
Tokyo Twilight 1957
Good Morning 1959
Floating Weeds 1959
Early Spring 1956
An Autumn Afternoon 1962
The End of Summer 1961
Late Spring 1949

第七章

# 昭和三十三年〔一九五八〕五十五歳▼昭和三十五年〔一九六〇〕五十七歳

【カラー映画の時代／『東京物語』海外での評価・紫綬褒賞を受賞】

彼岸花　お早よう　浮草　秋日和

## 昭和三十三年〔一九五八〕五十五歳

一月、新潟県高田と佐渡島に『大根役者』のロケハンに向かうが、積雪量が少なく撮影は延期となった。代わりに『彼岸花』を次回作とする。本作は、事前に里見弴と大筋を話し合い、方向性を決めた後、小説と脚本をそれぞれが執筆することになった。小説と映画とのコラボレーションのような仕掛けとなった。

五月、『彼岸花』の撮影を開始。小津初めてのカラー作品となった。国産初のカラー作品『カルメン故郷に帰る』（木下恵介監督）から七年後の公開だった。撮影監督・厚田雄春の意見を容《い》れ、ドイツのアグファ・フィルムを採用した。『彼岸花』には大

**一月**
新潟県に『大根役者』のロケハン雪不足で撮影延期

**同月**
里見弴の小説と併行して『彼岸花』の脚本を作る

**五月～八月**
『彼岸花』撮影

**五月五日**
山本富士子と面会する

映のスター女優、山本富士子を招いた他、田中絹代、有馬稲子、久我美子などのスター女優を並べ、この年、松竹の興行成績一位（配給収入三億六〇〇万円）となった。

『彼岸花』以降、小津は過去の作品で採り上げた主題を、再び練り直し、再構成するような方法に傾斜するようになった。その背景には、小津の円熟した技法の確立、ベテランとしての立場、松竹の興行成績の下降などの背景もあり、「興行的に失敗できない」という責任感もあったと思われる。

十月十四日、ロンドン映画祭で『東京物語』が上映され、英国の映画監督リンゼイ・アンダーソンらに絶賛を浴びる。過去一年間にロンドン国立映画劇場で、上映された作品の中で最高の作品に与えられる「第一回サザランド杯」を受賞した。

この受賞は、黒澤や溝口に比べて、海外での知名度が低かった「小津」に対する関心を、海外の映画人に喚《よ》び起こす契機《きっかけ》となった。小津は「こんなトロフィーを家に飾る趣味はない」と、サザランド杯のトロフィーを、山内静夫や佐田啓二も参加していた、麻雀クラブの優勝トロフィーに寄贈してしまったという。

十一月、次回作『お早よう』の脚本を起稿。十一月十五日、首相官邸で衣笠貞之助監督と共に映画人として紫綬褒賞を受賞した。

この年の映画館への入場者数は、十一億二七〇〇万人を数えた。しかし、この年の動員をピークに、翌年からテレビの普及、活況などの影響を受け、観客数は減少傾向を見せるようになった。

**九月七日**
『彼岸花』公開（初のカラー作品）

**九月～十一月**
短い中断を挟み蓼科に滞在
『お早よう』の脚本を執筆

**十月**
ロンドン映画祭で『東京物語』が称賛される

**十月十四日**
英国映画協会からサザランド杯受賞

**十一月五日**
蓼科で『お早よう』の脚本作成を開始

**十一月十五日**
紫綬褒賞を受賞

**十二月**
次回作『小早川家の秋』のため東宝宝塚撮影所を見学

急ぎ帰宅す
年賀の客三十余名
のち扇ヶ谷里見邸にゆく

（「日記」昭和三十三年一月二日）

午後出社　ロケ先打合せ　グルメ
佐田の車にて　厚田　清水と便乗してマスコットに至る
あとより須賀　有馬　渡辺　静夫　来る
のちブルースカイ　マンボなどおどる
車にて静夫と帰る
まことに愉快也

（「日記」昭和三十三年一月十日）

## 庶民の家庭と愛情を描く理由

そう、一口に言えばああいったものが、僕には一番撮りやすいんですよ。いろいろ違った作品を撮るのは、ちょうどラーメンを食べたから今度はカレーライス、その次は天丼にしようというようなもんで、目先が変わるだけなんじゃないかな。その点、ぼくはトウフ屋みたいなもんでね。変わったといっても、せいぜいガンモドキかアブラアゲくらいしか出来ない。人間に飛躍がないっていうのか、それ以外のことにあまり興味がないんでね。

## 近年「社会性」が注目されるが？

良い悪いは別として、ああいうのは好きじゃありませんねえ。一つのイデオロギーを説明したり、お説教するのは……。これは別に今井（正）君の作品を悪く言ったり、理論を無視する訳ではない。ただ理屈でものを納得させようというのは嫌いでね。また食べ物の例だけど、マーガリンを分析すると、天然バターより栄養があるかもしれないが、どうもピンツケ油くさくて美味くない。ぼくは長生きしなくてもいいからバターを食べたいですねえ。

（孤独を楽しむ小津監督／〝豆腐とバター〟の映画観「報知新聞」昭和三十三年二月二十二日）

## 結婚は考えている？

よく君は独身主義かと言われるが、主義としてはむしろ多妻主義なんですよ。ただ婚期を逸したから一人でいるだけでね。やはり家庭というものはいいものです。だからこれからだって、結婚して家庭をもつチャンスは大いにありうることですよ。ただ、老いらくの恋にはまだ早すぎるんでねぇ、ハハハ……。

（孤独を楽しむ小津監督／〝豆腐とバター〟の映画観「報知新聞」昭和三十三年二月二十二日）

## 人間の根本は変わらないよ

人間というものは、戦争中も戦後も、そんなに変わってはいない。変わるとすれば、風俗とか、規則とか、そういう社会的なものが変わるので、それは人の眼につきやすいから、みんな、「変わった、変わった」と騒ぐのだけれど、人間の根本はそう簡単に変わるものではない。同じ二十代でも、終わりの方と初めの方とではニュアンスが違うとか、石原裕次郎のタイプは、「そのある世代を典型的に表しているのだ」というようなことも言われているようだが、とくに、そう力んで区分けすることもないだろう。

（石原裕次郎に想う「映画評論」昭和三十三年三月号）

## 『彼岸花』のモチーフ

この作品は結婚適齢期の三人の娘と容易に意見の合わない、それぞれの家庭の親たちの関係が描かれるんだけれど、親が自分の娘を嫁にやる場合、他人の娘の場合なら冷静になれるのに、自分の娘となるといつまでも子供に思えて仕方がない……。つまり人生は矛盾の総和だといわれているが、そういった矛盾だらけの人生というものに焦点を合わせてみたい。

初めてカラー作品を手がけるが、僕としては前からやりたかったのだが、人一倍フィルムを使う方なので、いままで遠慮していたわけだ。しかし、見る人に「色がついているな」と思わせるようなカラー作品は、リアルではないと思う。われわれの日常生活だって、そんなに色を意識した生活を送っているわけじゃないんだから……。不自然な色は避けて、僕の持って生まれた色感でやりたいと思う。

（小津好み、豪華顔ぶれ／初のカラーに張切って『彼岸花』撮影へ「東京新聞」昭和三十三年五月十三日夕刊）

## 作品の中心は佐分利《さぶり》の役柄

この作品の興味は、佐分利君の役に集中させている。会社重役ということの人物は、自分のことは大切に考えるが、他人のことには冷たいという人間で、こうした矛盾をもった人間の在り方を描くつもりだ。色彩については、空の色を白黒映画のように白っぽくする。これは空の色をどぎつくすると、地上のものを押えてしまうからだ。服装の色も、特別に対照色を使わず同系統の色で調和させる。とにかく、出したくない色をいかに取り除くかが問題だ。

（京都は絶好のロケ日和／『彼岸花』山本富士子他出演の表情「日刊スポーツ」昭和三十三年五月十八日）

## 自作を語る／彼岸花

はじめからカラー映画だし、山本富士子さんを使うことでもあり、何か派手な喜劇にしようと思ってつくった。もっともぼくは、別にカラーでやるつもりはなかった。会社が山本さんだからカラーにしてくれというので、やったまでです。

『彼岸花』（松竹大船・昭和三十三年）原作里見弴　脚色野田高梧、小津安二郎　撮影厚田雄春　主演佐分利信、田中絹代、山本富士子、有馬稲子

（自作を語る「増刊キネマ旬報二月号　小津安二郎〈人と芸術〉」昭和三十九年二月十日）

## 渋い色調のアグファに

余計な色を取り除くことに苦心しているんだ。人間は実際には天然色でものを見ているのだが、白黒映画を見ても驚かないで、逆にカラー映画を見てびっくりしているんだからおかしいじゃないか。最近はカラーも気

にならなくなったから使ってみたんだが、自分の思っている赤とフィルムに撮った赤では色感が違っているんだ。やはり白黒映画で人間の想像に訴えた方がいいのかもしれないし、現在ではどっちがどうとは言えないのではないかな。空の色も白黒映画のように白っぽくしている。

絵書きにしたって、表現する内容によって何号を使うとか、これは横長何号で行こうと決めてるだろう。現在の日本じゃ、ワイドがあるから撮っているだけという格好だ。ワイドにふさわしいワイド映画なんてそうありゃしない。ボクがやっているような日本間ものは、ちょっとワイド向きではないし、構図の点で無理ができる。絶対やらないとは言わないが……。

(渋いアグファに/『彼岸花』の小津監督、興味深い〝小津情緒〟の流れ「日刊スポーツ」昭和三十三年五月二十六日)

## 新しい山本富士子の魅力

山本(富士子)君は非常にいい。さすがは大映の看板スターだ。演技の説明なんか口で言えるものではないので、僕は黙っていたのだが、山本君はこちらの演出意図をすぐのみこんで、僕のイメージに合った芝居をしてくれる。演技のカンがいいし、変なクセがなく素直だ。まだまだ伸びる人だね。僕はメロドラマのヒロインとしての山本君しか見たことがないが、『彼岸花』では彼女から三枚目的なユーモラスな画《え》を引き出してみようと試みたわけだ。これは成功したと思う。

(さすが大映の看板スター/小津監督の話、まだ伸びる山本君「報知新聞」昭和三十三年六月十九日)

【山本富士子談】関西弁の、溌剌《はつらつ》とした役だったんですけど、あれが標準語だったら大変だったと思うんですね。小津調というものがセリフにもぜんぶありますから。だけど、先生、関西弁よわいんです（笑）。だからもうみんなが緊張しているなか、私は関西弁ですから、わりとのびのびと。「……」

撮影が終了して、里見弴先生のお家で打ち上げがあって、私を招《よ》んでくださったんですね。私と先生と、里見先生と、それから（脚本の）野田高梧さんくらいだったかなあ。それで先生はお酒がお好きでしょ。すごく飲まれて、「カチューシャ」を踊ってくださって。

（川本三郎『君美《うる》わしく～戦後日本映画女優讃』文春文庫）

【有馬稲子談】当初この『彼岸花』での私はあまりいい役ではないなと思ったんです。なぜかと言うと、山本富士子さんは役柄も実際にも京都の方だから、京都弁でペラペラ喋ってる。その間、私は黙ってて「うん、そうね。そうね」って言う。それだけの役なので、ちょっとつまらないなあと。衣装合わせの時、山本富士子さんは有名な浦野理一《うらのりいち》さんの着物を着てたんですよ。小津さんはだいたい、原節子さんをはじめみんなに有名なところの着物を着せるんです。

でも私はその時、洋服だったのね。山本富士子さんは京都の旅館の娘という設定だから、浦野理一さんのすごく高い着物を着せられて。でも私はただチャコールグレーのセーターとスカートだったので、ちょっとひがんじゃって。「いくらお客様として大映のスターを呼ぶにしても、なんで私はこんな変なセーターとスカートしか着せてもらえないんだろう。やっぱりお客様とは違うんだわ」と、ちょっとひがんでた。

ところが映画ができて見てみると、そのコントラストがすごくいいんですよね。「……」着物姿の山本さんとつまらないセーター姿の私が、なかなかよく生きてるんですよ。それを見て「ああ、さすが小津さんだ」と思いましたね。

（有馬稲子／樋口尚文『有馬稲子　わが愛と残酷の映画史』筑摩書房）

# 私と「キネマ旬報」

わたしが旬報を読み出したのは、三十年くらい前でしょうか。ともあれ四十年を迎えられたことはおめでたいことです。一つの映画雑誌が四十年も続いたのは、世界でも類のないことではないでしょうか。わたしがいつも旬報を重宝しているのは、その記録的なことです。十四、五年も前の写真が、どんなストーリーだったかな――と、ひっぱり出してみて、載《の》っていた時などは、ありがたいと思います。これは、批評などあまり重要視出来ない頃に比べれば、まったく旬報の特徴というべきです。これを、今後も重点的に伸ばしていってほしいと思います。

キネマ旬報といえば、この頃、年々、華やかになってきたベスト・テンがあります。これは、初めはあまり良心的すぎたのか、ベスト・テンに選ばれた作品が、興行的に芳《かんば》しくないので、興行会社ではあまり有難くないことだと思っていた。最近は、マスコミの発達から、その宣伝も行き渡って、ベスト・テンに入る写真が興行的にも一致してきた。

わたしの場合など、わりあいベスト・テンに選ばれたから、以前は困ったことも多かった。三年続けてベスト・ワンになったときには、穴があったら入りたいような気になった。というのは、会社では、ベスト・ワンばかり狙う芸術品ばかりを作って、儲からない写真ばかりこしらえて――と言われたからです。

（私とキネマ旬報「キネマ旬報」昭和三十三年七月上旬号）

## 小道具にニセ物は使えない

カラー映画はいやな色を除いて、美しい色の楽しさを見せることだ。いろんな色を、ごちゃごちゃに入れても仕方がない。日本人は何にでも、色数を多く使い過ぎるんじゃないかな。看板でも、ネオン・サインにでも……。戦争中、ジャワで、看板を書き換えちゃったことがあったな。色数を少なく、すっきりしちゃった。「……」初めてカラー映画を撮ってみて、小道具にニセ物を使えないということを発見した。小津コレクションは全部出動したが、まだ足りない。絵にしても複製はだめだ。カラーで撮影することをすすめたのは、隆（横山隆一）ちゃん、君が最初だったかな。「……」金の苦労はいやだが、色の苦労はいくつになっても仕甲斐があるっていうから、僕もその気でやるよ（笑）。

（天下国家を論じ損なう「毎日グラフ」昭和三十三年七月十三日号）

**【篠田正浩談】** 小津さんは、畳の縁の線がとくに嫌いだ、とよく言っていた。彼は多くの座布団を用意させ、場面全体の構図が自分の望むものになるまで、座布団を足で押して配置し直した。「……」テーブルの上にはビール瓶、料理、灰皿があり、一方からそれを撮影して、次に逆の方から撮影しようとした。すると、小津さんがやってきて、これらの位置を変え始めた。びっくりして、私は彼に、「これではつながりがなくなってしまう」と言ったんです。誰だって、ビール瓶が今度は右側にきたり、灰皿が左側にきてしまうことを気付いてしまう。彼は手を休め、私をじっと見てから言った、「つながり？ ああ、あれか。いや、そんなことはないよ。みんな、そんなことに気付くもんか。それに、この方がいい構図になるんだ」。やはり、彼の言う通りでした。誰も気付かなかったんです。私がラッシュを見た時、これらのショットのつながりが、おかしいとは思わなかった。

（ドナルド・リチー『小津安二郎の美学』フィルムアート社）

**【ドナルド・リチー談】** セットの飾り付けは、それほど簡単ではなかった。小津、美術監督、俳優、友人——手伝いたい人は誰でも——は、座卓、火鉢、ビン、やかん、鍋、そして、ほかの各日用品をセットに持ち込んだ。色んなものが集められると、小津は、セットの家の中に、それを飾り付けた。飾り付けが進むと、小津は声をあげて、まだ何か残っているか、と尋ねた。ビンが残っているとすれば、小津は適当な場所を探し出して、たとえば、台所にそれを置いた。小津は、松竹の小道具部に注文をつけることは滅多になかったが、飾り付ける備品の一定の基準は守った。小津は〝上等〟なものだけを使ったが、自分の気に入った人がすすめたものなら、〝粗末な〟ものでも使うことがあった。

多くの場合、小津は北鎌倉の自宅からこのような品物を持ってきて（『彼岸花』では、それらがたくさん見られる）、高価な備前焼の壺とビールの空きビンを、同じように注意深く、配置した。その注意は、自分の思い通りの構図という、いつも同じ目的に向けられていたのである。笠智衆の回想によると、セットの飾り付けが終わるまで、小津はひっきりなしにカメラのファインダーを覗いていたという。柱が一、二本しか立てられない時点で、すでに小津はどんな構図になるのかをよく知っていた。

（ドナルド・リチー『小津安二郎の美学』フィルムアート社）

## ロケ隊の規模は？

昔は僕らも五、六人でロケに行ったが、いまは少なくても、三、四十人のロケ隊だ。これだけの人数の宿屋を考え、輸送を考えると、ちょっとやそっとでは動けない。五、六人でもやってやれないことはないんだが、習い性となって、いまではやれないな。

（天下国家を論じ損なう「毎日グラフ」昭和三十三年七月十三日号）

## 私は年寄りの立場

若い者は若い者の立場、年寄りは年寄りの立場が出ているが、ぼくは若い者を贔屓《ひいき》していない。どっちかといえば年寄りの方の気持ちだな。そいう立場もあっていいと思う。最近はなんでも映画が若い世代に色目を使って、若い人間の無軌道を是認して、あたまから年寄りがいかんということになっているが、事実は年寄りが苦い顔をしている。

父親なりおふくろなりは、否定したい気持ちをもっている。そこで、お父さん負けたじゃないかと若い娘たちに言われながら、負けっぱなしにはなっていられない。まあ、そういったところを狙ったのかな。

（天下国家を論じ損なう「毎日グラフ」昭和三十三年七月十三日号）

## イギリスで評価された『東京物語』

『東京物語』がイギリスの映画祭で評判だった。国際的な手法を狙う黒澤君などより、自分のオクターブで声を出している小津映画が映画祭のベスト・テンで一位になった。外国人でも小津映画の格調、表現が分かったのか、日本に対する理解が深くなったのか?」両方とも分からないね。たとえば外国人向きということは、横浜の弁天通りのスーベニール店で売っているようなものだ。チャンチャンコとか、アオイの御紋のついた赤い刺繍の羽織とか。俺は嫌いなんだが、あいつらは喜ぶからこれを持って行こうというのでは、責任はどっちにもない。そういうフワッとしたものが、国際的な手法と言われているんじゃないかと思う。こっちは日本人なんだから、日本的なものをぶっつけて、それで分からなければ仕方がない。

「もはや、それは縁なき衆生だね」そうですよ。日本的なものが、大きなことを言えば、一番世界的に通用するもんなんだ。「……」

『東京物語』はストーリーそのものが外国人にもよくわかる」あれは一番はじめに、アメリカへ持って行ったんだ。そうしたら、ある批評家が大変ほめた。そこで『早春』をまた見せたら、ぜんぜん分からなかったらしい。つまり外国人の見方というのは、ストーリーを追いかけている。『早春』のサラリーマンの生活、はかなさ、ストーリー以外の雰囲気となったら全く分からない。分からないから、禅とかなんとか言う。

ぼくたちが昔見たサイレントのアメリカ映画には、自然の風物に対する情緒のようなものがあった。西部を描いても、ニューヨークを描いても。今のアメリカには全然ない。たとえば『南方の判事』なんか、わからんなりに、アメリカの春はこんなものかと思って見た。近頃のアメリカ人は、そういうものを好まないのかね。

(酒は古いほど味がよい/『彼岸花』のセットを訪ねて/小津芸術を訊く「キネマ旬報」昭和三十三年八月下旬号)

【佐藤忠男談】当時は日本人の多くが、背広を着て畳の上に座り、小さなチャブ台でメシを食うような現代の日本人の生活は、西洋人には滑稽にしか見えないと思い込んでいたのだ。その点で、エキゾチックな時代劇でいきなり西洋人をびっくりさせることができた黒澤明と溝口健二は幸運であるが、小津や木下恵介は日本人だけで守ってゆこう、という、それこそ暗黙の合意が出来ていたのだ。アメリカ人のドナルド・リチーなどが、そんなことはない、と、しきりに言っていたのだが。こうして小津作品は、日本人にしか理解できない伝統芸能のようなものと見なされたのだ。

（松浦莞二・宮本明子編著『小津安二郎　大全』朝日新聞出版）

## なぜカラーに舵を切ったか？

**［小津さんの方からカラーでやりたいと言ったのか？］**ぼくは初め黒白のつもりだったから、大谷会長がどっちみち山本富士子を使うならカラーでやったらどうかという。ぼくは初めてだが、この辺でやっておかないと、後悔しそうな気がした。キャメラの厚田雄春君も初めてなんで、テストをやってみて、どうやらやれると思ったわけです。しかし、いままででも、僕は割に色感なんかを考えてやってきたから、とくに難しくはなかった。

ただ、色にもいろいろあって、嫌いな色は入れない。カラーだからいろんな色を入れるんじゃなくて、カラーだから色を省いてやろう、色を削るの方の精神だ。色があって、色がないかの如く、色がないようにしてどこかにある。色即是空《しきそくぜくう》、空即是色《くうそくぜしき》。昔の坊主はうまいことをいった。こんな坊主にカラーを撮らせたら面白かったろう（笑）、ということだ。（酒は古いほど味がよい／『彼岸花』のセットを訪ねて／小津芸術を訊く「キネマ旬報」昭和三十三年八月下旬号）

## 色彩を出すのは難しい

**［色の基調は？］**基調というか、赤をどこかへ一寸《ちょっと》入れて撮ろうと考えた。**［カラーを撮る気持ちはそれが理**

由?」いや、やる気持ちは会社に言われたときです。アグファはいいね。これは大したもんだ。だが、赤にもおよそ十種類ぐらいある。この十種類が段階をつけて出せるかというと、まだそこまで行ってないね。もろん赤は出る。しかし映画を作るわれわれが思っている赤ではない。

たとえば、ここにビール壜があるでしょう。一本のビール壜のいろいろな部分にいろいろな色がある。その一つのレッテルにある黄色を出すためには、出すような光を与えなければ駄目だ。すると、他の部分の色に与える光は、別の光でなければならない。みんな違う。そのバランスがわからない。データもないしね。

(酒は古いほど味がよい/『彼岸花』のセットを訪ねて/小津芸術を訊く「キネマ旬報」昭和三十三年八月下旬号)

**【厚田雄春談】**『早春』『東京暮色』と黒白が続いたんですが、もう『東京物語』から次はカラーになるかもしれないよという話は出ていました。だから、ぼくもいろいろ研究していたわけです。何しろ小津先生は、赤い色がお好きだ。「赤は、天才か気狂いか」なんてぼくは小津先生にいってましたが、赤い色が落ちついた調子で出るのはどういうものかってさがしていたんです。

そしたら、ちょうどそのころ、マリア・シェル主演の『枯葉』というドイツの映画《シャシン》が出まして、これがなかなか渋い色を出してる。それで、この映画がアグファ・カラーなんです。だから、アグファを使っていろいろテストしてみたら、それが気に入られまして、それで行こうということになった……。

(厚田雄春/蓮實重彦『小津安二郎物語』筑摩書房)

## キャメラの技巧のこと

また年寄りの話になるけど、若い時はキャメラ技巧などを面白がって、あそこはこう撮ろう、ここはこう撮ろうということがあったが、今はそういう興味もちょっとなくなった。一番わかりやすい文章で、誰にでもわかるような方法でやりたい。たとえば、昔は会社の昼下がりの情景を出すのでも、凝ったり苦労した。たとえば、みんなが机を並べて事務をとっている。たいへん物憂い午後二時半頃の情景。今だったら、なんとなくポカッとしているところを撮るが、昔はそれより一歩進んで考える。事務を執っている一人が、アーッと欠伸《あくび》する。並んでいる隣りの奴が欠伸をする。キャメラをさっと下げると、欠伸が移るわけだ。また引く、また欠伸、また引く、次の奴は欠伸しない。また引く、また欠伸をする奴が移る。

こういうものが、キャメラ・テクニックと思われていた時代があった。こいつは面白い、やってみよう――というのでやったのだが、今はそんなことをしても一体何になるのか、ということを考えてしまう。

（酒は古いほど味がよい／『彼岸花』のセットを訪ねて／小津芸術を訊く「キネマ旬報」昭和三十三年八月下旬号）

## 映画におけるフレーム

［大型スクリーンはどう？］しかし、何がなんでも大型でとれるというものではないやね。絵描きは静物を描くのに十五号とか、特殊な海岸を描くには百号の変型とか、いろいろ額縁《がくぶち》を意識して描いている。ところが、大型スクリーンは作者が描きたいからこしらえたんじゃなくて、会社がテレビ攻勢などに対抗上、鬼面人を驚かすためにワイドをこしらえた。「……」

監督はいろいろなフレームで区切っているが、三千世界［注、仏教の須弥山を中心とした宇宙の単位］はフレームで区切れるもんじゃない。方々にひろがっている。だからフレームを意識してはいかんという説がある。そういう人に対しては、大型だって何だって同じだ。しかしフレームがあるんだから、フレームで押し切ったらどうだろう。書かれない余白を取り上げるのも面白い。この後の方がぼくの考えだ。

［ワイドというフレームがある］ぼくはそれに慣れていないから撮らない。尾形光琳《おがたこうりん》の絵に兎《うさぎ》が踊っているのがある。なんとなく上を見て踊っている。それは上に月が出ているから踊っているので、フレームには月が描けないから、ただ月の影が描いてある。区切られたフレームの中に、広大な無限の中天に昇った月を想像させるという方法と、大型スクリーンで月を入れる描き方と——もちろん、どっちもいいんだが。ただ、十五号で絵を描いている者が、突然二十五号で描こうとしても、長い習慣やなんかで簡単にはできない。

（酒は古いほど味がよい／『彼岸花』のセットを訪ねて／小津芸術を訊く「キネマ旬報」昭和三十三年八月下旬号）

## 芸術のことは自分に従う

［パンもしないね］絶対にしない。性に合わないんだ。ぼくの生活条件として、なんでもないことは流行に従う。重大なことは道徳に従う。芸術のことは自分に従うから、どうにも嫌いなものはどうにもならないんだ。だから、これは不自然だということは百も承知で、しかも僕は嫌いなんだ。そういうことはあるでしょう。嫌いなんだが、理屈にあわない。理屈にあわないが、嫌いだからやらない。

こういうところからぼくの個性が出て来るので、ゆるがせにはできない。理屈にあわなくても、ぼくはそれをやる。

（酒は古いほど味がよい／『彼岸花』のセットを訪ねて／小津芸術を訊く「キネマ旬報」昭和三十三年八月下旬号）

## もう登り直すことはできない

十本のうち一本ぐらい、ぼくのつまらん奴を見たって損はしないよ。だが、ぼくは昔こういう性癖をもっていたが、今だって直らんということがあるよね。そういう性癖は変えようと思っても直るはずがない。心美(飯田)さんはいつもその点を言うが、もうこいつは駄目だから、そっとしておいてやろう、というのが長年つき合った友情だよ。ぼくは変貌しない（笑)。

こういうことが言えると思う。若い時、山へ登るね。すると、一つのところまで登ったらこっちにも道があった。そこで、「別な道をもう一度上がってみたらどうだろう？」と言って道を変える。これは大器晩成型だね。ぼくは一つの道を上がった。八合目ぐらいの時、他の道を上がってみたらどうかという気持ちは大変あったね。しかし、もう下から登り直すことはできないんだ。「……」

要するに監督でも批評家でも、酒と同じで、古くなればなるほど味がいいんだ。

（酒は古いほど味がよい／『彼岸花』のセットを訪ねて／小津芸術を訊く「キネマ旬報」昭和三十三年八月下旬号）

**【ドナルド・リチー】** それは美しく、神秘的なシーンである。私たちにはその意味はわからない。そこには過去と現在の時間の同一化、過去の交際と現在の孤独との同一化があるが、それ以外にはこのシーンは不明瞭であり、同時に、忘れがたいものである。『彼岸花』でも、同じような経験をする。男たちの同窓会で、三上（笠智衆）が楠正行《くすのきまさつら》の漢詩を吟じる。「……」

詩はさらに続き、シーンも異常に長い。詩の長さは、この詩がまるで作品全体を多少解説しているかのようであり、詩そのもの以上の重要さを暗示するかに見える。しかもなお、この詩が連想させるような愛国心はこの映画のテーマとはほど遠いし、『彼岸花』は過去へのノスタルジアを扱っていない数少ない小津作品の一つなので、伝統的な詩吟もほとんどノスタルジアを起こさせることがない。

次のシーンの蒲郡《がまごおり》の寄せ返す波で、まるでこれら二つのシーンによって、ある簡明な解説が与えられて、私たちはほかのものに目を向ける。もちろんこれらのシーンは解説を行ったのだが、それは感情の次元でのことであったのである。組み合わされた二つのシーンは感動させるが、この映画の重要なテーマとの類似を求めても無駄である。これらのシーンは、あいかわらず不明瞭で、神秘的で、ぴったり溶け込んでいるのである。

（ドナルド・リチー『小津安二郎の美学』フィルムアート社）

**［楠正行如意輪堂《くすのきまさつらにょいりんどう》の壁板に辞世を書するの図に題す　作詞：元田永孚《もとだながざね》］**

乃父《だいふ》の訓《おしえ》は　骨に銘《めい》じ
先皇《せんのう》の詔《みことのり》は　耳猶熱《みみなおねっ》す
十年蘊結《じゅうねんうんけつ》す　熱血の腸《はらわた》
今日直《こんにちただ》ちに　賊鋒《ぞくほう》に向かって裂く
想《おも》う至尊《しそん》に辞《じ》して　重ねて茲《ここ》に来《きた》り
再拝俯伏《さいはいふふく》して　血涙垂《けつるいた》る
心を同じゅうするもの　百四十三人《ひゃくしじゅうさんにん》

志《こころざし》を表わす　三十一字《さんじゅういちじ》の詞《ことば》

かへらじと　かねて思へば　梓弓《あづさゆみ》　なき数に入る　名をぞとどむる
［注、もう生きて帰ることはないだろう。ここに死者の仲間入りをする自分たちの名を書きとどめる］

鏃《やじり》を以《もっ》て筆に代え　涙に和して揮《ふる》う
鋩《ぼう》は板面《ばんめん》に迸《ほとばし》って　光陸離《ひかりりくり》たり
北のかた四條を望めば　妖氛黒《ようふんくら》し
賊将《ぞくしょう》は誰《たれ》ぞや　高師直《こうのもろなお》……

**［桜井の訣別《けつべつ》作詞：落合直文］**

青葉茂れる桜井の
里のわたりの夕まぐれ
木《こ》の下陰《したかげ》に駒とめて
世の行く末をつくづくと
忍ぶ鎧《よろい》の袖《そで》の上《え》に
散るは涙かはた露《つゆ》か

◉映画界・小言幸兵衛～泥棒して儲ければよいは困る！

## 阿呆《あほ》が監督しても客は来る？

蟻《あり》をみるたびに感心する。よくも精を出して働くもので、一匹ぐらい石の陰で昼寝をしていてもよさそうなものだが、とんと見当らない。そこにゆくと人間は有難い。程々に生きることも勝手だ。どう生まれ変わっても蟻だけには生まれたくないものだ。

私が一年に一つしか映画を作らないのは、必ずしも怠けているからではないのだが、今年は映画界も総蹶起《そうけっき》というわけで、私も『彼岸花』に続いて、年内にもう一本撮ることになった。『彼岸花』は興行成績もよかったようだが、あれだけのスターを揃えれば、大当たりするのが当たり前なので、会社ももとよりそこに安全性を考えていたわけだ。阿呆な監督がしても、客が来るだろうと思う。

ただ、つまらない自慢だが、阿呆が監督したのでは、あれだけのスターは集まらなかっただろうということは云えよう。大した役ではないが、出てみようという好意を持ってもらえたから、ともかくスターの名が並んだので、このスター・ヴァリュウで客が入らなかったら、会社はびっくりするどころではなく、私はたちまち契約を解除されてしまうところだ。

映画の出来がよくて、その上興行成績がよければ、それに越したことはないが、若い頃には、興行性と芸術性とは相反するものだと、私は考えていた。儲からなくてもいいから、自分のやりたいものをやるんだという意気込みで、大いに仕事をしたものだ。だから、批評家には評判がよかったが、会社は有難くなかったろう。

しかし、小津の映画は余り金をかけていないから、客が入らなくても仕様がない、と考えて好きなようにやらしてくれた。もし、会社が皮算用している作品が、はずれたならば、そのままでは済まなかったろうと思う。

## 意欲と力倆のバランスが大切

やはり若い時は、意あっても力が足りない。通俗性だ、芸術性だと難しいことを振りまわしても、後になって振り返ってみると、思っているだけの表現ができていない。気分だけは大変な芸術と取り組んでいるつもりでも、ろくに腕も立たず、障子一枚、桟《さん》ひとつ削れない奴が、仏像を作ろうとしてもうまくゆくはずがない、職人の風上にも置けない奴だということになる。

あまり芸術などと云わないで、のんびりと儲かる映画を作ればいいのではないかと思う。儲かるというと語弊があるが、自分の作ったものを多くの人に楽しんでもらう仕事をし、会社の方ではそれが儲かるということで、両者が一致すべきではあるまいか。

監督も若いうちは色々な意欲を持つが、力倆《りきりょう》がなかなか伴わない。意欲と力倆とのバランスがとれてこそ始めていいといえるので、頭がよくて腕がなくても困るし、腕があるが頭がなくても困りものである。そういうバランスは、とにかく何でもこなしているうちに、やがて自ずからとれてくるので、そこで初めて甲羅に似せて自分の穴を掘ればよいのである。

（映画界・小言幸兵衛〜泥棒して儲ければよいは困る！「文藝春秋」昭和三十三年十一月号）

## 監督は信用に足る〝腕〟が必要

普通の作品を作るにも何千万円が要るのだが、監督はそれだけの大金を、自分の思うように使って作品を作り上げるわけだが。会社もよくそんな大仕事を、三十代の若者に任《まか》しているものである。中堅の監督は大体三十代だ。

いまの世の中で、自分で会社でも経営している人はもとかく、三十代の男が何千万円もの仕事をすることはないだろう。事業家は、映画の仕事が三十四、五の監督の責任で行われていると聞くと、よくそんな者に任せられるものだと驚いているが、事業家の見る眼も確かに一理はある。

だから、監督には大仕事を任せられるだけの信用がなくてはならない。当然、会社も助監督を監督に起用することに慎重な態度をとるようになる。会社に納得できる腕前になるにはかなりの時日が必要で、監督になる年齢がだんだん遅くなるのも止むを得ないことだ。

一体、昔に比べて映画の水準は高くなっているだろう。どうも内容は大して変わっていないように思う。ただ内容は同じだけれども、包装が違っていて、昔はハトロン紙で包んだものを、今はビニールやポリエチレンでくるむというようなことだ。或《あるい》はむしろ包装だけで見せようという場合もあるだろう。

（映画界・小言幸兵衛〜泥棒して儲ければよいは困る！「文藝春秋」昭和三十三年十一月号）

## 子供と一緒に見れる映画を！

昔は下手でも、情感があるとか、しっかりしていると喜ばれたものだが、現在はドライなものが受けている。これも本質が変わったというよりは、包装が流行によって変わって来たものだ。内容が変わっていないとすれば、やはりその内容にふさわしい形式の方がいいのではないかと私は思う。

先日、町へ出て常設館に入って、ある会社の予告編を観た。オッパイは隠しているけれども、殆《ほとん》ど臍《へそ》すれすれまでにズロースをさげた女が出てきて、男と踊る。踊りながら暗いところへ引っ張り込んで行き、ベッドの上に腰をおろす。次のシーンは、カーテンの後で接吻する、接吻しながら踊る……。最近はこういうものが無闇と多い。

同業者の悪口を云う訳はないが、私が親だったら、倅《せがれ》に映画なんぞ見るなと云うだろう。映画で銭を儲けるのはいいけれども、儲け方があるのではないか。もう少し道徳的になってもらいたい。泥棒するのも金儲けの一方法ではあろうが、初めはこそ泥だったのが、泥棒になり、居直り強盗になり、遂には庖丁を突きつけて強姦するに至るというのでは世も終わりだ。

各社ともよく考えて、せめて子供と一緒に見て、赤い顔をしないで済む映画を作るようにしたいものだ。

（映画界・小言幸兵衛〜泥棒して儲ければよいは困る！「文藝春秋」昭和三十三年十一月号）

## 二本立て興行の問題点

恥ずかしくない映画を撮りたいとは、我々も常々云っていることなのだが、会社側の儲けたい一心と我々の安易さが両々相俟《あいま》って、こそ泥が強盗になってしまうような気分になっている。これには日本映画の本数が多すぎることも大きく影響していると思う。

その点で、各社が踏み切った「新作二本立て」には私は反対である。つまり、今までの撮影所はフルに働いているのだ。色々な道具も、従業員も遊んでいるものはないのだ。そこへ二本立てということになると、更に製作本数が増えるから、今でさえ手一杯の労力が分散してしまって、ますますいいものが撮れなくなる。

二本立てにするといっても、人を増やし、ステージを増設するのではない。好んで二本立てにするわけではなく、いわば背水の陣なのだから、それだけの用意がないのは当然である。質が低下するのも、また当たり前である。

二本立てで儲からないとなれば、やがて一本立てを考えるようになると思う。いずれにしろ、今は日本映画の過渡期なのだろう。

この間、ＮＨＫの人がやってきて、「映画もいよいよ二本立てですね、ありゃ一体どうですか」などと、さも映画を侮辱したような口調なものだから、腹が立って云い返した。「二本立てというけれども、君のところはとうから二本立てじゃないか、第一放送と第二放送で……」とかなんとか云うので、「映画だってそれと同じだ。映画だけを変に取り上げるのはおかしいよ」と云ったら、「ああそうですか」と答えたが、そこだけは録音から抜いてあった。

儲かるとなれば、「文藝春秋」だって別冊を出すし、もしそれが商売にならなければ別冊を引っ込める。みな同じことで、映画だけが堕落してきたという見方はどうかと思う。

別冊が出るのは、一つには本作の中に入りきれないからでもあるので、二本立てとなったために、新人が出てくる余地が広くなったという点では、私も賛成している。

（映画界・小言幸兵衛〜泥棒して儲ければよいは困る！「文藝春秋」昭和三十三年十一月号）

## 新人の持つ感覚の新鮮さ

映画には文法がないのだと思う。これでなければならないという型はないのだ。優れた映画が出てくれば、それが独特の文法を作るので、映画は思いのままに撮れば見られる。

若い助監督も、撮影所に入ってくるときには、大きな抱負を抱いてくるに違いない。しかし、永年監督について走り使いをしているうちに、自分の抱いている新鮮な手法が消えていく。既成の常識的な手法を見聞しているうちに、なるほど映画の文法はこういうものだと、自分から妥協してしまうのだ。そこで監督になっても、撮り方がいつも同じで普遍的なものになってしまう。日本映画に新鮮さが見られないのはこういう点に原因がある。

だから、たまに見るメキシコとかイタリアの新人で、素人がいきなり撮影所にやってきて撮ったものなどは、びっくりするほど、新鮮な手法が感ぜられる。石原慎太郎さんが監督したものは見ていないが、やはり面白いところがあるのではないかと思う。

石原監督に対して、助監督がそろって反対した事件があったが、おかしいと思う。素人がいきなり来やがって不愉快だというのだろうが、それならば、助監督が突然小説を発表したら、文芸家協会は怒るだろうか。こっちが小説を書いても怒らないのに、小説を書いている奴が映画を撮ると怒るというのは、偏見も甚だしい。怒る気持ちがあっても、とにかく協力して映画を作り、その代わり、出来上がった作品は徹底的に批判するという態度が取れないものか。まだ撮りもしないうちから、ワアワア云っても仕様がないではないか。

（映画界・小言幸兵衛〜泥棒して儲ければよいは困る！「文藝春秋」昭和三十三年十一月号）

## 監督の試験に必須な内容とは？

最近は監督志望者がずい分と多い。試験もなかなか難しい。こんな難しい試験が出来る人は、監督には向かないのじゃないかとさえ思う。それ程いろいろな知識を持っている人は、他の方面でその知識を活かした方がいいのではないか。今だったら、私も木下恵介も落第組だろう。

おわい屋になるには、腕っぷしが強く、肥桶《こえおけ》をかつげる肩と腰があり、正直であればいいので、おわい屋が聖徳太子を知らないとしても、一向差支《さしつか》えない。聖徳太子もおわい屋の厄介にはなったろうが、あまり関係のあることでもあるまい。

それと同じことで、監督志望者に、新聞社や雑誌社と同じ試験をするのは、お門違いだと思う。それよりも、ものの見方や幻想力、それから容器画の力を調べた方がいいと思う。殊《こと》に、円錐形を六五度傾けたらどう見えるかというような、容器画の試験は必要だろう。これはコンティニュイティ(演出台本)を描く時に必要なのだ。

今の助監督は、大学を出て、難しい試験を通ってくるのだから、頭はいい。事を運ぶ順序もいいし、記憶力もよく、監督としては大変便利で使いやすい。けれども、もっと彼等を活かす道がないものかと、気の毒に思えてしまうのだ。

(映画界・小言幸兵衛~泥棒して儲ければよいは困る!「文藝春秋」昭和三十三年十一月号)

## 一流のスター俳優たち

『彼岸花』に大映から山本富士子を借りたが、脚本を見た大映社長の永田氏が、山本富士子の役は傍役《わきやく》でつまらないから書き直させろと云ったそうだ。私としては、山本富士子のような美人女優が、美しい三枚目風の役をやることは、愛嬌にもなり、演技の幅を広げることにもなり、得であっても絶対に損なことではないと確信していた。

彼女に会って、どうするかと訊《たず》ねたところが、「やらせていただきます」というので、それならと、そのまま撮影に入った。

山本富士子は、さすが大映の秘蔵っ子スターだけあって、Aクラスの女優になる素質を充分に持っている。一番感心したことは、くせがないことだ。美人には得てして、こうすれば自分はきれいに見えるとか、身のこなし方、目の向け方に、いやなところを見せまいとする癖がある。彼女にはそれがなく、実に素直だし、妙な映画ずれがしていない。理解力があるし、熱心だし、骨身を惜しまない。

もっとも、有馬稲子にしろ、久我美子にしろ、今の第一線スターは、実に努力をし、一生懸命にやっている。また、それでなくては、地位を保つことができない。明日撮影があるとなれば、台本を勉強しなければならないのに、客に招ばれて行ってしまったりする人は、一流のスターにはさすがにいない。この場面ではこうしようと工夫し、台詞も充分腹に入れて、やってくるのが普通だ。

（映画界・小言幸兵衛～泥棒して儲ければよいは困る！「文藝春秋」昭和三十三年十一月号）

## アテにならない人気

人気にはつい溺れやすいものだ。人気投票で上位を占めたりすると、それが皆に尊敬されていることだと錯覚する。人気は尊敬が伴わなくても存在するもので、全く浮草のように根拠のないものだ。だから、人気があるうちに、芸が上達するように努力して、人気から卒業してしまうことだ。

俺がニヤリと笑うと皆が喜ぶなどと、いい気になってうかうかしていると、人気は冷酷なもので、たちまち移り変わってしまう。そうなると惨めなものだが、それは自業自得というものだ。「日のある間《うち》にまぐさを乾せ」のたとえもあるが、人気のあるうちに芸を磨いておけば、人気がなくなっても、立派なスターとして通用するのである。

（映画界・小言幸兵衛～泥棒して儲ければよいは困る！「文藝春秋」昭和三十三年十一月号）

## 俳優という財産を大切に！

監督として、いろいろな俳優を使ってみたいとは誰もが考えているだろうが、いつも付き合う人の範囲はかなり限られてしまう。俳優の方でも、いろいろな監督の作品に出ている人は恐らく少ないだろう。

これは専属制とか六社協定に由来することなのだが、もう少し、お互いに融通し合うようにしてもらいたい。一つの会社に力を入れ、金をかけて育て上げた新人を、これからというところで他社にもって行かれる。すると、自分のところで育てたのだから、よそに出ては駄目だと、棚上げしてしまう。

津川雅彦の場合もそうだ。深い事情は知らないが、将来性のある人を棚上げしてしまうのは、ひどいと思う。もちろん不愉快ではあろうが、出て行ってもいいから、その代わり、オレの社が頼んだ時にはまた来てくれよ、というくらいの雅量をもって解決してもらいたい。自分のところのスターは門外不出だというのでは、日本映画の向上を阻害するための六社協定になってしまう。

六社協定といえば平和的な取り決めのようだが、現状では、喧嘩の時にはピストルはよそうじゃないか、刀は使ってもいいが、刃わたりは何寸までにしよう、子分は何人までという性質のものではないか。

（映画界・小言幸兵衛〜泥棒して儲ければよいは困る！「文藝春秋」昭和三十三年十一月号）

## 参考にならぬ映画批評

人の批評はうまく書くわりに俺の批評はうまく書かない、というルナールの言葉がある。他人の似顔漫画を見ると、似ているなと思って面白がるが、自分が描かれてみると、ちっとも似ていないじゃないかということになる。そこに批評の限界があると思う。

映画批評でも他人の作品については、なかなか云い得て妙だと同感しても、さて自分に矛先が向けられてみると、なんて馬鹿なことを云う奴だということになる。批評家の批評はあまり参考にならないことが多い。仲間内の批評が実際面に即して、一番有難いし、ずっと骨身にこたえる。

映画には、どこかに必ずしわ寄せがある。嘘がある。しわ寄せがなければ、劇ではなくてドキュメンタリーである。例えば、『彼岸花』で、佐田啓二が恋人と打ち合わせをしないで、突然その父親に会いに行くところが、それである。これは現実では考えられないことだ。しかし、これがなければ、この映画は成り立たないのである。もう一つ、例にとっては悪いが、映画の『氷壁』で、山本富士子は嘗《かつ》てある男と一夜のまちがいを起こしたことになっている。映画を見ていると、山本富士子は絶対にまちがいなんか起こすはずがないのだ（その意味では、山下富士子はミスキャストだが）。しかし、この映画はそのあり得ない話からそもそも始まっているので、これをとがめたならば、この話は崩れてしまう。

こういうしわ寄せを突いてはいけないのだ。これが如何《いか》に巧みに胡麻化《ごまか》せているかということが問題なのである。批評家は、屡々《しばしば》そういうしわ寄せを非難するが、ストーリー以前に逆らっては、話にならない。我々としては、充分承知しているので、その点を「馬鹿々々しい」と非難されても、痛痒《つうよう》を感じないし、参考にもならないのである。

（映画界・小言幸兵衛～泥棒して儲ければよいは困る！「文藝春秋」昭和三十三年十一月号）

## テレビ・ドラマのこと

批評というのは、勝手なことが云えるもので、私もテレビ・ドラマについては、実につまらないと思っている。こうすればもっとよくなるのではないかと思う点が多々あるが、いや、これが良くなったら、映画には脅威で、おまんまの食い上げだから、よくなってはいけないのだと、黙っているのである。

そのうえ、テレビ・ドラマは、つまらないということが、終わりまで見ないとわからないから厄介だ。結局、時間を無駄にしてしまう。だから、始まる前に、これだけは是非見て下さいとか、これはスポンサーからあまり金をもらっていない、つまらないけれど、お暇の方はどうぞと案内をしたなら、スポンサーの御好意を有難く感じるのだが……。さも面白い芝居が始まりそうに引っぱっていて、結局、日本国民を懶惰《らんだ》にしている。

それに、人間の目は二つしかないことを知っていながら、同じ時間に同じようなものを放送しているのは、実に馬鹿なことだ。『二十四の瞳』というのがあったけれども、普通人の眼は二つなのだから、たくさんのテレビがあるのは無駄なことである。ついでに、映画の数も減らし、ラジオも一つにし、新聞も一つにしたら、余程すっきりすることだろう。

（映画界・小言幸兵衛〜泥棒して儲ければよいは困る!「文藝春秋」昭和三十三年十一月号）

## 紫綬褒章を受賞して

こんどの受賞はまったく寝耳に水で、いままで何の話もありませんでした。受賞に値するような仕事はあまりやっていませんし、受賞したからといって、これ以上の作品ができるわけでもありません。いままで、映画界で誰がこういう賞をもらったたか、はっきりした記憶はありませんが、僕より先輩諸公がたくさんいますからね……。

十五日、首相官邸での伝達式には、いまのところ出られるかどうか分かりません。いま野田高梧君の山荘（信州蓼科高原）にいますが、野田君といっしょに書いている次回作品のシナリオが当分かかるし、作年里見弴、大仏次郎両氏の古希、還暦祝いの桃太郎、金太郎野球戦でアキレスを切りましてね、それが寒くなると痛むので、ちょっと上京は無理でしょうな……。

（紫綬褒章を受賞して「毎日グラフ」昭和三十三年十一月二十三日）

## 芸術祭賞受賞のこと

『麦秋』『東京物語』に引き続き三度目の受賞作品で、改まった感想もありませんが、うれしいことには変わりありません。自分では少し作風を変えてみようといつも思ってはいますが、実際にやってみると簡単にはいきませんね。次回作はアクの強い喜劇をと考えていますが、これは少々気分が変わるかもしれません。『彼岸花』は里見弴さんと話し合って物語をつくり、その上で里見さんが小説を、僕がシナリオを書いたものですが、小説と映画では大分違ったものができました。よく知り合った作家は、話し合ってシナリオを作るのもいいことで、これからも機会があればやっていきたい。［志賀直哉さんとですか？］とてもそこまでは考えてませんよ。

（今後も小説家と話合って／『彼岸花』の小津安二郎〈芸術祭賞授賞の人と作品〉「東京新聞」昭和三十三年十二月十三日）

## こんどは子役探し

人間が日常使っている言葉の中には、子供たちからみれば余計な言葉が多い。おはよう、こんにちは、こんばんはから天候のあいさつなど、ムダだといえば、みなムダみたいなものだ。それでいて大事なことはちっとも言えない。たとえば〝ぼくは君が好きだ〟などということは、何度も会ってムダな話をしていても、なかなか言えないものだ。しかし、そういうムダが集団生活のうえで潤滑油の役割をしているのだと思う。

この素材はずっと昔からもっていたもので、いつかは映画にしたいと考えていたが、台本がなかなか書けなかった。この映画では子供たちが重要な動きをする。全くの素人では困るので、児童劇団を中心に子役探しをしている。もう二十七、八年も前に『生れてはみたけれど』という映画で子供を使ってこりごりした経験がある。

こんどの映画は、それ以来の子供を主にしたものだが、最近の子供は実にハッキリしていて使いよさそうだ。『彼岸花』に続いて二本目の色彩映画だが、色は例によってあまり意識させないような、ふだん見なれた色を出したい。

（こんどは子役捜し／小津監督『お早よう』脱稿「毎日新聞」昭和三十三年十二月二十七日）

## ここが楢山《ならやま》なら

母は明治八年生まれ。三男二女をもうけて、僕はその二男に当たる。他の兄妹は、それぞれ嫁をもらい、嫁にゆき、残った母と僕との生活が始まってもう二十年以上になる。

一人者の僕のところが居心地がいいのか、まだまだ僕から目が放せないのか、それは分からないが、とにかく、呑気に二人で暮らしている。

母は、朝早く夜早く、僕はその反対だから家にいても、滅多にめしも一緒に食わない。去年頃までは、なかなかの元気で、一人で食事の支度から雨戸の開けたて、僕の蒲団の上げ下ろしまでやってくれたが、今年から、いささか、へばって家政婦さんに来てもらっている。無理もない。八十四である。人間も使えば使えるものだと、つくづく思う。それにしても、五十五や六十の定年は早すぎる。

いま住んでいる家は、北鎌倉の高みにあり、出かけるのも坂があるので、母は滅多に家から出ない。ここがもう楢山だと思っているらしい。

若い頃の母は大女の部類で、いまでも年の割には大婆の方である。負ってはみないが重そうである。

たらちねの　母を背負いて　そのあまり　重きに泣きて　楢山にゆく

ここが楢山なら、いつまでもいてもらっていい。負って行く世話がなくて、僕も助かる。

（ここが楢山「週刊朝日」昭和三十三年八月十日号）

## 昭和三十四年［一九五九］五十六歳

一月二日、鎌倉の自宅で田中絹代とＮＨＫ番組で対談した。二月、映画関係者として初めて小津が芸術院賞を受賞した。一月から四月にかけて、次回作『お早よう』の撮影に入る。東劇の試写会には、志賀直哉と里見弴も訪れた。五月に『お早よう』が公開、キネマ旬報ベスト・テン十二位となった。

四月、大映から撮影が延期になっていた『大根役者』を映画化したいという要望が届いた。以前、『彼岸花』で山本富士子を大映から借りた経緯、故溝口健二との生前の約束等もあり、大映で一本作品を撮ることになった。タイトルを『浮草』と改題し、作品の舞台も冬の新潟から夏の三重・伊勢志摩に変更した。

製作者は、黒澤明や溝口健二の『羅生門』『雨月物語』を担当した永田雅一《ながたまさいち》、キャメラマンには、同じく、黒澤明や溝口健二を担当した宮川一夫《みやがわかずお》、美術には『宗方姉妹』を担当し、それ以来小津に私淑していた下河原友雄を起用した。下河原は、小津が松竹以外で撮った三本の映画、『宗方姉妹』『浮草』『小早川家の秋』の美術監督を担当した。

八月から十一月にかけて『浮草』を撮影。途中、『一人息子』で主演した日守新一が心臓麻痺で急死、『早春』や『彼岸花』に出演した高橋貞二が交通事故死するなど、悲しい出来事が続いた。十一月七日、『浮草』の撮影終了。

**一月～四月**
『お早よう』撮影
**二月二十五日**
芸術院賞を映画人として初めて受賞
**四月十日**
皇太子ご成婚の実況中継
**五月十二日**
『お早よう』公開
**五月二十六日**
次期オリンピック開催地が東京に決定
**五月三十日**
『浮草』(『大根役者』改題)大映での製作決まる
**六月七日～十三日**
野田高梧夫妻と伊勢・志摩旅行(シナリオ・ハンティング)
**六月二十日～七月**
蓼科滞在。『浮草』脚本訂正
**八月～九月**
『浮草』撮影
**十一月十七日**
『浮草』公開

フランスでヌーヴェル・ヴァーグが起こる。日本でも若手監督を中心に、新しい映画のムーヴメントが起こりつつあった。年末、体調を崩し、外出出来ず。発熱は四十度に達し、マラリヤの再発かと疑ったという。

**十二月一日**

第四回映画の日。特別功労者（他六名）に

尾花　やぶ　新開花　のちベレー
横山　山口　山内と　鈴木の車にて　元旦帰宅
原夫妻来訪　雨　雪となる
里見先生に年賀　十九郎　博章等

（「日記」昭和三十四年一月一日）

拙宅にて田中絹代とＮＨＫ対談
のち宴会　会するものあまた
のち里見邸にゆき　さくら　茂子と香風園泊　来客四十二名

（「日記」昭和三十四年一月二日）

酒もほどほどに呑むべし
仕事もほどほど
昼寝もほどほど
余生いくバくもなしと知るべし

無常迅速《むじょうじんそく》
もう一度中学生になりたいなあ
会いたい会いたい
もう一度中学生になりたいなあ

（昭和三十四年一月三日）

（「葉書」吉田与蔵宛て）

## 小津さんは、年一本主義？

できれば何本でも作りたいし、別に難しく考えている訳ではないが、結果的に一本しか作れなかった年が多かっただけのことです。映画一本と口で言うのは軽いが、何千万円という製作費がかかる。だから会社とすれば、その当たり外れを気にするのは当たり前だし、失敗すれば監督としても責任がある。第一、監督は次の仕事がやり難くなる。だから監督はお客に喜ばれるような映画を作ることに苦労する。

それには脚本を慎重に書くということだけでなく、スターの顔ぶれをにぎやかに並べる。老練な俳優に出てもらうことも大事です。しかし、一流の俳優さんは忙しい人ばかりだ。こうした人を集めるだけでも時間がかかる。そんなことが重なって、早く作れないという訳です。

（小津安二郎の抱負「東京新聞」昭和三十四年一月一日朝刊）

## 次回作の予定は？

大映で仕事をする約束になっている。松竹以外の撮影所で仕事するのは、新東宝の『宗方姉妹』以来だが、長年映画生活をしていると他の撮影所のスタッフでも知り合いが多いから、仕事上の不便はないと思う。
［どんな題材を？］まだ何も決まっていない。僕は映画を見ていて不愉快になったり、不機嫌だったりするものではいけないと思う。見ていて楽しく、しんみりしたり温かい気持ちにさせられたりするところに、映画の娯楽性があるのだと思う。そのために身近な素材を選んでいる。だから今後も僕の作品はあまり変わったものはできないだろう。

（小津安二郎の抱負「東京新聞」昭和三十四年一月一日朝刊）

## 近ごろの楽しみ

［子役の面接を終わったスタジオ内の談話室にて］相撲や野球を見るのが楽しみでね、いや別にひいきなんてないんだ。だれが勝とうが負けようが、ただ楽しんでいるんだよ。

（無駄話も生活の潤滑油／小津監督に聞く新作『お早よう』「日刊スポーツ」昭和三十四年一月十六日）

## 新作『お早よう』のこと

こんどのは〝子供映画〟っていうけど、子供から見た大人の世界を描くとも、大人から見た子供の世界を描くとも、まあ、どっちともいえる話なんだ。ボクは二十七、八年前に撮った『生れてはみたけれど』で子役に手こずったものだから、もう子供を使う映画は二度とやるまいと思っていたんだが……。

この頃の子供は芝居ッ気があるだろ。すこしは楽になったろうと思ってやることにしたんだ。といっても、やはり子供を使うってことは大変だよ。こんどは、芝居をしすぎないように押えるつもりなんだ。『先代萩』［注、「伽羅先代萩」歌舞伎脚本］の千松《せんまつ》のような子役の大芝居になっちゃ困るからな。

なにしろ、この作品の子は、腹がへって泣くんじゃなくて、お櫃《ひつ》を持ち出して、空地で食べちまうような子なんだからね。子供を生地《きじ》のまま遊ばせるか。

（無駄話も生活の潤滑油／小津監督に聞く新作『お早よう』「日刊スポーツ」昭和三十四年一月十六日）

## 大人と子供の世界

『お早よう』は東京の郊外のある文化住宅が舞台。林家に実（中学一年）と勇（小学校一年）の腕白坊主がいる。軽石の粉を飲んでオデコを押して〝ブッ〟とオナラをしては得意顔といった調子だ。子供たちは月光仮面や若乃花とテレビに夢中。隣に昼間から西洋寝巻でぷらぷらしている若夫婦が住んでいて、そこにテレビがある。「教育上よろしくない」ということで、親は「いっちゃいけないよ」とうるさくいうのだが、子供たちは「そんならうちでテレビ買え！」と反抗する。親父が子供に女の腐った奴みたいに「ウルサイ！」と怒るんだ。するとと子供がいうのには、大人は「オハヨウ、コンニチワ、ドコマデ、チョットソコマデ、ナルホド……、余計なことばかり言ってるじゃないか」。それから口を一切きかなくなっちゃうんだよ。音をさせるのはオナラだけで……。「……」

テーマは、世の中にはいろいろ無駄なような言葉があるが、それは人間生活の潤滑油の役目をしているっていうことだよ。考えてみると、余計なことはしゃべっていても、大事な〝あなたに惚れています〟は口に出ないからね。

（無駄話も生活の潤滑油／小津監督に聞く新作『お早よう』「日刊スポーツ」昭和三十四年一月十六日）

『お早よう』撮影風景：勇役の島津雅彦と小津。昭和34年（1959）1月に日本芸術院賞の受賞後、初めて公開された作品が、オナラ遊びが登場する『お早よう』だった。

## 映画の中の酒のシーン

私はご承知のとおり、あまり写真を撮らない。撮りたがらないのでなく撮れないのである。一作の中には、欲ばりのようだが、その時々に必要な世の中のあらゆるメソッドを盛り込みたいと苦慮するからである。今秋、封切りした里見弴先生作『彼岸花』は、作中人物が、人生の表裏に通じ、ものを判断し、処置していく点で、先生の枯淡味がうかがわれ、私自身の希望にもピッタリ適合したので、無理にお願い申して映画化させていただいた。

映画の中での酒のシーンは、バーやキャバレーでのそれ、大宴会、料亭、すし屋、縄のれんでのそれ、と多々あるけれど、私は一番撮って好きなのは、小料理や気分の合った仲間が、静かに体を乱さず、適量の徳利を前にして飲み、かつ談ずるところがいい。私自身が、そんな飲み方をするからでなく、第三者が見ていて、それが一番楽しそうだからである。

（映画の中の酒のシーン「週刊漫画TIMES」昭和三十四年一月二十一日号）

## 蒲田時代の喜劇のこと

わたしらの若い頃は、最初は三巻か四巻ものの喜劇を撮らされたものです。みんなだれでもそういうコースを踏まなければならなかったので、成瀬君（巳喜男監督）なんかもその一人です。一つの育成方法だったんだナ。斎藤君（寅次郎監督）はそれが、後年まで、ずっと続いた人です。

いまの若い監督は、二本立てになってチャンスが多くなっていいと思うが、小モノを撮らされて費用や日数を制限されるからコソ泥的なチャンスで、大きなドロボウは出来ないって訳だ。二本立ても、大作二本立てでやって、それを二週間続けて上映すれば打開策になるんじゃないかな。

〈子どもにコリたが／ワイド一辺倒反対〈監督放談〉「産経新聞」昭和三十四年二月十日〉

## グラマー女優／泉京子評

彼女は『東京暮色』の深夜喫茶シーンで、仕出しで出ていたことがあるが、そのときの印象で、これは使い方によっては面白いなと感じていた。こんどの役はまったく彼女そのままの柄にはまった役なので、無理に芝居しようとせず、そのままの柄を生かしてもらえればいいと思っている。子供たちとの絡み合いが多いのだが、あまり子供に好かれるようなタイプになってもらっては困るので、それだけは注意してある。

〈『お早よう』小津作品には異色の二人／グラマー泉京子と三枚目大泉滉／さすがの二人もコチコチ「東京新聞」昭和三十四年二月十四日〉

## 芸術院賞受賞の感想は？

製作はみんなの共同作業なんだから、こんどの賞も協力して下さった俳優、スタッフが受けたことになりますよ。とにかく〝映画〟が芸術として認められたことが一番うれしいですね。〝伝統のないところに芸術はない〟というのがボクの持論だが、映画にもやっと〝伝統、歴史〟といったバック・ボーンができたんでしょうね。ボクも監督生活三十年。報われた思いがします。

**[口の悪い連中は、小津作品はいつも淡々としてトウフのようだと言うが？]** ハハハハ……。ボクは自らトウフ屋の看板をかかげているんですよ。人間の資質、個性は急に変わるものじゃない。ボクはトウフ屋なんだからウナギを注文してきたってムリ。ボクにつくれる油っこいものといったら油揚げ、ガンモドキ程度なんだ。

この製作態度はこれからも貫いていきますよ。

（小津監督、芸術院賞受賞の喜び「報知新聞」昭和三十四年二月二十七日）

**［佐藤忠男談］** 私は、小津安二郎の姿を見かけたことが、三回ある。一回目は、昭和三十三年の紫綬褒章受賞のときだったか、あるいは、その翌年の芸術院賞受賞のときだったか、たしか、当時あった丸の内日活の建物の中の宴会場で祝賀会があったのに、映画雑誌の編集者として出かけて行ったのだった。巨匠の風ぼうは写真でよく見ていたが、本人を直接見て、最初に感じたのは、なかなかの大男だということだった。とくに、肩幅が、がっしりとしていて、たくましかった。「……」

なにしろ、小津安二郎の映画といえば、ひっそりと静かな、心やさしい、つつましやかな作品ばかりであったものだから、その作者が、こんな堂々たる偉丈夫であるということは、なんだか、意外だったのである。

その日、巨匠は、ただテレたように、にこにこしているだけで、口数は少なかった。かわりに雄弁だったのは、巨匠の母堂であった。もう、ちょっと足もとも危ういようなお年寄りであったが、小柄で上品で、陽気そうなお婆さんで、しゃっきりとした声で、その席に集まっていた数百人の映画人に挨拶をした。母堂の挨拶の内容は忘れたが、そのときの巨匠の表情と姿勢はいまもはっきりとおぼえている。巨匠は、母堂の後ろ一メートルくらいのところに直立して、両手を前で握って、若干前かがみの姿勢をとったまま、じつに幸福そうな笑顔をうかべていた。あれほど幸福そうな表情というものは、ちょっと、見たことがないくらいである。

（佐藤忠男『小津安二郎の芸術』朝日新聞社）

## どこも似たような街に

［先生の作品を拝見すると、純粋に日本的な感じを受けます］西洋式のはできないんですよ、私には。ごちゃごちゃしているのが嫌いなんですね。地方の町へ行きましても、ごちゃごちゃしないところばかり探して撮ります。ところが、そういう場所は、なかなか少ないですね。「……」

尾道なんかでも、汽車の窓から見ると実にいいんだけれども、さてカメラを据えるとなると、あすこの看板が気に入らないとかいうことになって……。いまでは、どこへ行っても銀座があって、どぎついネオンをつけちゃって、似たりよったりになってしまいましたね。このあいだも久しぶりに新潟に行きましたが、まるで変わってしまった。「……」東京の町にしましても、われわれが郷愁をもっていた、いい名前の町がありましたでしょう。それを、田舎出の若い役人が、郷愁も何もなくて、便宜上の名前に変えてしまった。

（人生ひとり旅「週刊明星」昭和三十四年三月二十二日）

## 映画というよりも〝活動〟

ぼくなんかも〝活動〟と言いますね。べつに、みずから卑下するわけじゃないんですが……。映画というようになったのは、昭和に入ってからでしょうね。よく覚えてないけど……。とにかく変わりましたねえ。音が入るようになる以前は、俳優はセリフを覚えなくてもよかった。それで、「どうもモノ覚えが悪くてしょうがないから、映画俳優にでもなろう」という人もいたぐらいでね（笑）。なんとなく惚れたような顔をして、パクパクロを動かしていれば、字幕にはちゃーんと「わたしはあなたを愛しています」と出る（笑）。

（人生ひとり旅「週刊明星」昭和三十四年三月二十二日）

## 映画を撮る喜びを感じる時は？

ほんの瞬間的に、そんなものを感ずることはありますがね。むしろ一本終わって「ああ、あしたから、まいにち昼寝ができるな」と思う。これがぼくには大きな魅力ですね。（人生ひとり旅「週刊明星」昭和三十四年三月二十二日）

## 人間の生理が滲《にじ》み出る演技を

ついでに俳優さんのことをいえば、このごろ演技力とかなんとか盛んに言いますが、ぼくはやっぱし、単なる演技力じゃなしに、もっと人間の生理といったものが滲《にじ》み出さなければいけない、と思っています。演技が六分、その人の生理が四分くらい出せたら、一番いいんじゃないかな。

死んだ菊五郎《ろくだいめ》も言ってましたけれど「朝、人から〝おはよう〟と言われて、ひょいと相手に顔を向ける、そのときの目の動き、これは演技力じゃない。その人間の生理なんだ。そこをうまく写さなければだめだ」……、これには感心させられましたね。（人生ひとり旅「週刊明星」昭和三十四年三月二十二日）

## 主役の女優さんに惚れることは？

それは、やっぱりありますね。でも、あまり惚れても、むこうが迷惑でしょう（笑）。だから、そこは適当に……（笑）。広い意味じゃ、惚れないといい仕事ができないですね。こっちも惚れるかわり、むこうにもやはり惚れてもらわないと……（笑）。

なんて言うのかな、仏教でいう拈華微笑《ねんげびしょう》［注、悟りは文字や理論で伝わるものではないという禅宗の説話］のようなもので、人間の気持ちというのは、なかなか口では通じ合えませんよ。だから、こっちの思うように動いてくれる人には、余計惚れる。そういうわけで、ぼくは初めての人をあまり使わないのです。

**［その場になって惚れたって、遅い訳でしょうからね］** ええ、ふだんから一緒に飯を食ったり、バカなことを言い合ったりしていないと、こっちの気持ちが通じにくい。たとえば「いい天気だね」というセリフひとつにしても、言い方によっては、あまりにもお天気がよすぎて困っちゃうことがある。金も恋人もないやつが、なんでそんなに天気だけ良がるのか、その理由を聞きたくなっちゃう（笑）。

また、いいところのお嬢さんが、五百円ぽっちの金を落として、身を投げるような表情をしたりする（笑）。そんな場合は、〝あっ、落としちゃった〟とガッカリした次の瞬間には〝まあ、いいや〟という動きがどこかに欲しいわけです。というようなことも、ふだんからつき合っているうちに分かってくるものでしてね。

よく昔から、人が電話をかけているときの態度で、相手の人がわかる、というでしょう。この調子なら相手は恋人で、相当進行している仲だな、とか（笑）。目を伏せて話してるから相手は偉い人だろう、とか……、そういう常識がありました。ところが、このごろの若い人は、相手が偉くても目を伏せているやつはいない（アゴをすくうようにしてみせて）「あ、そうですか」だ（笑）。

だから、相手が偉い場合でも、逆に上を向いて電話かけないと、いまの青年の感じはでないですね（笑）。

（人生ひとり旅「週刊明星」昭和三十四年三月二十二日）

## 主義としては「多妻主義」

「あなたは独身主義ですか」と聞かれるんで「主義としては、多妻主義だ」と答えることにしてます（笑）。私は戦争だとかいろんなことで、まあちょいと婚期をなくしたのかな。将来もずっと一人かどうか、それはわかりませんよ。ひとり者というのは、たいへんいい面もあるし、非常に不便なときもある。だから、奥さんもらって、いやになったらスッと別れて、またもらう。これが理想の形態だとは思うけれどもね（笑）。

（人生ひとり旅「週刊明星」昭和三十四年三月二十二日）

## これから作りたいもの

いまの映画監督は、おれが作るんだという強い意識がないと、いい作品はできないね。科学技術が進んだおかげで、ぼんやりしていても映画が何となくできてしまう。——今から作りたい映画は、俳句の世界、たとえば、連句のようなもの。ストーリーはないが何気ない風景描写に、詩情が感じられるようなもの。

（監督三十年／芸術院賞の小津安二郎〈現代の顔〉「週刊新潮」昭和三十四年三月二十三日）

### ◉映画に〝文法〟はない……………………

## 私の映画修行時代

私が蒲田の撮影所へ入って、映画修行を始めたのは大正も末の頃だった。いわゆる活動写真が、ようやく映画らしいものになりかけた頃で、まだ映画というものが、先々、どんなものになるかも分からない時代であった。それで、われわれ若い連中は、四六時中、映画について論じ合ったものである。

酒を飲んでも映画を語り、常設館へ行っても、暗がりの中で一生懸命心覚えのノートをとったりしたものだ。

この頃では、映画を見ても、ただ面白がって見てしまうけれど、その時分は、どこで場面が変わったとか、どんな撮り方をしているとか、そんな緊張した見方であったから、見ていても大して面白くもなかった。

ちょうどその頃、アメリカでビクター・フリーブルグが『映画制作法』を出し、これが翻訳もされて、大いに騒がれたりした。映画には、文学的要素と絵画的要素と音楽的要素がある。だから映画は芸術であるというような、変哲もない本質論なのである。いまから思うと、つまらぬことを、わざわざ難しく書いているような本だ。このコンニャクは、醤油も染みているし、砂糖もきいているし、唐辛子もちょいときいているから、これは美味しいというような話だ。

しかし、このフリーブルグの『映画制作法』が騒がれたのも無理はなかったのである。その少し前までは——私の先輩たちの時代になる訳だが——活動写真の時代で、主人公は女なら花子さん、男なら武夫さんと決まっていたものだ。外国の映画ならメリーさんに、ロバート君という訳だ。それが清水宏だったかが『泣きぬれたマリア』という題を考えたところが、会社の重役から、「マリアというのは西洋人の女だろう、それなら『泣きぬれたメリー』に代え給え」と言われた。マリアがメリーになってしまっては、話が大分違ってきてしまう。

また、『道頓堀行進曲』が流行った頃のことで、チルチル、ミチルの『青い鳥』を翻案、映画化するとき、「『青い鳥』だけでは淋しいから、『青い鳥、赤い鳥』にしろ」という注文が出たという話もあり、そんな時代だったのである。いまになって思うと、それはそれで捨て難い、まことに楽しい時代には違いなかったけれども、「芸術的」などとは、およそ無縁の世界だったのである。

（映画に〝文法〟はない「芸術新潮」昭和三十四年四月号）

## ルビッチが開拓した人間表現

その時分に見て、感激した映画に、ルビッチの作品がある。それまでの映画は、善玉と悪玉があって追いかけっこをする。結局は、善玉が勝つに決まっているのだが、悪玉に負けそうになり、追いつ追われつするというような筋書きで、背景には西部の町が出てきたり、雪のアラスカが出てきたり、話は似たり寄ったりで、ただ、背景の違いだけであった。それがルビッチのものとなると一歩前進して、人間の感情だとか、心境といったものが描き出されてきて、それが迫ってくることだった。

いまの人には、そんなことは別に驚きでもなんでもないだろうが、その頃としては大変な革命だった。無声映画の当時のことだから、しゃべったり、独白があるわけでもないのに、悲しさや、喜びが迫ってくるのだ。それも、ただ悲しいというだけのことでなく、笑いながら、実は悲しいのだという複雑なニュアンスが、ルビッチやチャップリンやモンタ・ベルなどの映画にはあった。

それ以後、そうしたソフィスティケートなものが、映画に多くとり上げられるようになって、それから、また前進して映画も、文学でやっているような、人間表現とか、性格追求というようなテーマ、集団的な動き、記録的な迫力を追求するようになるのだが、それはずっと後のことだ。

若い時分に見て感激した映画はいくつもあるが、折あって、後年再び見ると、案外につまらないという経験がしばしばある。最初に見たときの印象というものが、記憶の中で昇華され、美化され、頭の中で、どんどん育って行ってしまい、それは映画自体とは別個のイメージになってしまっているからだろう。トーキー初期の傑作と言われる『モロッコ』なども、数年経って、もう一度見てみると、あそこはアップだったと思っていた場面が、据《す》えッ放しで、ガラガラ回されていたりして、まるで印象が違っている。

芥川龍之介の小説に『秋山図《しゅうざんず》』というのがあるが、その主人公ではないが、以前に感激した作品を、後年になって見て、これは狐狸《こり》のなせる業ではないかと思うようなことは、よくあることだ。それは見る側の美意識とか、環境とか、時代感覚とかが、変わってくるせいもあるだろうが、やはり、映画という芸術がメカニズムにおいて日進月歩しているために、『秋山図』の思いがことに強いのであろう。


（映画に〝文法〟はない「芸術新潮」昭和三十四年四月号）

## 窮屈すぎる「文法」

アメリカの有名な監督であるグリフィースが、クローズ・アップの手法を初めて使ったのは、もう大昔のことだ。なんのことはない、歌舞伎で使う〝面明《つらあか》り〟的な演出を、もっと大胆に映画に使っただけのことであったが、しかし、悲しいときに、ハンケチを握りしめている手を大きく写すというこの手法は、当時としては、驚くべき新鮮な表現だったのである。やがてクローズ・アップは、撮影技術の発達とともに、表情の微妙な動きを捉えるようになって、感情表現の盛り上げには、クローズ・アップを用いるというのが、一つの〝文法〟化されるようになった。

だが、私は悲しいときに、それを強調するためにクローズ・アップを用いることは、必ずしも効果的とは思わない。むしろ悲しすぎて逆効果になる場合もあるのではないか。だから、いざ悲しいという場面では、逆にロング・ショットに引いた方が、悲しさを押しつけがましいものにしなくて済む――説明ではなく、少なくとも表現になると考えている。そして、私は何を強調するということがないシーンでも、クローズ・アップを用いることがある。

それはロングだと背景が広く入るために、背景の処理が面倒になる、そこで、周囲を消すためにクローズ・アップにするという訳だ。クローズ・アップには、そういう効用もあると思う。その他、テンポを刻《きざ》む場合や色々の場合がある。だから、グリフィース的クローズ・アップをもって一つの〝文法〟のように考えるのは、どうも窮屈すぎるような気がするのである。

（映画に〝文法〟はない「芸術新潮」昭和三十四年四月号）

## 栗原トーマス氏の文法論

こういう〝文法〟的な考え方は、何もクローズ・アップに始まったことではない。日本で映画が企業として、取り上げられるようになった頃、アメリカから、栗原トーマス氏が来て、色々な映画技術を伝えられた。このときに〝文法〟的な受け取り方をしたのが、金科玉条《きんかぎょくじょう》の映画文法論の始まりらしい。

たとえば、こういう文法がある。AとBとが対話をしているところを、交互に、クローズ・アップで撮るときに、カメラはAとBとを結ぶ線を跨《また》いではならないというのだ。つまり、AとBを結ぶ線から、少し離れたところからAをクローズ・アップする。すると、画面に写ったAの顔は左向きになっている。

今度は、ABを結ぶ線の同じ側で、前とは対照的な位置にカメラを移してBをクローズ・アップする。すると、Bは画面では右向きとなる訳だ。両者の視線が客席の上で交差するから、対話の感じが出るという訳だ。もし、ABを結ぶ線を跨いだりすると、絶対に対話でなくなるというのである。

しかし、この〝文法〟も、私に言わせると、何か説明的な、こじつけのように思えてならない。それで私は、一向に構わずABを結ぶ線を跨いでクローズ・アップを撮る。すると、Aも左を向くし、Bも左を向く、だから、客席の上で視線が交わるようなことにはならない。しかし、それでも対話の感じは出るのである。おそらく、こんな撮り方をしているのは、日本では私だけであろうが、世界でも、おそらく私一人であろう。私は、こんなことをやり出して、もう三十年になる。それで私の友人たち——故山中貞雄とか稲垣浩、内田吐夢など——は、どうも私の映画は見にくいと言う。撮り方が違っているからである。では、終りまで見にくいかと聞くと、「いや初めの内だけで、すぐに慣れる」という。

だから、ロング・ショットで、ＡＢの位置関係だけ、はっきりさせておけば、後はどういう角度から撮っても構わない。客席の上での視線の交差など、そんなに重要なことではないようだ。どうも、そういう〝文法〟論は、こじつけ臭い気がするし、それに捕らわれていては窮屈すぎる。もっと、伸び伸びと映画は演出すべきものではないだろうか。

（映画に〝文法〟はない「芸術新潮」昭和三十四年四月号）

## 文法は撮影機能の一つ

何か新しい技法が導入されると、すぐさま何々論といった考え方をして〝文法〟化されるというのは、どうしたことだろう。たとえば、フェイド・イン、フェイド・アウトにしてもそうである。ここで一日が終わっているのだから、フェイド・アウトで暗くしなければならぬ。日が経たない。あるいは、画面が始まるところは、必ずフェイド・インにしなければならぬ。昔はそれにアイリス・イン、アイリス・アウトといって丸く絞るようなことも行われていた。

しかし、そういうものは、映画作家が考え出したものではなく、撮影機械の一つの機能に過ぎない。シャッターの調節で、ボタンを押せば閉じていたものが、ぐっと広く開く。それが画面に現れたものが、フェイド・

インである。

つまり、機械の機能が画面に現れただけのフェイド・イン、アウトを、まるで〝文法〟の如く考えて、この場合はどうすべきだなどと、まことしやかに言う人がいるのだが、これは実に無定見な話だ。文法でもなんでもない、機械の属性である。あたかも本の第一章が始まる前に、一枚余計にページを差し挟《はさ》むといった類のことなのだ。

そういう点では、私は――他人様には、非常にオーソドックスな方法論者のように思われているけれども――なかなかに、へそ曲がりな演出者なのである。フェイド・イン、フェイド・アウトは、オーヴァーラップもそうだが、ここ二十五、六年、一度も使ったことはない。そんなものを使わなくても、感じはちゃんと伝えられると思っている。

私がもともとへそ曲がりだったから、文法否定論者になったのには違いないが、しかし、私の映画修行時代は、文法論が、また、あまりにも喧《やかま》しかったのである。ある批評家は、映画に文法が厳然とあるが如き口ぶりをして、その文法にはずれた演出は、映画ではないとまでこき下ろしていた。

その頃の映画鑑賞の手引きのような本などを読むと、たとえば、オーヴァーラップは、こういうもので、こういうときに用いるなどと書かれている。これは鑑賞者のための本なのだが、一般のお客さんは、それを読んで、オーヴァーラップがないのは、その監督が映画の文法を知らないのでないかと思うに違いない。

そこで演出家の方も、では、この辺に一ヶ所オーヴァーラップを入れようかということになる。誰のための文法なのだか、これではさっぱり分からなくなる。

（映画に〝文法〟はない「芸術新潮」昭和三十四年四月号）

## 重要なのは映画的感覚

文学の場合の〝文法〟というのは、いわば人間の生理につながった問題だと思う。動詞の活用形を間違ったりすると、読みにくいし、テンスも分からない。そういう生理的なものは尊重しなくてはならない。しかし、映画でいう〝文法〟というのは、何か演出上の特殊な技術の問題で、観客の生理に直接つながっていない。それに、いまは観客の方も、なかなか目がこえてきている。

映画館などへ行っても、昔だったら、とてもこういう場面では、お客は笑わなかったと思われるところで、実によく笑っている。非常に細かい反応ぶりに、こっちが驚くようなことが度々である。つまり、観客自体の方が、映画的な感覚を身に余るほど持っているのだ。だから批評家が、「これは〝文法〟にはまったいい演出だ」と、褒めたところで、観客の方は正直で〝文法〟どおりの窮屈な画面には、たちまち退屈してしまう。

観客を引きずって行くものは、観客の生理と結びついた映画感覚であって、技術の上の文法などというものではない。文章の場合にしても、文法にかなったもの、必ずしも名文とは限らない。やはり、文学的な感覚の問題ではないだろうか。

映画的な感覚といっても、難しい問題ではない。観客の生理に、いかに訴えかけるかということだ。この観客の生理を無視してしまったら、動詞の活用形を違えたのと同じに、混乱するばかりで、表現にはならない。たとえば、さっきのAとBの対話の場面にしても、クローズ・アップの向きはどうでもよいが、対話者の位置関係は説明しておかなければ、観客は混乱して、映画の中に入れない。そういう意味での観客生理との結びつきが重要だというのである。

この頃、知人たちの間で8ミリや小型映画をやっている連中がいて、「来て批評してくれ」などと言うので行ってみると、ピクニックか何かで、一家団欒《だんらん》の様子が写っているらしいのだが、それが団欒の感じになっていない。子供はこっちを向いてお菓子をねだっているらしいのだが、それが団欒の感じになっていない。子供はこっちを向いて、お菓子をねだっているのに、母親はあらぬ方を向いて菓子を渡している。距離感や位置関係が、さっぱり見ている側に分からないのだ。それでは、どうしたらいいかと言えば、それは各人各説、色々あるだろうが、私だったら、まず、母親の肩ごしに子供を写す。そうして、それから母親と子のアップを撮る。

（映画に〝文法〟はない「芸術新潮」昭和三十四年四月号）

## 観客生理に響く演出を！

私は映画的感覚の基本は、自分がまずこう思い、この思いが観客生理に、いかに訴えかけるか、どうかにあると思う。ここから、全てが出発するのだ。こんなことは、なんでもないことで、ナイーヴな感覚の持ち主なら、誰だって、そう思うに違いない。

ところが、学校を出て、新鮮な映画感覚を溢れるほどに持った若い人が、撮影所に入り、助監督生活を、十年近くも続けて行くうちに、いつの間にか自分の感覚をすり減らす結果になって、ようやく一本立ちして監督になったときには、まわりの空気に同化して、自分の映画感覚に自信が持てなくなり、そこで何か演出の方程式に頼ろうとする。

すると金科玉条の文法論に従うのが、安全な道ということになる。観客の方は、とっくに卒業してしまっているのに、映画作家の方が、未だに文法論から抜け出せず、月並みな演出ばかりを繰り返すというのは、まさに悲劇的なことだ。

私などは、当時としては割合早く監督になった方だが、それでも二十四歳だった。まだ遊びたい盛りで、監督になったために、家族と一緒に夕飯もゆっくり食べることも出来ず、自分だけ二階に閉じこもって、明日の準備をしなければならない身の不幸を嘆いたりしたものだった。

それに比べて、いまの人は、監督になりたいのに、なかなかしてくれない。五年、十年の修行中には、その肝心の映画感覚まですり減らすという結果になって、なんとも気の毒な話だ。若い人たちに同情はするのだけれど、しかし感覚の枯渇を〝文法〟で誤魔化されたのでは、金を払って見られる観客に申し訳ないことだし、映画芸術の将来を思うと、これでは寒心に耐えない。

その点、最近、フランスに二十代作家が続々登場して、問題作を製作しているというニュースは楽しい。日本でも、そういう若い作家の若い感覚によって、新しい映画が生まれることを期待したいものだ。そういう意味からも、私は、映画に文法はないということを強調したいのである。

（映画に〝文法〟はない「芸術新潮」昭和三十四年四月号）

## 小道具にこる理由は？

別にこっているわけではない。人間にさまざまなタイプがあるように小道具も違う。私はその人の個性にあった小道具をみたてる意味で慎重に小道具係と打ち合わせるわけだ。

〈持ち味を生かす／こってるんじゃない〈映画、私はこう考える〉「報知新聞」昭和三十四年四月三日〉

## 本番を三度も四度も繰り返すのは？

俳優は演技する場合、意識しているからだ。私はセリフに注文をつけるし、テストを何度もやる。しかし段どりをつけてしまえば、あとは俳優まかせ。なん度もやらせてみて、もっとも自然なものを選ぶわけだ。

〈持ち味を生かす／こってるんじゃない〈映画、私はこう考える〉「報知新聞」昭和三十四年四月三日〉

## 自分でカメラをのぞく理由

俳優の動きや構図は、フレームを通してでなければ分からない。たとえば、三人の役者がいて、その一人がキレる場合、あとの二人が画面に空白を作るようではいけない。これはカメラマンではダメだ。

〈持ち味を生かす／こってるんじゃない〈映画、私はこう考える〉「報知新聞」昭和三十四年四月三日〉

## 製作費に関する考え

製作費のことは分からないが、私はどんなに使っても、かかれば仕方がないという考えだ。そうかといって、ムダな金を使っているわけではない。興行面も見込んだうえで作っている。
（持ち味を生かす／こってるんじゃない〈映画、私はこう考える〉「報知新聞」昭和三十四年四月三日）

花冷や　うしほの鯛《たい》の　大目玉

花冷や　石の仏の　芝の上
（「俳句」昭和三十四年四月四日）

雨　芸術院賞受賞祝賀パーティが常盤山菅原邸で開催
参加者百余名　盛会
宴果て・里見邸より帰る
（「日記」昭和三十四年四月五日）

ロケ　六郷土堤
子供たちのくだり
快晴　大変草臥れる
（「日記」昭和三十四年四月十四日）

十時十四分　菅原夫人と出京
宮中参内　皇太子御結婚祝宴
のち菅原夫妻と有馬邸　佐田邸

のち　横浜マスコットに赴き夕餐を喫して帰る
八重桜　さかり也

（「日記」昭和三十四年四月十五日）

晴　玉川の瓦斯橋近くの土堤で子供達の食事のところとる
くもるが一先ずこれで完了にする
帰宅　草臥れす
色紙に絵などかく
牡丹四五日前より咲く

（「日記」昭和三十四年四月十八日）

雨　昼から晴れる
横須賀鈴木くる　入浴
五時長谷華正楼に赴く〈お早よう〉の完成祝
やのやによつて帰る
院賞受賞記念品　狩野真笑筆花鳥画を贈らる
甚だ佳品也

（「日記」昭和三十四年五月一日）

十一時半　里見先生と出京
東劇にて〈お早よう〉試写

志賀先生御夫妻見へる　のち五反田フランスヤにゆく　七名
十二段屋により日活ファミリークラブの芸術院賞受賞祝賀会に出席
牛原　内田と若松　おそめ　ぶゝや　原節子同席　盛会
MEMO 深酒つゝしむべし

（「日記」昭和三十四年五月二日）

## 自作を語る／お早よう

このストーリーはずいぶん昔から温めていたものです。人間同士というのは、つまらないことばかりいつも言っているが、いざ大切なことを話し合おうとするとなかなかできない。そんな映画を撮ってみたかった。ところが、これはいざ撮ろうとすると、なかなか難しい。監督協会なんかに行って、このストーリーを話すと、みんな面白いと言う。じゃあ、誰にでも譲るよ、といっても一寸手が出せない。そこで、やっぱりぼくがやってみよう、とつくった。もっとも昔考えていたストーリーはもっと渋いものでね。ただ、こっちも年をとると、興行的な面を考えるので、なるべく笑ってもらえるような映画につくり変えた。興行的配慮というより、多くの人々に見てもらいたいためと言った方がいいな。

『お早よう』（松竹大船・昭和三十四年）脚本野田高梧、小津安二郎　撮影厚田雄春　主演笠智衆、三宅邦子、久我美子、佐田啓二

（自作を語る「増刊キネマ旬報二月号　小津安二郎〈人と芸術〉」昭和三十九年二月十日）

【兼松熙太郎《かねまつきたろう》談】［小津監督はスタッフに優しかった?］それは全くその通りですよ。僕らが何かちょっとミスするでしょ。そうすると（撮影監督の）厚田さんが怒るわけですよ。そしたら監督が、「厚田、怒るな」って、それで終わり。『お早よう』は全部ロケに見えるかもしれないけれど、家の中はセットで、室内から外は大船の撮影所。土手から上は多摩川。その家の中で、田中春男がご飯食べてるところありますね。いつだったか、小津組ってテスト長いでしょ。田中さんが置いてある沢庵《たくあん》をひとつつまんだんだ。そしたら監督が、「田中さん、誰が沢庵食べろって言った」って。「……」もちろん冗談なんだろうけどね。『彼岸花』でも高橋貞二が、バーでピーナッツ食べるところあるでしょ。あれ、何度やってもＯＫが出ない。次の日にやっとＯＫになったんだ。「ピーナッツ、ピーナッツ」って言って食べるだけなんだけど。そんなところは厳しかったね。

（松浦莞二・宮本明子編著『小津安二郎　大全』朝日新聞出版）

佐田の車で一時前上野芸術院
天皇風邪にて御名代皇太子臨席にて授賞式
兄　平兵衛夫妻と辻留にゆく
六時から文部大臣招宴にて精養軒にゆく
のち　陶哉によつて　おそめにゆく
佐田邸泊

（「日記」昭和三十四年五月二十六日）

晴　十一時三十分坂下門より宮内庁にゆき御陪食
天皇　皇太子　崇仁殿下　芸術院会員
のち田園調布にてモーニングを着換へて
箱根也　環翠楼泊

（「日記」昭和三十四年五月二十七日）

## 『お早よう』を完成して

『お早よう』がやっと終わってほっとしたところですが、いま大映から一本撮ってくれという話がきているので、おそらく今年は私としては、珍しく二本撮るということになりそうです。私がいつも一年に一本しきゃ仕事をしないので、一年一作主義などと言われていますが、監督の仕事そのものは、それほど大変というわけじゃないんです。

時間のかかるのは要するに脚本ですよ。日本映画も年間五百本も撮っていると話のネタがつきてしまいますからね。いままでなかったようなものを考えるだけでも容易じゃありませんが、いくら知恵をしぼっても、結局、貫一とお宮〔注、『金色夜叉』〕を置き換えただけというようにしか、変えられないということなんですよ。これは映画の脚本を書く場合だけでなく、小説の人たちだって、きっとそうなんじゃないかと思いますね。

今度大映で撮るものは、まだ先方の要求を聞いていないので、どういうものになるのか分かりませんが、やっぱりオリジナルものということになるでしょう。京マチ子さんや山本富士子君を使うようになるらしいのですが……。私はだいたい脚本を書く場合に、初めから俳優が決まっていて、その人のイメージに当てはめて書くというようにしていますから、こんどもある程度、出演者が決まってからでないと脚本にはとりかからないつもりです。

それから、いまぜひ撮ってみたいと考えているのは、歌舞伎の二番目狂言のような時代劇です。もっとも僕の監督としてのデビュー作が『懺悔の刃』という時代劇でした。大佛(次郎)さんも「君は時代劇を撮ったらきっといいものが撮れるよ」といって下さっているので、大佛さんの原作のものでもやってみるつもりです。時代劇といっても、人を何人もバタバタと切り倒した後で、平気な顔をして居酒屋のおねえちゃんとラブ・シーンをしているような、およそ人間的でないものは撮りたくありませんね。僕が撮るとすれば、居酒屋でなんとなく酒を飲んでいて、外には雪が降っているというようなチャンバラのない時代劇ってことになるでしょうけど。

それから、なぜワイド（特にシネスコ）を撮らないんだとよく聞かれるんですが、それはシネスコは映画作家の要求によって生まれたものでなく、興業者の要求で生まれたものだからなんです。シネスコのように間口ばかり広げて奥行きの狭い画面は、映画作家としておよそ魅力がありませんからね。

もし私がワイドをやるとすれば、ビスタビジョンの方をとりますよ。テレビ・ドラマなんかも、いまのように映画のマネをして、やたらにロケをしたりして間口《まぐち》を広げないで、もっと奥行きを深める努力をすべきだと思いますね。案外、私なんかテレビ・ドラマの監督に向いているのかもしれません。

（ぜひ撮りたい時代劇／『お早よう』を完成した小津監督〈談話室〉「東京新聞」昭和三十四年五月六日）

## 野田高梧とのコンビのこと

［野田さんとのコンビは長いですね］とても長いんです。昭和二年に監督になりましてね。その時に本（脚本）

を書いてくれたのが野田さんです。時々中断しておりますけれども、終戦後は野田さんの胃カイヨウが治ってから、ずっと一緒です。［やはり具合がよろしい？］具合がいいんです。シナリオ・ライターと監督が本を共作するときには、二人の体質が合っているということが一番大事なんですよ。一緒に本を書くときに、相手も朝寝をし、こっちも朝寝をする。こっちも寝酒を飲むし、向こうも飲む。その酒の量も同じ程度で、同じようにくたびれるといったように、生理的な状態が同じようになることが一番いいんですね。その点で、まったく野田さんと合うんですね。

**［いまも茅ヶ崎の旅館ですか？］**いまは行っておりません。大体蓼科《たてしな》の野田さんの家に行きましてね、行くと長いんですよ。一本書くのに約四か月……。**［細かいところまで相談して書く？］**そうです。お互いに、こういうように話し合いながら、一番目の場面は家にする、二番目は会社にする、三番目はどこにする、ということを決めて、言葉づかいまで相談するんです。「そうですよ」というのを「そうですわ」にしようということまで……。

**［小津さんが脚本家になったり、野田さんが監督になったり］**そうです。野田さんの頭の中にも絵ができて、人物が動いているわけですね。そしてこの役は杉村さんがいいだろう、これは笠さんがいい、というように考えているんですが、それまでよく合うものだと思いましてね。月給まで二人で相談して決めるんですよ（笑）。

**［実際にセットに入って、そのイリュージョンに間違いがあったことは？］**違いますね。頭の中に出来上がったイリュージョンは、あくまで頭の中だけのものでしてね。ことにロケーションは、そうです。自分のイリュージョンを上回るという景色は、なかなかないんですよ。

（やァこんにちは〈近藤日出造〉「週刊読売」昭和三十四年五月三十一日号）

【野田高梧談】蓼科の山小屋へ出かけるようになったのは三十一年の『早春』の時からで、一本のシナリオに三ヵ月か四ヵ月かかるということは、三年か四年の中の一年間を茅ケ崎の宿屋で暮らす勘定になる。だったらいっそ蓼科へ出かけた方がいいという話になったからで、その高原の風趣が大へん小津君の気に入り、それからは毎年そこで仕事をするようになった。

するとある時、お母さんが僕の家に来られて、「ねェ野田さん、お正月に安二郎がこっちにいますとね、お客さんが多くて、安二郎も毎日々々朝から晩までお酒ばっかり呑んでいて、あれではいつか軀《からだ》をこわすと思うんですよ。ですから、お正月お宅で蓼科へいらっしゃるんでしたら、わたしがお願いしたって言わないで、安二郎を誘ってやって下さいませんか。わたしがお願いしたっていうと、またあれがおこりますからね」。

というわけで、それからはお正月を一緒に蓼科で迎えることになったが、僕も家内もこのことだけはとうとう一言も小津君に洩らさなかった。

（キネマ旬報「小津安二郎　人と芸術」昭和三十九年二月増刊）

## カメラ前でやる演技は大変

自分の家で映画雑誌を見て、鏡の前で笑ってみたり、泣いてみたりして、こんなことわけはないじゃないかという、そんなものじゃないんですね。自分の家の鏡の前と、撮影所のカメラの前とでは、まったく違うんです。六十人ぐらいの人が見てる中で、もう少し大きい声を出してくれなんて録音係に言われたりすると、とても、自分の家の鏡の前のようにはいきません。とくにロケーションとなったら、大変ですよ。あの中で一つの感じを出すというのは、やはり訓練ですね。

（やァこんにちは〈近藤日出造〉「週刊読売」昭和三十四年五月三十一日号）

## 助監督を経験する年数は？

［助監督は十年やる必要があるという意見については？］そういうことはないですね。短い方が、かえっていい場合もあるんです。わたしの場合は、最初カメラの助手になって、一年志願で兵隊に行って、兵隊から帰ってきて助監督を一年六か月やって、それから監督でしたが……。監督になっても、自分のやりたいことばかりやっておっては、会社が働かせてくれるかどうかわからないので、会社の気に入るようなツボに向かって自分の監督技術を伸ばしていき、会社がある程度監督として認めていいということになったら、ぼつぼつシッポを出して、会社の方をだましながら、自分の方に持っていかなければならないと思うんですよ。会社をだますということも、一つの大きな演出術だと思うんです。重役なんてのは〝俳優〟としてはダイコンですからね。

（やァこんにちは〈近藤日出造〉「週刊読売」昭和三十四年五月三十一日号）

## 最初はカメラ担ぎ

いや、監督助手に欠員がないということで、「お前は体が大きいから力があるだろう」というんで、カメラ担ぎでした。しかし、いま考えると、カメラの一年半は、ポジションをつけたりなんかするのに、けっしてムダではなかったと思いますね。いきなり監督に入るより、カメラに入った方がいいと思うんです。カメラは、少しやった方がいいと思うんです。木下恵介もぼくと同じですからね。［木下さんも担ぐ？］体が大きくないから、かつげないでしょう（笑声）。撮影部の助手をしておりましたよ。

（やァこんにちは〈近藤日出造〉「週刊読売」昭和三十四年五月三十一日号）

## 小道具はホンモノがよい

［小津さんと溝口さんは、小道具に凝る大御所だそうですが、本物でないとダメ？］　そうですねェ……。白黒の場合はごまかせるんですが、天然色ではいけませんわ。床の間の掛物でも、天然色になると本物でないといけませんね。だから、天然色はそういうことで金がかかるんです。
［それは監督さんの心理的なものでは？］　いや、たとえばこんな器にしても、白黒の場合はポスター・カラーで描いて写してもいいんですが、天然色になると具合が悪いんですね。また、こういうものがいい物でないと、人間が引き立たない場合もあるんですね。雰囲気を大事にしないと……。
　立派な料理屋の場面では、なるべく料理屋の大きな廊下だけを見せて、部屋は小さいものにしようということを考えますね。そうでないと、全部見せるとなると、柱はどうだ、畳はどうだ、チャブ台はどうだ、ということになってくるので、あまりお金のかからないようにですね。

（やァこんにちは〈近藤日出造〉「週刊読売」昭和三十四年五月三十一日号）

## ぼくの特殊な才能

［小津さんの演出料が高くても年に一本だと蔵は建たたない？］　建ちませんよ。いつも貧乏ですよ。ただ、ぼくには特殊な才能があるんですよ。ツメに火をともすという……（笑声）。

（やァこんにちは〈近藤日出造〉「週刊読売」昭和三十四年五月三十一日号）

## 有閑人種を登場させること

〔小津作品にはとかく有閑人種のみ登場するという批評は？〕趣味に堕しているという批評があると思いますが、ぼくとしては趣味ということじゃなくて、社会的なものの生活ということなんですね。それは有閑人種でも、サラリーマンでも、なんでもいいんですよ。そこに、ある一つの人情の機微を衝《つ》きたいんですね。それをたまたま取り上げた範囲が、有閑的であったり、庶民的であったりでね。そこの違いじゃないかと思うんです。

（やァこんにちは〈近藤日出造〉「週刊読売」昭和三十四年五月三十一日号）

**〔厚田雄春談〕**大映で撮られた『浮草』は宮川一夫さんのキャメラで、立派なお仕事で敬服しましたが、松竹でやってるときより、ロングが少ないなって思いました。ロングとバストをつなげる浜村義康さんの独特な編集のリズムがあるんですが、その感じがいつもとは違ってましたね。「……」ご承知のように、あれは昔の『浮草物語』を改稿して、『大根役者』っていう題で撮るはずで、佐渡や新潟までロケ・ハンをしているんです。そのときの写真もずいぶん残っていますよ。雪の中でやりたいといっておられたので、実現してたら、『美人哀愁』いらいの雪景色が撮れたはずなんですが、あいにく、昭和三十三年の冬は雪が少なくて無理だろうということで延期になってしまった。

それで、『彼岸花』で大映から山本富士子を借りていたお返しに大映で撮ることになったんです。

（厚田雄春／蓮實重彦『小津安二郎物語』筑摩書房）

## 大映で『浮草』を撮る

『大根役者』は、昭和三十一年正月『早春』の仕事が終わってから野田君と一緒に本を書き、ロケハンまでやった。冬の話にしたので佐渡や北陸方面を歩いたが、折悪しく暖冬異変で雪がない、やむなく中止してしまった。ところが、この本がそのままになってしまうのは、いかにももったいないと思っていた。幸い、大映の俳優陣を使って実現することになり、張り切っている。
ただ、いままでの僕の作品は、ほとんど馴染《なじみ》の人ばかりに出てもらっていたが、今度は全部新しい人ばかり。それはそれで新鮮な気分でもある。僕の映画としては芝居の多い異色のものだが、大映の俳優陣に期待している。脚本を冬のものから夏向きに書き直し、ロケハンは志摩から紀州の方で行う予定だ。

（小津監督が大映で『浮草』を製作「毎日新聞」昭和三十四年六月一日）

佐田邸から車で新宿
十二時二十五分で蓼科に発す
弘三　和子　出迎ひにて山荘にゆく
佐田夫妻　北川　久保寺見送　東宝神津氏同車
途中雨　やがて雨上る
時鳥《ほととぎす》　なきつるなべの　ゐろりべに　心たのしも　酒くむわれは

（「日記」昭和三十四年六月二十日）

短夜の　枕に近く　時鳥　われ老ひぬれバ　心たのしも

（「短歌」昭和三十四年六月二十七日）

終日　雲呼荘泊
ひるね　甚だ快也
笠夫妻くる　久ゴルフする
晩めしののち　初めて仕事にかゝる
谷崎先生より来信
北川　佐田に電話する

（「日記」昭和三十四年七月二日）

佐田啓二　益子夫妻　宮川一夫キャメラ来蓼
久保寺氏茅野駅まで出迎ひ
その間に仕事にかゝる
夜　無芸荘にて宴会

（「日記」昭和三十四年七月五日）

## 八月に『浮草』撮影開始

はじめて来たこの撮影所、外観はあまりきれいじゃありませんね。もっともステージさえきれいなら結構。ここのステージはとても涼しいと聞いてお世話になることにしたんだが……。他社で仕事をするのは新東宝の

『宗方姉妹』と二本目。あの時は助監督二名を連れていきましたが、こんどは図々しくなって一人です。でも映画が好きでやっている人たちと仕事をするのだから、話せばわかる、不自由だとは思いません。仕事は八月に入ってから、終わるのは僕にすればゆっくりなほど都合がよい。大映さんだから無理を聞いて下さると思ってるんですがね。

鴈治郎《がんじろう》さん、京、若尾さん、そして川口君といずれも初めての人ばかり。こうした例は僕の場合あまりないが、それだけ今までにない面白さがある。でも一週間ぐらいは、僕にすればどのくらいの演技の可能性があるか？　俳優さんとすれば、どんなことを監督は要求するのか？　と、ちょっとオタオタするかもしれない。もっとも『彼岸花』の山本（富士子）君なんかの場合も、なんとなくとけこんでくれたしね。

京、若尾さんは『夜の素顔』を参考試写で見ました。鴈治郎さんには大いに安心している。役柄になりきった演技とあの人の人柄にね。川口君もバーで一緒になったりして全然知らぬわけじゃない。従来の役柄はともかく、この作品の郵便局員にはピタリの人だと思う。

前に作った『浮草物語』の再映画化という旅役者の生活を描いた作品だが、前作は北陸の冬の芝居、こんどは真夏の志摩半島を背景にと違っている。

芝居の重点はどういうものでもなく、見た人の感じですよ。まあ今までの通りの僕の作品、もののあわれ、人情のわびしさといったものが主題です。えっ！　小津調の画面が他社で作れるかですって？　よい悪いは別として、僕と一緒に仕事をすれば、僕なりのアングルになってしまいますよ。

（『浮草』八月に開始／大映に現われた小津監督「産経新聞」昭和三十四年七月十四日）

『浮草』撮影風景：昭和9年（1934）に松竹蒲田撮影所で製作した『浮草物語』を監督自らがリメイクした作品。小津が第二の故郷である地元三重県でロケーション撮影した唯一の映画。

## 珍しくロケが多いよ

ぼくは松の木と看板とトタン屋根がきらいで、ロケをあまりやらなかったが、必要にせまられてね。

（人生のわびしさを／〝大型〟は日本間に合わない／小津監督と一門一答「報知新聞」昭和三十四年八月六日）

## 白いピケ帽のいわれ

ぼくは人一倍汗っかきでね。頭がはげているせいか、頭のてっぺんから汗が出るんだよ。それをとめるハチマキの役目を帽子が果たしてくれる。これは頭のはげてない未経験者には分からないことで、そのうち年をとれば分かるときがくる。人生のわびしさですかね――。こんなことが『浮草』のテーマです。

（人生のわびしさを／〝大型〟は日本間に合わない／小津監督と一問一答「報知新聞」昭和三十四年八月六日）

## 子供は好きだけど……

私自身、子供はありませんが（小津監督は独身）子供は好きですよ。それに、他人の子だったら、無責任に可愛がれますからねえ。私は自分の子供がほしいと思ったことは一度もなかった。マー坊（子役）が可愛いからって、これが自分の子供だったらやっぱりイヤですよ。この子は俳優になろうっていうんだから……。

（我が子なら考えもの／俳優になろうっていうんだから「報知新聞」昭和三十四年九月二十七日）

『浮草』の改訂稿、終了。二日起稿、七日脱稿の六日間也。

興至れば、筆をとり、興去れば、枕に就き、
興来り、興去り、遂に脱稿の運びに至る。
五風十雨とかや、世の常のつれづれ、
つれづれはたつきとなりて、
たつきは情思の半に生まる。
莫思身外無窮事《おもうなかれしんがいむきゅうのこと》、
且尽生前有限杯《ただつくせせいぜんいっぱいのさけ》か。
酒を汲む杯の数少なければ、秀作は生れぬべし。
秀作は盃の数より生れ、なみなみの盃に酒は満つ可し。
『浮草』秀作なるは、偶然にあらず、
厨房をみよ、空しく空瓶のあだに並べるを。
我田引水、私説の一端を記し、
もって自慰となさんか。焉

［注、漢詩は杜甫の絶句「漫興九集」］

（昭和三十四年七月七日「日記」）

## 自作を語る／『浮草』

大映で一本撮ってくれという話は、溝口さんが生きておられた頃からあったんです。その後、永田さんから

も屡々《しばしば》依頼されていたんだが、僕は松竹と一年一本の契約を結んでいる。その一本で、たいてい一年が終わってしまう。丁度この年は『お早よう』が早くあがり、もう一本大映でつくるだけの時間が出来た。それで年来の約束を果したわけです。

このストーリーは、無声時代に一度とったことがある。それをもう一度、北陸の雪の中でやってみたくて、『大根役者』というシナリオを書き、松竹でつくるつもりだったんだが、この年は雪が浅く、高田へ行っても、佐渡へ行っても、ぜんぜん絵にならない。一時中止していた作品ですが、これを季節や舞台を変えて書き直し、大映でやったわけです。

テーマは、まあ、もののあわれというか、古風な話で、時代は現代だが、明治ものの古さをもっている。じゃあ明治ものにしたらよさそうなものだが、かといって明治にする必然性もない。それに時代を過去にさかのぼらせると時代考証その他でたいへんだ。結局、古いストーリーを現代に生かしたと言うことになりますね。

カメラマンの宮川一夫さんがいろいろ苦心してくれて、ぼくもこの頃からようやくカラーがわかりはじめた。色はその種類によってちがった光量をあてなければいけないと言うことね。目で見た色とフィルムに写る色とは違うということ。だから二つの色のコントラストを狙っても、同じ光量をあてたら一方が死んでしまう。そんな時はどちらかを影にして色をおさえてしまう。……こんなことをはじめて知りました。

また、だんだんシネマスコープが一般化してきた。僕は大型映画をつくるつもりは全くないが、やはりこれに対抗して少しずつ意識的に演出手法を変えはじめた。もちろん変えると言っても、一度にグンと変わるものではない。少しずつ、気がつかないうちに変わって来る。たとえばクロース・アップが多くなり、カットも細かくなった。最近のぼくの映画は、日本映画としては最高のカット数じゃないかと思う。

『浮草』（大映東京・昭和三十四年）脚本野田高梧、小津安二郎　撮影宮川一夫　主演中村鴈治郎、若尾文子、京マチ子、川口浩

（自作を語る「増刊キネマ旬報二月号　小津安二郎〈人と芸術〉」昭和三十九年二月十日）

**【若尾文子談】**小津先生の撮影って、ほんとに楽しいです。楽しいって、にぎやかとか別に冗談いってるわけじゃないんですよ。雰囲気がね、もうほんとの意味で大人。映画界、芸能界の特殊性がない。文化人の水準なんですね。小津先生ってとっても好きだったな（笑）。ほんと朝からちびちびお酒をお飲みになってるんだけども、それがいわゆる映画人の持つお酒って感じではないんですね。ずっと飲んでいらっしゃるけど、なんか違うの。

わたしね、鎌倉のお宅へお邪魔したことがあるんですけどね、玄関に入ったら、飾りきれないんでしょう、無造作に絵がたくさん立てかけてある。それを見ていたら「家に来た女優で最初に絵に興味を持ったのは、きみだけだよ」なんておっしゃったけど。なんか素敵なんですよね。風流でね。あたし、ちょっとやっぱりあのとき、ほのかにね、小津先生、好きだったの（笑）。「……」

あのころ、小津先生、六十くらいですかねえ。着物をね、「若尾ちゃんね、僕が見立てて買ってやるよ」なんておっしゃっていたのに、とうとう買ってくれなかった（笑）。

（川本三郎『君美《うる》わしく〜戦後日本映画女優讃』文春文庫）

**【杉村春子談】「小津監督は杉村さんには自由に演技をしてもらったと聞きますが？」**そんなことないですよ。『浮草』（昭和三十四年）で、あたしが（中村）鴈治郎《がんじろう》さんに、「あ、そう」っていうところなんか、七十回くらいNGが出ましたよ。

（川本三郎『君美《うる》わしく〜戦後日本映画女優讃』文春文庫）

# 映画界、今年で三十六年

大正十二年に映画界の門をくぐったのだから、今年で三十六年。よくこの道でオマンマを食べて来られたと思う気持ちだね。普通の会社ならば去年で定年。ボクは色々と賞までもらっている。映画入りの動機？〝映画が好きだったから〟だ。昔は映画を見ると停学になったもんだが、鳥打帽《とりうちぼう》をかぶっては潜り込み、ダグラス・フェアバンクス、パール・ホワイトなんかに、うつつを抜かしてた。もともと勉学の志なんてなかったから監督になっちゃった。映画へ入るなんていうと、当時は道楽者呼ばわりで、堕落したみたいに思われた。ところが、いまでは映画界へ入るのさえ難しくなっちゃった。飽きっぽいボクが、三十六年も一つ道を歩んだのも、自分で言い出した責任を感じたからだろう。

昭和二年に『懺悔の刃』で監督になったが、これは時代劇。翌年に〝時代劇〟は蒲田から京都へ移ったので、これ一本きりになった。だが、一度リアルな〝時代劇〟をやってみようかとも考えている。いまのは約束で固まってて、殿様といえば、サカヤキを青々と剃って「枕草子」に出て来そうなのばかりだ。殿様だって、カゼひいて剃らない日だってあるだろうし、剃り損じてコウヤクを貼って登場したっていいはずだから……。

『浮草』で五十本目だが、ボクの入った黎明期から思えば、大変な違いだ。といって、ボクらの方は科学部門との協力に負うんだから他力本願だ。ボクの流儀が出来てしまったが、映画の作り方にまだ文法なんてないと思うね。だから、ヌーベル・バーグ大歓迎だ。個性的な新人監督よ大いに出よと言いたい。

五十本の作品は、不出来のつもりで作ったものは一本もないから「自信作は？」と聞かれると困るな。これからも元気な限り、好きなお酒をたしなみながら〝小津調〟で映画を作っていくよ……。

今度の風邪ハあとまで咳出る由なり

（わが道を行く「日刊スポーツ」昭和三十四年十二月一日）

終日　就床　咳出でゝやまず
咳やゝ下火となり
煙草少しづゝ喉を越す
佐田より電話
里見先生より的矢のカキいたゞく
押迫つての風邪にて
歳末ゆつくり在宅の日多し

（「日記」昭和三十四年十二月二十九日）

昼すぎ大映久保寺くる
永田雅一から浮草記念品としてパテック時計をもらふ

（「日記」昭和三十四年十二月三十日）

そのあたり片づける　ときくる
大晦日にうちにゐること久々なり
テレビを見て　除夜の鐘をきく

（「日記」昭和三十四年十二月三十一日）

## 昭和三十五年［一九六〇］五十七歳

一月、次回作の相談のため、野田高梧、里見弴と湯河原・熱海に滞在した。二月末から六月にかけて中断を挟みながら蓼科に滞在し、『秋日和』の脚本を執筆した。三月、小津は蓼科をよほど気に入ったのか、八ヶ岳の見える土地に、自身の別荘を建造するための土地を借りた。

六月三日、『青春残酷物語』（大島渚監督）公開。松竹は若手の助監督クラスを監督に積極的に登用し、従来の「大船調」とは異なった趣向をアピールした。「松竹ヌーヴェル・ヴァーグ」としてマスコミに持て囃《はや》された。しかし、十月に公開された『日本の夜と霧』（大島渚監督）と『血は渇いてる』（吉田喜重監督）の二本立興行の上映中止等により勢いは頓挫した。

七月、『秋日和』の撮影開始。東宝から専属の司葉子を借りる代わりに、東宝で一本作品を撮ることになった。十一月十三日、『秋日和』が公開。興行も成功し、本年における松竹の興行成績一位となった。キネマ旬報ベスト・テン五位。年末、次回作『小早川家《こはやがわけ》の秋《あき》』の準備のため、藤本真澄《ふじもとさねずみ》（東宝プロデューサー）、野田夫妻と兵庫の東宝宝塚撮影所を見学した。その後、蓼科で越年した。

---

**一月十四日〜十九日**
野田高梧、里見弴と湯河原・熱海に滞在

**一月三十日**
第三回溝口健二賞を受賞

**二月四日〜十二日**
鶴巻温泉で野田高梧と次回作の打ち合わせ

**二月二十二日〜六月三日**
蓼科に中断を挟んで滞在。
『秋日和』の脚本執筆

**四月**
皇居園遊会に参加

**六月三日**
『青春残酷物語』（大島渚監督）公開

**七月〜十一月**
『秋日和』撮影

**十一月十三日**
『秋日和』公開

**十二月十五日**
東宝宝塚撮影所を見学

細雨　風稍々強く元旦となる
菅原夫人　紀子　秋子　原研吉夫妻　岩間　佐田夫妻　清水　来訪
夕方よりまた雨となる
夜テレビ　日本の文学　志賀直哉を見る

（「日記」昭和三十五年一月一日）

晴　朝新春座談会　武者　吉井　里見のラジオをきく
昼から年賀の客来る　二十五六名　例年に比して尠し
それより扇谷怡吾庵にゆく　江川宇礼夫妻
あとより　今日出海　山口久吉くる

（「日記」昭和三十五年一月二日）

## 心から嬉しい溝口賞

溝口さんとは親友だったし、たしか故人が大映重役に就任された時だと思うが、一度大映に来て仕事をしないかという話をされた。それが実現したのが昨年の『浮草』。生前に約束を果たせなかったのは残念だが、『浮草』ロケの頃、ちょうど溝口さんの命日で、その日は故人にゆかりの深い中村鴈治郎さん、京マチ子さん、それに宮川一夫さんとともにロケ宿で語ったものだ。心からうれしい受賞です。

〈大変うれしい〈第三回溝口賞きまる〉「産経新聞」昭和三十五年一月二十二日夕刊〉

二時　協会理事会に出かける

六時資生堂にて荻本氏と会ひ佐田夫妻と辻留
ヱスポワール　おそめに寄って　田園調布に行き　泊る
杉山寧氏より画集　恵送さる
この日より松竹との契約満了となる

（「日記」昭和三十五年二月一日）

晴　二時野田同道　里見先生の所に参上
ストーリー大略の打合わせをする
晩めし　いたゞく　先生夫人　静夫同席　粕汁
〈秋日和〉〈秋七草〉など題名出る
話をしている内に父と母とちがつた〈晩春〉らしいストーリーになる
主演ハ司葉子でハ如何かとの話出る
方向決りまずは一安心なり

（「日記」昭和三十五年二月十三日）

春の雪　石の仏に　さわり消ゆ

紅白の　菓子美しや　春の雪

（「俳句」昭和三十五年四月二日）

老ひぬれバ　いのちのうちの　いくたびの　春ぞと思ふ　春いかんとす　放庵

（「短歌」昭和三十五年四月十一日）

ひとり散歩に出る
千代田山荘のさくらをみる　三分咲
途中老婆に会ひ語る
八十一といふ
おじいさんは七十かねといはれていさゝかくさる
仕事にかかる

（「日記」昭和三十五年五月五日）

蓼科の春は五月五六日より芽バえしてよし
ことに唐松の新緑美し
一本ざくらは五月九日十日満開也
淡紅色にて染井吉野の艶なる風情あるに非ざるものに比すれば
まことに色めきて佳也

（「日記」昭和三十五年五月十四日）

玲子ちゃんにシナリオ清書にかゝつてもらふ
シナリオ　会社の屋上から榛名湖にうつる
夜安眠かなはず　夜もすがら　時鳥きく

文春から〈秋日和〉の下刷とゞく
雨　入浴　朝食ののちシナリオにかゝり
昼すぎ　脱稿の運びとなる　二百八十枚
夜　笠夫妻呼んで会食
おそく北川くる　途中車故障の由なり
京都一力より電話
里見　吉井　佐田夫妻　達子さん出る

（「日記」昭和三十五年五月二十八日）

## 次回作は『秋日和』

この頃の映画には、三面記事的な刺激の強いものが多い。そこへいくと、僕のはいつもながら品のいい話。だれでもが安心して見れる映画だ。題名のようなさわやかな映画にしたい。七月初め撮影を始め、八十日か九十日。秋のシーズンに封切の予定だ。出演してもらう人たちもおなじみの人が大部分。こんどは岡田茉莉子君を初めて使いたいと思っているが、父娘二代使うことになるので楽しみだ。

（「日記」昭和三十五年六月二日）

どうしてシネマスコープ・サイズの映画を作らないかっていうが、何だかあのサイズは、郵便箱の中から外をのぞいているような感じでゾッとしない。七〇ミリ映画のように、あちこちから音が出る方式なら別だがね……。

（小津監督の次回作『秋日和』／里見弴氏の原作から／母娘の人情のあたたかさを描く「毎日新聞」昭和三十五年六月十一日）

## 女性の好みは映画に出てるよ

私の好みですか？　中庸《ちゅうよう》がいいですね。日本人は、なにかというとすぐ、源氏か平家に決めたがる。どちらでもない、というのも一つの思想でしょうに……。ウェットではなく、かといってドライでもない娘が一番いい。私が映画に写す若い女性は、それなりに私が好意的な女性なんです。私の好みは私の映画に出ています。

［小津さんの青春時代の女性は？］　知能とか教養という点について、いまの女性に劣っていたと思いますね。いまの人はファイトもある。生活意欲というんですか、そんなものをピリピリ感じさせますよ。私が知っているバーの女の子たちも、生活の手段として誇りさえ持っている。昔のキャフェの女には、苦しい境遇のために身を落としたようなカゲがありましたが……。しかし、いまのところ、キャバレーやバーの女性たちをヒロインに仕立てた映画を作る気はありません。

［小津さんにお嬢さんがいれば？］　私は子供を育てる自信がないんです。もしあれば、ということでしたら、中庸な娘に育てると申し上げましょう。

（小津監督の女性観／近く『秋日和』のメガホン「報知新聞」昭和三十五年六月十六日）

## 白い登山帽のこと

一ダースくらい、こういう帽子を持っている。白は清潔だし、登山帽は汗の流れるのをとめてくれる。それにしまうのも簡便だ。

（一途に描く〝ものの哀れ〟「スポーツニッポン」昭和三十五年七月十三日）

## よい作品を作るために

僕は別に、いままで〝静かに〟なんて特別に注意したこともない。監督にとって要は全員心を合わせていい作品を作れるようにすることが大切なんだ。

(一途に描く〝ものの哀れ〟「スポーツニッポン」昭和三十五年七月十三日)

## 社会性とものの哀れ

社会性がないといけないという人がいる。人間を描けば社会が出てくるのに、テーマにも社会性を要求するのは性急すぎるんじゃないかねえ。僕のテーマは〝ものの哀れ〟という極めて日本的なもので、日本人を描いているからにはこれでいいと思うんだ。

(一途に描く〝ものの哀れ〟「スポーツニッポン」昭和三十五年七月十三日)

## 私が追求する人間の愛情

いくら世の中が変わり、さわがしくなっても、もののあわれと言うか、人間の愛情は変わらないはずだ。現代に、この愛情はどんな形で現れるか。作品全体に、何か温かい感じがあって、刺激の強い映画とは違った感動を見る人に伝える映画——。そのためには、まずぼく自身がこの素材に対して愛情をもち、愛情のもてるストーリーを考え、映画をつくることに愛情を持たなければならない。

そこで映画のストーリーをちょっと紹介すると、これは、夫を失って七年、一人娘を育てて来た美しい母親の物語である。娘に縁談がもち上がるが、彼女には母を一人にしてしまう気がしない。そこで亡夫の親友が、母に再婚をすすめるが、娘の方はそのために強いショックをうける。一時母娘は争うが、やがてすべてが解決する。娘は結婚生活へ、母はそれを一人見送る。

映画とは、一人の人間の、ほんとうの個性を描くものだ。ほんとうの人間は、いくらそれを行動の上で、どぎつく描いても描き切れるものではない。喜怒哀楽だけを、一生懸命写し取ってみても、それで人間のほんとうの心、気持ちが現せたとは言えない。悲しい時に笑う人もいるし、嬉しさを現すために泣かす場合もある。要はその人間の風格を出すことで、これをぼくは今度の映画でやってみるつもりだ。

**［小津さんは、いままでの作品でもその方向を追求されてたのでは？］** もちろん、この点は長いこと考えて来たし、最近作った映画は全部同じ意図でやっている。ただ、初めから終わりまで、演出プランをその方向にまとめるには、まだ自分の自信が固まっていなかった。それに練習不足ではなかなか成功しない。演出家も含めて、よほどドラマをしっかり理解し、訓練してからでなければ、ひと思いに踏み切れない。それを敢えて踏み切ったところが、やはり新しさだろう。

（大人の映画を／『秋日和』撮影の小津監督大いに語る「キネマ旬報」昭和三十五年九月上旬号）

## 『秋日和』で扱う主題

この映画の主題は、言うまでもなく親子のぶつかり合い、母と娘の葛藤である。だが、それは何回も言うように、喜怒哀楽の中では表現しない。たとえ喜んだり悲しんだりしても、それは単に表面のことで、親と子の間にはもっと深い、静かな結びつきがあり、それを描くことが作品全体に人間的な風格をつくり出すだろう。今の映画は意味もないのに、あまりに怒ったり、大声をたてたり狂喜したりし、それで感動が生まれると思っている。いわば感情過多が最近の映画の傾向だ。

しかし、感情過多は、ドラマの説明にはなるが、表現にはならない。だからぼくの作品は、見ていてことさら大きな盛り上がり、ドラマの迫力はないかもしれない。それでいいのだ。いたずらに激しいことがドラマの面白さではなく、ドラマの本質は人格をつくり上げることだと思う。

（大人の映画を／『秋日和』撮影の小津監督大いに語る「キネマ旬報」昭和三十五年九月上旬号）

## 大人に見せる映画を

もちろん一つ一つの画面の調子を押えることになるだろう。俳優にはまず自分のセリフをよく納得してもらう。セリフの意味を正しくつかみ、その上でやたらに感情を込めるのではなく、むしろ感情を殺し、説明的でない演技を求める。その結果、観客にはそのシーンのドラマよりも、むしろ出て来る人間に共感を覚えるような演出をやりたい。

何度かカラーをやってみて、だんだん色彩を気にしないようになって来た。黒白の場合と同じ気持ちでやるが、要するに嫌いな色をなるべく排除し、全体の色を統一しながら、むしろ色をおさえる感じ。色に対しては、どちらかというと消極的な意図になるかもしれない。

何よりも、大人に見せる映画、見た後、観客の気持ちが大人になる映画をつくりたいものだ。

（大人の映画を／『秋日和』撮影の小津監督大いに語る「キネマ旬報」昭和三十五年九月上旬号）

## 〝新しい波〟にも超然

いまさら、なにも新しいことをしようとは思いません。ただ、いままでは、二、三分のシーンでも人物のすわる位置を変えてみたり、一人を立たせたりして、なんとか動きをつけないとマが持てないような気がしていた。それに、悲しければ泣かせ、うれしければ笑わせたり――ね。

しかし、なにも動きをつけなくても、人格をはっきり描き出していれば、登場人物の感情は観客に通じるはずなんですよ。いままでも動きを省略しようと思いながら、なかなかできなかった。なんか説明をつけないと――と思っちゃうんだねえ。

『秋日和』では説明を一切省略する。溝口健二も晩年はそういった傾向があったんじゃないかな。これは年をとると〝不テイ〟になってくるってことでしょうな。司葉子君は、初めてだけど、なかなかいいねえ。美人は多くても、司君みたいに雰囲気を持った人は少ないよ。もっとも、僕はだれでも最初は好きになっちゃうんだけど――。

**[この作品が最後のスタンダード版?]** ワイドっていうのが嫌いなんだな、僕は。画面が広くても、すみの方はほとんど邪魔になっているんじゃないの? 台所をガラッと開けても、人間が真ん中にポツンと一人だけいて、あとは意味もない台所用品だなんて、面白味がないよ。どうかすると画面の両わきは壁しか写ってなかったりするんだもの。

題材にもよるだろうけど、四畳半に住む日本人の生活を描くには適さないよ。だから、自由に画面を広げたり、縮めたりできるようになれば別だけど、いまのままじゃスタンダードがいいね。ただ、ビスタビジョンだけは、やってみたい気もしますね。

**[ヌーベル・バーグについては?]** 若い人の映画は見てないんだよ。でも映画の題材は広く求めるべきだろうし、新しい試みも意味がありますよ。ただねえ、人間って勝手なもんだね。ヌーベル・バーグとか呼ばれる映画な

んかで、自分より悪いやつを見ると、安心しちゃうんじゃないかな。世の中には、自分より悪いやつがまだまだいるんだってね。

僕には子供がないんだけど、でも悪いやつの出てくる映画は作りたくない。やっぱり、見る人に人間の善意を信じさせ、向上しようという気を起こさせる映画が必要じゃないのかね。

このごろは、からだに気を使うようになり、おかげで『秋日和』では、まだ一度も二日酔いをしてないよ。

（悪いやつの出る映画は作りたくない／〝新しい波〟にも超然とした小津監督「東京新聞」昭和三十五年九月六日）

## 巨匠と新しい波

**［新しい監督が次々と出て、大船の雰囲気も変わりましたね］** いいことですね。あまり撮影所の空気になじみすぎると、新鮮な映画は作れませんからね。私が『大学を出たけれど』など作って新しい小市民映画だと言われたころは、たしか二十五、六歳でしたよ。

**［若い人たちの作品はどう？］** どうも共感できませんね。主人公に愛情が持てないのです。人間を描いたつもりで、実はバイキンを描いていた、といった感じじゃないですか。私たちの「小市民映画」と呼ばれたものは、町の中にどこにでも住んでいる人たちを、私や、亡くなった島津保次郎、五所平之助、成瀬巳喜男の諸君が、それぞれの持ち味でいろいろな方向から描いてみたというだけなのです。

大船調も、もう少しいろいろと突っついてみたら、違ったものが出てくるようにも思うのですが……。

**［『秋日和』も、従来の作品と非常によく似た物語ですね］** なかなか後戻りできないものですよ。それに、作るたびに〝意あまって辞足らず〟の気持ちが残りますからね。スタミナのことなど考えながら、たとえ同じような作

品でも、ひとつひとつ取りかかるわけです。早いもので、『晩春』で娘役だった原節子さんが、今度は母親役ですからねえ……。（大船撮影所このごろ／〝巨匠〟と〝新しい波〟／日本映画界の象徴のように……「朝日新聞」昭和三十五年九月十三日夕刊）

## 夏に撮影、秋に公開のサイクル

**［絶好の秋日和に封切る映画を、一番仕事の大変な夏に撮りますね］** べつに、わざとやっているんじゃないんだが、自然とそうなっちゃってね、もっと、どんどん撮ればいいんだが、なかなか演《や》りたいものが見つからない。**［原作は？］** いや里見（弴）さんが書いてくれたんだが、何かないだろうかって、何となく話し合ってるうちにこんなものになった。

**［シナリオはいつものように野田高梧さん？］** 気心が知れ合ってるからね、いろんな話をしてるうちにコンストラクションからセリフまで気持ちは合ってくるんだ。もっとも、それでも考えが割れちゃって、両方が相当頑張るようなことが、一本で一度くらいはあるね。

**［新しい狙いは？］** いやあ、僕のことだから例によって例のごときものでね、いままでの映画で一番似ているといえば『彼岸花』かな。ただね、年をとると、だんだん作りたいものが変わってくるね。この写真なんか、喜怒哀楽があんまりないんだ。感情のままに怒ったり、笑ったり、わめいたりするのは猿のやることでね、人間じゃないんだな。

技術が進んでくると、映画もだんだん微妙なことがやれるようになった。感情よりも心理、個人よりも集団というようにね、しかし集団は得意じゃないから、僕なんか人間を描く。それも喜怒哀楽の表に出ないやつをね。たとえば男が三人話してる。何か、からかってるんだが、笑いながらやったんじゃ面白くない。すました顔してからかったり、からかわれたりしてるんだな。表情もだが、動きもほとんどない。人生はほんとはそうなんだ。座ったまま、ただしゃべってる。それで何となく人間の風格みたいなものを滲み出させたい、それがこんどの狙いだね。

［**風格映画ですか。『浮草』とは逆ですね**］泣いたり、怒ったりの芝居だと『浮草』になるんだが、年をとると、そうでない方が面白くなってくる。そりゃ芝居のように楽じゃないが、動きじゃなくて滲み出てくる人間みたいなものの方が、難しくても撮ってて面白い。撮りたいという気持ちになってきた、ぼくの場合はそうなんだ。

（巨匠の太陽／新人の太陽（抄）「映画の友」昭和三十五年十月号）

## 山本富士子と原節子の芸域

美人女優というものは概して「大根」呼ばわりされるきらいがあるが、そりゃ気の毒なんだ。やれもしないことを注文したってできるわけがない。顔がまずいと性格俳優なんて言って持ち味だけでほめるのに、美人スターは何でもやれなきゃいけないように思いたがる。

山本富士子くんだって、僕は『彼岸花』であんなように使ってみたが、実際、ああいう案外にしゃれた茶目ッ気の味をもってるんだね、なかなか芸の風格があると思うんだ。原節子くんだってそうだね。『晩春』『麦秋』で分かったよ。なかなかいい芸域をもってるんだ。

（巨匠の太陽／新人の太陽（抄）「映画の友」昭和三十五年十月号）

## ヌーベル・バーグより佐田・司のカップル

ヌーベル・バーグとやらいうのも大いに結構です。しかし私のような穏健居士がおってもいいでしょう。佐田啓二君と司君のコンビを見てごらんなさいよ、ハダカになってベッドの上で抱き合うのも確かに一つの人間の形に違いはないだろうが、この二人のたたずまいも、また捨てがたいところがありはしませんか。というより、このカップルにこそ、僕はもっと親しみやすくて美しいものを感じますね。

［撮影は十月末までかかる?］急がないで自分のペースで仕事をするのが一番いいことです。

（『秋日和』／じっくり腰すえる小津監督／〝新しい波〟より佐田・司に自信「スポーツニッポン」昭和三十五年十月十七日）

## 自作を語る／秋日和

世の中は、ごく簡単なことでも、みんながよってたかって複雑にしている。複雑に見えても、人生の本質と言うものは、案外何でもないことかもしれない。これを狙ったのが今度の作品です。それと、これは前々から考え、少しずつやっていたことだが、一つのドラマを感情で現すのはやさしい。泣いたり笑ったり、そうすれば悲しい気持、うれしい気持を観客に伝えることができる。しかし、これは単に説明であって、いくら感情に訴えても、その人の性格や風格は現せないのではないか。劇的なものを全部取り去り、泣かさないで悲しみの風格を出す。劇的な起伏を描かないで、人生を感じさせる。こういう演出を全面的にやってみた。『戸田家の兄妹』の頃から考えていたんです。しかし難しい方法でね、今度もまあまあの出来ですが、完全には行っていませんね。

『秋日和』（松竹大船・昭和三十五年）原作里見弴　脚色野田高梧、小津安二郎　撮影厚田雄春　主演原節子、司葉子、岡田茉莉子

（自作を語る「増刊キネマ旬報二月号　小津安二郎〈人と芸術〉」昭和三十九年二月十日）

**［岡田茉莉子談］**『秋日和』の役は、あたしに当てて書いたらしいんですよ。はじめっから。あたしとしては、

松竹でああいう役……ま、喜劇はやってましたよね。『バナナ』なんか。でも小津さんの作品で、わたしがこれっていうのはちょっと解せなかったんですよ。で、終わって完成祝いみたいのがあって、そのときに「ねえ、どうしてわたしはああいう二・五の役なの」っていったの。そしたらね、「君のお父さんは三枚目がうまかったんだよ。だからね、絶対うまいはずだから、やったんだよ」。

**［当時は不満だった？］** 当時はねえ、あたしだけああいう役でしょう。ほかはみんな静かなのに、一人だけウワーッとまくしたてたてさ（笑）。そしたらまあそれがよかったみたいで、おかげさまで演技賞いただきましたけど。

（川本三郎『君美《うる》わしく～戦後日本映画女優讃』文春文庫）

## 今回は色を気にしなかったよ

こっちは前と一緒に撮っているけど、フィルムがどんどん進歩して、色が分析され、細かい中間色とか、いろいろ鮮やかに出てくるようになりました。

それで初めは、わけがわからずに、見た通りに写るのかと思ったら、やはり色にはその色を出すために特別な光線、光線を与えなきゃいかんわけですね。

ですからこの前は、エンジの帯にレモン色の帯しめをすると、エンジというのは割に光をたくさん与えなきゃ色が出ない。レモン色というのは少なくても出る。そうすると、帯しめを写すために光を少なくというわけにはいかない。そこで帯のエンジの色が出るようにやると、帯しめのレモンが飛んじゃって白く写る。

それを両方うまくやるのが初めはわからなくて、まあ、ようやくこのごろは——まだわかりませんけれども、やや修正するようになったのと、それからフィルムの進歩が大変早いので、それで割にいい色が出るようになりました。今度は割合に、あまり色彩というものを意識しませんでしたね。あの色は嫌だなという色を取り除くだけで。

（映画と文学と絵画／小津作品『秋日和』をめぐって「芸術新潮」昭和三十五年十二月号）

## 文学の影響の大きさ

われわれ少年のころ、芸術カゼにとっつかれる一番初めは文学ですね。これは里見（弴）先生に責任を持っていただかないといかんのだけれども、たとえば、絵を見るにしても音楽を聞くにしても、極端にいえば文学的な見方、聞き方ですね。音楽自体にぶつかるという感じにはなかなかなれなかったのです。「……」やはり映画界でも、ぼくらの年頃の者は、多かれ少なかれ皆文学青年ですよ。溝口健二にしろ、伊藤大輔にしろ、みんな文学というものを一応の媒介としてものを見ている。

（映画と文学と絵画／小津作品『秋日和』をめぐって「芸術新潮」昭和三十五年十二月号）

**【里見弴談】** ところで、こんどのぼくの本を方々へ送ったら「映画を楽しみにしてる」という返事ばかり来るんだ。原作のことはまるで眼中にないみたいで(笑)。「ははは、じゃこんどは『映画を見たけどとてもよかった』というのが君のところへ来るよ（笑）（志賀直哉）」、原作者はさびしいよ（笑）。

（小谷野敦『里見弴伝「馬鹿正直の人生」』中央公論新社）

## 僕の映画は右顧左眄《うこさべん》の産物

［小津先生の場合は、文学性と芸術性が非常に幸福に結びついているのでは？］だから僕は小説家になれなかったのだな。さっき東山（魁夷）先生がおっしゃった、いい色が出ているということ。ここにコップがあって、向こうに白いボーイが立っている。それがいわば、一つの写真をこしらえているカラーであり、絵具ですけれども、やはり絵を描かれる方の絵具に等しいものは、俳優だと思うんですよ。

オーケストラだとすれば、この一人一人の俳優がみな一つの楽器ですね。原節子というのはヴァイオリンだ。これはヴァイオリンの音しか出ない女優だ。あるいはこれは太鼓だ。太鼓の音しか出ないやつだというものを組み合わせてやる。それが、なかなか太鼓だと思っていたのが太鼓の役目をしなかったり、そうした場合が往々にあって、大変混乱しちゃう場合もあるし。「……」

僕なんかやっているものは、ほんとうの映画的というものじゃない。映画でなくちゃこれは描けない、映画以外にはこういうものは表現できないんだというものは、僕にはやはりできませんね。いろんなものの中で、右顧左眄《うこさべん》しているようなものが、僕のこしらえている映画だ。

（映画と文学と絵画／小津作品『秋日和』をめぐって「芸術新潮」昭和三十五年十二月号）

晴　つばめにて大阪行　同行　藤本　野田夫妻　金子プロデウサー

松楓閣に落つき再び大阪に出てなだ万　東宝の要人と会食

売布《メフ》の松楓閣泊

晴　宝塚スタヂオにゆく　森繁　久松　青柳に会ふ
車にて　宝塚ホテル　六甲山ホテル　夙川　芦屋　明石までゆく
松楓閣二泊

（「日記」昭和三十五年十二月十五日）

藤本先に帰る　車にて野田夫妻　金子と京都佐々木にゆく
少憩　車にて円通寺にゆく
金子と別れて三條からあるいて帰る
晩めし増田恵一と同席　のち一同おそめに出かける
鎖買ひたゞちに鎖おとす　佐々木泊

（「日記」昭和三十五年十二月十六日）

野田夫妻　車にて見物に出かける
第二こだまにて帰京　金子　寺本同車　横浜下車　益子　荒瀬来ている

（「日記」昭和三十五年十二月十七日）

帰宅　三泊四日の旅終る

（「日記」昭和三十五年十二月十八日）

## 映画表現の難しさ

映画というのはごく最近育ったもので、一番初めは善玉と悪玉の追っかけの動きだけ。それから人間の感情が映画に出るようになり、しばらくして、その感情がソフィスティケーションになる。それが今、ようやく人間が人間として描けるところまできたということで、ようやく文学と同じレベルに到達した。

今度は批評家が、映画でなければ描けないものを描けと要求しているわけですよ。これは、これから次々に来る選手がやればいいことですが、映画が日本にできてからもうここまで来て、映画で人間が描けるということは、僕はなかなか面白いことだと思うのです。

それで、よし人間を描いてやれと思って今度はやったのですがね、みごと僕はあるところにおいて失敗しましたよ。それは、たとえば原節子が後妻に行く意思があるかどうかというところで、脚本を書いているときは、「あ、そう。あ、そう」と簡単にいく。

ところが実際に撮る段になると、さてどういう表情をしてもらったらいいのか、こいつが分からない。だから結局、シナリオも文学のうちだとすれば、文学の表現はシナリオには可能だけれども、演出のときに一つの限界があるなと思いました。

（映画と文学と絵画／小津作品『秋日和』をめぐって「芸術新潮」昭和三十五年十二月号）

## 僕はフレームを意識する

映画の場合、シネマスコープとか七十ミリとか、ああいうものが、ほんとに作家の要求でできたのだといいのですが、興行主が勝手にバカ長いものを作ッちゃう。あれは郵便箱の中から外をのぞいているような形のもので、全部じゃとても描写したいものができませんよ。われわれの仲間でも、元来映画はフレームなど意識しちゃいかんのだ。

広大無限につながっているものの中の一部分を写せばいいので、フレームが広がれば広がるほど、可能性が大きくなったのだからありがたいという説と、フレームがあるのだからそれを意識するといった僕のような説と、二通りありましてね。今日本で昔のサイズでやっているのは僕だけになりました。

（映画と文学と絵画／小津作品『秋日和』をめぐって「芸術新潮」昭和三十五年十二月号）

## 長編小説の映画化は難しい

僕は昔から里見（弴）先生の愛読者で、先生の小説のいろいろなことを知っているものだから、しょっちゅう先生の小説を無断で盗んでいた。ところが『戸田家の兄妹』という写真ができたとき、ある雑誌の座談会に行ったら、里見先生がいらしてね、汗かいちゃった。

［長編の映画化は成功しない？］長編をダイジェストすると、ヤマ場の連続になってしまう。やはり感銘というものは、多少、ああくたびれたな、これはだるいなというときに、フッと救われて初めて感銘というものがあるので、張りつめた緊張ばかりの連続だと、感銘というものはないんじゃないですかね。腹が減った、何か食いたいというときに、スッと何か食って初めてうまいと思うのと同じで。「……」

これは前にあるのだから、こんなものはもうとばした方がいいのだと思っても、とばす方法がない。ところが絵を見ると、こまかいところは実にこまかいけど、これだけ描けば当然ここにはもっとシワがついているかと思うと、フッと一つくらいのシワでね。ああいうところの微妙な呼吸というものが僕は芸術だと思うのですがね。

だから、小林古径《こばやしこけい》先生の『髪』という名画がありますね。あの絵の良さは、有識者が評価するほど僕にはわからんけれども、そういう意味において、あれがわかるような気がしましたよ。
しかしわかってくるまでに、十何年もたっているわけだ。実にこまかく描きながら、あるところは非常に簡略で粗《あら》い。そのこまかさと粗さとの差で大変近代的でもあり、大変感覚が新しいのだと。

（映画と文学と絵画／小津作品『秋日和』をめぐって「芸術新潮」昭和三十五年十二月号）

晴　昼からの汽車で蓼科に行くところ
中央線事故で一日延す
地主友野くる　地代上る
ひるね　安斎女房来て玄関など掃除する

（「日記」昭和三十五年十二月二十七日）

くもり　新宿十二時半の準急にて蓼科ゆき
野田夫妻　俊夫　村上の五人　北川　静夫　高松　和子　益子に見送られる
蓼科小々雪　昨夜ふつたとの由也
牛なべ　酒　清くる

（「日記」昭和三十五年十二月二十八日）

くもり　昼　車を傭ひ村上帰る
ベーコン　雞の雑炊　はまち味噌漬
昼寝　寒い　目薬が凍る　秀行と赤尾真規子嬢くる
酒　いささか酩酊　三十五年ゆるりゆるりと退場する

かにかくに　年はいぬらし　道の辺の　石の仏に　雪ハふりつむ

酒汲めば　とうとうたらり　囲炉辺の　榾《ほた》ゆらゆらと　年はいぬらし

（「日記・短歌」昭和三十五年十二月三十一日）

# 第八章

## 昭和三十六年〔一九六一〕五十八歳▼昭和三十八年〔一九六三〕六十歳

Tokyo Story 1953
Early Summer 1951
Tokyo Twilight 1957
Good Morning 1959
Floating Weeds 1959
Early Spring 1956
An Autumn Afternoon 1962
The End of Summer 1961
Late Spring 1949

第八章

# 昭和三十六年［一九六一］五十八歳▼昭和三十八年［一九六三］六十歳

【宝塚撮影所での撮影／最後の作品／晩年の病】

小早川家の秋　秋刀魚の味

## 昭和三十六年［一九六一］五十八歳

日記の年頭所感メモに「酒はほどほど　仕事もほどほど」「余命いくバくもなしと知るべし」等、健康、生活、年齢を自戒するような記述がある。二月、蓼科で野田と『小早川家《こはやがわけ》の秋《あき》』の脚本を執筆。四月二十一日、脱稿する。三月、第八回アジア映画祭（マニラ）で『秋日和』が最優秀監督賞を受賞。五月から『小早川家の秋』のロケハンが始まり、京都や伏見を回った。六月から九月にかけて兵庫県の東宝宝塚撮影所で撮影し、撮影所には笠智衆の娘成子《せいこ》が秘書として帯同した。

**一月八日**
東宝で撮る作品のタイトル『小早川家の秋』に決定

**一月**
親しい画家たちと伊豆旅行

**二月八日～三月二十二日**
蓼科で『小早川家の秋』の脚本執筆

**三月八日**
野田高梧と共に昭和三十五年度の芸術選奨に選ばれる

この作品は、松竹以外の他社（東宝）で撮った三本目の作品となり、「他社で作るのだから十分に道楽をしてみたい」と、小津は記者会見で語った。五社協定の厳しかった時代に、松竹を代表する小津を東宝が招聘《しょうへい》できたのは、極めて異例の事態だった。小津の大ファンだった藤本真澄《ふじもとさねずみ》（プロデューサー）を初めとする東宝首脳陣の熱意が功を奏したという（藤本は酒の席で小津を口説いたという）。

東宝は一流のスタッフ陣を揃え、撮影に黒澤明作品の常連だった中井朝一《なかいあさかず》、照明には成瀬巳喜男作品を支えた石井長四郎を起用した。キャストには、新珠三千代《あらたまみちよ》、宝田明《たからだあきら》、小林桂樹《こばやしけいじゅ》、団令子《だんれいこ》、森繁久彌《もりしげひさや》、白川由美《しらかわゆみ》、藤木悠《ふじきゆう》など、東宝を代表する役者陣が総出演した。

撮影は終始、賑やかな進行だったらしく、大好きな宝塚のスターとの会食があり、武庫川沿いにあった宿泊先の旅館門樋《もんぴ》に、大道具のスタッフが小津のために納涼床を作り、花火見物をして楽しんだという。小津は初めてのスタッフの名前をすぐに覚えるなど、スタッフを大切にしたエピソードも残っている。

また、対抗心を剥《む》き出しにした、森繁久彌《もりしげひさや》や山茶花究《さざんかきゅう》の演出には、小津も苦労したという。八月には、山内静夫、厚田雄春、清水富二（進行担当）が宝塚を訪れ、次回作『秋刀魚の味』の打ち合わせをした。

九月、大阪で開かれたクラス会に参加し、学友たちとの旧交を温めた。十月二日、有馬温泉で送別会。十月四日、砧《きぬた》の東宝撮影所で総ラッシュ。その帰途、電

**三月十一日**
第八回アジア映画祭で『秋日和』が最優秀監督賞受賞

**四月二十一日**
『小早川家の秋』脚本完成

**六月〜九月**
『小早川家の秋』を宝塚撮影所で撮影

**八月九日**
次回作のタイトル『秋刀魚の味』を山内静夫に連絡

**九月二十日**
大阪でクラス会に出席

**十月四日**
東宝撮影所の帰途、脳貧血で倒れる

**十月二十九日**
『小早川家の秋』公開

**十二月十七日〜二十二日**
大阪・京都を野田夫妻と旅行

**十二月二十六日〜一月十日**
蓼科滞在

車内で脳貧血を起こして倒れた。十月二十日、日比谷スカラ座で有料試写会があり、志賀直哉が見に来たという。十月二十九日『小早川家の秋』公開（キネマ旬報ベスト・テン十一位）。年末から年始にかけて蓼科に滞在した。

---

念頭所感
酒はほどほど　仕事もほどほど
余命いくバくもなしと知るべし
酒ハ緩慢なる自殺と知るべし

（「日記　冒頭部欄外に」昭和三十六年）

晴　信州蓼科にて元旦
たん態の重箱にて屠蘇を祝ふ
野田夫妻　俊夫　秀行　真規子
昼から若い者ハスケートに出かける
老人はひるね也
夜鳥なべ満腹
下河原来蓼の電話あるも不参也

（「日記」昭和三十六年一月一日）

くもり　秀行　俊夫　真規子
六時に起床して霧ヶ峰スキーに出かける
昼すぎ下河原くる　懇談
夜牛肉トマト煮　くさや　酒
方々に電話かける
宮川　須賀　藤本　司　若尾　清水　山内　厚田　みどり　等

（「日記」昭和三十六年一月二日）

みすゞかる　信濃のくにの　山脈の　鏡の中に　ひげするわれハ

（「日記・短歌」昭和三十六年一月七日）

晴　津村秀夫から速達
本年度の文部省の芸術選奨に野田さんと二人選バれた由
床屋敦子くる　啓蟄《けいちつ》の日也　井上清〈黒い蝶〉よむ
仕事　ラスト決まりいささか愁眉《しゅうび》ひらく

（「日記」昭和三十六年三月六日）

晴　寒い　いささか風邪心地にて入浴見合ハせる
夜仕事　小早川家にかゝる

（「日記」昭和三十六年三月二十九日）

晴　十時　文部省の芸術選奨授賞式に出る　外務省にて脱糞
日比谷公園にて少憩　東興園にゆく　林肥後　井上夫妻　高松　玲子と会食
のち丸善高島屋にて買物　五時の急行にて帰蓼する　野球公式戦始まる
春がすむ霞ヶ関の外務省にふと立ち寄りてうんこなどする

いみじくも　外務省とハ　名づけたり　務めて外に　脱糞はする

（「日記・短歌」昭和三十六年四月八日）

白樺の　木肌の白さハ　だらにてハ　だらお白粉　お女郎に似る

（「短歌」昭和三十六年四月十八日）

くもり　小雨　横浜九時二十二分つばめにのる
大阪駅に　寺本　朽木くる
車にて宝塚映画にゆく
スタフに会ふ　益田所長と下河原と今長に泊し会食
益田帰る　奥山に電話する

（「日記」昭和三十六年五月二十四日）

どんなに今日的な題材を捉へようが
それに社会性があらうが
その語り口が説明でハ

劇にハならない
いくら理論的に言葉の綾でせめても
所詮ハ勘定合つての銭足らずだ　自戒

（「日記」昭和三十六年六月三日）

## 僕は僕なりの作品を

無国籍映画が多いというが、日本そのものの現状が無国籍だから仕方がないだろう。こうした雑然とした大きな振幅の中で、僕は僕なりの作品を手がけてゆく。

（十日にスタート、完成は九月末／『小早川家の秋』準備は完了／小津監督〝笑いの中にもものの哀れ描く〟「日刊スポーツ」昭和三十六年六月七日）

晴　十時衣裳をみて車で茨木の土堤から阪奈ロード奈良にてひるめし
電車にて沿線をみて四条
ちぎりやで衣裳をみて大丸にて買物
阪急にて十三　ロケハン
西宮に出て電車で帰る
大いに草臥《くたび》れる

晴　出社　出演助役者の衣裳しらべ

（「日記」昭和三十六年六月二十日）

のち電車で清荒神から大阪に出て
城の見へる風景ロケハン
のち美々卯にてうどんすき
道頓堀の夜景をみて
電車にて西宮まわり帰る

（「日記」昭和三十六年六月二十一日）

くもり　クランクイン　会社
司と白川　一〇カット　早く終る
一度宿に帰り
六時からスタフの会　牛鍋宝楽
宿に帰つて　中井　下河原と酒
青野季吉逝去

（「日記」昭和三十六年六月二十三日）

夏立ちて門樋に泊り武庫川を距て宝塚大劇場を眺めての一首
夏草ハ　伸ぶるにまかせ　磧辺《かわらべ》に　天津乙女《あまつおとめ》も　老ひにけらしな

（「日記・短歌」昭和三十六年七月一日）

# 『小早川家の秋』記者会見

**［製作日数は？］** 九十一日の予定。他社で作るのだから十分に道楽をしてみたい。

**［関西を舞台にしたのは？］** 別に理由はないが、宝塚で撮るのだし便利だからだ。それに灘が近くて酒がうまいからね（笑）。

**［ねらいは？］** あまり言いたくないが、とにかく、もののあわれを描くつもり、といっても、あわれっぽくなく、からっとした明るい笑いの中に描くというのがねらいだ。

**［今度もスタンダードか］** スコープは嫌いだし、僕はまだわからないから。しかし劇場の設備がスコープなため、スタンダードでも上下がきれるから、撮影のときは、その点、気を付けるつもりだ。

**［無国籍映画が多いというが？］** 日本そのものの現状が無国籍だから仕方ないだろう。こうした雑然とした大きな振幅の中で、僕は僕なりの作品を手がけていく。

（十日にスタート、完成は九月末「日刊スポーツ」昭和三十六年六月七日）

## 監督の司葉子評

老舗に生まれた気品と、現代の空気の中に育った二つの性格をうまく出してもらいたいのがこっちの注文。登場人物のなかで彼女だけが、新しさを感じさせるタイプである点も、彼女の演技上になにかプラスするものを出してもらいたい。いま彼女に欠けているものは、もう一歩つっこんだ生活感情だと思うんです。三か月あるから、まあみっちり努力してもらいますよ。

（BG役に張り切る司／『小早川家の秋』撮影入り「産経新聞」昭和三十六年七月六日夕刊）

【田邊皓一談・キャメラマン】僕は黒澤組をやってて、黒澤監督はものすごく厳しい人でね、助手のサードでもフォースでも怒るんです。お前が失敗したら全部はじめからやり直ししなきゃならないと。絶対失敗するなと。ところが小津監督は温厚でね。一週間で全スタッフの名前覚えちゃう。これはびっくりしました。（セットの足場の上にいる）二階の誰々さんなんて本名呼ばれたら、よう働く働く（笑）。「もうちょっと電灯降ろしてくれ」なんて言われたら、照明部五、六人くらいで電灯降ろしてましたね。小津さんは、（画面に）電灯入れるの好きでしょう。

（松浦莞二・宮本明子編著『小津安二郎　大全』朝日新聞出版）

小早川家のセット　イン　第六日
今年殊に暑く　連日のセット難渋なり
濡タオルを頭にのせての監督也

（「日記」昭和三十六年八月四日）

第七日　厚田　富二　山内　来宝する
大道具連中鮎狩に出かける
二万円寄附する

（「日記」昭和三十六年八月五日）

休なり　厚田　山内　清水　成子　藤木と宝塚歌劇見物に出かける
阪急社長に会ふ
夜　通済夫妻くる　原節子くる　会長

第十日　厚田　山内帰る
〈秋刀魚の味〉の題名車中に電報する

（「日記」昭和三十六年八月六日）

（「日記」昭和三十六年八月八日）

## 大がかりな作品に挑む

ここも〔注、宝塚撮影所〕この八月で、創立十周年を迎えます。『小早川家の秋』は別に十周年記念というのではないですが、時期的にぶつかったというわけです。とにかく、今までで一番大がかりの作品です。今年の撮影所の運命をかける映画と思っています。

（夏の東西撮影所めぐり（抄）「キネマ旬報」昭和三十六年八月上旬号）

## ものの哀れと無常迅速

ぼくの作品は、いつものとおり、ねらっているものは、ものの哀れと無常迅速、というところです。今度も別に、何か新しい境地をねらっている、ということはありません。まあ難しいといえば、いろいろの人がたくさん出ているでしょう。はじめての人も多いので、演技のバランスをとるのに、苦心しています。

それでも、はじめての人と一緒に、仕事をするというのは楽しいですね。六月の二十六日から撮影をはじめたんですが、雨で大分予定が狂って、ロケも思うように行かず、今日まで実働十日といった程度

宝塚撮影所：昭和13年（1938）、阪急東宝グループの創始者小林一三が開設した。その後、太平洋戦争や火災など曲折を経て、昭和31年（1956）に最新設備の新撮影所がオープン。

です。大体、九月末にはクランク・アップの予定をしています。

（夏の東西撮影所めぐり（抄）「キネマ旬報」昭和三十六年八月上旬号）

ロケハンに出かける
途中雨となり
宇治の花屋敷にて昼食を喫す
高松女史達帰る　夜北川くる

（「日記」昭和三十六年九月二十八日）

午前ひるね　小早川家の二階のセットを見る
のち読合せ
原　司　栄ちゃんくる
夜　浜村義康くる
松下に泊

（「日記」昭和三十六年八月二十九日）

斎田提二　生駒千里　樋口三遊亭来訪
夜　原節子の招宴にて七福にゆく
酒　中井と日舞などやる

（「日記」昭和三十六年九月二日）

【司葉子談】「小津さんは、原節子がお好きだったんですか？」大好きだったと思います。『小早川家の秋』の撮影中は、小津先生は宝塚の旅館、私たちはホテルに泊まってました。でもリハーサルがあったので、先生たちと夕食が一緒だったんです。その時、原さんを小津先生の隣にすわらそうとしたら、先生は真っ赤になられて（笑）。

（西村雄一郎『殉愛／原節子と小津安二郎』新潮社）

火葬場のセット　初日

夜　司　比奈子　角樋にくる

原節子帰京

（「日記」昭和三十六年九月五日）

この日白井和夫結婚　二泊

宿に桑野　三上　佐田くる　開陽亭にゆく　若尾くる　なるせ

帰路松竹　大映による　内川　宮川　若尾　中泉に会ふ

嵐山ロケ　連日快晴に恵まる

（「日記」昭和三十六年九月十三日）

## 映画監督はコックだよ

生きのいい上質な材料がこれだけそろっていれば、コックとしては包丁のきれ味をみせる手に力が入るというもんだよ。

（完成近い『小早川家の秋』／〝ゴックの手にも力が……〟／生きのいいスターぞろいに／ごきげんの小津安二郎監督「毎日新聞」昭和三十六年九月十四日）

## 僕の映画にワイド画面は必要なし

僕の作品にはワイドの必要がないというのがその理由なんだよ。かたくなという人もあるらしいが、スタンダードの画面は映画が何十年も歴史をかけてみがきあげてきた形だから。ぼくはいまでもこの画面が映画芸術としてはいちばんいい形だと信じている。

いまのワイドで日本家屋を撮ってごらんよ。不用のところが両側には入ってきて、画面がたるんでしまう。いいとか悪いとかいうことではなくて、ぼくの作りたい映画には、これまでのスタンダードの画面がぴったりだよ。

（完成近い『小早川家の秋』／〝ゴックの手にも力が……〟／生きのいいスターぞろいに／ごきげんの小津安二郎監督「毎日新聞」昭和三十六年九月十四日）

**【田邊皓一談・キャメラマン】**あと監督は、宝塚にある門樋《もんぴ》って旅館を気に入られました。黒澤監督もよく泊った所です。古い所で、便所の匂いがする。昔は汲み取り式でしょ。小津監督は「あの匂いが堪《たま》らんのだよ、田邊君」って。びっくりしました。小津さんの部屋も二階だから、かすかに臭《くさ》いんです。「先生よう我慢しますね」って言ったら、「これがいいんだよ。昔懐かしい」って。その旅館はもうないんですけど、川縁《かわべり》で、宝塚大花火大会がよく見えてね。先生に飲みながら花火見てもらうのに、京都の川床《かわどこ》みたいなのを大道具が作ったこともありました。撮影は宝塚でしたけど、休みのときなんか小津さん、歌劇が好きでね。あの方、自分の大きい浴衣《ゆかた》があるんです。それ着流しでね、草履

宝塚温泉：武庫川に湧出した水が、飲用にも浴用にも適した良質な鉱泉水であることが分かり、明治20年（1887）に兵庫・大阪の有志が「宝塚温泉」を開業。小津たちは、武庫川沿いにあった門樋という旅館に宿泊した。

で宝塚歌劇行くと、歌劇の席で目立つんです。大きいしね。そうすると歌劇の生徒が、「あっ先生来てる！」って大騒ぎで（笑）。

（松浦莞二・宮本明子編著『小津安二郎　大全』朝日新聞出版）
向日町《むこうまち》競輪をとつて新大阪ビル
道頓堀ネオン実景をとつて
クランクアップする
難波橋の清友会館で晩めしを食つて帰る
（「日記」昭和三十六年九月二十五日）

晴　野田夫妻　成子と清荒神にゆく
古道具屋で皿を買ふ
帰つて宝塚で〈剣豪と牡丹餅〉を見る
夕方から車で有馬温泉兵衛に行つて送別会をしてもらふ

（「日記」昭和三十六年十月二日）

十時砧にて〈小早川家の秋〉試写　野田夫妻　成子とゆく
のち下河原と五人東興園にゆく
東宝本社によつて帝国ホテルの三船敏郎演技賞の祝賀会に出席
のち新珠　司　中井　石井とぶゝや　おそく帰宅

（「日記」昭和三十六年十月十四日）

## 自作を語る／小早川家《こはやがわけ》の秋《あき》

野田記……蓼科での日記に小津君はこう誌《しる》している。「昭和三十六年、二月上浣より蓼科にこもりて『小早川家の秋』のシナリオを案ず。乍晴乍曇、日々春暖に向ふ。常に比して客少なければ酩酊高唱乱舞に至らず。ために仕事大いに進みて四月二十一日脱稿をみたり」……これを東宝の宝塚作品で、撮影は中井朝一。スタッフは全部東宝系の人たちで、大船からは一人も連れていかなかったが、みんなほんとうによく働いてくれると大へん喜んでいた。ストーリーのヒントは、よく蓼科へ遊びにきていたある女の子の父親が突然、心筋梗塞で倒れ、息子や娘たちが緊張して集まったところ、一夜にしてケロリと癒《なお》ったという事実に基づいたものだった。

『小早川家の秋』（宝塚映画・昭和三十六年）脚本野田高梧、小津安二郎　撮影中井朝一、主演中村鴈治郎、原節子、新珠三千代、司葉子

（自作を語る「増刊キネマ旬報二月号　小津安二郎〈人と芸術〉」昭和三十九年二月十日）

**【司葉子談】**京都の嵐山でのロケのとき、川縁で（原節子さんと）しゃがんでるでしょう。立ち上がって歩いていくところの撮影を、小津先生が「一、二、三……」と見せてくださいました。私たちはそれを真似する。先生にどう近づけて、人物が生きてくるか、ということね。テストに二日ぐらいかかることがあります。「……」各衣装は監督やプロデューサーが決めて、そのほかに自分が着たいものがあれば、いかがでしょうか、と伺います。小津先生は難しくなくて、私はダメ出しされたことはなかったです。衣装部のスタッフがもう心得てるんです。私がこれを着たい、って言ったら、いいですよって。
ただし、原節子さんの着物は全部、小津先生が選ばれてましたね。帯締めから何から何まで。

（松浦莞二・宮本明子編著『小津安二郎　大全』朝日新聞出版）

晴　中井　下河原　益子　北側と
新橋駅に待合せて日展招待日に出かける
岡田茉莉子と会ふ　橋本画伯と精養軒にゆく
のち蓬莱屋　満腹　エスポワール　藤本と会ふ
宝塚の稽古を見て
愛情ラーメンを喫し帰る
巨人四勝二敗にて勝つ

（「日記」昭和三十六年十一月一日）

晴　新宿十時の汽車にて蓼科に発つ　野田夫妻　中井の四人
益子　貴恵子　北川　村上に見送り也
上諏訪にて　八しまにてそば　買物をして山に登る　片倉邸泊
MEMO　人生ではしばしば偶然が大きな役割を果たします——、
といったところでせいぜい不味いメロドラマのシナリオを
助太刀していることにしかならないが——。
人生の必然ハ退屈だよ　ねえ　君

（「日記」昭和三十六年十一月十一日）

# 本当の酒飲みの仕草

葉ちゃん、よくやるでしょう。男の俳優が、こうやってお酒を飲む。本当の酒飲みはね、口が先に出るんだよ。

（松浦莞二・宮本明子編著『小津安二郎　大全』朝日新聞出版）

晴　八時半の電車にて出京
新宿十時の急行にて蓼科にゆく
益子　山内　天政に見送られる
上諏訪から机の車　入浴
かきフライ　天政の鮭美味　笠成子　水絵昨日来た由
東興園に電話する　今夜山中会なり

（「日記」昭和三十六年十二月二十六日）

晴　昼寝のなかば　秀行　真規子くる
のち中井朝一　一美　史子くる
片倉にゆく　皆スケートに出かける
夜片倉邸で会食　蛮　和子くるも不参　仲々愉しい
机の車で雲呼荘に帰る
蓼科新居のデザインを下河原とひく

（「日記」昭和三十六年十二月三十一日）

## 昭和三十七年［一九六二］五十九歳

年初、蓼科から鎌倉に戻る。月末から再び蓼科に行き、野田高梧らと『秋刀魚の味』の準備に入った。

二月二日、妹の登久《とく》から母あさゑが肺炎併発との連絡が入る。小津は一日を争うような事態ではないと楽観し、蓼科滞在を続けたが、二月四日、山内静夫から母あさゑ逝去の報が入った。二月六日、通夜に続き、浄智寺《じょうちじ》にて告別式、深川陽岳寺《ようがくじ》に埋葬された（享年八十六歳）。

三月から再び『秋刀魚の味』の構想を練った。四月九日、邦画五社の社長会議で専属スターの貸し借り禁止を申し合わせた。このため、『秋刀魚の味』の腹案を変更する事態になった。断続的に蓼科に滞在し、脚本の執筆を進めた。七月二十五日に脚本を脱稿し、八月末日から十一月にかけて撮影した。

九月、『お早よう』の海外配給が決まり、ニューヨークで試写会が開催。英国でのサザランド杯受賞の影響で、小津の海外での評価が高まった。

十一月十八日、『秋刀魚の味』公開（この年の松竹の興行成績四位）。小津の最後の作品となった。十一月、映画人として初めて芸術院会員に選ばれた。

十二月、亡母の遺骨を高野山に分骨し、帰途、京都で清水宏、宮川一夫夫妻、下河原友雄と会う。比叡山を車で周遊し、松阪で中学の旧友と会う。

---

**二月四日**
母あさゑ、急性肺炎のため逝去（八十六歳）

**三月十二日～七月二十七日**
『秋刀魚の味』の脚本執筆

**八月～十一月**
『秋刀魚の味』撮影

**十一月十八日**
『秋刀魚の味』公開

**十一月二十七日**
映画人として初めて芸術院会員に選ばれる

**十二月二日～七日**
高野山に母の遺骨を納骨

**十二月二十六日～一月十日**
蓼科滞在

くもり　雲呼荘　野田夫妻と僕
無芸荘　中井朝一　一美　史子　下河原友雄　香雄　希雄　俊夫　平林くる
夜　高松　井上他来りて会食

（「日記」昭和三十七年一月一日）

くもり　元旦夜から雪となりふりつむ
秀行　平林　真規子　俊夫　霧ヶ峰に出かける
笠夫人　昨元日車にて来蔘
夜　片倉にて会食

（「日記」昭和三十七年一月二日）

くもり　中井一家　秀行　真規子　平林　六名帰る
高松一行車にて帰る　香雄　希雄　俊夫泳ぎにゆく
何となく淋しくなる

（「日記」昭和三十七年一月三日）

晴　ときから電話で老母肺炎の由也　昼寝
夕方また電話あり　兄妹枕頭にかけつけるも
今日明日と云ふこともなき模様なれバ帰宅せず

（「日記」昭和三十七年二月二日）

節分　豆まき　風邪心地　今日も入浴見合ハせる　昼寝
夜　ときに電話をかける　昨夜ハ皆帰りときだけ泊つた由
よく看護婦が来た由　小康と云ふ可きか

（「日記」昭和三十七年二月三日）

立春　春　夕食の時老母死去の電話山内からあり
車を傭ひ蓼科を九時に出発
甲府駅前にてラーメンを喫し鎌倉に向ふ

（「日記」昭和三十七年二月四日）

老母すでになきか　感慨新なるものあり
迂生《うせい》　父を失ひしとき　父六十九年　古人曰く　人生七十年古来稀也と
迂生　あたりまいだよ　死んだって　と思ひき　今老母八十六才　今春ハ米寿の祝なりき
しかれども六十九なれバ　あきらめもつくべし
八十六なれバ　更に何をか云はんやと　いふことなし
六十九点なれバ落第なれど　八十六点なれバ及第なりとなす
教育採点の標準甚だ残酷にして非常也

（「蓼科日記」昭和三十七年二月四日）

## 批評家の無責任さ

テレビは茶の間でタダで見られるから、いわばアマチュア。だが映画は金を取って見せるんだから、これはプロですよ。自分がやりたいことをやるだけじゃだめで、客も楽しませなければいけない。つまり、ぎりぎりのストライクをほうらなくちゃねえ。なにも黒澤が〝三十郎〟をやらなくても、彼にはもっと彼らしい作品を出してほしい——そんなことを批評家たちはいうけど、じゃあ、黒澤以外のだれが『用心棒』を作れるかっていうわけだよ。

新聞の批評がほめているんで、大島渚の『天草四郎時貞』を見たけど、あの剛速球が、客にはそっぽを向かれて興行的にはさんざんだったんだそうだねえ。ところが客が入らなかったことについては、称賛した批評家たちは口をつぐんで何もいわない。

映画も製作費がどんどん大きくなってるんだから、作るわれわれとしては、それに見合うだけのリターンを考えなくちゃいけなくなった。こんなふうにしてしまったのは、批評家たちのせいだと思うんだがねえ——。僕も、もう剛速球は投げられなくなったし。

（〝ストライク投げる〟／小津安二郎の『さんまの味』例のような話だが「東京新聞」昭和三十七年七月十八日夕刊）

## 『秋刀魚の味』の笠は僕に似てるよ

［『秋刀魚の味』という題は？］サンマは安くてうまいからね。［大船は二年ぶりだが？］各社どこも撮影所に変わりはないよ。渡り歩いて沓掛時次郎《くつかけときじろう》［注、股旅ものの主人公］の楽しさがわかったよ。［吉田輝雄は初めてだが、

彼の映画は見たか？」こしらえたり見たり、そんな器用なことはできないよ。映画を見なくても実物見ればわかるさ。［笠さんは小津作品にこれまで二本（『美人哀愁』『淑女は何を忘れたか』）に出なかっただけで、五十本ぐらい出演しているそうだが？］いつも謹厳だが、こんどはノンダクレでふだんのボクに近いよ。

（〝どこの撮影所でも同じだ〟／小津監督との一問一答「日刊スポーツ」昭和三十七年八月十一日）

## 題名は『数の子の味』でもよい

別に変わった作品をつくるわけではない。例によって例のごとき作品だが、こんどは笠（智衆）君を酔っ払いおやじにして、娘に迷惑をかけるというのが変わっている点かな。題名の『秋刀魚の味』にしても会社が秋に出すから季感をもってサンマとしただけで、もし正月に出す作品だったら『数の子の味』としても一向に構わないのだ。

（小津監督が『秋刀魚の味』／二年ぶりのメガホン／老境の男の寂しさ描く「読売新聞」昭和三十七年八月二十日）

## 岩下志麻を使った理由

あの時の岩下の役［注、『秋日和』］はチョット出るだけだが、たいへん印象に残る難役だったが、彼女は見事にやってのけた。こんども安心してやらせられる。

（小津監督が『秋刀魚の味』／二年ぶりのメガホン／老境の男の寂しさ描く「読売新聞」昭和三十七年八月二十日）

## 年寄りにも楽しい映画を！

僕はトウフ屋だからトウフしか作らないと、いつも言ってるんです。同じ人間が、そんなにいろいろな映画をつくれませんよ。何でもそろっているデパートの食堂で、うまい料理食べられないようなものです。ひとには同じように見えても、僕自身はひとつひとつに新しいものを表現し、新しい興味で作品に取りかかっているのです。

何枚も同じバラを描きつづけている画家といっしょですよ。それに、近ごろは若い者には面白いが、年寄りにはつまらない、といった映画が多すぎる。親子づれで楽しく見れる映画も必要なんじゃないか、という気持ちもあるのです。「……」

映画ってものは休みなしに流れて、一時間半から二時間で終わらなくちゃいけないという制約があります。この範囲内で何をどれだけ表現できるかには、いろいろな方法があるでしょうが、僕はひとつひとつの画面のワク――絵画でいえば額ブチに当たるものを非常に意識してしまうんで、ああいう画面になるのですね。

まあ、空間には大きな広がりがあるのだから、カメラを思うぞんぶん動かすのもいいでしょうが、僕の好みには合わないだけです。僕が絶対にシネスコでは撮らないのも、カメラを低く置いたアングルを多く使うのも、畳の上で暮らしている日本人の視線にふさわしいものを……と自分なりに考えているまでで、これも個人の好みの問題ですよ。

シナリオを準備中に、映画会社の社長連中が「互いに俳優の貸し借りはしない」というバカげた取り決めをしたという話を聞いたもんで、松竹の俳優さんだけでやれるようなシナリオにしたのです。僕はいつも俳優のイメージを頭に置いてシナリオを書くことにしています。

〈年寄りにも楽しい映画を／『秋刀魚の味』〈僕の新作〉「朝日新聞」昭和三十七年八月二十八日夕刊〉

## 『お早よう』海を渡る

［『お早よう』を見た熱心なアメリカ女教師から国際電話があったとか？］声から想像すると、ワインマンさんはそんなに若い人のようではなかった。私の映画は、外国人にわかってもらえるとは思っていない。しかし、ワインマンさんのような熱心な方の好意にむくいたい。松竹を通してビジネスの方は進み、試写までこぎつけたのに、まだ彼女に私の気持ちを知らせていないので心苦しい。

〈『お早よう』海を渡る／米女教師が国際電話で懇望「東京新聞」昭和三十七年九月二十一日夕刊〉

## 素直で素質がある岩下志麻

うちばかりの人で撮影するには、志麻ちゃんが適当と思ったので起用しました。まだいくらかクセがついてますね。この作品で志麻ちゃんに注文することは、これまでの志麻ちゃんの映画をみていると、すぐ感情が出る。これは、おもしろがって出てくるんじゃないのかな。表情と感情というのは、性格的にもそれぞれ違うと思うけど、それがジャマになることがある。しかし志麻ちゃんは素直で素質のある子です。

〈素直で素質がある／満足気な小津監督「スポーツニッポン」昭和三十七年十月三日〉

## 白ムクの打ちかけが好き

志麻ちゃんはいくつ？　二十二歳か。そうか、よく似合うよ。ちょうどいい年ごろだもんね。かわいいよ。松竹の人じゃ初めてぼくの作品でお嫁さんになるわけだ。原、司くんとも東宝の人だったからね。志麻ちゃんは〝箱入り娘〟だな。

ぼくはこの白ムクの打ちかけが好きでね。考えてみれば変な話だよ。独身のぼくがどうのこうのいうのは……。家内、娘ともにないんだから、実際のところどう演出していいかわからない。いいかげんなもんだよ(笑)。なぜ結婚しないかって？　一生を気楽に過ごすのがぼくの理想。お嫁さんもらってもいいけど、あとでうるさくなったときに取り替えるわけにもいかんだろう。だから独身でいるんだ。

しかし、娘を嫁にだすときの父親の気持ちはわかるよ。寂しいもんだよ。いつも〝花嫁の父〟をやってもらう笠（智衆）くんとこは、いま二十四歳の娘さんがいて、そろそろらしいけど、〝さばさばしていい気持ち〟なんてね、強がりいってるよ。

ところで志麻ちゃん、どうだい、花嫁衣裳をきた気持ちは？　お芝居とわかっていても、ほのぼのとした気分にならんかね。

（花嫁がお好き小津監督／自分は独身、岩下志麻で三人目／松竹『秋刀魚の味』「報知新聞」昭和三十七年十月十七日）

## 『秋刀魚の味』の工夫

意識してカットの数をふやし、クローズ・アップを多くしてみた。人はうれしいからといって、うれしい顔つきをするものではない。人間の表情は、それほど単純ではありませんよ。俳優さんたちに〝つくった表情〟はできるだけやめてもらって、人の言葉に対する微妙な反応、セリフの間合いなどで、感情を表現してみたのです。いきおいクローズ・アップが多くなりました。

（ますます枯淡に／ゆうゆう一年一作の＝小津安二郎監督／『秋刀魚の味』いま最後の仕上げ「朝日新聞」昭和三十七年十一月十四日夕刊）

**【岩下志麻談】** 二十一歳のときの映画でございましたが、二十四歳の役を演じるにあたり、私は当時日常は紺かこげ茶とか地味な色を好んでおりましたので、赤いスカートは考えられなくて先生に申し上げたら、「女の人は何歳になっても赤を着るんだよ」とおっしゃいました。そして、確かに今でも私は時々赤の洋服を着ます。

また小津先生は赤がお好きだったそうで、『秋刀魚の味』のどの画面にも赤のポスター、赤のネオン、赤のヤカン、赤のゴルフバッグなど必ず赤が使われております。これは小津先生の美学だと思います。「……」また、「人間は悲しいときに悲しい顔をするものではない。人間の喜怒哀楽はそんなに単純なものではないのだよ」。この小津監督の言葉がそれ以後、私が演技で悩んだときの原点になっています。

（松浦莞二・宮本明子編著『小津安二郎　大全』朝日新聞出版）

**【岡田茉莉子談】** ブドウを食べながら佐田（啓二）さんと会話をするシーンがあって、当時は種なしブドウというものがない時代でしたので、小津さんのリズムでブドウを食べながらセリフを言うのは、とても大変なことでした。ただ、私には口の中で種をブドウの皮の中に入れるという特技（？）があったものですからスムーズにいき、ＯＫだったのです。

その時に私をからかって、「お嬢さん、うまいね。ブドウの種はどこへしまったの？　食べちゃったの？」って。爆笑風景になりました。

（蓮實重彦／山根貞男／吉田喜重編著『国際シンポジウム　小津安二郎』朝日新聞社）

## 映画はあと味の勝負

僕が芸術院会員になったってこと、これは国家が映画を芸術としてやっと認めたと考えていいんでしょうな。びっくらぎょうてん、えらいものになってしまったと思ってますよ。溝口（健二）君が生きていたら、当然、映画人として初の会員に選ばれたんでしょうが。

しかし、芸術院の会員になったからといって、「じゃあ、僕は芸術映画だけを作るんだ」とはいきません。いままでどおりです。人間は、自分の置かれた、その中で最善を尽くすほかないのでしょう。僕は松竹にいて、松竹の従業員だってみんな友達なんだから、松竹のためも思わなきゃいけない。映画ってものは、もともとそんな性質なんですよ。自分だけよければ、それでいいってわけにはいかない。まして、映画の製作費はますますふくらんできている。

二月に母が死んだから「今年はご不幸とお目出度いことと二つあって――。」なんて、みんなにはいわれるけど、死は神の摂理。なにも不幸じゃありません。家に置いていても、毎日お経を絶やさないって訳にはいかないんで、この間、高野山に納骨してきました。

ワイド映画とか七十ミリとか、映画もだんだん変わっているけど、僕はスタンダードの画面を使って、ワイドではとれないものをとってやろうという気が、特に今度の『秋刀魚の味』では大変に強かった。だからカット数がとても多い。千を越えてるんじゃないかな。

大体、映画は舞台みたいに横に広がっているものを、単純に写しとることから始まりましたよ。それを、昭和の初期に僕や山中貞雄、内田吐夢、伊藤大輔たちで、縦に深みを出す試みをやった。ところがワイド・スクリーンができたからっていうんで、やたらに横に広げなきゃならないんでねえ。余命いくばくもないのに、あんな郵便箱の受け口から外をのぞくみたいなことはしたくない。

映画ってのは、あと味の勝負だと僕は思ってますよ。最近は、やたらに人を殺したり、刺激が強いのがドラマだと思ってる人が多いようだけど、そんなものは劇じゃない。椿事《ちんじ》です。椿事はなしに、「そうかい」「そうだよ」「そうだったんだよ」ってな調子で、なんとかうまく話ができないものかと僕は考えてるんでねえ。もちろん映画は幅が広いんだから、どんなものがあってもいいんだけども……。

これからも、ていねいに撮ろうと思えば年に一本ですね。どうしても。多く作れば、晩酌も一本ぐらい多く楽しめるだろうけど……。次の作品も、人間だから、違ったものは出来ませんよ。松竹も女優がそろってきて、いいですね。岩下志麻なんか、十年に一人の純情型で、松竹女優本来のハダ合いがある。岡田茉莉子も、三枚目がかった役が本領で、そんな役をやらせたら右に出るものはないでしょうね。

（映画はあと味の勝負「東京新聞」昭和三十七年十二月十四日）

東劇にて　秋刀魚の味試写

（「日記」昭和三十七年十一月十六日）

秋刀魚の味　封切

（「日記」昭和三十七年十一月十八日）

## 自作を語る／秋刀魚の味

野田記……『小早川家の秋』を宝塚で撮影中、早く次回作の題名を決めてほしいと、しきりに松竹から催促され、取敢えず『秋刀魚の味』とは決めたものの、腹案は何もなく、ただ、秋刀魚を画面に出すようなことはせず、全体の感じをそういうことにしようという気持ちだけであった。いよいよシナリオにかかると、五社長会議というのがあり、では他社の俳優を借りないで、大船の人たちとフリーの人たちだけでやろうということになって、加東大介さんだけを東宝から借りることにした。

このシナリオの執筆中、小津君のお母さんが他界されたが、その葬送も終わって再び蓼科へ来た時の日記に小津君はこう書いている。「もう下界はらんまんの春、りょうらんのさくら。此処《ここ》にいて、さんまんのぼくは『さんまの味』に思いわずらう。さくらは、ぼろのごとく憂鬱にして、酒はせんぶりのごとくはらわたに苦《にが》い」。

『秋刀魚の味』（松竹大船・昭和三十七年）脚本野田高梧、小津安二郎　主演笠智衆、岩下志麻、佐田啓二、岡田茉莉子

（自作を語る「増刊キネマ旬報二月号　小津安二郎〈人と芸術〉」昭和三十九年二月十日）

秋の夜長に爪をきる
縄手の婆が云ったっけ
よさり［注、夜の意］きったらあかんのへ

おやのしにめにあわれんね
古新聞のその上に
爪の切屑集めつゝ
遠い昔を思出す
秋の夜長に爪をきる

旧臘《きゅうろう》十二月上浣《じょうかん》　とき　とく　信之　兄妹相携えて亡母あさゑ
喜屋妙見大姉の納骨に高野に赴く

（昭和三十七年十一月）

高野行
ばばあの骨《こつ》を捨てばやと
高野の山に来て見れば
折りからちらちら風花が
杉の並木のてっぺんの
青い空から降ってくる
太政大臣関白の苔のむしたる墓石に
斜にさしこむ夕日影
貧女の一燈またたいて

去年に焼けたる奥の院
梢にのこるもみじ葉に
たゆとう香華の煙にも
石童丸じゃないけれど
あわれはかない世の常の
うたかたに似た人の骨を
うわのうつつに感じつつ
今夜の宿の京四条
顔見せ月の鯛かぶら
早く食いたや呑みたやと
長居は無用そそくさと
高野の山を下りけり
ちらほら灯る僧院の
夕闇迫る須弥壇に
置いてけぼりの小さい壺
ばばあの骨も寒かろう

（「老童謡」昭和三十七年十二月）

**［菅野公子談・厚田雄春の三女］** 小津先生とお会いしたのは一度きりなんです。でも強く印象に残っています。高校生か、大学生ぐらいのときだったと思います。たまたまその日は祖母と留守番をしていました。当時住んでいた浅草の家の、玄関を入ったところに畳が二畳ばかり敷いてあって、腰掛けられる上がりかまちがありました。そこに、先生がいらっしゃったんです。

もうびっくりして。父も母もいませんから、急いでおばあちゃん！って、祖母を呼びに行きました。そうしたら祖母も、えーっ！て（笑）。もう、大先生ですからね。

そのあと、先生は上がりかまちのところで、「お母さん、長生きしてくださいね、長生きしてくださいね」って。大柄な先生が、祖母を抱くようにして肩を叩いてくださったんです。お年寄りを大切になさる先生のやさしい行為だったと思うのですが、そのときの印象が、とても強く残っています。

（松浦莞二・宮本明子『小津安二郎　大全』朝日新聞出版）

## 昭和三十八年〔一九六三〕六十歳

一月、ＮＨＫからテレビドラマの依頼があり、『青春放課後』の脚本を書くことになった。里見弴と脚本の相談をしながら構想を練った。

一月二十五日、鎌倉の華正楼で大船監督会。前年「シナリオ」十一月号で『小早川家の秋』を批評した吉田喜重《よしだよししげ》との間で「監督会事件」が起きた。「しょせん、映画監督は、橋の下で菰《こも》をかぶり、客を引く女郎だよ」「俺は小林（正樹）は好きだけれど吉田くん、君は嫌いだよ」「君なんかに俺の映画が分かってたまるか」と、珍しく感情をあらわにしたという。

同月、杉村春子が所属した劇団文学座に分裂騒動が起こり、里見と小津は「オレガツイテル　サトミトン　ボクモツイテル　オヅヤスジロウ」の電報を送った。二月、次回作の題名が『大根と人参』に決まる。三月、『青春放課後』の脚本完成。

三月十四日～二十七日、蓼科滞在。右頸部に腫物ができ下山する。四月十日、頸部悪性腫瘍手術のため築地がんセンターに入院、手術。

六月二十七日、第十三回ベルリン映画祭で小津の回顧展が組まれ、『生れてはみたけれど』『晩春』『東京物語』『早春』『お早よう』『秋日和』が上映された。パンフレットには「日本映画監督の老大家（六十五歳）」と紹介された。その後、

---

**一月二十一日**
ＮＨＫからテレビドラマ『青春放課後』の依頼

**一月二十五日**
鎌倉の華正楼で大船監督会。「監督会事件」が起きる

**一月三十日**
小津組による芸術院会員祝賀会

**二月十三日**
芸術院会員祝賀会（ホテル・オークラ）

**二月二十日**
次回作の題名『大根と人参』に決まる

**二月二十二日～二十五日**
ＮＨＫドラマ『青春放課後』のため里見弴と湯河原滞在

**三月十日～十三日**
『青春放課後』シナリオ執筆（二十一日放映）

**三月十四日～二十七日**
蓼科滞在。右頸部に腫物ができ下山

**四月十日**
頸部悪性腫瘍手術のため築地がんセン

欧州各都市を巡回し、ドナルド・リチーが講演した。また、この夏のパリ・シネマテーク「日本映画回顧展」でも『東京の合唱』『生れてはみたけれど』『東京物語』『出来ごころ』『浮草物語』『一人息子』『戸田家の兄妹』『晩春』『彼岸花』『秋日和』が上映された。パリ・シネマテークの事務局長アンリ・ラングロワは、病床の小津に私信を寄せ、その芸術を讃えた。

七月に退院し、湯河原で湯治。痛みが増すが自宅療養を送った。十月、東京医科歯科大学に再入院。十二月十二日、満六十歳の誕生日の十二時四十分に逝去。十六日、築地の本願寺にて、松竹、日本監督協会による合同葬。本人の希望により墓は北鎌倉の円覚寺に作られ、母と共に眠る。黒大理石の墓標には「無」の一字のみ刻まれた。

くもり　おだやかな元旦
野田夫妻　池忠との四人也
貴恵と電話で語る

粉雪　ひるすぎ高松車で帰る
リンクに行ってみる　池忠と少し散歩する
酒よくまわる

（「日記」昭和三十八年一月一日）

---

ターに入院。手術（十七日）

**六月二十七日**
第十三回ベルリン映画祭で小津の回顧展

**七月一日**
築地がんセンターを退院。自宅療養に

**十月十二日**
東京医科歯科大学病院に再入院

**十二月十二日**
十二時四十分、腮源性癌腫により逝去

**十二月十六日**
築地の本願寺で松竹、日本監督協会による合同葬

晴　林一家帰る　西河克巳くる

（「日記」昭和三十八年一月三日）

笠のところの風呂にゆく
成子たち車でくる　俊君くる

（「日記」昭和三十八年一月四日）

## 年頭の所感

俳優でも監督でもレジスタンスということが必要ですね。しかし、それは別に何かに対して怒号するというんじゃなくて、常に自分自身に対するものでなければならないと思います。そうでなければ、少なくとも芸術分野に働く者の意義はないと思うし、そもそもレジスタンスというものは、そういうものではないでしょうか。どこの会社に移っても、自分の満足できる仕事を会社が与えてくれるはずはありません。だから現在自分のいる場所で、一生懸命にやる以外にありませんね。「……」

わたしが芸術院会員に選ばれたのは、映画にもようやく伝統というものができた結果、芸術として認められるようになったからでしょう。ということは、これからの映画は娯楽の対象から一歩脱皮して、伝統の上にたった独特の美を完成していく方向に向かうと思うのです。「……」

映画界は不況かもしれないが、映画は進歩していくはずです。若い俳優さんたちもその点をよく考えて、人気と金にばかり頭をとられないようにすべきですね。

（巨匠小津にかわいいお年始／佐久間良子「スポーツニッポン」昭和三十八年一月一日）

晴　婦人倶楽部　岩下志麻他くる
夕方から華正楼で大船監督会　弁天
豊山が大鵬に勝つ

（「日記」昭和三十八年一月二十五日）

【吉田喜重《よしだよししげ》談】約二時間半、ただお酒を飲んだ記憶しかないんですが、小津さんはただ一つのことを繰り返されましたね。「君の映画と僕の映画とは違う」と……。「自分の映画は橋の下で、こもをかぶり、客を引く娼婦の映画なんだ。君が考えている映画ってのは、橋の上で客を引く娼婦だ」って……。だから、「橋の下と上の違いがあるんだ」って言うんですね。

小津さんらしい発言だと思いましたね。それを繰り返しおっしゃいました。それ以上は、何もおっしゃいませんでした。ああいう人でしたから、私が雑誌で小津さんを批判したことについては、直接おっしゃらなかった。そのことが発端となって、小津さんが私の前に居て、動かないで、お酒をついで下さっているってことは重々分かっていたんですがね。

まあ当時、ジャーナリズムが付けた名前なんですが、私も含めヌーヴェル・ヴァーグと言ってました。そういうものに対して、私の発言をふまえて、小津さんがある反応をされたんだと思います。

（ＮＨＫ教育「ＥＴＶ８・小津安二郎の世界」）

# 自分のペースで

いま、池田忠雄、野田高梧の脚本で次回作をつくろうと、材料集めにかかってるんですよ。ほんとうはね、一年に三本くらいの作品をつくれる状態なら一番いいんですがね。でも私は映画界の将来には決して失望していませんよ。あせらず自分のペースで作品を作るのが必要なんです。

（自分のペースでゆく、小津監督／〈映画界の期待をになって／次回作にそなえる二巨匠「読売新聞」昭和三十八年一月三十日）

晴　静夫爪哇にゆく
一日在宅　次作品〈大根と人参〉と決める
昨日から外泊の小川さん夕方帰ってくる　とき帰る
深夜賀世から電話かゝる

（「日記」昭和三十八年二月二十日）

夕方から里見邸に出かけて
TVシナリオの相談［注、青春放課後］
深酌　弁天のおやぢに送ってもらって帰宅
深更二時

（「日記」昭和三十八年二月二十一日）

晴　貴恵子とあそぶ　貴一面白くなる
貴恵水疱瘡なほり明日より幼稚園通学なり
佐田テレビに出かける　二泊

（「日記」昭和三十八年二月二十七日）

**［中井貴恵談］**　先生は独身でいらしたし、ふつうの家庭の匂いが感じられる場所というのは、身近なところではうちだけだったのかもしれません。うちには〝小津部屋〟という部屋がありました。お酒を飲むと私の家のある田園調布（東京都大田区）から鎌倉に帰るのが億劫なんでしょうね。ご自分で名付けたその部屋に泊っていかれた。鎌倉で先生とおふたりで暮らしていらしたお母様からよく「安二郎を帰してください」という電話がかかってきた、と母が言ってました。

（西村雄一郎『殉愛／原節子と小津安二郎』新潮社）

晴　佐田から車で小林歯科にゆく
北川　賀世　益子と花の木にて昼めし　賀世送つてくる　小川さん留守也
夕方から里見邸にゆく　野田同席

（「日記」昭和三十八年二月二十八日）

乍晴乍曇　小川さん　甥の結婚式にて出京
出京　歯医者　すぐ帰つてひろみ
それから里見邸　畑中庸生同席

シナリオ訂正　同車して帰る

（「日記」昭和三十八年三月五日）

**【里見弴談】**私とは友達としてのつき合いだったので、彼の下で仕事をしたこともなく、それ故、叱られた覚えもないが……。ただ、「青春放課後」というテレビのシナリオを二人で書いたことがあった。このときはひどかった。まず私に書けといって書かせる、ここはこういう風にいきましょうよ、なんていいながら。私が書き終ると、その原稿は彼の方へまわっていく。彼の方へまわったら最後、私の書いた文字は殆《ほとん》ど残っていない。その位なら、他の原稿用紙にはじめから書いたらいいのに、私の書いたところを消しては脇に小さな字で、チョコチョコとすっかり書き直してしまう。彼にいじめられた記憶といえば、このときぐらいなもので……。

（貴田庄『小津安二郎文壇交遊録』中公新書）

十時四十六分の電車にて出発
晴　十二時三十分の白馬急行
静夫　益子　賀世くる
来蓼酒宴　快晴　第一泊。

（「日記」昭和三十八年三月十四日）

くもり　夕食ののち仕事の話いろいろ出てノートする。

（「日記」昭和三十八年三月十五日）

雪　また雪となる　春の雪ふりつむ
すきやき　池忠早く帰り仕事の話ハ出ない
テレビ買ふ　浦一家くる　万葉泊。

（「日記」昭和三十八年三月十六日）

晴　日本芸術院に出京叶ハざる旨電話する
昼風呂まことに快
岡先生『春宵十話』よむ。

（「日記」昭和三十八年三月二十五日）

## 東京築地のガン・センターの病室にて

なんだか知らないけど、生まれてはじめて入院したもんで、まだかっこうがつかないよ。酒を十日間もやめたなんてここ数十年ないことなんで、それがこたえたよ。でも今日あたりから少し飲んでもいいそうだから――。ボクは昔から食事はあまりやらないで、お酒で栄養つけてるもんだから、酒を飲めないとなると実際こたえるんだ。手術は全身麻酔で十二針も縫った。年齢（トシ）なんだろうねえ、こんな変なもの［注、頚部のリンパ線のはれ］が出てくるなんて、ひょっとしたらガンかも知れんなあ。次回作は、老人同士のケンカを面白く描こうというものだが、ことし中に撮影できるかどうか。生まれて初めての入院生活だから、退屈だけど静養のつもりでゆっくり暮らしてみるつもりだよ。

（入院加筆中／小津監督、首がはれて手術／破顔一笑〝退屈だ〟／当分は静かに暮らすさ「スポーツニッポン」昭和三十八年四月二十九日）

## 退院してから

リンパ線に腫れものができて、癌センターで手術をやって……。退院してから、こんどは血行障害で右手がきかなくなりましてね。サクラから秋風まで……。いまや能因法師の心境ですね。都をば霞とともに出《い》でしかど……。

いまも痛むんですよ。死を賭けてもいい、死んだほうがました、と思うほどの苦痛に対して〝痛い〟という言葉しかない。他にうったえる言葉がない。あとは〝とても痛い〟とか〝ちょっと痛い〟とかの、簡単な形容詞があるだけで……。

風のことなんかになると、強風とかそよ風とか、暴風とか烈風とか、いろんな指数をつくっておきながらね。だから、痛さの指数をつくったらどうかと思うんですがね。たとえば、きょうは一二〇痛いとか。

こういう条件の中で、よくわれわれ脚本を書いたり、演出やったりしてきたもんだと思いますね。

仕事のこと考えるどころじゃないですね。意欲はなんにもないです。ただ、こうしてるだけで、佐田が来ましてね、病人の態度としてファイトが足りない、というんですよ。そういうことをいいやがるんです、ハッハ。痛いときは、うなるといくらか、らくになるもんですね。痛いときは死んだ真似してるんだが、あんまり痛いと死んだ真似もしてられなくなりましてね、うなるんですよ。

どうにもこうにも、ヒゲが汚くのびてしまって……こうなる前は、志賀さんに似ているといわれて喜んだんですがね。ぼくは……酒飲みだけれども勤勉で……六十年目にはじめてこんな病気をして。

さよなら。

〈病んでも衰えぬ大声〈にっぽん人物画〉えと文：近藤日出造「読売新聞」昭和三十八年十月二十日〉

## ◉おやじ小津安二郎はもういない／佐田啓二の看護日記

〈三月二十六日〉

長野県蓼科の山荘にこもっているおやじさん（故小津安二郎氏）から長距離電話がかかってきた。

「どうしたんです?」

「クビの横っちょにハレものができてね、痛いんだよ」

「ハレもの?」

「医者にみてもらおうかな、ともかく帰りたいんだ。明日帰るからね。だけど知らない医者はイヤだよ。緒方先生（安雄氏）がいいな。そうだ、先生でなくちゃいやだ」

電話は切れた。緒方先生は、私の家の近所にお住まいで、昨年長男貴一の初節句パーティを開いたとき、ご招待し、その席でおやじさんと初対面された。お二人は非常に意気投合した様子で、おやじさんの映画『秋刀魚の味』の同窓会シーンに、緒方先生が特別出演されたこともある。しかし緒方先生は小児科が専門だ。老童とはいえ大きな大人のおやじさんのハレものはご専門外ではないか、と心配した。

〈三月二十七日〉

十二時に大船駅でおやじさんと待ち合わせ、緒方先生を山王病院にお訪ねした。

「どういう具合ですか」

「とても痛くて、熱が少しあるような気がします」

「私は子供の病気なら分かるんですが、大人の病気は分かりません。友人の前田外科をご紹介しましょう。手術するにしても三十分ぐらいですむと思いますから」

緒方先生につきそわれて、前田外科に行った。所用があって、私は二時間ほど中座し、また前田外科に戻った。そのとき、緒方先生と前田先生が何かヒソヒソ話をしていた。

私の顔を見ると、前田院長は、「これはすぐ手術した方がいいです」といわれた。さて、どこで手術するか、緒方先生は、築地国立がんセンターの久留院長に頼みましょうといわれた。久留先生は、偶然、おやじさんの松阪中学時代の同窓生ということであった。おやじは人見知りをする。知らない人に、からだをまかせるのはイヤだ、イヤだと、しきりにいう。

〈四月十一日〉

がんセンターに入院した。新橋演舞場の建物がハナ先に見える四階の病室。まっ白い壁に取り囲まれたベッドに、寝間着を着てちょこんと座ったおやじさんは、心もとなそうな顔をしていた。でも仕方がない。ハレものを退治するまでは……。

〈四月十七日〉

手術日。簡単にすむというので、手術室の前で待っていた。痛いのは何より嫌いで、注射を子供のように怖がっていたおやじさんが、こともあろうに首にメスを入れられている。ひどく長引いているようだ。少々心配になる。しかし、これまで病気したことがないおやじさんだ。痛い思いもしたことがない。普通の人より、それだけ恵まれてきたのだから今度くらい……仕方があるまい。手術室のドアが開いて、看護婦さんが飛び出してきた。

「アバれてクルマから落っこちそうになるんです。力の強い人押えにきて下さい」

とんで行くと、おやじさんは痛がって〝ナンマイダ、ナンマイダ〟といっている。

「念仏なんて縁起でもない」というと、

「痛くて痛くて、何かいってないとたまらないんだ。いわせてくれよ、ナンマイダ」

もだえながらなお続けた。

七月一日まで八十二日間、おやじさんは、がんセンターにいた。手術のあと、精密検査を受け、胃にできていた小さいかいようを除いてもらい、手術の後に、コバルト、ラジウム療法を施した。それは〝ガン〟の治療法である、と私は聞いていた。一週間ずつ患部にコバルトとラジウムの針を刺すのである。クギのような針を十本も刺すので、首はぜんぜん動かせない。石地蔵みたいになっていた。

「六十年生きてきて、一度も長かった、と思ったことはなかったよ。針を入れられた一週間の長さときたら、どう説明していいか分からないよ」

針を抜いたあと、おやじさんは見違えるほど、げっそりやつれて、何度も〝説明できないよ〟と繰り返した。

「その辺に、オノか何かあったら、自殺したかったよ。この病院は設備が悪いから、そういう便利なものがないんだ。お医者というのは、〝痛み〟を治療することはしないんだね。〝痛いですか〟〝痛いですよ〟〝そうですか〟ってんだからね。病気をなおすことはしても〝痛み〟はダメなんだね」

〝痛み〟の悪口を、おやじさんはいい続けた。

「それにしても、先生、ガンだったのかもしれませんね、ガンマーやラジウムやられたんだから」というと、

「そうだね。これでオレも一人前のトウフ屋になれたよ。ガンもどき作ったんだからな」と大笑いした。

「オレはトウフ屋だ。ガンもどきか油あげはつくるけど、西洋料理はつくらないよ」、おやじさんのそれが口ぐせだった。いわゆる小市民の淡々たる喜怒哀楽の生活をテーマに、〝お茶漬の味〟的映画を一貫してつくることを〝わが仕事〟としてきたおやじさん、昨年は映画界から初めて〝芸術院会員〟に選ばれて、〝これで映画が芸術と認められた、うれしい〟と、したたか喜びの酒に酔ったものだ。酔いながら、芸術院会員になってからの映画を作ることばかり考えていた。次回作は『大根と人参』――親友野田高梧氏と、シナリオ執筆のため、正月から蓼科にこもった。

「今度はどんな話にしようか」

「そうだねえ、こんなのはどうだい、ガンが流行ってるだろう。流行ってるのはおかしいね。ガンでよく人が死ぬだろう。オヤジがなにかガンにかかってさ、それを知らそうか、知らすまいかと、ゴタゴタ、ワイワイするのはどうだい」

「いいだろう。イケるね。それにしよう」

小津先生と野田先生は、いつもシナリオを書くために、蓼科の山荘にこもった。食べものから、マキ、炭にいたるまで、鎌倉から運ぶので、西部劇の大移動のようだった。親友二人が、何やかやと語り合っているうちに、作品のテーマが決まり、配役ができ、台本が生まれるのであった。

『大根と人参』では、そのガンになる人まで配役が決まっていた。

「原稿にとりかかろうか……と思っていたら、ハレものがでたんだ」

野田先生は、残念そうにいわれたことがある。私たちは小津先生の人間的影響を受けてか、なにごとにも、のんびりした反応しか示さない。あんな〝グミ〟みたいなハレものが〝ガン〟の知らせなどとは思いもよらなかった。それで二人で、ガンもどきがつくれたなどと、たわいもなく笑っていたのだ。

見舞い客はあとを絶たなかった。一日、四、五十人も見えた。病院側が驚いて、一人五分以内に制限した方がいい、とアドバイスにきた。

「ずい分、入りがいいじゃないですか」

「ウン、題がよかったよ、がんセンターだからな」

「こんなに入りがよくちゃ、ロングランしなきゃいけませんね」

「ウン、ちょっと退院するわけにはいかないね」

そんな会話を私たちはした。

毎週金曜日、私の長女貴恵子が、おやじさんを見舞った。私にはとくにいわれなかったが、おやじさんはそれを楽しみにしていたらしい。

貴恵子のために、おやじさんはクレヨンと画用紙を買っておいてくれた。二人でいっしょに絵を描くのである。毎週一枚仕上げる約束だった。花や、私の顔や、妻の顔や、また見舞いに来合わせたスタッフの顔を、貴恵子はおやじさんとしゃべりながら描いた。でき上がると、白い壁にはりつけた。それが二十枚にもなったろうか、七月一日の退院の日に、おやじさんは、自分でその絵を一枚々々はずした。

「どうするんですか」と聞くと、

「持って帰るんだ。貴恵ちゃんが二十歳になるまでとっておいて、昔、こんな絵を描いたんだよ、と出して見せてやるんだ」といわれた。

鎌倉に帰る間じゅう、クルマの中でおやじさんははしゃいだ。丈夫だったときのいつものスタイル、白いピケ帽にまっ白なワイシャツ、それに仕立ておろしのズボン。首に白い包帯のあるのが、丈夫なときと違っているだけだった。

退院する数日前に、こんなことがあった。

「オレ、洋服新調するよ」といい出した。

「いま、やせてるのに、つくったら、ふとったとき着られませんよ」というと、

「いやね、Iという男がいてね、ふとってたんだよ。それが病気してね、なおって出てきたんだが、服がダブダブなんだ。みっともなかったよ。そんなとき、昔の洋服着るのはよくないよ。だから新調するんだ」といい張る。

生地を持ってこさせて、二着つくることにした。ところが翌日、

「やめたよ」という。

「どうしたんですか」

「いま夏だろう。ワイシャツでいいよ。それに秋になったら、またどんなスタイルがはやるかも分からないしね、やめたよ」

スタイリストのおやじさん。「ダブダブの服はイヤだよ」からファッションの心配までしている。私は、

家にあった生地で、ズボンだけ新調してあげることにした。

鎌倉の家に帰って、まず祝杯、糖尿のケがあるので、日本酒、ブドウ酒は禁じられ、ウィスキーかブランデーだけ許されていた。

ナポレオンをとり出して、おやじさんは、グラス（いつものタマゴ立てのグラス）で三杯ものんだろうか、いままでなら絶対に赤くならなかったのに、その夜はゆでエビのように赤くなった。私の妻がいった。

「先生、そんな純情な先生みたことないわ」

その後、うなぎを食べ、おやじさんは八十日ぶりに、鎌倉の生活に戻った。

一週間ほどは快適な生活が続いた。右手が少ししびれるぐらいだった。しかし強くさすると痛がった。湯河原温泉に湯治に行ったが一日々々、しびれがひどくなり、完全な痛みに変わっていった。七月末、鎌倉に帰り、電気をかけてみたりしたが、いっこうに痛みは去らない。

八月は寝たきりの生活だった。私は一人で出かけて行って、食べられないというおやじさんの気を引きたて、引きたて、いっしょに食事をするようにした。

「体力がつきまんよ」

「食べられるような痛みじゃないんだ」

「いけませんよ、食べなくちゃ」

押し問答をした。好物のさしみ、生うにの類も、痛みを押しもどさなかった。おやじさんは、みんなといっしょにゴハンを食べ、酒をのむのが好きだった。松阪の育ちだから、〝すきやき〟が好きで、またつくるのがじょうずだった。だいたい、台所仕事が女性よりうまくて〝すきやき〟を煮るのも、肉は肉、野菜は野菜、きちんとならべて、手ぎわよく煮た。ハシさばきが見事であった。食道楽でもあった。珍味をたくさんならべて目じりを下げていた。

そのおやじさんが、食べる楽しみを放棄しはじめた。

吸いのみにナポレオンを一滴おとしてのんだのは、九月の何日だったろうか。それが最後のブランデーの味だったはずだ。一滴落とすと、吸いのみの水が、うすく色づいた。くちびるに一滴落とすと、おやじさんの顔がたちまち赤くなった。そして痛みがやや増したと訴えた。

〈九月五日〉

がんセンターからおやじさんは〝ガン〟におかされていると聞かされた。〝ガン〟〝ガン〟だ。親しい者が集まって相談した。〝ガン〟であってもなんとか再起させるのだ。四月十七日に手術した日、久留院長が、身内の人を呼ばれた。私にもきてほしいと、おやじさんの弟さんはいったが、私は親しいが身内の人間ではない。遠慮して、久留先生のもとにはうかがわなかった。やがて弟さんが帰ってきて「どうでした?」と私が聞くと「え? ええ。大丈夫だっていってました。なおりますって……」、弟さんはそういったが、何かそのいい方に不自然なものが感じられた。あのときからわかっていたのかもしれない……。およそ疑惑すら持たなかった私たちだったが——。〝ガン〟ならば、なんとか入院させなければならない。

〈九月六日〉

見舞いに行く。玄関の近くまで行くとうなり声が聞こえた。苦しそうな声。入院させなければならない。しかし切り出せなかった。がんセンターはどうしてもイヤだといい張る。

〈九月十五日〉

長男貴一といっしょに写真をとったことがない、という口実を設けて、おやじさんの写真をとった。イヤだったろう、なんで写真なんかとるのだろう……と、おやじさんは思ったに違いない。それでも床に起き上がって、私のカメラにおさまった。白いヒゲが、のびて痛々しい。心を鬼にしてシャッターを切った。それでもなお、入院についていい出せない。一刻をも争っているのに、どうしたことか。

〈九月二十日〉

「痛みには指数がないね。きょうは一二〇とか一〇〇とかあらわせないんだ。痛いというコトバしかない、痛い以外にいいあらわせないんだね」

もどかしそうにいった。痛いのでうなる。見舞いにきた客は、びっくりして戸口まできて帰ってしまう。しかし、うなりながら人の気配を察していて「うなってりゃラクなんだから、上がって行ってくれればいいのに」とくやしがった。

〈九月三十日〉

もう放っておくことはできない。鎌倉でのかかりつけの医師、足立先生と相談して、きょう、入院のことをいってみようと決心した。妻は〝私の口からはどうしてもいえない〟と台所の方へ下がってしまった。私と二人きりになった。

「痛くてゴハンがたべられない、これ以上の不幸はありません。痛み止めの注射（麻薬）以外に何があるでしょう。がんセンターはだめだったが、ほかの病院には違った治療法があるでしょう。いっぺんそれを受けてみたらどうですか。ファイトを出して努力しなければいけません。痛い痛いと弱気になっていちゃ、なおりませんよ」

語気を強めてそういった。おやじさんは意外と素直に、

「たしかにそうだねえ。このまま死を待つことはないよ」といった。はじめて〝死〟といった。感づいているのだろうか。

〈十月十二日〉

東京医科歯科大学付属病院に再入院、松阪出身の稲葉助教授が引き受けてくれた。ガンは相当に進んでおり、頚部の軟骨をおかしていた。十の治療法があるうち、もはや七つの方法はあてはまらないほどの進み方であると、先生はいわれた。こんな場所にガンが発生するのは、ガンの中でも悪質であると、いわれた。軟骨がやられているから、うっかり首を動かすと折れる心配がある、首にギブスをはめようともいわれた。

何ということだろう。

入院は夜にした。おやじさんは床にすわってじいっとしている。

「出かけますか」、声をかけると横を向いたまま「タバコを一本つけてくれ」といわれた。吸い終わると、

「ア、もういいよ」

「急ぐことないですよ」

「ウン。玄関から出してもらうか」

タンカの上から「この道を酔っ払ってよくのぼってきたもんだ。いまは下りだけれど、酔ってたときの方が苦しくなかったよ」

私は、おやじは二度と再び、生きてこの道をもどることはあるまい、と思った。小さなトンネルが途中にある。このトンネルも、きょうが最後だろう。私たちはできるだけゆっくりとタンカをかついで行った。


〈十月十九日〉

「何も悪いコトした覚えはないのに、どうしてこんな業病にかかったんだろうな」

天井を向いたまま、おやじさんがいった。

「オレも、寝てるのは好きなんだがね、右足がどこに行っちゃったのかね、ベッドの下におっこちてるんじゃないかな。つらいもんだよ。痛いよ。ユメを見るんだ、このごろ。痛いユメばかりだよ」

「痛いユメってどんな」

「ワケのわからないコットウ品みたいな、さわったら痛そうなものばかり出てくるんだ」


〈十月二十日〉

オーデコロンを買ってくれという。このごろ床で用便するので、気になってしかたがない。ふとんの中にまきたいんだ、という。シャネル五番のオーデコロンを買う。

三井さん（弘次氏・松竹俳優）が見舞いにきたとき、便をもよおした。

「はずしましょうか」ときくとはっきりしない。そのうち大きなうなり声をあげた。びっくりした。

「どうしたんです、先生」のぞきこむと、

「ナニ、いまウンがブッブッいったからカムフラージュしたんだ。擬音を入れたんだよ」に吹き出す。だいぶたくさん出た」というので、

「好成績でしたね」と大笑いする。

六十になって便をつきそいの人にとってもらうハメになって、おやじさんはしみじみいった。

「おヨメさんもらっとけばよかったよ。はずかしくていけないよ。おヨメさんならはずかしくないからな」

〈十一月七日〉

岡田茉莉子さんと吉田喜重監督が婚約の報告に見える。「なおったら、一本とろうね、茉莉ちゃん」とおやじさん。見舞い客が来ると必ず「なおったら」という。城戸社長が見えたとき「悪いよ、悪いよ」としきりにいう。あとで「オレの病気の心配をしてるのかと思ったら、会社のことをいってたらしいよ、ひどいやつだ……」と、笑っていた。痛みがひどくても、ユーモアだけは達者だ。

〈十一月十四日〉

貴恵子の七・五・三、おやじさんに選んでもらった着物を着せて、連れて行く。ちょうど、眠っておられた。帰ろうかと思ったが寝顔を貴恵子に見せておこうと病室に入る。と、目をあけて、

「おおなんだ、貴恵ちゃんか」

イスの上に貴恵子をのせて対面させた。

おやじさんと貴恵子は歌をうたった。「スーダラ節」と「幸福を売る男」の二つ。「スーダラ節」はおやじの好きな歌で貴恵子と二人でよくうたい、踊ったものだ。「幸福を売る男」は、『小早川家の秋』を宝塚映画で撮影中、毎晩宝塚大劇場に通いつめて、覚え、好きになった。昨年二月、お母さん（あきゑさん）を亡くされたときも、この歌を追悼にうたった。貴恵子はおやじさんと握手してサヨナラをいった。

〈十一月二十日〉

白血球が少なくなり呼吸困難におちいる。稲葉先生は気管支の切開を提案された。ゴム管をつけて呼吸を補助するわけだ。家族の方は反対。これ以上イタい目にあわせたくないという。しかし呼吸困難は痛いよりももっと苦しいのだからと、手術を決行する。手術後は言語障害が予想されたが、いたしかたない。

〈十一月二十七日〉

危篤状態に入る。二、三度呼吸がとまったが、弟さんが「ニイさん、ニイさん」とよぶと「うるさいよ」と小さくいった。

〈十一月二十八日〉

くちびるを動かしても、ことばが声にならない。イロハを紙にかき、壁にはった。おやじさんの口が動くと、私はイロハを順にさす、ミルクならミの字をさしたとき、おやじさんがコックリする。ミルクをのませる。

〈十一月三十日〉

気力が衰え出す。

〈十二月二日〉

この十二日は、おやじさんの誕生日、還暦を迎える。妻は、お祝いにウールの羽織りをあつらえた。特別に織らせたチャコール・グレーの無地に、朱色の布でおやじさんの紋〝けんかたばみ〟をアップリケしたもの。それを見て「いいね」かすかにいった。

「十二日にさし上げますからね。それまでおあずかりしますよ」、妻は羽織りをたたんだ。

〈十二月十一日〉

午前八時ごろ、容態が悪化した。かけつけてみると死相があらわれていた。野田高梧氏ご夫妻はひと目みて、「覚えていたくない顔だ」と、目をつぶられた。

稲葉先生は私をよんで、

「呼吸のしかたがよくありません。夜半か明け方が危険です。どこかへ出られるにしても、三十分以内でこられるところにいてくださいよ」といわれた。

いか。

〈十二月十二日〉

私は十二日早朝から『モンローのような女』のセットがある。おやじさんの死に目には会えないのではないか。

撮影のため床屋に行っていた。そこへ知らせがあった。十二時四十分、おやじさんは、なくなった。

午後八時、柩に入って、おやじさんは鎌倉に帰ってきた。もみじが散り敷く山道を柩をかついでくると、純白のかけ布の上に、おやじさんの好きだった赤い色をしたもみじが、二ひら、三ひら、散りかかった。

（おやじ小津安二郎はもういない／佐田啓二の看護日記「サンデー毎日」昭和三十八年十二月二十九日）

**【笠智衆談】** 十二月十二日は、先生のお誕生日です。六十歳になられた日に亡くなった。ちょうど六十年です。寝台の横で、先生が息を引きとられるところを見ていました。たまたま見舞いに行っていたのか、呼び出されたのかは憶えていません。涙は出ませんでした。不思議と、悲しいちゅう気持ちにもなりませんでした。なんと言えばいいんでしょう。ただボーッと立っていただけです。

お葬式でも、泣かなかったと思います。佐田ヤン、野田先生、清水オヤジ、ユウシュン、原節子さん……。みんな集まりました。泣いている顔もありました。無理に笑っている顔もありました。怒ったような顔をしているのもいました。酒を飲んで騒いでいるスタッフもいました。その方が先生の供養になると思ったのでしょう。

感謝……。月並みですが、それしかありません。どう言えばいいんでしょうか。僕のようなものを引っ張り上げて下さった。やっぱり、感謝でしょう。なんと言えばいいんでしょうか。「ありがとうございました」

でしょうか。「さようなら」でしょうか。

（笠智衆『大船日記』扶桑社）

**［厚田雄春談］**　ああ、あの日の朝はぬけるような晴天でした。ぼくら撮影所の人間がいうピーカンってやつです。雲一つない快晴で、撮影にぴったりの空だったことは忘れられませんね。

ぼくは小津組の仲間と外神田で一晩明かしたんです。先生はお茶の水の東京医科歯科大学の付属病院に入院しておられました。築地のがんセンターで手術された後の二度目の入院です。それでその近くだっていうんで、進行部の清水富二さんの実家がやっていた外神田の待合にいたんです。清水さんのほかに、製作の山内静夫さんが一緒でした。もちろん、十一日の夜も病院に見舞いに行ってましたから、そろそろ危ないってことは知っていました。でも、ぼくらは誰も本気にしてませんでしたね。だから、小津組のスタッフがロケで旅館に泊ったときみたいに、わいわい馬鹿な話をして夜おそくまで騒いでいたんです。

小津さんが危篤だってのに、のんびり酒を飲んでいたなんて、たぶん信じていただけないんじゃないかと思いますが、本当に、いつも通りにわいわい騒いでいたんです。妙な話といやあ妙な話ですが、いま考えてみると、誰も、小津さんが亡くなるなんて信じたくなかったんでしょうね。で、夜もずいぶん遅くなってから疲れて寝てしまったんですが、夜明け頃にふっと目が醒めて、病院へ行ってみたくなって一人で外へ出てみたら、あの快晴でした。湯島の昌平坂の高台になったあたりから見下してみると、東京の町が晴れわたった空の下に拡がっている。はあーっと思いました。

で、病院に着いてみると、もういけないって話で、何かが急にぽかっと空になってしまったようで、けしからん奴がぼくらの小津さんをさらってったんだとしか思えませんでした。病室には御家族の方だけがおられましたが、ぼくは悲しいって気持にはなれませんでしたね。とても涙なんか出やしません。あれは何なんでしょうかね。小津さんが亡くなるってことが、承服できなかったんでしょうか。小津さんの顔をみて、ぼくはなぜかスッと病室の外へ出て、「バカヤロー」って叫びました。さらってった奴が逃げて行くような気がしたんでしょう。それから、こりゃいけないってんで、山内さんたちに連絡したんです。

だから、鎌倉のお宅でのお通夜だって、ぼくら小津組のスタッフは、仕事をかたずけてから小さな部屋にこもってわいわい盛り上ってたんです。誰も涙を流してしんみりしてた奴なんかいない。ところが原節子さんが来られたというんで、玄関に迎えに出て、入ってこられる原さんの顔をみたとたんに急に涙があふれてきて、自然と抱き合って泣き出してしまった。しゃくりあげて、こらえきれなくなったんです。あとは、ただ、もう泣いていましたね。小津さんの遺体があった病院ではこれっぽっちも涙なんか出てこなかったのに、原さんと目と目が合ったとたんに、もう、涙があふれて、あふれて。小津さんが亡くなられたってのは、そうしたことだったんだと、いまにして思いますね。

（厚田雄春／蓮實重彥『小津安二郎物語』筑摩書房）

**［ロンドン・タイムズ］** 偉大な日本の映画監督小津安二郎氏は昨日東京で長逝。行年六〇歳。年配の日本の映画監督と同じように小津監督もまた極端に多産であった。一九二七年から一九六二年の間、彼は五四本の作品を世におくり、その中の九本は、近年ロンドンのナショナル・フィルム・シアターで公開された。ある時期小津氏の仲間たちは、彼の作品が特に日本人の家庭生活の範囲に限られたものであり、おそらくそれは西欧諸国の観客には、なじめないものと決めてしまい、輸出には適当でないと思い込んでいた。

しかし、小津作品のいくつかがパリとロンドンで公開されたとき、小津式の表現や思考方式が完全に日本的であったにもかかわらず、広い観客層に大歓迎を受け、彼の人間的洞察、ひとひねりしたユーモア、そして親と子たちの間の深い思いやりの情は、その含蓄において全世界的のものであることを証明した。一目見て小津映画は、きわめて淡泊であるが、こころして見ると、そこには微妙な味わいの深さと構成上の統一の、ゆたかな累積があることがわかる。「……」

小津監督の社会観は根本的に、あわれをさそい、静観的である。「……」彼はその晩年も効果的に色彩をつかったが、決して商業的譲歩はしなかったし、彼のどの映画も小津監督独自の主張をもっていた。英国の映画配給会社に望みたいことは、いままでよりはずっと広い範囲の観客に、小津監督の最優秀作品を見せるための何らかの方法を講じてもらいたいということである。

（「ロンドン・タイムズ」昭和三十八年十二月十三日）

**【アンリ・ラングロア他シネマテーク・フランセーズ一同】** 偉大にして熱誠なりし小津監督の御逝去に深く驚天しました。小津監督の沈黙は世界の映画芸術にとって測り知れない損失です。私どもの心からなる哀悼の意を御家族の皆様にお伝え下さい。

（アンリ・ラングロア他シネマテーク・フランセーズ一同）

**【ブリテッシュ・フィルム・インスティテュート】** 小津監督逝去の悲しい御知らせを深く悲しみます。私どもは小津監督を世界最大の、そして最も人間性に富む映画監督と考えておりました。ブリテッシュ・フィルム・インスティテュートおよびナショナル・フィルム・シアター全員の心からなる哀悼の意を、この償《つぐな》うことにできぬ損失をうけた小津監督の協力者および日本映画界にお伝え下さい。

（ブリテッシュ・フィルム・インスティテュート）

**［城戸四郎（松竹社長）・ホームドラマに徹す］** つい先だって、見舞に行ったとき「何といったって、ホームドラマですよ」と、まだ言っていた。死の間際まで、長い経験と判断に基づいて言われたその言葉は、貴重なものだと思う。ブルジョアに反省を求め、庶民を土台にして、ヒューマニティを基盤にした、いわゆる松竹調の小市民映画を主張、その先陣を切ってきた人ならではの言葉だった。生活がなければ感動はない。その生活を直視し続けたのが、小津君のホームドラマだからだ。

いい意味で、かたくなところがあった。常に、志す方向に愛着を持って、人間の真実を求めてきた。楽天的でなかったから、社会の動きに対しても、いつも批判的になれたのだ、と思う。

トーキーになったから、ワイドになったから、といって、すぐ飛びつくようなこともなく、表現する内容が大事だ、とスタンダードの画面で押し通したこともその一つだろう。それが、人間の目の動きに、いちばん効果的だ、と信じていたからだ。

かといって、自分のやり方を、後進に押しつけることは絶対にしなかった。自分にはかたくな、城戸にはガンコ、そして後進には豊か、というのが小津君の小津君らしいところだった。

親孝行ということでは、大変なものだった。母親が亡くなるときなど、文字通り全身全霊を傾けて看護したものだ。独身で通したことも、母親との孝行と、うまくミックスするかどうか、という心配もあったのではないか、と思っている。

ともかく、小津方式を打ち出したことでは、日本映画界での一つの存在であったし、小津君に悔ゆるところはなかっただろう。人生にしろ、作品にしろ、考えてみれば、まったく〝うめえこと、しやがったな〟という気持がする。

（城戸四郎「ホームドラマに徹す」新聞紙名不詳、昭和三十八年十二月十三日）

## 余滴

厚田という奴はかわいい奴だよ。若いときから使っているけれども、ほんとうに俺は安物の女中に手をつけちゃったという感じだよ。手をつけちゃったから、どうにもしょうがなくて、いまだに囲わなくちゃなんねえ。

（小津先生という人「シナリオ」昭和三十九年二月号）

俺は、厚田兄ぇ《け》、活動屋駄目んなったら、トンカツ屋やるからな。お前トンカツの出前持ちになるんだ、俺んとこへ来い。

（厚田雄春／蓮實重彦『小津安二郎物語』筑摩書房）

**【厚田雄春談】** ほんとうにはじめパッと目を合わすと、あわててそらすでしょう。あれはテレるのですね。ほんとうにどんな人に会っても、はじめて会うとヒョッとテレますよ。スッと目を下に向けるのですね。あれは奥さんがあればああいうことはしなかったかも知れない。やはりひとり者でしょう。お色気がありましたよ。

（小津先生という人「シナリオ」昭和三十九年二月号）

人とちぎるなら　浅くちぎりて　末までとげよ　紅葉ばをみよ　薄きが散るか濃きが未［先］ず　ちるもので候。

（「日記」昭和十年八月一日）

喰いたいもの。かきフライ。天ぷら。蒲焼。すし。鯛茶。白菜で茶漬。アイスクリーム。読みたいもの。

谷崎潤一郎の『源氏物語』。飲みたいもの。水。ジンフィズ。番茶。やりたいこと。ゴルフ。温泉に行って一風呂浴びてから按摩。朝寝。夜ふかし。仕事。親孝行（たゞし生きて帰れバやらぬかも知れん）。

（「日記」昭和十四年二月二十三日）

脚本を書いているときは、その、まあセリフの言い渡しとか、そういうもんじゃなしに、やっぱりそれが絵になって、頭の中にあるわけですから、僕の中には一つの映画が、この絵としてあるわけですね。それに材料を集めて、自分の頭の中にあるイリュージョンにいかに近づけようかとすることが、まあ監督術ですかね。

（「小津が愛した女優たち」）

日記は余りに感心しない。
後世に至り前世がわかる。
そんなつまらないものがあらうか。

兄から神戸高商の受験札が来た。
百三十九番であった。
午後も家にゐる。
乾《いぬい》来る。キネマに行く。
寸分を惜しんで勉強せよ。

（「日記」大正十年「補遺」）

卒業見込附願を書く。

（「日記」大正十年二月十七日）

空虚な日だ。
夜は乾と「呪の家」の最終篇を見に行った。
又懐しいパールと暫く別れねならない。

（「日記」大正十年五月十二日）

**【笠智衆談】** 筆を使うと、当然、頭が下がるわけですが、先生は『顔はそのまま』とおっしゃる。僕が、『そりゃあちょっと不自然じゃないですか』と思いきって抗議してみたら、『笠さん、僕は、君の演技より映画の構図の方が大事なんだよ』と一蹴されてしまいました。

（笠智衆『大船日記』扶桑社）

面倒なこと言ってるみたいだけどね。杉村さん、僕はネ、ちゃんとこのフレームの中に、はまらないと……。きちっとしたことが、とても好きでね。

（井上和男インタビュー）

**【笠智衆談】** 映画は総合芸術といいますがね、小津先生に限りそれは違います。あれは一人芸術です。小津先生が一人で作ったもので、私なぞはただ出演させてもらっただけ。科白も口移し、演技の間も指定された通り。

（笠智衆『大船日記』扶桑社）

四十年やってて、暮夜《ぼや》ひそかに汗かいたりね。まあ、なかなかしんどいことだと思いますよ。ひとつのなんだか愛情のもてないものは、あまり取り上げたくない訳ですよ。まあ、一本ぐらいそういう写真があったっていいじゃねえか、そう目の敵にするなと、イヤなら見るなと（笑）。

（「小津が愛した女優たち」）

全部見せたらお終いだ。隠せ、隠せ。

（高橋治『絢爛たる影絵』講談社）

映画は終わりが実は始まりなんだよ。

（高橋治『絢爛たる影絵』講談社）

映画の人物は懐になにか刃のようなものを呑んでなきゃ。それを最後まで抜かないのが一番良いんだ。

（高橋治『絢爛たる影絵』講談社）

君が［注、脚本家の北村小松］奥さんを愛していたということは分かる。ただし、君は映画も愛していたはずだ。どっちかといや、奥さんには気の毒なほど映画をさ！「……」地図ちゃんや土地ちゃんには可哀そうだが、オバァちゃんのとこにあずけて、君は鬼になるんだな！「……」俺はだから、映画を女房だと思っている。（北村小松『銀幕』東方社）

**【茂原英雄談】**私は一人前のカメラマンとしては、小津さんとしか仕事をしたことがないといってよいでしょう。カメラについても、ポジションを決めたりする仕事は全部小津さんで、私は照明や技術的なことだけ責任を持っていた。監督とカメラマンの関係としては、その方がむしろ理想的だと思っています。

（実録日本映画史・第三十六回「読売新聞」昭和三十九年一月八日夕刊）

【牛原虚彦談】［小津には］およそ、その作品活動の風格からは想像も及ばぬ緻密な事業家的才能をもつ隠れた半面があった。

（牛原虚彦『虚彦映画50年』鏡浦書房）

【原研吉談】一緒に見た映画はいろいろあったが、忘れがたいのは吐夢さんの『人生劇場』に、ワイラーの『北海の漁火』であった。とくに『漁火』のとき、大変強く感銘を受けられたらしく僕もびっくりするくらい感心したので、道々、黙って歩いている小津さんの感じから、それが僕には分かったのだった。「……」というのは、小津さんの手法をワイラーが解説し、ワイラーの手法を小津さんが解説するという風に、僕は僕なりに解釈したからである。

（小津先生と小津組と僕「シナリオ」昭和三十年十一月号）

【厚田雄春談】小津さんって方は、道化の精神にあふれたユーモラスな方なんですよ。だから、小津安二郎っていう神話で小津さんを神格化してたてまつるのもいやなんです。…道化ってのは、わびしいもんなんですが、それを見せちゃあいけない、明るく滑稽におどけて見せなければいけない。それが小津映画の精神だと思いますよ。

（厚田雄春／蓮實重彦『小津安二郎物語』筑摩書房）

笠さんは、小津組に出なくてはいけないという迷信があるんだよ。君を出さないで、おかしなことになったら困るからね。

（笠智衆『大船日記』扶桑社）

# 主要な参考文献


『小津安二郎全発言　一九三三〜一九四五』（田中真澄編）泰流社
『小津安二郎戦後語録集成　一九四六〜一九六三』（田中真澄編）フィルムアート社
『全日記　小津安二郎』（田中真澄編）フィルムアート社
『小津安二郎　大全』（松浦莞二・宮本明子編著）朝日新聞出版
『小津安二郎作品集　（Ⅰ）（Ⅱ）（Ⅲ）（Ⅳ）』（井上和男編）立風書房
『小津安二郎物語』（厚田雄春・蓮實重彦著）筑摩書房
『監督　小津安二郎』（蓮實重彦著）筑摩書房
『小津安二郎　人と仕事』（井上和男編）蛮友社
『小津安二郎の芸術』（佐藤忠男著）朝日新聞社
『国際シンポジウム　小津安二郎』（蓮實重彦／山根貞男／吉田喜重編著）朝日新聞社
『小津安二郎の美学』（ドナルド・リチー著、山本喜久男訳）フィルムアート社
『大船日記』（笠智衆著）扶桑社
『デジタル小津安二郎』東京大学総合研究博物館
『小津安二郎　僕はトウフ屋だからトウフしか作らない』日本図書センター
『絢爛たる影絵』（高橋治著）講談社
『若き日の小津安二郎』（中村博男著）キネマ旬報社
『陽のあたる家』（井上和男編）フィルムアート社
『小津安二郎　映画の詩学』（デヴィッド・ボードウェル著、杉山昭夫訳）青土社
『シナリオ構造論』（野田高梧著）フィルムアート社

『小津安二郎日記　無常とたわむれた巨匠』（都築政昭著）講談社
『小津安二郎松阪日記　大正七年・十年』（小津安二郎松阪記念館）松阪市
『小津安二郎の俳句』（松岡ひでたか著）河出書房新社
『日本映画発達史（一）（二）（三）』（田中純一郎著）中央公論社
『君美わしく〜戦後日本映画女優讃』（川本三郎著）文春文庫
『原節子　あるがままに生きて』（貴田庄著）朝日文庫
『小津安二郎に憑かれた男』（永井健児著）フィルムアート社
『小津安二郎文壇交遊録』（貴田庄著）中公新書
『キネマ旬報ベスト・テン95回全史 1924-2021』キネマ旬報社
『殉愛／原節子と小津安二郎』（西村雄一郎著）新潮社
『21人の僕：映画の中の自画像』（池部良著）文化出版局
『有馬稲子　わが愛と残酷の映画史』（有馬稲子／樋口尚文著）筑摩書房
『里見弴伝　馬鹿正直の人生』（小谷野敦著）中央公論新社
『映畫演技學讀本』（日本映畫叢書第四輯）大日本映畫協會
『小津安二郎「東京物語」ほか』（田中眞澄編）みすず書房
『小津安二郎の喜び』（前田英樹著）講談社選書メチエ
『帝国の残影 兵士・小津安二郎の昭和史（與那覇 潤著）ＮＴＴ出版
『小津安二郎』（浜野保樹著）岩波新書
『シナリオ人生』（新藤兼人著）岩波新書
『キネマ旬報「小津安二郎　人と芸術」』昭和三十九年二月増刊号
『東京人・小津安二郎特集号』平成十五年十月号

# 小津安二郎発言クロニクル
1903–1963

2024年11月20日　初版発行

著者　小津安二郎

編集　小津安二郎発言クロニクルを作る会 + 三四郎書館

装幀・組版　有限会社土屋デザイン室［浜尚未+ 土屋章］

協力　パソコンサポートかすかべ

印刷製本　モリモト印刷株式会社

発行所　三四郎書館
〒330-0052　埼玉県さいたま市浦和区本太1-4-11
電話 048(881)0755

Printed in Japan
ISBN978-4-9912993-3-9 C0074
＊定価はカバーに表示してあります